감정과 이성

PASSION AND REASON :
MAKING SENSE OF OUR EMOTIONS, FIRST EDITION
was originally published in English in 1994.
This translation is published by arrangement with Oxford University Press.
Copyright © 1994 by Oxford University Press, Inc.
All rights reserved

Korean translation copyright © 2013 by MOONYE PUBLISHING CO., LTD
Korean translation rights arranged with Oxford University Press
through EYA(Eric Yang Agency).

이 책의 한국어판 저작권은 EYA(Eric Yang Agency)를 통해
Oxford University Press와 독점 계약한 (주)문예출판사에 있습니다.
저작권법에 의하여 한국 내에서 보호를 받는 저작물이므로 무단 전재와 복제를 금합니다.

감정과 이성

리처드 래저러스 · 버니스 래저러스 지음
정영목 옮김

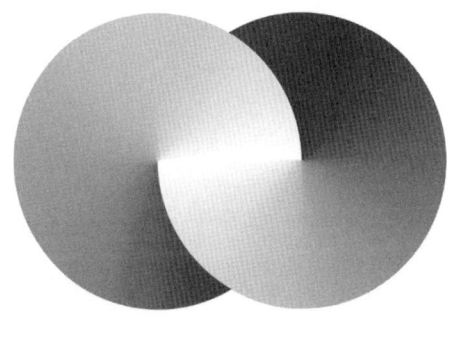

문예출판사

소중한 가족에게 이 책을 바친다.
아들 래저러스와 며느리 메리, 손자 제시카와 애덤,
그리고 딸 낸시와 사위 릭 홀리데이, 외손자 메이어와 에이바 로즈.
우리는 그들의 삶이 행복감, 긍지, 사랑 같은
긍정적 감정으로 가득하기를 바란다.

차례

머리말 … 8
1장   이 책에는 어떤 내용이 담겨 있는가 … 13

1부 | 개별적 감정들의 초상

2장   위험한 감정들:
　　　분노, 선망, 질투 … 27

3장   실존적 감정들:
　　　불안 - 공포, 죄책감, 수치심 … 71

4장   삶의 나쁜 조건에 의해 자극되는 감정들:
　　　안도감, 희망, 슬픔과 우울 … 112

5장   삶의 좋은 조건에 의해 자극되는 감정들:
　　　행복감, 긍지, 사랑 … 141

6장   감정이입의 결과들:
　　　감사, 동정심, 미학적 경험의 감정 … 182

2부 | 감정을 이해하는 방법

7장 감정의 구성 요소 … 215
8장 감정에 대처하고 관리하기 … 234
9장 생물적 조건과 문화가 감정에 미치는 영향 … 264
10장 감정의 논리 … 299

3부 | 감정과 현실

11장 스트레스와 감정 … 319
12장 감정과 건강 … 340
13장 대처에 실패할 때 … 371
14장 마지막 생각들 … 409

옮긴이의 말 … 421

머리말

우리는 여러 가지 이유로 이 책이 필요하다고 판단하게 되었는데 그 이유들은 다음과 같다.

첫 번째는 감정에 대한 책들 가운데 일반 대중이 읽을 수 있는 책이 거의 없다는 점이다.

이는 참으로 안타까운 일인데, 왜냐하면 감정은 중요한 심리학 주제일 뿐만 아니라 그 자체의 속성상 대부분의 사람들이 매우 흥미를 느끼고 관심을 가지는 주제이기 때문이다.

이 책이 목적한 바는 조금은 독특하다고 할 수 있다. 기존에 나와 있는 대중적인 책들은 대부분 한 가지 감정, 예를 들어 분노, 수치심, 선망, 질투 같은 것에 초점을 맞출 뿐 감정에 대해 포괄적으로 분석하면서 주요한 감정들 하나하나를 다루지는 않는다. 따라서 대중은 그들이 아주 큰 관심을 가지고 있는 풍부한 주제에 대해, 읽기 쉬우면서도 권위 있는 설명을 듣지 못하고 있는 셈이다.

두 번째 이유는 잡지나 신문의 일요일판 부록 같은 것들이 독자들에게 생색을 내려고 심리적 스트레스나 그것에 대처하는 법 같은 감정의 문제들을 지나치게 단순하게 취급하고 있는데, 그러한 것들을 읽고서는 배울 것이 거의 없다는 점이다.

　우리는 감정적 경험들을 정교하게 분석하는 동시에 정말 재미있게 읽을 수 있으며, 끊임없이 독자의 흥미를 유발하는 쉬운 책을 쓸 수 있다고 확신했다. 또 모호한 전문용어나 기술적인 설명 없이도 그 일을 할 수 있다고 자신했다.

　세 번째 이유는 지난 10여 년 동안 심리학, 사회학, 생물학적 이론과 연구를 포함하는 감정 연구 분야가 갑작스레 크게 팽창했다는 점이다.

　리처드 래저러스는 감정에 대한 전문적인 글을 써오는 과정에서 읽기 쉽게 써내기만 하면 이 주제에 대한 대중적 관심이 생길 수 있다고 믿게 되었다. 문제는 지적이면서도 학술적인 전문용어에 대해서는 거의 참을성이 없는 독자들을 어떤 방식으로 감정이라는 이 핵심 주제로 끌어당기느냐 하는 것이었다.

　마지막 이유는 우리가 독자들이 천박하게 감정을 다루는 글들을 읽는 것 이상을 독자들이 요구하고 있다고 믿었다는 점이다.

　물론 독자들은 모호한 학술 논문들을 읽으면 짜증이 날 것이다. 그러나 복잡한 문제들을 판에 박힌 방식으로 처리하는, 이른바 자기계발서 유의 책들 또한 지적인 독자들에게 해만 끼칠 뿐 아무런 도움이 되지 않는다. 우리는 균형 잡힌 접근 방법을 제시하려고 노력했다. 우리 책에서 드러나기를 바라지만, 자신을 알고 변화시키는 것은 설사 그것을 간절히 바라더라도 쉽지 않은 일이다.

이 책에는 감정적 고통이나 기능장애와 씨름하는 사람들에 관한 짧은 이야기, 즉 간단한 사례 연구들이 많이 나온다. 그러면서도 감정을 이해하고 거기에 대처하는 방법이 무엇인지에 대한 권위 있는 설명도 담겨 있다. 이 책에 나오는 임상 사례들 가운데 일부는 리처드 래저러스가 전문가의 관점에서 만났던 사람들 이야기고, 일부는 우리 둘 다 알고 있는 사람들 이야기다. 프라이버시 보호를 위해 사실과 이름들은 바꾸어놓았다.

기본적으로 이 책은 문제 해결 방법을 알려주는 책은 아니다. 그래도 우리는 사람들이 자신의 감정과 자신이 사랑하는 사람들의 감정의 배후에 놓여 있는 것을 해석하고, 또 이를 효과적으로 다루는 방법들을 담으려고 애썼다.

우리는 이 책이 읽기 쉽고 정확한 내용이 되도록 도와준 많은 사람들의 노력에 감사하고 있다. 이런 점에서 심리학자가 아닌 친구 테드 스미스의 도움이 가장 컸다. 그는 원고를 꼼꼼히 읽어보면서 편집자로서 논평해주고, 이렇게 저렇게 바꾸라고 제안하기도 했다. 옥스퍼드대학 출판부에 있는 우리 편집자 존 보서트도 이 책을 써나가는 매 단계마다 좋은 제안을 해주었다. 그들이 받을 것은 우리의 감사뿐이며 이 책의 한계에 대해서는 책임을 지지 않아도 된다. 최종적인 것들은 우리 스스로의 결정에 따랐기 때문이다.

캘리포니아 주 월넛 크리크에서
리처드 S. 래저러스 & 버니스 N. 래저러스

선한 것이나 악한 것은 없고 생각이 그렇게 만들 뿐이다.
— 〈햄릿〉 중에서

1장

이 책에는
어떤 내용이 담겨 있는가

    인간은 세상의 모든 생물 가운데 가장 감정적이다. 우리의 언어, 행동(몸짓, 몸의 움직임, 자세), 그리고 얼굴도 감정으로 일그러지는 경우가 많다. 우리는 분노, 불안, 공포, 수치심, 기쁨, 사랑, 슬픔뿐만 아니라 죄책감, 선망, 질투, 긍지, 안도감, 희망, 감사, 동정심 같은 사회적으로 좀 더 미묘하다 할 수 있는 감정들도 표현한다. 우리에게 일어나는 중요한 일들은 모두 감정을 일으킨다.

    왜 이렇게 되는 것일까? 우리는 태어나서 죽을 때까지 신체적이고 사회적인 환경이 우리에게 부과하는 복잡한 요구를 처리하려고 애를 쓴다. 사람들이 경험하는 많은 감정들은 우리가 살아가기 위해서 씨름해야 하는 많은 신체적이고 사회적인 문제들을 반영한다.

    감정에 대해서는 많은 신화들이 존재한다. 우리는 이 책에서 그런 신화들을 추방해버릴 것이다. 그런 신화 가운데 하나는 감정이 비합리적인 것이어서 사고와 추론에 의존하지 않는다는 것이다. 실제로 감정과 지성은 보조를 맞추어 움직인다. 그래서 매우 지성적 존재인 인간들이 또 그렇게 감정적인 동물이기도 한 것이다.

    또 하나의 신화는 감정들이 우리의 적응을 방해한다는 것이다. 우리가 감정 때문에 문제를 일으키는 경우가 많기는 하지만, 그래도 감정은 세상을 살아나가는 데 필수적인 도구다. 인간의 경우 감정들이 이런 식으로 진화를 해온 것은 그렇게 함으로써 삶을 성공적으로 헤쳐나가는 데 도움이 되었기 때문이다. 우리 인간의 마음은 우리가 위험에 처해 있는지, 안전한지, 아니면 제공하는 기회를 이용해야 하는지 결정해야 하는 상황에서 미묘하고 추상적이며 복잡한 개인적 의미들을 느낄 수 있다. 적응에 실패하는 것을 잘 용서해주지 않는 세계에서, 감정들은 삶에 적응하려는 우리 노력의 운명과 내밀하게 관련을 맺고 있다.

감정이 삶의 성공과 실패에 엄청난 중요성을 가지고 있기 때문에, 언론 매체에서는 감정을 가지고 그렇게 큰 사업을 벌일 수 있다. 텔레비전의 수많은 드라마들이 그렇게 많은 수의 고정 시청자들을 가지고 있다는 것이 그 증거다. 드라마와 더불어 텔레비전 토크쇼는 감정을 대중 오락물의 정점에 올려놓았다. 이런 쇼들은 초대 손님과 스튜디오에 모인 청중의 감정적 격변을 보여주려고 애쓰며, 집에 있는 시청자들도 관음증에 걸린 것처럼 매혹되어 그 광경을 열심히 지켜본다.

우리 모두 그런 광경들을 본 적이 있다. 토크쇼 사회자는 언제든지 미끼를 물 준비가 되어 있는 초대 손님들에게 미끼를 던진다. 그러면 초대 손님은 예상했던 대로 감정적인 이야기들을 밝히고, 사회자는 그 과정에 대해 마음대로 논평을 한다. 그리고 늘 심리학 '전문가'라는 사람이 나와, 어떤 초대 손님은 개인적으로 실패한 일을 가지고 비판하고, 또 어떤 초대 손님은 나쁜 운명의 희생자가 되었다고 공감해주거나 달래준다. 심지어 태도의 변화나 새로운 행동 방침에 대해 충고까지 해준다. 여기에 스튜디오의 방청객과 전화를 걸어오는 시청자들도 끼어든다.

초대 손님들은 서로에 대해서, 또 친척, 배우자, 자식, 친구 들에 대해서 분노에 찬 신랄한 말들을 늘어놓는다. 그들은 학대와 이른바 중독에 대해서, 그리고 우울증에 대해서 애절한 이야기들을 늘어놓는다. 또 고뇌의 눈물을 보이기도 하고, 자신이 다른 사람들에게 한 일에 죄책감을 표현하기도 하며, 자신의 개인 관계들에 대해 불안을 드러내기도 한다. 또 스스로 자존심이 없는 사람이라고 평하기도 하는데, 요즘에는 이것이 사람들이 겪는 모든 침체 상태의 원인이 된 것처럼 보인다. 사실 미국에서 엄청난 시청자들을 끌어모으는 토크쇼들은 시청자와 참가자를 위한 가학·피학성 변태 성욕적인 행사가 되어버렸다. 그리고 이 모든 텔레비전 쇼에서 감정을 드러내는 일이 중심 무대를 차지하는 것으로 보인다.

왜 그렇게 많은 사람들이 초대 손님으로 나와서 자신에게 모욕적인 경험이 되는 일에 참여하고 싶어 하는가? 그 답은 분명하지 않다. 어쩌면 그렇게 해서 일종의 유명 인사가 되어 대중의 관심을 차지하려는 것인지도 모른다. 또는 순진하게도, 그런 식으로 자신의 감정적 문제들 가운데 일부가 풀릴지도 모른다고 믿는 것 같기도 하다. 그렇다면 그런 쇼를 보는 이유는 무엇일까? 어쩌면 다른 사람들의 비참한 모습이 노출되는 것을 봄으로써 우리 자신은 인생의 비참한 일들 가운데 최악은 피하거나 넘어섰다고 안심하려는 것인지도 모른다. 또 어쩌면 우리 자신의 감정에 대해서 배우고, 우리가 살면서 만나야 하는 타인의 감정에 대해서도 배우기를 바라는 것인지도 모른다. 또는 나 같으면 저런 문제에 어떻게 대처할까, 하고 궁리하면서 해결 방법을 찾아내려는 것인지도 모른다.

그런데 누군가가 '감정적'이라고 말할 때 그것은 무슨 뜻인가? 그 말은 혹평인 경우가 많다. 그 사람이 자제력을 잃고 합리적으로 행동하지 못한다는 의미이기 때문이다. 동시에 뭔가가 그 사람의 마음을 강하게 움직였다는 뜻이기도 하다. 어쩌면 우리가 비슷한 경험을 했던 일을 기억할 수도 있다. 자신의 감정을 식별함으로써, 그리고 다른 사람의 관점에서 볼 수 있는 능력을 통해 우리는 다른 사람의 감정을 이해한다. 다른 사람들의 곤경에 감정이입을 하게 될 때 우리는 동정심을 느낀다. 다른 사람들이 행운을 경험했을 때 우리는 그들의 행복감을 함께 나눈다.

사실 우리가 어떤 감정을 경험한다는 것은 우리에게 개인적으로 중요한 일이 일어났다는 뜻이다. 우리는 일어난 일을 해롭다고 볼 수도 있고, 위협적이라고 볼 수도 있으며, 유익하다고 볼 수도 있다. 우리가 어떤 감정을 느끼고 있느냐에 따라 다르지만, 그 반응은 보통 심리적이고 생리적인 혼란으로 표현된다. 또한 감정적인 사건을 다루기 위한 행동이 뒤따를 수도 있다.

이 책에서는 두 개의 서로 관련된 주제가 계속 반향을 일으키게 된다. 첫 번째는 감정이 개인적 의미의 산물이라는 것이다. 개인적 의미는 우리에게 중요한 것이 무엇이냐, 우리가 우리 자신이나 세계에 대해 무엇을 믿느냐에 따라 달라진다. 우리가 분노, 불안, 죄책감, 행복감, 긍지, 애정 등을 느끼는 것은 우리가 우리 삶의 사건과 조건들에 부여하는 의미 때문이다. 우리 자신이나 다른 사람들의 감정을 이해한다는 것은 사람들이 삶의 일상적 사건들의 의미를 해석하는 방식을 이해한다는 것이고, 이런 사건들이 사람들의 개인적인 행복에 어떤 영향을 미치는가를 이해한다는 것이다.

불안 같은 감정을 이해하는 한 가지 방법은 우리가 혼란스러운 세계에 살고 있음을 인식하는 것이다. 또한 그런 세계에서 활기를 가지고 어느 정도 편안하게 살기 위해서는 우리가 갈 방향을 알려주는 도로 지도 같은 것이 필요함을 인식하는 것이다. 인간은 자신의 운명을 인식하고 있고, 과거와 현재와 미래를 느끼고 있다는 점에서 동물 세계에서 독특한 존재다. 우리는 질서를 창조하려는 목적으로 삶의 의미들을 구축한다. 우리가 질서를 창조하지 않으면 혼돈밖에 없을 것이다. 따라서 이런 의미들이 위협받을 때 우리는 불안을 느낀다. 그리고 그 의미가 삶에 도움이 될 때 우리는 행복감을 경험한다.

우리 모두가 의미를 구축하는 과정을 인식하고 있는 것은 아니다. 우리가 어떻게 살아왔고, 무엇을 이룩했고, 어디로 향하고 있는지를 이해하려고 삶을 돌아보는 일은 보통 노년에 많이 이루어진다. 인생 대부분을 독특한 개인적 정체성, 즉 우리가 누구이고 또 우리가 이 세상에서 어디로 가고 있는지를 규정해주는 일련의 생각들을 개발하는 데 바쳤음에도, 이제 우리 존재가 곧 끝이 나리라는 걸 깨닫는다는 것은 얼마나 이상하고 불길한 일인가. 따라서 우리가 또 한 번의 삶을 가령 천국에서 살리라고 믿는 것이 도움이 될 수도 있다. 그러나 종교에서 공식적으로 거론하든 거론하지 않든, 존재의 궁극적 운명은 여전히 삶의 주요한 문제들 가운데 하나다. 삶과 죽음의 문제, 우리가 누구이고 무엇을 하는 사람이며, 앞으로는 또 어떻게 될 것인가 하는 문제는 인간 불안의 주된 원천이자, 감정생활의 주된 원천이다. 따라서 매일의 사건들에 부여하는 의미는 우리의 감정적 건강에서 중심적인 위치를 차지한다.

우리가 계속해서 다시 짚어보게 될 두 번째 주제는, 모든 감정은 우리 모두가 금방 인식할 수 있는 뚜렷한 극적인 플롯을 가지고 있다는 것이다. 이 플롯은 지금 우리에게 무슨 일이 일어나고 있다고 생각하느냐, 또 그 일이 개인적인 행복에 어떤 의미를 가지느냐를 규정한다. 예를 들어 우리는 자신의 개인적인 이상에 못 미치는 행동을 하는 상황에 빠져들 수 있다. 이런 플롯에서 우리는 수치심을 경험한다. 다른 플롯, 우리가 다른 사람들에게 칭찬받을 만한 일을 성취하는 플롯에서는 우리의 에고나 사회적 중요성이 고양되고, 이때 우리는 긍지를 경험한다. 모든 감정에 대해 이런 식의 이야기를 할 수 있다. 플롯은 우리가 어떤 사건에 부여하는 개인적 의미를 드러낸다. 그리고 이 의미는 특정한 감정을 불러일으킨다.

무대 위나 영화 속에서 펼쳐지는 이야기나 드라마의 플롯은 작가가 구성하지만, 감정의 플롯과 그 개인적 의미는 감정적인 드라마를 직접 살고 있는 개인이 구성한다. 우리가 구성하는 플롯은 설사 상황이 같다 하더라도 당연히 개인마다 다르다. 우리 삶의 감정적인 패턴은 본질적으로, 우리를 고유의 목표와 믿음을 가진 특유한 개인으로 확인시켜주는 개인적 서명이라고 할 수 있다. 우리 모두 유난히 화를 잘 내거나, 유난히 불안해하거나, 유난히 죄책감을 많이 느끼거나, 유난히 긍지가 강한 사람들을 알고 있다. 그것은 그들이 삶의 사건들에 대해 그들 나름대로 개인적 의미들을 구성해 놓은 결과다.

우리가 감정을 직접 창조하지 않는다는 것은 사실이다. 그러나 이제 많은 심리학자들은 우리가 구성하는 모든 감정적 반응에서 생각과 의미가 큰 부분을 차지한다는 데 동의하고 있다. 감정들은 비합리적이기는커녕 자기 나름대로 논리를 갖는다. 그 논리는 우리가 삶의 상황에서 구성하는 의미에 기초를 두고 있다.

연극은 실제로 감정이 움직이는 방식에 대한 좋은 모델이다. 사람들은 연극이나 오페라를 보러 가거나, 영화를 보거나, 소설을 읽는 데 몰두하며 감동을 받는다. 그것은 그 이야기들이 삶의 익숙한 상황에 대한 것이기 때문이며, 그 상황이 강력한 감정을 불러일으키기 때문이다. 이 점에는 거의 의문의 여지가 없다. 만일 극작가가 관객이 정말로 중요하게 느끼는 인생의 주제를 이야기하고, 배우들이 유능하게 연기를 한다면, 그 연극이나 영화는 생생하고, 활력이 있고, 사람들을 빨아들일 것이다. 그리고 그 이야기는 관객의 지적인 활동을 넘어선 영역에 가닿을 것이다. 그 이야기는 개인적 의미들을 전달할 것이고, 관객은 그 의미들이 자신의 삶과 관련이 있다고 인정할 것이다.

이 책에서 다루어지는 열다섯 개 감정은 분노, 불안, 죄책감, 수치심, 선망, 질투, 안도감, 희망, 슬픔, 행복감, 긍지, 사랑, 감사, 동정심, 그리고 미학적 경험에 의해 일어나는 감정들이다.

마지막 것을 제외하면 각각의 감정마다 뚜렷한 드라마나 독특한 줄거리가 있다. 그것은 개인이 경험에 부여하는 개인적 의미를 전달한다. 각각의 감정마다 하나의 플롯이 전개된다. 이 플롯은 다른 것들과 구별되며, 우리가 상황을 독특하게 파악하는 방식을 드러낸다. 하나의 감정이 어떻게 일어나는가를 이해하고자 한다면, 그 감정을 다른 감정들과 구별해주는 플롯을 연구해야 한다. 예를 들어 왜 어떤 경우에 수치심이나 죄책감이 아니고 분노를 느끼는가? 만일 그 플롯을 안다면, 우리는 그 사람이 경험할 감정을 예측할 수 있다. 그리고 만일 어떤 사람이 경험하고 있는 감정을 안다면, 우리는 그 플롯을 파악할 수 있다. 이 책에서는 각 감정의 플롯들을 살펴볼 것이다.

이 책을 골라 든 독자라면 자신이나 사랑하는 사람의 곤란한 감정들에 관심을 가지고 있을 것이다. 어쩌면 당신은, '왜 나는 너무 쉽게 발끈하는지' 이해하고 싶어 하는지도 모른다. 또는 겉으로는 성공적인 관계를 이루고 있지만, 왜 속으로는 질투심을 느끼는지를. 또는 왜 그렇게 자주 불안해하는지를. 질문들은 끝이 없고, 우리는 이 책이 당신에게 약간의 깨달음을 줄 수 있기만을 바란다.

예를 들어 우리는 분노를 느끼는 사람은 자신에게 일어난 일을 부당한 모욕으로 해석했기 때문에 그런 감정을 느낀다는 것을 알고 있다. 모두들 그런 모욕을 이따금씩 경험하고 또 발끈하기도 한다. 그러나 만일 당신이 쉽게 그리고 자주 분노를 느끼는 사람이라면, 어쩌면 당신은 모욕을 당한다는 느낌에 특별히 취약한 것인지도 모른다. 당신 스스로는 인정하지 않을지 몰라도, 어쩌면 당신은 자신의 가치에 의심을 품고 있을지도 모른다. 그런 의심 때문에 당신은 자꾸 다른 사람들에게 칭찬을 구할 수도 있다. 따라서 당신이 칭찬받을 만한 사람으로 여겨지지 않을 수도 있다는 암시는 당신의 개인적 정체성 깊은 곳을 위협하게 된다. 이것이 분노라는 감정을 일으킨다. 감정적 반응들의 일관된 패턴은 우리가 상황에 부여하는 개인적 의미들의 패턴을 보여준다. 물론 그 의미들은 부적당할 수도 있다.

우리는 또 질투라는 감정은 어떤 사람의 애정을 잃을 것이라는 공포에서 나온다는 것을 알고 있다. 당신은 좋은 결혼 생활을 하고 있음에도, 당신 배우자가 관심을 보이는 어떤 사람에게 자주 질투심을 느낄 수도 있다. 그렇다면 당신은 당신 자신이 그런 사건들에 부여하는 의미를 살펴보고 싶을 수도 있을 것이다. 우선 당신의 배우자가 심한 바람둥이일 수도 있는데, 그렇다면 당신의 질투는 당연한 반응이다. 그러나 만일 그런 경우가 아니라면, 당신은 자신이 다른 사람들보다 사랑받을 만하지 못하다고 생각하는 것일 수도 있다. 그래서 당신 배우자가 당신에게 관심을 잃을지도 모른다고 두려워하여 그런 식으로 반응하는 것인지도 모른다.

우리는 감정들에 관심을 가짐으로써 우리 자신에 대해 많은 것을 배울 수 있다. 말할 필요도 없는 일이지만, 우리 자신의 감정들에 대해 배우게 되면, 우리는 그 감정들을 어느 정도 통제할 수도 있다. 이것은 특히 그런 감정들이 우리를 괴롭히거나, 일을 망치거나, 사회적 관계를 방해할 때 긴요할 것이다. 또 어떤 관계를 맺고 있는 상대에게 더 나은 반응을 보여줄 수도 있다. 배우자, 자녀, 부모를 비롯해 매일 대하는 사람들의 요구에 우리 반응을 맞출 수 있기 때문이다. 감정을 효과적으로 통제하는 데는 지식과 이해가 필요하다.

예를 들어 우리를 분노하게 만든 불쾌한 행동에 보복을 할 수도 있다. 그런 경우, 그것이 상대의 분노를 더 증가시켜, 심지어 사랑하는 사람들과의 관계가 막다른 골목에 이를 수도 있음을 인식할 필요가 있다. 분노에 효과적으로 대처하려면 그것이 어떻게 일어나고 통제되는가, 그리고 우리나 다른 사람들이 왜 분노를 느끼는가를 알 필요가 있다. 왜 우리가 불안이나 죄책감이나 수치심에 대처하는 데 어려움을 느끼는가를 인식해야 한다. 그래야 나중에라도 이 감정들을 적절하게 다룰 수 있을 것이다. 우리는 각각의 감정에 대해서, 개인적인 의미들이 그 감정을 형성해가는 방식을 알고 있어야 한다.

곤혹스러운 삶의 조건에 처한 사람들에게, 당신은 분노를 느끼거나, 불안해하거나, 죄책감을 느끼거나, 수치심을 느끼거나, 슬퍼하거나, 선망하거나, 질투를 할 이유가 없다고 아무리 말해주어도, 그것이 별 도움이 되지 않는다. 이 사실을 이해할 필요가 있다. 그들은 전에도 그런 말을 자주 들었지만, 계속 그런 감정을 가지게 된다. 그런 사람들을 도우려고 할 때 효과적인 방법은 그들이 자신이 겪은 사건에 부여하는 개인적 의미를 파악하는 것이다. 그 의미가 결국 그들이 느끼는 감정을 유도하기 때문이다.

마지막으로, 우리 자신의 감정 밑에 깔려 있는 개인적인 의미들을 이해하자. 그러면 우리는 우리 내부에서 생기는 그 감정들을 더 잘 받아들일 수 있고, 더 잘 통제할 수 있을 것이다. 그러면 그런 감정들이 우리가 아끼는 사람들과 맺는 관계를 방해하는 일이 없을 것이고, 우리는 삶을 능숙하게 운영해 나갈 수 있을 것이다. 그런 이해를 돕는 것이 이 책의 기본적인 목적이다.

…

모든 책은 일종의 여행이다. 여기서 독자들이 어디로 가고, 가면서 어떤 이야기들을 들을 것인가를 알려주기 위해, 이 책의 차례를 해설을 곁들여

제시하겠다. 말하자면 여행 스케줄인 셈이다.

우선 2장부터 6장까지 한 묶음으로 묶을 수 있는데, 각 장은 각각 몇 가지 감정들을 다룬다. 한 장에서 다루는 감정들은 서로 다르기는 하지만, 그럼에도 공통점이 많기 때문에 함께 묶어놓았다. 각 감정에 대한 논의는 그 감정과 관련된 사례 연구와 함께 시작된다. 이 사례들은 실존 인물들의 경험으로 구성되는데, 그들의 본모습을 드러낼 수 있는 이름이나 세부 사항은 빼거나 바꾸었다. 그들은 리처드 래저러스가 한때 치료했던 환자들이기도 하고, 우리 둘이 잘 알고 있는 사람들이기도 하다. 독자들은 이 다섯 장에서 실제로 움직이고 있는 감정들 각각을 보게 될 것이다.

7장 **감정의 구성 요소**에서는 2~6장에서 제시된 감정을 구체적으로 묘사하고 분석하며, 어떤 감정이 일어나는 것을 이해하는 도구가 되는 개념적인 요소들을 조합한다.

8장 **생물적 조건과 문화가 감정에 미치는 영향**에서는 감정적인 상황들을 어떻게 다루는지 알아본다. 이 장에서는 감정을 다루고 임무를 수행하는 데 있어 우리 모두가 사용하는 가장 공통적인 전략에 대해 자세히 들여다볼 것이다.

이렇게 각각의 개별적인 감정들을 보여주고, 감정이 일어나고 통제되는 일반적 원칙들을 설명하겠지만, 그래도 아직 많은 문제들이 남을 것이다. 감정들의 기원과 영향, 그리고 그것을 관리하는 방법 등의 문제들이다. 이런 문제들이 9장부터 13장까지의 내용을 이룬다.

한동안 이 시대를 스트레스의 시대로 보는 태도가 유행을 했다. 11장, **스트레스와 감정**은 스트레스가 무엇이며, 그것이 감정과 어떤 관계를 갖는가를 살펴본다.

우리가 스트레스와 감정에 관심을 갖는 주된 이유들 가운데 하나는 그런 혼란스러운 상태가 건강과 병에 영향을 주기 때문이다. 그래서 12장, 감정과 건강에서는 우리가 이 복잡한 관계를 어떻게 이해해야 하는가 생각해 본다.

13장, 대처에 실패할 때에서는 감정이 통제를 벗어나 우리 삶의 구조에 심각한 피해를 줄 수도 있다는 사실을 다룬다. 불행 중 다행인 것은, 문제가 생긴 사람은 심리 치료를 받을 수 있으며, 그것도 다양한 치료 방법들 가운데 선택을 할 수 있다는 것이다. 이 장에서는 감정적인 고통과 기능장애에 대한 임상 치료에서 현재 활용되는 지배적인 이론과 전략을 살펴본다.

14장, 마지막 생각들은 우리 자신과 다른 사람들의 감정을 이해하고, 나아가 감정을 관리하고 통제하는 실제적인 일과 관련하여 이 책에서 찾아볼 수 있는 주된 교훈들을 정리한다.

1부

개별적 감정들의 초상

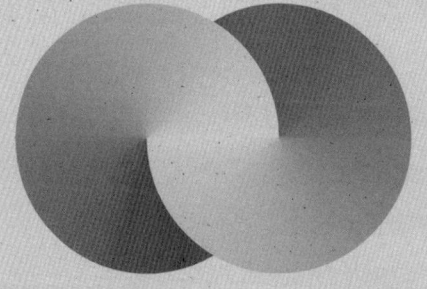

2장

위험한 감정들 : 분노, 선망, 질투

분노

분노는 우리의 사회적 생활의 중심적인 특징을 이루며 사회관계를 형성하는 데 매우 강력한 힘을 발휘한다.

분노는 부부 사이에서, 또 함께 살거나 일을 해야 하는 사람들 사이에서조차 쉽게 일어난다. 집안에서 벌어지는 말다툼은 분노와 관련된 유용한, 그리고 아마 익숙하기도 한 에피소드일 것이다.

부부가 아침 식사를 준비하며 출근할 준비를 하고 있을 때 일이 벌어졌다. 아내는 보통 남편에게 신선한 오렌지 주스를 짜주었다. 그런데 이날 아침 아내는 남편의 잔에 냉동 주스를 채웠다.

남편은 큰 소리로 왜 오늘은 늘 하던 대로 하지 않느냐고 물었다. 아내는 퉁명스럽게 오늘은 일찍 출근해야 한다고 대꾸했다. 그리고 오렌지에서 갓 짜낸 신선한 주스를 원한다면 직접 짜라고 덧붙였다. 남편은 불쾌했기 때문에 약간 시무룩해졌으며, 아내가 말을 해도 대답을 하지 않았다. 아내가 말했다.

"그래, 또 시무룩해질 때가 된 것 같군. 당신은 그것밖에 할 줄 모르니까. 시무룩해지는 것 말이야. 당신은 내 생각은 해주지도 않아. 이젠 나도 당신을 응석받이 어린애처럼 여기면서 오냐오냐 모든 걸 다 받아주는 게 지겨워."

이제 남편의 분노도 솟아오르고 있었다.

"아니지, 당신이 내 생각을 해주지 않는 거지."

남편은 식탁에서 일어나더니, 모욕적인 말을 퍼붓고 부엌에서 걸어 나가 버렸다.

그러자 아내는 성이 나서 남편을 따라 침실로 들어갔다. 아내는 어젯밤 그가 퇴근했을 때 좀처럼 입을 열려고 하지 않았다고 책망했다. 또 그들이 요즘은 잘 지내지 못하고 있는 것 같다고도 했다. 이어 아내는 남편에게 아주 가혹한 말들을 했다. 남편에 대한 인신공격의 긴 목록을 짚어가고 있었던 것이다. 그 대부분은 전에도 말다툼을 하면 써먹었던 것들이었다. 분노는 서로 상승효과를 일으키고 있었다.

"죽어버려."

남편이 증오에 차서 소리쳤다.

"당신이나 죽어버려."

아내도 똑같은 기분에서 그렇게 대꾸했다.

남편이 출근하려고 코트를 입으면서 아주 괴로운 목소리로, 어제 직장에서 자신은 감봉을, 많은 동료들은 해직을 당하게 될 거란 사실을 알았다고 말했다. 남편이 이렇게 고백하자, 아내의 행동은 갑자기 공격에서 화해 시도로 바뀌었다. 아내는 남편을 가로막고 자신이 화를 냈던 사실을 사과했다.

잠시 분노는 사라졌다. 아내는 이제 자신이 한 말에 죄책감을 느끼게 되었다. 남편의 일과 그들의 경제적 곤경에 대해서는 불안도 느꼈다. 그리고 남편에게 그런 심정을 이야기했다. 남편은 자리에 앉아 자기도 불안을 느낀다고 말했다. 남편의 분노 역시 대부분 사라져버렸다. 아내는 남편을 껴안았다. 남편도 아내를 얼싸안았다. 아내는 왜 어젯밤에 그 이야기를 하지 않았느냐고 물었고, 남편은 어깨만 으쓱했다. 이제 팽팽한 긴장은 풀렸다. 심지어 다정해 보이기까지 했다. 비록 남편은 아내처럼 감정을 드러내지 않았고 또 조금 전의 대화 때문에 아내보다 더 큰 상처를 입기는 했지만, 그들은 해고 위기에 어떻게 대처할지 이야기하기 시작했다. 그러나 출근을 해야 했기에 이야기는 중단되었고, 저녁에 다시 이야기를 하기로 약속했다.

심리학적 분석

심리학적으로 볼 때, 이 두 사람에게 무슨 일이 일어났다고 말할 수 있을까? 적어도 겉으로는, 부부 싸움의 자극이 된 사건은 아내가 평소와 달리 오렌지 주스를 짜주지 않은 것으로 보인다. 겉으로 보기에는 사소한 사건이다. 그러나 바로 그 때문에 흥미롭다. 전날 저녁 남편의 시무룩한 행동은 어떤 이유에서인지 아내에게 불쾌감을 주었다. 이를 통해서 유추해보면 이 싸움의 역사는 더 거슬러 올라갈 수 있다. 아내는 그 일로 화가 났다. 그래서 다음날 아침 주스를 짜주는 것을 거부함으로써 보복한 것이다. 그러자 남편은 질문으로 대응했다. 이 질문이 아내에게는 도발적으로 여겨졌다. 어쨌든 아내는 전날 저녁의 사건들을 이용해 자신의 공격적인 말을 정당화했다. 아내는 남편을 공격할 수 있는 좋은 기회를 기다리고 있었던 것으로 보인다.

아내가 화를 내게 된 개인적인 의미는 무엇일까? 아내는 남편이 시무룩하다고 비난했다. 그 점을 기억하라. 사실 이것은 이 결혼 관계에서 짜증을 일으키는 지속적인 원인이었다. 남편의 무관심한 태도는 전에도 여러 번 있었다. 아내가 전날 저녁 남편의 침묵을 모욕으로 받아들인 것은, 그 침묵이 그녀에게는 남편의 무관심을 반영하는 것으로 여겨졌기 때문이다.

아내는 전날 저녁 이후로 속으로 분노를 쌓아가고 있었다. 그녀는 복수를 하고 싶었지만, 정당한 이유가 필요했다. 그리고 그 이유는 남편을 위해 오렌지를 짜지 않음으로써 만들어졌다. 아내는 남편이 그 미끼를 물 것이라 예상했다. 남편은 불평을 했는데 물론 그것이 불평이라는 걸 확인하려면 그의 말과 말투를 들어볼 필요가 있을 것이다. 어쨌든 아내는 상처받은 자존심을 복구하고 싶은 마음에 퉁명스럽게 대꾸했다. 그녀의 공격은 남편에게 불쾌감을 주었다. 그에 따라 공격은 상호적인 것이 되었고, 상승효과를 일으켜 점점 격렬해졌다.

모든 감정에 적용되는 한 가지 일반 원칙은 감정이 일어나는 데는 관련된 **목표**가 있다는 것이다. 분노의 경우 그 목표는 자신의 자존심을 보존하는 것이다. 아내의 가장 중요한 직접적 목표는 자신의 자존심을 복구하는 것이었다. 아내는 전날 저녁, 그리고 그전에도 여러 번, 남편이 심리적으로 멀리 물러나 있다고 느꼈고, 그것이 자신에 대한 공격이라고 생각했다. 그러나 남편이 오렌지 주스에 대해 물은 것에 대해 아내가 노골적으로 적대적인 대꾸를 해오자, 이번에는 남편의 자존심이 훼손되었다. 이것이 남편의 분노를 불러일으킨 개인적 의미였다.

아내에게는 어떤 감추어진 목표들이 있었고, 이것이 아내의 분노를 더욱 부채질하게 되었다고 생각할 수도 있다. 우선, 그녀의 상처받은 자존심을 복구한다는 목표 뒤에는, 남편에게 더 많은 사랑, 존경, 관심을 받고자 하는 또 하나의 목표가 있었다. 이 중요한 목표는 그동안 충족되지 않았다. 또 어쩌면 아내는 남편이 집안일을 거들어주지 않는다고 생각했을지도 모른다. 그래서 내심 남편을 위해 오렌지 주스를 짜주는 것을 성가시게 느꼈는지도 모른다. 주스는 다른 어떤 것의 상징이었다.

아내는 언쟁이 있기 전날 저녁의 남편의 말 없는 행동이 자신을 모욕하는 것이라고 개인적으로 평가했다. 그러나 다음 날 아침까지 분노를 억누르고 있었다. 만일 개인적 역사와 결혼 생활의 역사가 다른 사람이었더라면 그와 같은 평가를 하지 않았을지도 모른다. 어쩌면 남편을 침묵에서 끌어내려고 노력을 했을지도 모른다.

두 사람의 반응은 그들이 각각 상대의 말이나 행동을 어떻게 평가하느냐에 달려 있다. 어쨌든 이들은 상대의 언행에 자존심을 건드리는 모욕적 요소가 있다고 평가했다. 그래서 서로 상처 난 자존심을 복구하고자 노력했고, 그 결과 보복들이 뒤따랐다.

만일 어느 한쪽의 배우자가 상처받은 자존심을 복구하고자 하는 목표에 필적하는 또 하나의 목표, 즉 관계를 보존하고자 하는 목표에 더 큰 관심을 가졌다면, 또는 그들이 상처를 느끼지 않았다면, 분노는 일어나지 않았거나 아주 가벼운 분노로 끝났을 것이다.

우리는 또 그렇게 격한 분노를 터뜨리던 부부 싸움이 어떻게 해서 일련의 다른 감정들로 급속히 바뀌었는가를 이해해야 한다. 아내 쪽에서는 죄책감, 그리고 불안과 애정을 함께 나누는 것으로 바뀌었다. 남편이 아내에게 감봉과 실직 위험 소식을 전해주는 바로 그 순간, 아내는 갑자기 태도를 바꾸어 남편에게 극적으로 달라진 방식으로 이야기를 했다. 여기서는 두 가지 일이 일어난 것으로 보인다.

우선 남편이 일자리 문제에 대해 이야기를 할 때, 아내는 즉시 전날 저녁 남편의 침묵을 **재평가**했다. 그것이 자신에 대한 모욕이 아니라, 그 문제에 대한 반응이라고 본 것이다. 만일 전날밤 아내가 그의 침묵을 더 관대하게 해석할 수 있었다면, 아내는 불쾌감을 느끼지 않았을 수도 있을 것이다. 그러나 아내는 남편의 애정, 존중, 관심에 대한 좌절된 욕구 때문에 취약한 상태에 있었다. 따라서 더 자애로운 평가를 할 수 없었던 것으로 보인다. 그녀에게 그런 취약한 상태를 초월하라는 것은 지나친 요구일지도 모른다.

그러나 이제 아내는 남편의 곤경에 쉽게 감정이입을 하게 되었다. 그 결과 남편에 대한 적대적인 행동이 정당한 것이 아닐 수도 있다는 점을 인식하게 되었다. 아내는 정당한 이유 없이 남편에게 상처를 준 것이 분명했기 때문에 죄책감을 느꼈다. 상황으로 보아 적당해 보이는 반응이다. 이 경우의 재평가란 아내에게 충돌의 개인적인 의미가 '남편이 그녀에게 모욕적인 불쾌한 행동을 했다'는 것에서 '그녀가 남편에게 윤리적인 죄를 저질렀다'는 것으로 바뀌었다는 뜻이다. 그리고 그에 따라 감정도 분노에서 죄책감으로 바뀐 것이다.

둘째, 남편의 감봉과 실직 위험은 아내에게도, 그리고 두 사람 관계의 경제적 건강성에도 위협으로 다가왔다. 이런 새로운 정보 입력과 그것이 발생시킨 새로운 관계상의 의미 때문에 아내는 불안이라는 감정을 경험했다. 이제 두 부부는 함께 곤경에 처했고, 힘을 합쳐 그것에 대처해야 했다. 상처받은 자존심을 회복할 필요성은 이제 두드러지게 부각되지 않는다. 물론 상처받았다는 느낌은 억눌린 채로 남아 있다가 나중에 다시 튀어나올 수도 있을 것이다.

남편에 대해서도 같은 말을 할 수 있다. 남편은 아내가 그를 공격했던 것을 용서해줄 만한 그럴듯한 이유들을 발견했을 수도 있다. 그 결과, 상황을 온건하게 재평가했을 수도 있다. 사실 그가 출근을 하면서 감봉과 실직 위험을 인정했다는 것은 이 감정적 에피소드에 나타난 첫 번째 성공적인 대처 전략으로 볼 수도 있다. 이 전략은 훨씬 전에 사용했다면 좋은 열매를 맺을 수도 있었을 것이다.

그들이 공동 문제를 인식하게 되자 고통스러운 말다툼은 즉시 중단되었다. 아내가 그들의 공통된 곤경에 감정이입적인 (재)평가를 했기 때문이다. 아내는 사과를 하고 자신도 염려한다는 것을 표현했다. 둘 다 아내의 죄책감 그리고 남편과 공유하게 된 불안에서 나온 것이다. 그러자 사랑이라는 감정이 전면에 나서게 되었다. 사실 이 부부는 원래 자신들의 결혼 관계에 헌신적 태도를 보여준 사람들이었다. 이들은 서로 사랑하고 있었으며, 전반적으로 상당히 잘 지내는 편이었다. 독자들은 이 에피소드에서 개인적 의미의 변화가 새로운 감정을 낳는 것, 감정이 분노에서 죄책감, 불안을 거쳐 사랑으로 급속하게 바뀌는 것을 보았으리라.

대처는 감정적인 사건이 있을 때는 늘 나타난다. 특히 그 감정이 개인적으로 해롭거나 위협적인 상황을 반영하고 있을 때는 더욱 그렇다. 대처란 우리가 바람직하지 못한 상황을 처리하려고 노력하는 것을 말한다. 아내가 오렌지 짜기를 거부한 것과 그녀의 지속적인 분노는 남편에게 모욕당했다는 느낌에 대처하는 방식이었다. 남편이 말로 분노를 표현한 것은 아내의 적대감에 보복함으로써 대처하려는 노력을 반영하고 있다.

싸우는 두 사람 모두에게 이 감정적 에피소드의 매 단계마다 좀 더 온건한 해석을 함으로써 자존심에 대한 위협과 분노에 대처할 기회가 있었다. 그 기회들을 이용했더라면 분노를 줄이거나, 아니면 분노를 아예 표출하지 않았을 것이다. 또한 그 기회들을 이용했더라면, 감정의 시나리오가 크게 바뀌었을 것이다.

우리는 또한 이 부부 싸움에서 감정적인 충돌에는 몇 가지 감정들이 동시에 포함되어 있음을 알 수 있다. 그리고 시간이 지나는 것과 더불어, 대처 행동이나 사건들의 흐름에 따라 개인적인 의미가 변하면서 그 감정들도 함께 변하는 것을 볼 수 있다. 이 부부 싸움에서 벌어진 감정들 각각은 복잡한 심리적 상호작용의 서로 다른 측면의 결과들이다. 우리는 똑같은 상황에서 애정을 가지는 동시에 불안해할 수도 있다. 또는 심지어 애정을 가지면서도 분노할 수 있다. 사람의 관계에서 사랑의 감정을 일으키는 측면은 불안이나 분노를 일으키는 측면과 분리되어 있기 때문이다. 예를 들어 어떤 사람이 이렇게 말한다 해도 그것은 모순이 아니다. "나는 당신을 사랑해요(당신이 나에게 사려 깊게 행동하고 또 친절하기 때문에). 그리고 나는 당신에게 화가 나요(당신은 남들이 당신을 이용해도 가만있기 때문에)."

분노의 여러 가지 얼굴

분노는 일상생활에서 매우 중요하다. 때문에 분노를 나타내는 많은 단어들이 있다. 분노(anger)와 적대감(hostility)은 흔히 바꾸어 쓴다. 어떤 사람이 분노했다는 의미를 나타낼 때도 부정확하게 어떤 사람이 적대적이라고 말하는 경우가 많다. 단어를 일관성 있게 사용하기만 한다면, 어떤 단어로 원하는 뜻을 나타내든 무슨 상관이랴. 그러나 적대감(hostility)은 보통, 감정(emotion)이 아니라 감정적 태도(sentiment)를 가리킨다. 어떤 사람에게 적대적이라고 하는 것은 우리를 화나는 행동에 자극을 받든 받지 않든 어떤 사람에게 화를 내는 성향을 가리키는 것이다. 우리는 그 사람에게 늘 적대적이나(이것은 감정적 태도다), 자극을 받을 때만 분노한다(이것은 감정이다).

분노에서 가장 큰 문제는 분노와 분노를 자극한 상황을 어떻게 처리할 것이냐 하는 것이다. 분노를 느낄 때 보통 가지게 되는 충동은 보복을 하여 에고가 입은 피해에 대처하는 것이다. 그러나 보복을 위한 공격은 다시 역습을 불러일으킬 수도 있다. 이것은 보통 원한을 낳고, 문제 해결과 협상에는 좋지 않은 분위기를 조성한다. 우리를 분노하게 한 어떤 사람, 즉 배우자, 자식, 상사, 동료 등을 역습함으로써, 우리는 매우 중요한 개인 간의 문제 해결을 일시적으로 또는 영원히 막아버릴 수도 있다. 또 분노와 그 표현인 공격적 태도는 인간관계에 독이 될 수 있다. 이것은 양육이나 교육에 악영향을 줄 수 있다. 선망과 질투에 대해서도 같은 이야기를 할 수 있다.

그럼에도 분노의 표현이 늘 해로운 결과만 낳는 것은 아니다. 분노는 때때로 우리 뜻대로 일을 이루는 데 효과적으로 이용되기도 한다. 우리는 때로는 위협적인 몸짓까지 동반하여 놀라울 정도로 강렬하게 화를 표현함으로써, 다른 사람들에게 충격이나 위협을 주어 굴복시킬 수 있다. 그렇게 해서 비록 나중에는 반격을 당한다 해도, 일단은 다른 사람들이 하는 일을 통제할 수 있다. 분노는 또, 다른 사람이 예상치 못한 상태에서, 우리가 어떤 일에 대해 얼마나 강하게 느끼고 있느냐에 대한 개인적 정보를 제공할 수 있다. 분노를 표현하기 전에는 상대는 우리가 감정이 상했다는 것을 전혀 느끼지 못했을 수도 있다. 또 우리는 화가 났다는 것을 깨달음으로써 자신에 대해서도 배울 수 있다.

사람들은 또, 분노를 느낄 때 자신이 의롭다고 느낄 수도 있고, 자신에게 만족할 수도 있다. 마치 "모욕을 당하고, 무력해하고, 우울해하기보다는 화를 내는 게 더 좋아"라고 혼잣말을 하는 듯하다. 분노는 때때로 기분 좋게 느껴지기도 한다. 그래서 우리는 그 감정을 우리의 행동으로 고양시켜, 다른 사람들을 맹렬히 공격한다. 그렇게 해도 안전한 것처럼 보일 때는 특히 자주 그렇게 한다. 그러나 때로는 그 결과를 생각하지 않기도 한다.

또 분노는 장기적이고 건설적인 노력에 동력을 제공할 수도 있다. 자신에게 비판적인 부모에게 자신이 무능하고 게으른 것이 아니라 유능하고 부지런하다는 것을 보여주고자 노력하는 것이 그 예다. 그리고 분노로 인해 장기적인 복수를 위한 계획을 세우는 것은 분노 자체보다 더 오래 남는 유용한 기술을 얻거나 인상적인 업적을 만들어내는 동기가 될 수도 있다. 미국 문화적인 관점에서 보자면, 인간사에 분노는 불가피한 것이며, 또 반드시 표현해야 하는 것이다. 분노를 표현하지 않을 경우에는 불가피하게 쌓이고 곪아 병을 일으키기 때문이다. 나중에 우리는 이런 관점에 어느 정도 오류가 있다는 것을 보게 될 것이다.

우리가 분노를 비롯한 여타 위험한 감정들에 양면적인 태도를 가지는 것은 이상한 일이 아니다. 그 각각이 나름대로 대가와 이익을 가지고 있기 때문이다. 그러나 이런 양면적인 태도에는 위험성이 있다. 분노, 선망, 질투로부터 일어나는 공격적인 태도에서 파생되는 약간의 이익 때문에 종종 그 이익보다 훨씬 더 큰 손해를 보지 못할 수 있기 때문이다.

우리가 사건들에 부여하는 진정한 의미를 모르는 것은 비참한 결과를 낳을 수 있다. 동기가 분노라는 것을 깨닫지 못하고 공격적으로 행동한다든가, 다른 사람을 통제하고자 하는 개인적 욕구에서 공격을 하면서도 우리가 하는 일이 이타적이거나 의무를 수행하는 일이라는 식으로 자기 정당화를 한다든가 하는 경우가 그런 예들이다. 부모가 다 큰 자식을 통제하려고 자식의 데이트나 결혼을 막다가, 오히려 그들이 피하려고 했던 바로 그 상황으로 자식을 몰아가는 경우도 많다.

또한 우리는 분노가 발단이라는 것을 인정하지 않으면서 공격적으로, 또 독선적으로 행동할 수도 있다. 그럴 경우 다른 사람들을 돕는다거나 도덕적인 원칙을 준수한다는 거짓 믿음에 기초하여 행동하면서 결국 사랑하는 사람들을 포함한 다른 사람들에게 해를 줄 수도 있다. 그때 우리가 주게 되는 피해는 그들에게서 근절하려고 하는 '나쁜 행동'만큼이나 우리가 원치 않는 것이다.

만일 우리의 행동 뒤에 놓여 있을지도 모르는 분노를 이해하지 못한다면, 그것이 우리 자신이나 사랑하는 사람들에게 미칠, 궁극적으로 해로운 영향을 저지할 수 없을지도 모른다. 우리는 거짓 현실, 거짓 의미를 만들게 된다. 그리고 그것 때문에 아무것도 모르는 채 개인적이고 사회적인 재난을 향해 돌진하게 될 수도 있다. 그리스비극의 주인공처럼 자신을 파괴하는 수단을 보지 못하는 것이다. 이럴 경우 우리의 결정들은 불합리에 의해 통제되는 것처럼 보인다. 차라리 엉뚱한 이유들에 의해 통제된다고 말하는 것이 좋을지도 모르겠다. 진정한 이유들을 이해하지 못했기 때문이다. 그렇게 되면 결국 우리는 무슨 일이 일어났고 또 왜 일어났는지 끝까지 어리둥절하게 된다.

분노가 일어나는 과정

분노의 극적인 플롯은 나 또는 나의 것에 대한 모욕적인 불쾌한 언행이다.

우리는 모욕을 당했을 때 상처받은 에고가 복구될 수 있도록 그 모욕에 보복하려는 내장된 충동을 가지고 있다. 이것이 인간이라는 생물적 존재의 구성 방식이다.(자세한 내용은 9장 참조) 만일 우리를 모욕한 사람을 파괴하거나 무력화하면, 우리의 성실성은 유지되고 상처받은 에고는 복구된다.

우리는 또 불의를 보았을 때, 그것이 설사 우리가 모르는 사람을 향한 것이라 해도, 분노를 느끼게 된다. 예를 들어, 누가 어린아이 같은 무력한 사람을 학대하는 것을 볼 때 그렇다. 독자들은 이것이 우리의 에고에 대한 모욕과 무슨 관계가 있을까 궁금해할지도 모른다. 불의에 대한 우리의 분노 반응은 분노가 모욕을 당하거나 품위를 손상당하는 것과 관련이 된다는 주장과 배치되는 걸까? 아니면 이건 예외가 되는 경우일까?

우리는 그렇게 생각하지 않는다. 우리의 헌신적 태도는 우리 자신을 넘어 다른 사람들에게까지, 또 우리가 소중하게 여기는 의미와 이념들에까지 확장된다. 그런 것들은 에고의 연장선상에 있다. 정의에 헌신하고 인간의 품위를 지키는 것은 우리 존재의 한 부분이며, 우리가 원하는 공정한 세상의 기초다. 정의와 법과 규칙이 없는 세상은 대부분의 사람에게 커다란 위협이 된다. 우리 대부분은 그런 불의한 세상의 증거를 다름 아닌 우리 자신의 정체성에 대한 공격으로 여긴다. 그것을 우리 자신에 대한 직접적인 개인적 공격과 다름없이 위협적으로 여길 수도 있다.

분노를 자극하는 상황들이 다양하다는 건 쉽게 알 수 있다. 어떤 경우에는 강하고 분명한 공격들이 자극이 된다. 인격이나 능력을 비난하는 모욕적인 발언, 동료가 등 뒤에서 다른 사람들에게 우리 작업을 헐뜯는다든가 하는 경우처럼 우리에게 피해를 주려는 분명한 시도, 위협적인 신체적 행동, 이 모든 예들은 분명히 분노를 자극하는 경우들이다.

그러나 어떤 자극들은 미묘하고, 약하고, 모호하기도 하다. 미묘한 자극들일 경우에는 그것이 분노를 자극하는 것임을 인식하지 못할 수도 있다. 약한 자극일 경우에는 간과하기가 쉽다. 굳이 모욕으로 생각하자면 그렇게 생각할 수도 있는 발언은 모호한 자극이라고 할 수 있다. 이런 것들은 분명하거나 강하지가 않아서 어느 쪽으로도 받아들일 수 있다. 중국 음식점에서 다음과 같은 지혜로운 메시지가 들어 있는 과자를 받아본 적이 있는가. "모욕은 그것에 복수하기보다는 아예 안 보는 것이 나은 경우가 많다."

미묘하거나 약하거나 모호한 자극이 우리를 화나게 하느냐 아니냐는 자극 자체보다는 자극의 대상이 되는 사람에게 달려 있다. 칭찬은 칭찬인데 기분이 좋아지기보다는 이상하게도 우리를 헐뜯는 결과를 낳는 칭찬의 예를 한번 들어보자. 어떤 사람들은 우리가 자랑스러워하기보다는 사실 부끄러워하는 것에 대해 늘 칭찬을 한다. 그들은 표면적으로는 긍정적인 말을 하는 것 같으나, 그 메시지는 사실 우리에게 부정적인 것으로 다가온다.

그렇게 하는 사람들에게 개인적으로 분노의 반응을 보이는 것도 당연하다고 할 수 있다. 그들의 좋은 말 뒤에 숨은 적대적인 의도를 느낄 수 있기 때문이다. 겉으로만 염려하는 체하는 태도 이상을 절대 보여주지 않는 사람도 또 하나의 흥미로운 예다. 여기에는 모욕이 분명하게 나타나지 않는다. 다만 진짜 긍정적인 관심의 증거가 없다는 것이 사람들, 특히 그런 관심이 필요한 사람들을 분노하게 할 뿐이다.

앞서 말했던 부부 싸움에서 아내가 아침에 남편에게 오렌지 주스를 짜주지 않은 것은 모호한 행동이다. 아내는 출근 준비를 하느라 너무 바빴을 수도 있다. 남편이 그 점을 분명히 하기 위해 물었을 때, 아내는 공격적인 말로 대응을 했다. 때문에 그녀의 심술궂은 의도에는 의심의 여지가 남지 않았다. 마찬가지로 전날 저녁 남편의 침묵도 모호했다. 그러나 아내는 그것을 화를 나게 하는 자극으로 받아들였다. 이 부부의 관계의 이전 과정이나 남편의 일반적인 행동을 알지 못한다면, 이런 평가는 예측하기 힘든 것이다.

약하거나 미묘한 자극이 존재하는 모호한 상황에서, 어떤 사람들은 불쾌해하지 않고, 어떤 사람들은 불쾌함을 느끼고, 어떤 사람들은 자극을 받아 분노하기까지 한다. 이걸 보면, 얼마나 쉽게 자극을 받는가, 분노가 얼마나 강한가는 자극을 받는 사람과도 관계가 있다는 것을 알 수 있다. 따라서 어떤 상황에 대한 사람들의 다양한 반응들을 이해하려면 반응을 하는 사람들의 성격에 대해 어느 정도 알아야 한다.

유난히 화를 잘 내는 사람을 본 적이 있을 것이다. 그들이 다른 사람들보다 자극적인 상황에 더 많이 처한다는 것도 한 가지 설명이 될 수 있다. 공격적인 상사 밑에서 일하는 경우가 그런 경우다. 또는 억압당한 전력을 가지고 있어 자신을 피해자로 간주하는 것도 그런 경우다. 물론 이런 식의 피해자 중심의 설명에도 상당한 진실이 들어 있을 수 있다. 그럼에도 이것으로 설명을 끝내는 것은 너무 경솔하다. 억압을 당하지 않았지만 화를 잘 내는 사람들도 많고, 거꾸로 억압을 당했지만 화를 잘 내지 않는 사람들도 많기 때문이다. 따라서 생활 조건으로만 그들이 화를 잘 내는 이유를 다 설명할 수가 없다. 화를 잘 내는 경향은 그런 경향을 가진 사람들 자신에 대해 뭔가 말해주는 것이 있다.

그들은 자신과 세계에 대해 어떤 믿음들을 가지게 되었다. 그리고 그 믿음에 근거해서, 다른 사람들이 자신에게 공격적이거나 자신의 품위를 손상시킨다고 평가하게 되었다. 심지어 다른 사람들이 그런 평가를 뒷받침해 줄 만한 행동을 전혀 하지 않아도. 결국 그것 때문에 화를 잘 내게 된 것이 틀림없다. 예를 들어 그들은 특정한 인종이나 민족 집단의 구성원들, 또는 부유하거나 교육을 많이 받았거나 똑똑한 사람들이 그들에 대해 편견을 가진다고 믿을 수도 있다. 그들은 '인생은 정글'이라는 믿음, 공평한 몫을 얻으려면 공격적인 태도가 필요하다는 믿음을 가지고 성장했을 수도 있다. 아니면 존경받으려면, 그리고 '남성적인' 사회적 기준에 맞추어 살려면, 터무니없는 것은 절대 참지 말고 언제든지 싸움에 나서야 하며, 그렇게 하지 않는 것은 겁쟁이며 품위가 떨어지는 일이라고 믿고 있는지도 모른다. 이런 사람들은 뭐가 잘못되면, 자신이 아니라 다른 사람들을 비난하는 경향이 있다.

분노와 그 표현에 어떻게 대처할 것인가

분노가 공격적 태도로 표현되는 것은 개인적으로나 집단적으로 우리에게 매우 위험한 일이다. 따라서 우리를 분노하게 하는 것과 분노 자체에 대처하는 것은 우리 모두가 직면하고 있는 주요한 심리학적 과제다.

분노를 표현하는 것이 위험하며, 또 자신에게 힘이 없음으로 인해 종종 그 표현을 위장하게 된다는 것을 알려면, 일간신문을 잠깐 훑어보는 것으로 충분하다. 위장된 분노의 가장 매혹적인 예는 18세기 영국에서 만들어진 자장가다. 서구의 많은 아이들이 어렸을 때 즐기는 자장가 '자장자장 아가야(Rock-a-bye Baby)'는 원래 무시무시한 압제자 제임스 1세를 공격하기 위해 만들어졌다. 제임스 1세는 사생아에게 왕위를 물려주려 하고 있었다. 자장가 내용은 이렇다.

> 자장자장
> 나무 꼭대기의 아가야.
> 바람이 불면 요람이 흔들리겠네.
> 나뭇가지가 부러지면
> 요람이 떨어지겠네.
> 그러면 아기가 내려오겠네.
> 요람도 다 내려오겠네.

겉으로는 온화한 내용이지만, 이 자장가는 사실 정치적인 협박이다. 만일 나무 꼭대기(땅에서 가장 높은 자리를 뜻한다)의 사생아가 왕위 상속자가 된다면, 혁명적인 변화의 바람이 불어 위력을 발휘할 것이고, 결국 가지가 부러져 왕좌(요람)가 떨어질 거라는 뜻이다. 당시에는 왕족에 대해 공개적으로 비판을 하면 극도로 잔인한 처벌을 받았다. 그러나 제임스 왕 시절의 민중은 왕에 대한 비판을 안전하게 즐겼는데, 그것은 선동적인 메시지가 해로울 것 없는 민요로 위장되어 있었기 때문이다.

분노를 나타내는 것이 위험할 때는 분노의 표현이 위장된다는 것은 자명한 이야기다. 때때로 우리보다 힘 센 사람들, 예를 들어 고용주, 감독, 선생, 경찰 같은 사람들을 향해 분노를 직접 나타내는 것을 피하려고 일부러 위장할 수도 있다. 또 사랑하는 사람들에게 분노를 표현했을 때 보복이 두려워서 그렇게 할 수도 있다. 또는 분노로 인해 때때로 죄책감을 느낄 수도 있는데, 죄책감에 시달리는 것을 피하기 위해 그렇게 할 수도 있다.

사람들은 또 미묘하게 공격을 할 수도 있다. 즉 약간의 피해만 주면서 안전하게 분노를 표현할 수도 있는 것이다. 자신보다 힘 센 사람들에게 직접 분노를 표현하는 대신, 겉으로는 협력하는 행동을 할 수도 있다. 예를 들어 불만을 품은 노동자들은 감독이 목표를 달성하지 못하도록 병가를 낼 수도 있고, 생산성을 낮출 수도 있고, 일부러 멍청하게 일을 할 수도 있다. 심지어 자신의 심술궂은 의도를 스스로 의식하지 못하면서 그렇게 할 수도 있다.

분노를 표현하는 위험을 피하는 일반적인 방법은 분노의 전치(轉置)다. 즉 우리가 두려워하는 힘이 센 사람들을 겨냥하지 않고, 대신 위협적이지 않은 다른 사람 쪽으로 분노의 방향을 돌리는 것이다. 이런 식으로 우리는 사회에서 우리가 차지하고 있는 지위에 대한 좌절감을 분출하는 대상으로 무력하거나 경멸당하는 소수를 선택할 수 있다. 이런 종류의 전치는 편견과 차별의 일반적 기초를 이룬다.

이런 전치의 가장 슬픈 특징들 가운데 하나가 속죄양 만들기다. 그런 경우에 하나의 약한 소수집단이 좌절감과 분노를 또 다른 약한 소수집단에 퍼붓는 것을 종종 보게 된다. 얄궂은 일이지만, 억압의 피해자가 다른 피해자들을 공격하는 것이다. 또 하나의 예는, 역시 그런 좌절감의 아름답지 못한 표현으로서, 위협당하거나 신체적으로 학대당하는 사람이 무력한 자식들에게 비슷한 학대를 가하는 것이다.

전치는 동물의 왕국에 널리 퍼져 있으며, 지배를 위한 투쟁에서 가장 흔하게 나타난다. 이것은 인간의 지위를 위한 투쟁과 분노의 진화적인 기원을 보여주는 것이라고도 할 수 있다. 짐승들이 지배를 위한 투쟁에서 더 힘이 센 상대에게 패배할 경우, 위계질서상 그들보다 약한 짐승을 공격하는 것은 드문 일이 아니다. 생물적 요인과 문화적 요인이 감정에서 차지하는 역할을 살펴보는 9장에서 인간 공격성의 동물적인 기원에 대해 알아보게 될 것이다.

상대방의 지원을 잃을 위험은 피하면서도 분노는 표현하기 위해 고안된 약한 비난이라고 정의할 수 있는 **토라짐**(pouting)은 사람들이 분노를 표현하는 데 내재된 위험들에 대처하는 방식들 가운데 하나를 매우 잘 보여준다. 토라진 사람은 자신의 보호자에 대한 더 세찬 공격이 재난을 야기할지도 모른다고 두려워한다. 또 자신은 무능하며, 남의 호의에 의존하고 있다고 느낀다. 토라진 사람의 불만은 그것을 표현하는 상대가 자신이 바라는 만큼 친절하지 않다는 것이다. 그래서 실망을 했다는 것이다. 그러나 그 불만은 보호자를 너무 불쾌하게 하지 않도록 매우 조심스럽게 표현해야 한다. 따라서 토라짐은 더 많은 관심을 청원하는 것이라고 할 수 있다. 여기서 분노는 최소한으로 표현되거나, 아니면 위장된다.

우리는 또 불의를 목격함으로써 분노를 느낄 수도 있다. 그러나 정의에 헌신하다 보면 흥미로운 역설이 만들어진다. 우리는 모욕적인 불쾌한 언행이라고 평가할 수밖에 없는 경험을 한 뒤에, 우리에게 가해진 불의에 대해 상대에게 벌을 주고 싶어 한다. 이것은 어쨌든 옳은 일이다. 그러나 지나친 복수는 피해야 한다. 도덕성의 관점에서 보자면, 벌은 범죄에 합당해야 한다. 만일 우리의 역습이 정의감이 허용하는 것 이상으로 상대에게 해를 주게 되면, 후에 죄책감이나 수치심이라는 반응이 나타날 수도 있다.

우리 자신이 저지른 불의, 그리고 그것이 자극하는 죄책감이나 수치심에 대처하는 한 가지 방법은 우리가 한 일에 방어적이 되는 것이다. 그럴 경우 스스로에게 도덕적 정직성을 납득시키려 한다. 그리고 부정(否定)과 위선적인 독선에 많은 에너지를 소비하게 된다. 이것은 스스로를 탓해야 할 경우에 느끼게 될지도 모르는 죄책감을 누그러뜨리기 위한 것이다.

셰익스피어의 《햄릿》에는 햄릿의 어머니가 삼촌과 공모하여 왕인 아버지를 죽였느냐를 따지는 유명한 대목이 나온다. 셰익스피어는 그런 과정에 주목한다. 햄릿은 그들이 덫에 걸려 스스로 공모 관계를 드러내게 하려는 목적에서 배우들로 하여금 비슷한 비극을 연극으로 꾸미게 한다. 햄릿은 자기 어머니가 연극을 구경하는 모습을 관찰하다가, 그녀의 말을 의심하며 이렇게 말한다. "저 여인은 너무 심하게 단언하는 것 같다." 햄릿은 그녀가 하는 말이 죄의 부정이라는 것을 안다. 햄릿의 어머니가 연극 속 연극에 나오는 살인자 왕과 그의 정부를 지나치게 열정적으로 옹호했기 때문이다. 햄릿은 그것을 보고 그녀의 죄에 대한 자신의 의심을 굳힌다.

많은 경우 사람들은 자신이 죄를 지었다는 것이 밝혀질 때 더욱 격렬하게 부정을 하게 된다. 그리고 자신의 죄책감을 그 죄를 비난하는 사람에 대한 공격으로 전환한다.

예를 들어, 최근에 레스토랑 전용 주차장에 주차한 어떤 여자에게 항의를 한 적이 있다. 그 여자는 사실 레스토랑 옆에 있는 미장원에 가는 길이었다. 미장원에는 전용 주차장이 있기는 했지만, 레스토랑 주차장보다 불편했다. 우리가 당신은 차를 대서는 안 될 곳에 댔다고 말하자 그 여자는 자신의 잘못을 인정하는 대신, 당신들이 상관할 바가 아니라고 욕을 하고 또 거의 신체적인 위협을 가하기까지 했다. 물론 그것은 우리가 상관할 바였다. 바로 그런 행동 때문에 레스토랑에 가는 사람들이 주차하기가 힘들어지거나 때로는 불가능해지기 때문이다. 또 우리는 그것 때문에 레스토랑 주인이 스트레스를 받는다는 사실을 알고 있었다. 그 여자는 지각 없이 불법적인 행동을 했다. 그러다 현장에서 걸리자 격렬한 반응을 보였다. 그러나 그것은 그녀가 자신이 잘못된 일을 했다는 것을 부정할 필요가 있는 상황에 처했음을 입증해줄 뿐이었다.

분노의 문제에 대처하는 또 하나의 방법은 그것이 공격으로 표현되는 것을 억제하는 것이다. 분노 자체가 공격은 아니다. 그러나 우리는 화가 났을 때 공격하고자 하는 강한 충동을 느낀다. 때로는 억제하기가 어렵다. 그러나 분노를 느끼면서도, 그리고 심지어 공격하고자 하는 충동을 느끼면서도, 실제로는 아무도 공격하지 않을 수도 있다. 거꾸로 공격이 늘 분노를 동반하는 것은 아니다. 권투 선수가 전혀 분노를 느끼지 않고 상대를 때리는 것이나, 폭격기 조종사가 분노 없이 눈에 보이지 않는 수많은 사람들을 죽이는 데서도 그 사실을 알 수 있다.

심리학자 캐럴 태브리스는 분노의 억제, 그러니까 정확히 말하자면 분노를 느꼈을 때 공격하고자 하는 충동의 통제에 대해 쓰면서, 분노를 행동으로 표현했을 때 그것이 가져올 수 있는 큰 피해를 지적했다. 그녀는 화가 나서 공격을 하기 전에 "열을 세라"고 제안했다. 나중에 후회할 행동이나 말을 하기 전에 냉정해지려고 노력하자는 것이다.

태브리스는 분노를 억누르는 것이 반드시 심리적 또는 신체적 해를 주는 것은 아니라고 생각했다. 그것은 옳다. 요즘에는 표현되지 않은 감정은 보일러 안의 증기처럼 쌓이기 때문에 반드시 방출되어야 한다는 낡은 관점이 대체로 신용을 잃고 있는 셈이다. 만일 분노가 억제되고 또 이후에 다른 추가 자극들에 의해 불이 붙지 않는다면, 분노는 아무런 해도 주지 않고 점차 흩어져버릴 것이다. 그러나 만일 되풀이해서 또는 지속적으로

자극을 받는다면, 인간관계와 개인적 건강 양쪽에 진짜 문제가 생길 수도 있다.(12장 참조)

분노가 공격으로 표현되는 것을 억제하려는 노력이 피해를 주는 것이 아니라, 분노가 인간관계에 미치는 결과, 즉 상대방이 분노에 반응하는 방식이 피해를 준다. 예를 들어, 우리가 분노를 표현했는데 상대방이 아무런 보복 없이 받아들이고, 오히려 불쾌함을 느낀 우리를 달래주려고 한다고 해보자. 이것은 아무 해가 될 것이 없다. 심지어 어느 정도 도움이 될 수도 있다. 그러나 만일 분노의 표현이 인간관계에 독이 된다면, 그것은 장기적으로 중대한 대가를 요구할 수도 있다. 그리고 이런 피해가 지속적인 스트레스를 주어 병을 일으킬 수도 있다.

그러나 분노의 표현을 억제하는 것이 곧 하나의 감정 상태인 분노 자체를 제거하는 것은 아니다. 화는 자극이 계속되는 한, 설사 감추어진 형태라 해도 그대로 살아 있기 마련이다. 단지 상대방을 보는 것만으로도, 또는 비슷한 상황에 처한 것만으로도 다시 자극을 받아 화가 날 수 있다. 설사 분노가 일시적으로 흩어진다 해도, 다음에 자극이 있으면 다시 분노가 발생할 것이다. 되풀이해서 나타나는, 표현되지 않는 분노를 억제하기 위해서는 더 강력한 대처 전략이 필요하다. 그런 전략이란 이미 보았듯이, 분노를 일으킨 사람의 행동을 개인적인 모욕으로 보지 않고, 그 사람의 문제에 감정이입을 함으로써 분노를 일으킨 자극을 재평가하는 것이다. 이런 재평가는 분노를 완전히 제거하는 힘을 가지고 있다. 달리 말해서 자극을 제거하려면 그 자극에 부여하는 의미를 바꾸어야 한다. 감정에 대한 대처에 대해서는 8장에서 더 자세히 이야기할 것이다.

감정의 자극이 사건을 해석하는 의미에 기초를 두고 있다면, 감정에 대한 대처 역시 우리가 일상의 활동에서 끌어내는 의미에 기초를 두고 있다는 것은 이치에 닿는 이야기다. 분노와 공격이 어떻게 통제되는가 또는 통제 가능한가를 이해하기 위해서는, 사람들이 그들의 에고에 위협이 되는 것들에 대처하는 방식을 고려해야 한다. 그것에 바탕을 두고 그들이 자신이 느끼는 분노를 공개적으로 표현할 것인지 아닌지, 그 분노가 규제될 것인지 아닌지를 예측해야 한다.

대처는 또 비난의 화살을 돌리는 일, 분노의 대상, 행동 방식의 결정에도 영향을 줄 수 있다. 무슨 일이 생겨도 스스로 책임을 받아들이지, 거의 절대 남을 탓하지 않는 사람들도 있다. 우리가 그들에게, "이건 당신 탓이 아니오" 하고 말해도, 그런 말로 그들이 상황을 평가하는 방식이 바뀌지는 않을 것이다. 반면 상황에 대한 책임을 거의 받아들이지 않는 사람들도 있다.

프로이트는 분노를 가장 문제가 많은 두 개의 본능적 충동 가운데 하나(또 하나는 섹스)로 보았다. 프로이트는 무시무시한 1, 2차 세계대전, 인간의 압제, 공격성, 잔인성, 끊임없는 유혈의 역사에 영향을 받은 파괴적인 경향들이 인간의 피할 수 없는 생물적 조건이라고 생각했다. 프로이트는 히틀러가 유대인 학살을 비롯한 잔학한 행위를 저질렀던 2차 세계대전을 보았고, 그것 때문에 사회가 분노와 공격성을 통제할 수 있느냐 하는 문제에 비관적이 되었다. 사실 역사를 살펴본 사람이라면, 사람들이 서로 죽이고, 고문하고, 대량 학살을 자행하고, 약탈하는 행위들을 얼마나 쉽게 합리화하는지를 보며 절망하지 않을 수 없다.

인간의 역사가 이러한데도 공격성을 통제할 가능성에 대해 낙관적 태도를 가질 만한 이유가 있다고 생각하는 사람들도 있다. 인간이 아닌 동물들을 관찰해보면, 그들에게는 먹이를 위한 것이 아니면 심각한 공격(심한 부상이나 죽음을 초래하는 공격이라는 의미에서)은 비교적 드물다고 한다. 분노는 통제하기 어려운 것이다. 그러나 공격성과 폭력은 불안정한 상태다. 그것은 급속하게 변할 수도 있고, 구체적인 조건에 따라 표현될 수도 있고 또 억제될 수도 있다. 이 조건들이 어떤 것이냐에 대해서는 아직 알지 못하는 것이 많다. 어쨌든 모든 낙관론은 프로이트의 비관적인 견해와 뚜렷한 대조를 이룬다. 또한 인간의 역사와도 모순되는 것으로 보인다.

분노를 비롯한 모든 감정에서 중심적인 것은 사건들에 부여되는 개인적 의미다. 이 개인적 의미가 어떤 감정을 느낄 것인가, 그리고 그 감정에 얼마나 잘 대처할 것인가를 결정한다. 분노의 경우, 그것이 통제되느냐 증가하느냐 하는 것은 그것을 경험하는 개인에게 달려 있다.

선망

이제 두 번째 위험한 감정인 선망으로 들어가 보자. 우선 힘겨운 선망의 패턴 때문에 괴로워하는 사람의 사례를 보도록 하자.

도리스는 20년 전에 릭과 결혼했다. 그러나 그들 부부보다 운 좋고 부유한 사람들을 향한 끈질긴 선망 때문에 괴로움을 겪고 있다. 도리스 자신이 매력적인 '결혼 상대자'가 아니었기 때문에, 그녀는 자신이 처음에 선택한 남자가 아닌 남자와 결혼을 했다. 그녀가 원하던 남자는, 그녀의 기억으론 멋진 사람이었는데, 몇 번 데이트를 하기는 했지만, 그녀에게 진정한 관심을 가지지는 않았다. 도리스는 릭이 자신의 결혼 상대자로서의 기준에 간신히 들어맞을 정도였기에 망설였으나 그래도 남편이 없는 것보다는 나았다.

릭은 처음에 결혼했을 때는 그런대로 유망해 보였다. 그러나 이제 40대 후반에 이르러, 그의 장래는 기껏해야 커다란 소매점 체인의 영업사원이라는 현재의 일을 계속해나가는 것이다. 지역공동체 단과대학에서 사무직으로 일하는 도리스는 남편과 거의 같은 수준의 봉급을 받고 있다. 그들에게는 십대 후반의 두 자녀가 있다.

도리스와 릭은 둘 다 4년제 대학을 졸업했다. 그러나 점점 늘어나는 가계 부담 때문에 그냥저냥 안락한 정도의 생활을 하고 있다. 그들은 매년 값싼 휴가 여행을 다니며, 가끔 고급 레스토랑에서 외식을 한다. 일주일에 한 번은 아이들을 데리고 패스트푸드 레스토랑에서 외식을 한다. 둘 다 직장에서 열심히 일을 한다. 아이들을 위해 견실한 가족 환경을 제공하려고 애를 쓰고 있다. 가끔은 영화나 스포츠 경기를 보러 간다. 친구도 몇 명 있다. 그러나 관찰자가 보기에는 친구들과의 관계에 깊이가 없는 것 같다.

도리스는 다른 사람들에 대한 선망에 시달리고 있다. 평생 그래 온 기분이다. 도리스는 십대였을 때는 똑똑하고, 예쁘고, 인기 있는 소녀들을 선망했다. 그리고 갈망하는 눈길로 가장 인기 있는 소년들을 바라보았다. 그러나 그들은 그녀에게 눈길 한번 주지 않았다. 반면 여동생은 인기가 있었다. 도리스는 여동생을 선망했다. 그래서 그녀와 경쟁을 하려 했으나 소용이 없었다. 부모들은 늘 여동생 자랑만 했다. 그녀에 대해서는 한 번도 그런 식으로 이야기한 적이 없는 것 같았다.

도리스는 남편을 원망한다. 그녀가 보기에 릭은 실패자이기 때문이다. 릭은 상냥하고 그녀에게 사려 깊다. 집에서 집안일이나 아이들을 돌보는 일을 많이 도와준다. 또 도리스를 바람직한 아내라고 생각하고 있다. 그러나 불행히도 도리스는 한 번도 릭에게 고마워한 적이 없다. 릭은 도리스의 결함들을 받아들여준다. 그러나 표현은 거의 하지 않지만 그녀의 자신에 대한 언짢은 평가에는 가슴 아파한다.

도리스는 다른 부부가 가지고 있는 값비싼 차들을 선망한다. 파티에서 사람들이 끼고 있는 다이아몬드 반지나, 몇몇 사람이 입은 비싼 옷을 굶주린 눈길로 바라본다. 그녀는 자신의 집을 부끄러워한다. 더 크고, 시설 좋은 지인들의 집들을 보며 선망을 품는다. 도리스는 남편을 부끄러워한다. 남편에게 속았다고 느끼고 있다. 그녀는 공부 잘하는 자식들을 자랑하는 친구들을 선망한다. 자기 자식들은 그들에 비하면 이렇다 할 만한 것이 없는 것 같다.

도리스는 남편에게 원망하는 투로, 그런 것들을 가진 여자들에 대해 말한다. 그리고 그런 것들을 주지 못하는 남편을 경멸하는 것 같다. 도리스는 이렇게 으르렁거린다.

"왜 그 여자가 그렇게 잘사는 거야? 미인도 아니잖아. 똑똑하지도 못하고, 대학도 졸업하지 못했잖아."

도리스는 말은 하지 않지만, 늘 남들이 그녀보다 훨씬 더 많은 것을 가지고 있기 때문에 자신은 불행하다는 생각을 하고 있다.

도리스는 그녀가 부러워하는 사람들 가운데 일부가 개인적인 문제나 비극을 겪을 때는 약간의 만족감을 느끼곤 한다. 친구가 유방암에 걸려 유방 절제라는 극단적인 방법을 쓰지 않을 수 없었을 때 겉으로는 적당히 동정심을 표하는 이야기를 했지만, 이 '아주 거만하고 운 좋은 여자'가 고통을 겪는 것을 은밀히 기뻐했다. 또 다른 친구가 이혼을 했을 때는 그녀가 아내로서 얼마나 형편없었는지 모른다고 경멸하면서, 그녀의 남편이 그녀에게 등을 돌리는 데 왜 그렇게 시간이 걸렸는지 모르겠다고 말했다. 그러나 이런 적대적인 만족의 순간이 그녀의 애를 태우는 선망을 추방하거나 보상할 수 있는 것은 아니었다. 도리스는 늘 불행하고 적대적인 사람이다. 자신의 운명 때문에 늘 비참한 상태에 빠져 있는 것 같다.

심리학적 분석

도리스는 상태가 아주 안 좋다. 그녀처럼 선망에 시달리게 되면, 선망의 독에 오염되고 만다. 갈망, 그리고 자신을 다른 사람들과 부정적으로 비교하는 태도는 비참함을 일으키는 끊임없는 원천이 된다. 도리스는 한때는 그녀가 원하던 남편을 얻은 여자를 질투했다. 그러나 이제는 주로 끊임없이 계속되는 선망 때문에 괴로움을 겪고 있다. 도리스는 그녀가 가진 것에서 결코 큰 만족을 얻을 수가 없다.

이는 어린 시절부터 그녀 성격의 일부였던 것으로 보인다. 여동생과 경쟁해서 성공하지 못했던 것과 관련이 있는 것 같다. 그리고 부모들의 상습적인 부정적 비교가 그런 감정을 부채질했다. 도리스는 결국 선망을 삶의 양식으로 만들었다. 박탈당한 존재라는 자아상의 표현인 것이다. 도리스는 심리적 박탈감을 결코 극복하지 못했다.

도리스의 선망을 자극한 것은 무엇일까? 첫 자극은 여동생과의 불리한 비교였다. 도리스는 이를 자신에 대한 거부로 경험했다. 그녀가 이룩하는 어떤 것도 부모의 긍정적인 관심을 얻을 수 없었다. 그녀에게 결핍되어 있는 것은 인생의 좋은 것들만이 아니다. 그녀에게 결핍이라는 것은 부당하게 대우받고, 제대로 평가받지 못한다는 끊임없는 느낌을 상징하는 것이다. 그녀처럼 성격의 일부로 선망을 가지는 사람들은 근본적인 박탈감을 느낀다. 그것은 그들의 개인적·사회적인 정체성의 핵심에까지 영향을 준다. 마치 도리스는 늘, "나는 하나의 인간으로서 세상에서 더 많은 것을 얻을 자격이 있다"고 말하는 것 같다. 이것이 그녀를 좌절시키는 선망의 개인적 의미다.

도리스는 어른이 되어 다른 부부들이 사는 방식을 보거나, 자신이 박탈당했다고 느끼는 어떤 것들을 생각하게 되었다. 이런 관찰과 생각은 그녀의 선망을 자극했다. 이런 것들 때문에 도리스는 여동생과의 일을 떠올리게 되었다. 그러한 관찰과 생각들에 자극을 받으면, 밤에 잘 때, 훌륭하다고 칭찬받는 여동생 앞에서 부모에게 야단을 맞는 꿈을 꾸는 경우가 많았다.

그녀의 생각들이 약간 긍정적으로 바뀌는 괜찮은 순간들도 있다. 그러나 자신에 대한 부정적인 느낌들이 워낙 빈번하고 강하다 보니, 그녀는 항상적인 선망 상태에 처해 있는 것 같은 느낌을 준다. 그녀의 경우 선망은 성격의 중심적인 부분이 되었다. 거꾸로 그것은 그녀 자신의 생활 조건에 대한 한탄이 되어 그녀를 지속적으로 괴롭히고 있다. 여기에는 주로 한 개인으로서 거부를 당했다는 개인적인 의미가 따라붙는다.

객관적으로 말해서 도리스의 생활 형편이 그렇게 나쁘다고 할 수 없다. 그러나 그녀는 자기가 원하는 것을 얻지 못하고 또 받을 자격이 있다고 믿는 것을 받지 못하기 때문에, 자신의 삶이 불행한 실패작이라고 해석한다. 도리스 자신은 깨닫지 못하는 것 같지만, 그녀가 가장 원하는 것은 사람들의 긍정적인 관심이다. 그러나 그녀는 자신에 대해서 너무 많은 의심을 품고 있다. 그것은 그녀 스스로 부모들의 부정적인 생각을 반쯤은 믿기 때문에 나온 결과다.

물론 도리스는 형편없이 대처하고 있다. 도리스는 개인적인 무능이라는 자아상 때문에 자신의 개인적 상황을 정확하게 평가할 수가 없다. 우리 모두 때때로 이런 종류의 대처에 빠져들고, 그래서 약간의 선망을 경험하게 된다. 우리 가운데 일부는 다른 사람들보다 더 강하게 또는 더 자주 그것을 경험한다. 그러나 우리들 대부분에게 이런 순간들은 드물고 또 간격도 길다. 그리고 우리는 그런 것들을 비생산적이고 비현실적인 것으로 간주하여, 생각에서 떨쳐버릴 수 있다. 그러나 도리스는 자신이 가진 것과 가지지 못한 것을 거리를 두고 바라볼 수가 없었다. 자신의 있는 그대로의 모습과 자신이 가진 것을 받아들이고, 그것을 높이 평가할 수 없다는 것이 그녀의 병이다.

왜 도리스처럼 비참한 상태에 있는 사람들은 마치 그 비참함 없이는 살아갈 수 없다는 듯이 거기에 매달리는 것처럼 보일까? 경험 많은 실존주의적 심리치료학자로서, 고통받는 환자들을 치료한 경험에 대해 많은 책을 쓴 제임스 F. T. 버겐탈은 이 딜레마에 대해 재미있는 답을 제시한다. 그의 환자들 가운데 프랭크라는 사람은 치료를 받다가, "비참하지 않다는 느낌이 어떤 것인지 느낄 수 있나요" 하는 질문을 받았다. 그는 잠시 표현을 하는 데 어려움을 겪다가, 화가 나서 불쑥 내뱉었다. "만일 내 비참함을 포기한다면, 난 절대 다시 행복해질 수 없을 거요." 버겐탈은 이 통찰에 경외감을 느끼고 이렇게 썼다.

> 그는 그가 인생에 대처하기 위해 배운 방식이 그에게는 필수적임을 분명하게 드러내고 있다. 프랭크의 비참함은 물론 실제로는 '행복'의 원천이 아니다. 그의 비참함은 매우 현실적인 것이다. 그러나 이 세상에서 그가 존재하는 방식을 포기한다는 것은 너무 무시무시한 일이며, 그에 비하면 현재의 비참함이 행복으로 보였을 것이다.

버겐탈이 프랭크가 그의 문제들에 대처하는 방식이 적당한 것이라고 이야기하는 것은 아니다. 다만, 프랭크가 그것을 포기하는 것은, 그런 식의 대처법이 제공하는 보호막 없이 자신의 갈등들을 보아야 한다는 훨씬 더 큰 위협에 직면하는 것임을 지적하고자 하는 것이다. 도리스 역시 비참하다. 그러나 뭔가 더 효과적인 것으로 대체하지 않고는 선망이라는 패턴을 버릴 수가 없다. 만일 자신의 삶에서 이제까지 무슨 일이 일어났는지를 확실히 이해하지도 못한 채 무작정 선망의 패턴을 벗어던진다면, 그녀 역시 보호막이 벗겨진 위험한 상태에 빠질 수 있다.

도리스는 자신과 세상에 대해 생각하는 방식을 바꿈으로써 자신이 만든 이 비극을 극복해야 한다. 그러니까 자신의 삶에서 지속적인 만족을 느끼고자 한다면, 운명에 의한 피해자가 되었다는 느낌을 버려야 한다. 그러나 이것은 쉬운 일이 아니다.

도리스의 경우처럼 자신의 대처 방법이 실패했을 때 찾을 수 있는 대안은 전문적인 도움을 구하는 것이다. 도리스의 문제는 아주 이른 시기에 시작된 것이다. 따라서 분별력 있게 치료 전문가를 선택하고, 그의 도움을 얻어 그녀의 모든 문제가 어떻게 시작되었는지를 살펴보아야 할 것이다. 정신분석을 받아보라는 제안을 하는 것이다. 장기간에 걸친 치료는 그녀의 얼마 안 되는 재산을 생각하면 너무 비싸게 느껴질지도 모르겠다. 그러나 비교적 짧은 심리 치료도 있다. 그것이면 다른 사람들과의 쓸데없는 비교를 통해 비참함만 가중시키는 일을 중단할 원리를 찾는 데 도움을 얻을 수도 있을 것이다. 도리스는 자신이 왜 다른 사람들을 그렇게 선망하게 되었는지를 알고 이해할 필요가 있다. 나아가 더욱 좋은 것은, 자신이 가진 것과 자신의 현재의 모습을 높이 평가하는 것이다.(정신치료에 대한 13장 참조)

우리도 이 글을 쓰면서 도리스가 지금 자신의 선망을 통제해나가고 있다거나, 그렇게 하기 위해 전문적인 도움을 얻고 있다고 말하고 싶다. 그러나 불행히도 그녀는 지금도 계속 자신의 선망 때문에 애를 태우고 있다. 그리고 그 선망은 그녀의 관점에서 본, 좋은 인생을 이루는 데 필요한 모든 것을 향하고 있다. 그녀는 자신에게 가장 결핍되어 있는 것은 자신에 대한 좋은 평가와 다른 사람들의 긍정적인 관심이라는 것을 보지 못한다. 그녀의 이제까지의 경험을 볼 때, 그리고 그녀가 자신과 삶에 대해 합리적인 관점을 얻지 못하고 있다는 것을 볼 때, 도리스가 앞으로 남은 평생 동안 다른 사람들에 대한 선망과 분노에 에워싸인 채, 자신은 계속 피해자임을 자처한다 해도 놀랍지 않을 것이다.

선망의 여러 가지 얼굴

선망(envy)은 보통 질투(jealousy)와 비슷한 것으로 간주되며, 또 질투와 함께 이야기된다. 이 두 단어의 의미가 혼동되는 경우가 많기는 하지만 또 쉽게 구분될 수 있다. 따라서 우리는 선망과 질투를 별도로 논의할 것이다.

상대방이 부러운 이런저런 것을 가지고 있을 때 "I am jealous of you" 하고 말하는 것은 종종 볼 수 있는 부정확한 표현이다. 선망은 두 사람의 감정이다. 반면 질투는 삼각관계다. 질투는 내가 어떤 것을 나의 것이라고 생각하고 있는데, 누군가가 그것을 빼앗겠다고 위협하거나 빼앗았을 때 생기는 것이다. 가장 흔한 경우는 질투의 대상이 제3자의 애정을 빼앗아가는 것이다. 도리스는 원래 그녀의 여동생을 질투했다. 그러나 나중에는 제3자가 없기 때문에 선망으로 괴로움을 겪었다고 말할 수 있다. 우리는 좋은 직업을 가진 사람을 선망한다. 반면 우리가 열망하는 일자리를 빼앗아간 사람은 질투한다.

선망의 극적인 플롯은 단지 다른 사람이 가진 것을 원한다는 것이다. 선망하는 사람의 주관적인 상태는 자신이 부당하게 빼앗겼다고 느끼는 것에 대한 갈망 상태다. 그것은 통제하기 어려운 고통스러운 갈망이다.

왜 사람들은 부당하게 박탈당했다는 개인적인 느낌을 구성하고, 그럼으로써 선망을 경험하는가? 다른 사람들이 가지고 있는 어떤 것을 보고 그것을 원할 때 자연스러운 반응은 그것을 선망하는 것이다. 이것이 아마 우리 모두 이따금씩 경험하게 되는 보통의 선망일 것이다. 존스 부부를 따라잡도록 노력하자, 우리는 그런 말을 할 수 있다. 이것이 선망의 감정을 표현하는 것이다. 그런 경우 선망은 일회적이고 드문 사건이 될 수 있다. 우리는 그 감정을 금방 극복하고, 삶을 계속 살아나간다. 이런 형태의 선망은 도리스의 경우처럼 계속 집요하게 따라붙는 깊은 박탈감에서 유래하는 것이 아니다. 따라서 특별히 해로울 것도 없다. 모든 선망이 도리스의 경우처럼 강렬하고 깊이 뿌리박히는 것은 아니다. 도리스는 개인적인 경험들 때문에 한 사람으로서 거부당한다는 느낌에 매우 취약했던 것이다.

선망을 불러일으키는 일반적인 자극은, 적어도 표면적으로는, 다른 사람이 우리가 원하는 것을 실제로든 상징적으로든 가지고 있는 것을 보게 되는 것이다. 선망의 개인적 의미는 다른 사람이 내가 원하거나 필요로 하는 것을 가지고 있는데, 그 사람보다는 내가 그것을 가질 자격을 더 잘 갖추고 있다는 것이다. 따라서 그 사람이 그것을 가지고 있는 것은 부당한 일로 해석되고, 나도 그것을 갈망하게 된다. 선망을 하는 사람의 의식 속에는 이런 부당하다는 느낌과 자신이 빼앗겼다고 생각하는 것에 대한 갈망이 들어 있다. 도리스의 경우처럼 선망이 에고와 강한 관련을 가지게 되면, 다른 사람들의 긍정적인 관심에 대한 요구가 기저에 항상 깔려 있게 된다. 그러나 이 요구는 표면 밑에 묻혀 있다. 그러면 이 뿌리가 강한 선망은 성격적 특질이 된다. 그리고 우리는 그 사람을 부러움이 많은 사람이라고 말하게 된다.

다른 감정들도 마찬가지지만, 선망을 느끼게 되면 그 감정과 그것을 유발하는 조건에 어떤 식으로든 대처해야 한다. 우리 자신과 다른 사람들의 비교는 부정적일 수도 있고 긍정적일 수도 있다. 우리가 자신을 일반적인 다른 사람들보다, 또는 특별한 어떤 사람보다 낫다고 생각할 때는 긍정적이 된다. 따라서 선망에 대한 한 가지 대처 방법은 자신의 상황에 유리한 비교를 하는 것이다. 이것은 선망의 반대가 된다. 우리가 다른 사람들보다 낫다는 판단은 그 반대 판단일 경우에 겪을지도 모르는 역경과 파멸적인 선망에 대처하는 한 가지 방법이 될 수도 있다. 도리스는 이렇게 할 수 없었다. 도리스는 그녀보다 생활 조건이 유리하지 못한 사람들에게는 관심을 가지고 싶어 하지 않았고, 오직 나은 사람들에게만 관심을 가졌다.

대처의 또 한 가지 방법은 우리가 선망하는 사람의 비참함을 즐기는 것이다. 영어에는 없지만 독일어에는 이런 심술궂은 감정을 표현하는 말이 있다. 그것은 Schadenfreude인데, 이 말은 다른 사람의 고통에 즐거워한다는 뜻이며, 영어의 gloating과 비슷한 말이다(우리말로는 "고소해하다"가 여기에 해당될 것이다). 이것은 또 다른 사람의 성공에 고통을 느끼는 것을 가리킬 수도 있다. 도리스는 그녀가 선망하는 사람들이 받는 고통에 기쁨을 느꼈다. 그러나 자신을 피해자로 만드는 데 너무 몰두한 나머지 이런 형태의 대처에서는 거의 만족을 느낄 수가 없었다.

선망은 다른 사람에게 감탄하고 그 사람에게 어떤 피해도 바라지 않는다는 의미에서 온화한 것으로 나타날 수도 있다. 그러나 심술궂고 잔인해질 수도 있다. 이런 경우 선망은 우리보다 더 많이 가졌다고 생각되는 사람에 대한 분노와 결합된다. 그래서 만일 그 사람이 실수를 하게 되면, 우리는 그 사람들에게 선망을 덜 느끼게 되며, 반대로 우리 자신의 상황에 대해 약간 낫게 느끼게 된다.

신학자인 솔로몬 심멜은 선망이 "지옥에 떨어지는 7대 죄악" 가운데 하나로, 구약에 나오는 여느 비도덕적 행위와 다를 것이 없다고 말했다. 성경에서 솔로몬 왕의 지혜를 보여줄 때 예로 드는 다음 이야기는 대부분 들어본 적이 있을 것이다.

아기가 죽은 한 여인이 살아 있는 아기를 가진 어머니를 선망하여, 그 아이가 자기 것이라는 그릇된 주장을 했다. 솔로몬은 아이를 반으로 나누어 두 여인에게 나눠 주라고 했다. 그러자 여인은 동의했지만, 진짜 어머니는 겁을 집어먹고 차라리 아이를 살려 사기꾼한테 주는 쪽을 택했다. 솔로몬은 자신의 제안에 대해 두 여인이 보인 서로 다른 반응을 보고, 누가 진짜 어머니고 누가 사기꾼인지를 알 수 있었다. 여기서 우리는 선망이 가지는 잔인성을 본다. 선망에 빠진 여인은 어머니에게서 아이를 빼앗으려 했을 뿐 아니라, 다른 사람이 자신에게는 없는 것을 누리기를 허용하느니, 차라리 아이가 죽는 쪽을 택했던 것이다.

심지어 유명인사들도 때로는 우울증에 빠지거나 자살을 하며, 개인적 재난의 피해자가 되기도 한다. 그런 것을 생각하면 자신의 보잘것없는 삶이 견딜 만한 것이 될 수도 있다. 이것은 도리스가 친구들의 비극을 즐거워한 것과 비슷하다. 주디 갈란드와 머릴린 먼로는 그토록 뛰어난 재능과 부를 가졌으면서도 젊어서 비극적으로 죽은 유명한 예들이다. 우리는 웬일인지 이 예들을 보며 위안을 얻는다. 그런 사람들조차 스트레스와 불행에 굴복할 수 있다는 사실 때문일 것이다.

우리는 또 불운의 피해자들을 비난함으로써 불운을 면제받은 행운에 대한 자신의 죄책감을 씻으려 한다. 이것은 선망의 느낌과 반대된다. 우리는 정의로운 세상에서는 착한 사람이 상을 받고 나쁜 사람이 벌을 받는다고 믿고 싶다. 그러나 우리가 사랑하거나 관심을 가지는 사람들, 또는 우리가 착하고 품위 있다고 알고 있는 사람들이 만성적이거나 치명적인 병으로 괴로워하거나, 또는 가혹한 운명이라는 고통을 겪을 수도 있다. 그것은 우리의 정의감과 우리 자신의 안정성을 크게 위협한다. 만일 그들이 불운을 겪는다면, 우리에게도 그런 일이 일어날 수 있기 때문이다.

따라서 피해자들이 어떤 식으로든 뭔가에 실패해서 스스로 그런 고통을 자초한 것이라고 믿고 싶은 강력한 소망이 생기게 된다. 정의로운 세상에서는 이것만이 그들이 피해자가 된 이유를 설명해주기 때문이다. 도리스는 피해자가 되었다고 느꼈다. 그러자 다른 사람들은 곧 그녀의 불운은 그녀 책임이라고 생각하게 되었다. 그녀가 그런 불운을 당할 만하니까 당한 것이 틀림없다고 생각한 것이다. 도리스로서는 사회적인 문제가 늘어난 셈이었다. 이를 보면, 선망하는 마음이 매우 강한 사람은 이를 감추는 식으로 대처하는 게 더 나을지도 모른다는 생각이 든다. 선망은 다른 사람들의 눈으로 볼 때는 우리의 사회적 신용을 낮추는 것이기 때문이다.

우리는 원하던 것, 예를 들어 부가 축복이 아니라 악이라서 우리를 행복하게 해줄 수 없다고 믿기도 한다. 이것도 선망에 대처하는 한 가지 방법이다. 만일 부나 명성이 진짜 기쁨을 주는 것이 아니라고 믿을 수 있다면, 부유하거나 유명한 사람들을 선망할 필요는 줄어들게 된다. 도리스는 이것을 이해하지 못한다. 도리스는 선망 때문에 전체적인 시야로 상황을 볼 수 없었다. 도리스는 오래전에 이미 패배한 싸움을 아직도 하고 있는 것이다. 그것은 자신보다 운이 좋은 여동생과의 경쟁이라는 싸움이다.

관조적인 거리를 둠으로써 역경에 대처하는 사람들은 선망을 어느 정도 통제할 수 있다. 이들은 자신이 가진 것을 최대로 이용하자고 스스로를 타이르는 사람들이다. 그러한 관조적 거리감 덕분에 이들은 가질 수 없는 것을 갈망해보았자 아무 소용이 없다는 관점을 확보하게 된다. 이들은 큰 고통 없이 박탈을 받아들일 수 있다. 사실 가진 것을 고맙게 받아들이고, 또 자신이 운이 좋다고까지 생각할 수 있다면, 우리는 훨씬 더 행복해질 수 있다. 불교 신도들이나 고대 그리스의 금욕주의자들은 사람들이 일반적으로 추구하는 전형적인 탐욕스러운 목표에서 벗어나지 않으면 마음의 평화를 얻을 수 없다고 말한다. 즉 그런 목표들을 포기함으로써 근심에서 자유로워져야 한다는 것이다. 또 우리보다 훨씬 부유하거나 가난한 사람들이 아니라, 우리 자신과 비슷한 환경을 가진 사람들과 주로 어울리면 더 행복해질 수 있다.

특히 선망이 성격적인 특질로 나타나는 사람들의 경우에는, 그들이 바라는 것은 단지 물질적인 것만이 아니다. 선망이 많은 사람들은 자신이 다른 사람들에게 한 개인으로 받아들여지거나 긍정적인 평가를 받는다고 느끼지 못한다. 당사자는 분명하게 인식하지 못할 수도 있지만, 이런 결핍이나 필요는 온갖 종류의 것들에 대한 선망을 만들어낸다. 따라서 이런 경우의 선망은 다른 사람들의 수용이나 관심의 결핍을 상징한다. 우리는 우리 자신의 개인으로서의 가치에 큰 의심을 품고 있을때 특히, 높이 평가받거나, 존경받거나, 영향력이 강하거나, 삶의 역할에서 성공한 사람들을 선망하게 된다.

질투

이제 자신이 사랑받을 만하다고 생각하지 않는 사람에게 나타난 질투의 슬픈 사례를 보도록 하자.

잭은 쾌활하지만 평범한 외모를 가진 사람이다. 그는 늘 자신이 매력이 없고, 똑똑하지 못하고, 사랑받을 만하지 못하다고 생각해왔다. 어머니는 늘 형을 칭찬했다. 잭은 늘 형을 선망했다. 형이 여자가 감탄할 만한 모든 것을 가지고 있다고 생각한 것이다. 그렇다고 어머니가 잭에게 불친절한 것은 아니었다. 다만 무관심하고 거리를 두는 듯한 느낌을 주었다. 여자들은 전반적으로 그에게 관심이 없는 것 같았다. 사실 잭은 학교에 다닐 때 데이트를 많이 해보지 못했다.

잭은 학교에서 평범한 학생이었다. 지금은 연봉이 적은 직장에서 일을 하고 있다. 발전 가능성이 거의 없다. 그러나 그는 마셔라는 아름답고 인기 있는 여자와 결혼을 했다. 그녀는 좋은 일자리를 가지고 있으며, 앞으로 직장에서 발전할 가능성도 많다. 잭의 결혼은 그가 아주 바람직한 여자를 매혹시킬 수 있다는 것을 증명했다. 따라서 그의 바람직함에 대한 자신의 부정적인 평가에 대한 변명 역할을 했다. 마셔가 결혼 상대로 그를 골랐다는 것은 잭의 눈에는 이상하면서도 찬란한 행운으로 보였다.

잭은 결혼 후부터 마셔가 직장의 매력적인 남자에게 관심을 갖는다고 의심하기 시작했다. 마셔와 그녀의 직장 동료는 이따금 함께 점심 식사를 하러 가곤 했다. 잭은 마셔가 이제 자기에게는 관심이 없고, 직장 동료와 사랑에 빠졌다고 생각하게 되었다. 잭은 그런 근심을 마셔에게 이야기했다. 그러자 마셔는 웃음을 터뜨리며, 그 남자와는 친한 동료 관계 이상이 아니라고 부인했다. 둘은 함께 처리할 일이 있고, 점심 식사는 그런 일을 하기에 좋은 기회일 뿐이라고 설명을 했다. 잭에게는 두 사람 관계가 그 이상이라는 증거가 없었다. 그러나 둘이 연애를 하고 있다는 생각을 떨쳐버릴 수가 없었다.

잭은 이런 강박관념 때문에, 아내한테 그와의 관계를 중단하라고 끊임없이 잔소리를 하게 되었다. 잭은 예고 없이 그녀의 직장을 찾아가기도 했다. 한번은 아내와 다른 남자가 점심을 먹고 있는 식당에 들어가 마구잡이로 소동을 부리기도 했다. 잭의 의심 때문에 마셔는 창피하고 화가 났다. 그럼에도 잭은 마셔에게 계속 잔소리를 했고, 마셔의 부모에게까지 불평을 했다.

그 바람에 두 사람의 생활 전체가 비참해졌다. 아내와 잠자리를 할 때도, 잭은 중간에 행동을 중단하고 아내의 비교를 유도했다. 그 남자와의 잠자리가 자신보다 낫다는 이야기를 듣고자 했다. 물론 사랑의 행위는 중단되었다. 그리고 잭은 더 의심을 하게 되었다. 마셔도 화가 났다. 결국 둘은 끊임없이 말다툼을 했다.

어느 날 잭은 직장에서 돌아오더니, 만일 마셔가 직장 동료와 계속 연애를 한다면 총으로 자살을 하겠다고 위협했다. 나중에 잭은 그럴 의도는 아니었다고 주장했지만, 어쨌든 총은 발사되었다. 총알은 마셔를 가까스로 비켜 갔고 거실 벽에 구멍을 냈다. 마셔는 잭을 몹시 무서워하게 되었고, 결국 이혼소송을 제기했다. 마셔는 이러다 잭이 언젠가 자살을 할지도 모른다고 생각한 것이다. 그리고 더 심할 경우, 질투심이 발동해서 자신을 죽일지도 모른다고까지 걱정을 하게 된 것이다.

잭은 부모한테 가서 함께 살게 되었다. 그리고 정신을 집중할 일을 만들기 위해 대학에 다니게 되었다. 잭은 결혼이 그런 식으로 파경에 이르렀기 때문에 쓸쓸하고 우울했다. 그리고 자신이 사랑받을 만한 존재가 못 된다는 확신을 더욱 굳히게 되었다. 잭은 다시는 마셔와 연락을 하지 않았다. 한참 후 마셔는 다른 남자들과 데이트를 하다가 결국 그 가운데 한 남자와 결혼을 하게 되었다.

몇 년 뒤 잭은 다른 여자와 데이트를 하게 되었다. 그러나 잭은 여자와 함께 파티에 갔을 때, 여자가 다른 남자들에게 조금이라도 관심을 보이면 불안해하고 화를 냈다. 오래지 않아 마셔와의 관계의 특징을 이루었던 의심이 다시 나타났다. 이런 불신의 결과, 새로운 관계는 진척되지 못했다.

잭은 점차 어쩌면 자신에게 심각한 심리적 문제가 있을지도 모른다고 생각하게 되었다. 심리 치료를 받아야 할지도 모른다는 생각도 했다. 결국 잭은 도움을 구했다. 치료는 그가 자신을 낮게 평가하는 것에 집중되었다. 이것 때문에 그가 여자들이 자기를 좋아하지 않는다고 생각하게 된 것이 자명했다. 이런 의심은 불가피하게 여자들이 그를 속인다는 결론을 낳았던 것이다.

심리학적 분석

선망을 성격의 일부로 가지고 있었던 도리스의 이야기와 마찬가지로, 잭은 자신이 사랑받을 만하지 않다고 믿게 된 개인적 경험들 때문에 질투에 특히 취약하다. 그러나 모든 질투가 다 이런 종류는 아니다. 선망의 경우와 마찬가지로, 어떤 상황에서는 우리 모두 질투를 할 수 있다. 질투는 또한 일회적인 감정적 사건으로 끝날 수도 있다. 예를 들어 연인이 다른 사람과 입을 맞추고 애무를 하고 있는 것을 보았다고 가정해보자. 우리 모두 그런 배반을 당하면 질투를 경험할 것이다. 잭의 경우 같은 신경증적인 개인사나 한 개인으로서 자신의 가치에 대한 부정적인 믿음 같은 것이 없다 해도 마찬가지다. 이것이 흔히 볼 수 있는 평범한 질투다.

잭이 아내의 남자 직장 동료를 질투하게 된 자극은 그들의 직장에서의 관계다. 그들이 점심을 함께했기 때문에, 잭은 그들 사이에 일 관계 이상의 것이 진행되고 있을지도 모른다는 생각을 품게 되었다. 어떤 사람들은 그만하면 타당한 자극이 있었던 것이라고 할지도 모르겠다. 그러나 잭이 과잉 반응을 보인 것은 사실인 것 같다.

잭이 질투를 느끼게 만든 사건들의 더 깊은 개인적 의미는 그가 사랑받을 만하지 않다는 것이다. 그래서 매력적인 여자들이 그에게 금방 관심을 잃고, 부정한 행동을 하게 된다는 것이다. 이것은 특히 상실의 위협에 민감한 잭이 스스로 구성하게 된 의미다. 이 의미는 그의 개인사의 결과이기도 하며, 잭이 자신에 대해 생각하는 방식의 결과이기도 하다.

그러나 이러한 개인적 평가의 객관적 근거는 박약하다. 그렇기 때문에 그의 질투는 적어도 부분적으로는 성격(인격)의 결함, 특히 그의 낮은 자존심의 결과라고 생각할 수밖에 없다. 성격적 결함이라는 추론은 이혼 직후에 있었던 질투의 두 번째 에피소드가 뒷받침해준다. 여자가 잭을 버리는 일이 잇따라 일어났다는 것은 이 사건들에 표면적인 것 이상의 의미가 있다는 것을 암시한다.

잭은 지금도 그에게 헌신하는 여자에게서 사랑받기를 간절히 원하고 있다. 그것이 그의 두 번의 관계를 망친 질투에서 관건이 되었던 주요한 목표다. 그러나 과거에 잭은 스스로를 부정적으로 파악했기 때문에 형편없이 대처했다. 아내의 직장 동료와의 아마도 순수했을 관계에 대해 집요하게 잔소리를 한다든가, 둘이 점심을 먹는 데 쳐들어간다든가 함으로써 그가 원하던 것을 이끌어내기는 힘들었을 것이다. 이런 효과 없는 대처 노력 때문에 결국 유망한 사랑의 관계를 끝내게 되었다.

잭이 해야 할 가장 중요한 일은 자신에 대한 낮은 평가, 그리고 거기서 나왔으며 늘 역효과만 불러일으키는 질투, 이 두 가지가 과거에 어떤 실패를 가져왔는가를 인식하는 것이다. 그리고 가능하면, 자신이 바람직한 사람이라고, 또는 바람직한 사람이 될 수 있다고 믿는 것이다. 잭은 둘 중 하나를 배울 수 있다. 하나는 자신에 대한 낮은 평가를 버리고 여자의 관심을 액면 그대로 받아들이는 것이다. 또 하나는 질투와 연관된 그릇된 대처 과정을 억누르고, 그가 늘 구성하는 신경증적인 개인적 의미에 따른 행동을 피하는 것이다. 그러나 자신에 대한 관념을 바꾸는 것은 어려운 일이다. 그런 관념은 과거의 아주 많은 경험들을 통해 형성된 것이기 때문이다. 그렇다고 불가능한 것은 또 아니다.

잭의 경우 실제로 가능했다, 비록 11년이 걸리기는 했지만. 잭은 학교에 들어가 법을 공부하면서, 자신에게는 이제 여자가 필요 없다고 믿었다. 그러나 잭은 결국 법률회사에서 중요한 자리에 올라갔으며, 여자 변호사를 만나 사랑에 빠졌다. 그리고 그 여자와 좋은 관계를 유지할 수 있었다. 지금도 발작적인 질투를 느끼기는 하지만, 이제 그것을 참고 겉으로 드러내지 않을 수 있다.

질투의 여러 가지 얼굴

질투의 개인적 의미는 호의를 잃었거나 또는 잃어버릴지도 모른다고 위협을 느낀다는 것이다. 이 호의란 보통 다른 사람의 애정이다. 이러한 의미는 피해나 위협에 대처할 것을 요구한다. 이런 대처는 상실을 예방하기 위한 것일 수도 있고, 또는 잃은 것을 복구하기 위한 것일 수도 있고, 또는 벌어진 일에 책임이 있는 사람에게 복수하기 위한 것일 수도 있다. 복수를 한다고 해서 잃어버린 것을 회복할 수 있는 것은 아니다. 그러나 상실의 과정에서 에고가 피해를 입은 만큼, 질투를 느끼는 사람에게는 책임을 져야 할 사람에 대한 공격이 타당한 해결책으로 보이는 경우가 많다.

앞서 본 대로, 분노는 보통 모욕을 당했다는 전제에서 쌓이게 된다. 이 분노가 질투에서 가장 두드러지는 감정들 가운데 하나다. 질투가 현실에 근거를 두고 있을 때는 거기에 병적인 것은 없다. 물론 그런 경우라도 분노에는 대처를 해야 할 것이다. 그러나 질투가 현실에 근거한 것이 아니라, 한 사람의 성격의 기본적 특징을 이룰 수도 있다. 그것은 보통 재난을 낳게 되며, 극복하기가 무척 어렵다.

질투는 선망보다 복잡한 감정이다. 질투의 극적 플롯을 약간 풀어 쓰면, 어떤 사람의 호의의 상실, 또는 상실의 위협에 대해 제3자를 원망하는 것이다.

그 호의는 애정일 수도 있다. 그러나 다른 사람이 나의 희생을 대가로 하여 얻은 어떤 것 때문에 질투를 느낄 수도 있다. 일자리, 상, 높은 학교 성적 등이 그런 예다.

나 아닌 다른 사람이 사랑을 받거나, 고용되거나, 승진되거나, 상을 받으면 그것이 질투의 대상이 될 수 있다. 제로섬게임에서는 다른 사람의 이익이 나의 손해이기 때문이다. 선망에서는 내가 가지지 못한 것이나 한 번도 가져본 적이 없는 것을 원한다. 반면 질투에서는 한때 가졌거나 가졌다고 생각했던 것을 잃었거나 잃을 위험에 처한다.

질투의 가장 일반적인 극적 형태는 사랑의 삼각관계다. 이것은 내가 사랑하는 사람의 애정을 '훔친' 다른 사람을 질투할 때 일어난다. 이것은 잭의 이야기, 그리고 셰익스피어의 비극적 드라마 《오셀로》에서 잘 드러난다. 뛰어난 군인이자 정치가인 오셀로는 부관 이아고의 악의에 찬 자극에 의해 사랑하는 아내 데스데모나가 그에게 불충실했다고 믿게 된다. 드라마는 질투에 사로잡힌 오셀로가 데스데모나를 죽이고 스스로 목숨을 끊는 것으로 끝이 난다. 오셀로는 질투라는 격한 감정의 독성과 비극을 상징한다. 오셀로는 질투의 감정에 사로잡혀 자신이 배반을 당했다고 믿는다. 그리고 자신을 배반한 사람을 비난하는 가운데, 폭력적이고 자멸적인 종말로 치닫게 된다.

우리가 질투라는 감정에 매혹을 느끼는 것은, 거기에 아주 많은 역설과 기능장애적인 특징들이 담겨 있기 때문이다. 예를 들어, 질투하는 사람의 진짜 메시지는 두 겹이라고들 한다. 첫째는 "나한테 관심을 가져달라"이다. 이것은 토라짐과 마찬가지로 더 큰 관심의 요청이다. 둘째는 "내가 쓰러지지 않도록 잡아달라"는 것이다. 이것은 도와달라는 외침으로 해석될 수 있다. 이것은 자살 위협이나, 잭의 경우처럼 실패한 자살 기도에 대한 일반적인 설명이기도 하다. 이런 행동들은 다른 사람들에게 보내는 더 관심을 보여달라는 필사적인 신호다. 잭의 경우, 마셔는 상황을 정확하게 인식한 적이 없었다. 어쩌면 마셔는 벌어지는 일에 겁을 집어먹고 있었는지도 모른다.

또한 잭의 경우 질투에 뒤이은 폭력 위협이 남보다는 자신을 향한 것이었다는 사실에 주목할 필요가 있다. 잭의 경우에는 자살 위협으로 나타났다. 그러나 오셀로의 경우에는 그것이 외적으로 그의 아내를 향했다. 오셀로는 아내를 죽이고, 또 그 폭력을 자신에게도 행사했다. 질투의 무시무시한 특징 가운데 하나는, 특히 성적인 배신과 관련된 것일 경우에, 공격적이고 폭력적인 행동이 자주 나타난다는 것이다. 이것은 위험한 감정의 전형적인 모습이다. 분노가 일어나고, 그 결과 공격성을 통제하지 못하고, 결국 상처받은 자아정체감을 복구하고자 폭력을 행사하려는 강한 충동이 생긴다.

우리는 보통 질투가 많은 사람을 화를 잘 내고 복수심에 불타는 사람이라고 생각한다. 그러나 그들은 또한 원조와 보호를 구하는 사람들이며, 자기중심적이지만 요구를 만족시키지 못한 애처로운 사람들이기도 하다. 프로이트가 논하는 질투의 병리학은 이런 관찰과 일치한다.

> 정상적인 질투에는…… 사랑하는 대상을 잃는다는 생각으로 인한 고통인 애도, 그리고 다른 상처와 구별될 수 있는 나르시시즘적인 상처가 혼합되어 있다. 나아가 성공한 경쟁자에 대한 증오의 감정, 주체 자신의 에고에 상실의 책임을 물으려 하는 다소의 자기비판이 섞여 있다.

상습적으로 질투를 하는 사람의 경우가 아니라 일반적인 질투의 에피소드를 생각한다면, 먼저 자극의 성격부터 살펴보아야 한다. 잭과 마셔의 경우에는 질투의 분명한 기초가 없었다. 단지 그의 아내가 직장 생활에서 부정한 행동을 했을 가능성이 있었고, 그것이 잭의 질투하는 마음속에서 과장되었을 뿐이다. 잭의 경우에는 이 가능성만으로도 마셔가 자신에게 관심을 잃었다는 평가를 하게 되었다.

반면 그런 의심을 품는 데는 많은 이유들이 있을 수 있다. 오셀로에게는 아내의 부정에 대한 이아고의 집요하지만 허구적인 이야기가 자극이었다. 이아고는 구체적인 증거를 제공하기 위해, 오셀로의 눈에 띌 만한 곳에 유죄 증거가 될 수 있는 손수건을 갖다놓기도 했다.

많은 남편과 아내가 서로 그런 의심을 한다. 실제로 배우자가 혼외정사를 벌인다는 것을 보여주는 증거가 있을 수도 있다. 예를 들어, 우리는 결혼한 사람들 가운데 상당수가 애인을 두고 있다는 통계에 자주 접하게 된다. 이런 통계가 얼마나 옳은지 그른지는 몰라도, 많은 사람들이 그 통계를 믿고 있다. 이런 믿음 때문에, 배우자를 의심하는 경향은 배우자의 의심스러운 행동이라는 조건이 충족되면, 더욱 두드러지게 된다.

객관적인 자극이 있을 경우에는 그런 감정적 반응은 합리적이라고 간주할 수 있다. 그러나 질투하는 본성을 가진 사람들은 성격상의 이유 때문에 습관적으로 의심을 한다. 질투의 가장 유독한 사례는, 잭의 경우와 마찬가지로, 근거도 없이 자기가 사랑하는 사람이 다른 사람에게 애정을 쏟고 있다고 믿는 경우다.

심리학자들은 이런 사람들의 습관적 질투심을 설명하기 위하여, 그들의 질투심이 절대 충족될 수 없는 신경증적인 요구에서 비롯된다고 말해왔다. 요컨대, 질투하는 사람은 사랑에 대한 과장된 요구를 가지고 있으며, 사랑의 상실을 두려워하게 될 때 그 요구가 자극을 받는다는 것이다.

질투와 선망 역시 처음에는 유년 시절 형제간의 경쟁에서 일어난다고 한다. 늘 그런 것은 아니지만, 형제들은 부모의 관심과 원조를 얻기 위해 자주 경쟁을 한다. 개처럼 새끼를 기르는 포유동물의 경우, 한배에서 나온 모든 새끼들이 충분한 젖을 먹을 수는 없다. 그렇기 때문에 몇 마리는 영양실조에 걸리거나 죽는 경향이 있다고 한다.

질투하는 사람은 다른 누가, 예를 들어 형제가 '좋은 젖'을 차지했거나, 누군가에게 그것을 주어버렸다고 느낀다고 한다. 그러나 형제간의 경쟁을 말 그대로 젖 먹기의 문제로만 볼 필요는 없다. 유년 시절의 양육에는 관심, 애정 등 다른 형태의 심리적 지원이 포함된다. '좋은 젖'은 그것의 비유일 뿐이다. 정신분석학적 관점에서 보면 선망, 질투, 분노, 거기에 개인적 박탈감과 탐욕도 모두 밀접하게 관련을 맺고 있는 마음 상태들이다.

잭의 경우에는 인기 많은 형이 문제였다. 실제로 박탈이 있었는지, 아니면 그저 상상일 뿐인지는 알 수 없다. 그러나 자신이 경쟁에서 패배했다고 믿는 사람은 사랑과 확신에 대한 요구가 충족되지 못했기에 만족하지 못할 수도 있다. 잭의 자신에 대한 낮은 평가와 형의 이상화된 이미지는 전혀 정확한 것이 아니었다. 잭은 그 사실을 인식해야 했다. 잭의 경우에는 나중에 법률가로서 성공을 거둔 것이 자신에 대한 낮은 평가를 완화하는 데 도움을 준 것 같다.

습관적으로 질투를 하는 사람은 질투를 느끼는 데 자극을 거의 필요로 하지 않는다. 그런 사람들은 굳건한 객관적 근거가 있건 없건, 경쟁자에게 상실 또는 상실의 위험이란 의미를 부여하는 경향이 있기 때문이다. 이런 식으로 위협받는 경향은 성격의 일부다. 일반적으로 낮은 자존심은 진짜 자극이 없을 때도 질투의 감정을 일으키는 기초가 된다.

따라서 우리는 여기서 다시 한번, 감정들이 자극적인 사건만이 아니라, 상황을 특별한 방식으로 해석하고자 하는 경향에 의해서 좌우되는 것을 보게 된다. 요컨대 감정들은 그 사람이 자라면서 얻는 믿음에 좌우된다. 그 믿음들이 우리가 세상에서 벌어지는 일에 부여하는 주관적이고 개인적인 의미에 영향을 주기 때문이다.

3장

실존적 감정들 : 불안-공포, 죄책감, 수치심

불안-공포, 죄책감, 수치심은 실존적인 감정들이다. 이 감정들이 기초를 두고 있는 위협들이 우리의 존재, 세상에서의 위치, 삶과 죽음, 삶의 질에 대한 의미나 개념들과 관련이 있기 때문이다. 우리는 삶의 경험과 문화의 가치들을 통해 자신에 대한 이런 의미들을 구성해왔다. 그리고 그 의미들을 보존하기 위해 노력한다. 이 각각의 감정들에서 무엇이 구체적으로 위협받고 있는가는 각기 다르다. 불안-공포에서는 그 의미가 개인적 안전, 개인으로서의 정체성만이 아니라 삶과 죽음의 문제에도 초점을 맞추고 있다. 죄책감에서는 그 의미가 도덕적 잘못에 대한 것이다. 수치심에서는 우리가 자신과 다른 사람들의 이상에 따라 행동하지 못한 것과 관련된다.

죄책감과 수치심이 비슷한 것은 둘 다 개인적 실패에 대한 인식과 관련이 있기 때문이다. 죄책감이나 수치심을 경험하려면 자신을 평가할 내적 기준을 가지고 있어야 한다. 죄책감에서는 그것을 양심이라고 부른다. 수치심에서는 그것을 자아이상(ego-ideal)이라고 부른다. 정신분석학자들은 이런 두 가지 용어 대신 초자아(superego)라는 말을 사용한다.

죄책감과 수치심의 원인은 '내부의 고요한 목소리'에 비유할 수 있다. 그것은 우리가 행동해야 하는 방식을 규정해주는 내적인 목소리라고 할 수 있다. 아마 이런 목소리에는 두 가지가 있을 것이다. 하나는 도덕성과 관련된 것이다. 이것은 나쁜 행동을 할 때 죄책감이라는 감정을 불러일으킨다. 또 하나는 다른 사람들만이 아니라 스스로가 개인으로서 이러저러해야 한다고 생각하는 것에 따라 행동하지 못하는 것과 관련이 된다. 이것은 수치심이라는 감정을 불러일으킨다. 그 차이에 대해서는 나중에 이야기하겠다. 이제부터 보여줄 죄책감과 수치심의 사례는 그 차이를 분명히 파악하는 데 도움을 줄 것이다.

또한 죄책감과 수치심을 불안의 하위 범주들로 여길 수도 있다. 도덕적 규범을 어길 때는 죄책감 - 불안을 경험하며, 개인적 이상에 따라 행동하지 못할 때는 수치심 - 불안을 느낀다. 이런 개인적 실패로 인한 해로운 결과를 예상할 때 불안을 느낀다고 할 수 있다.

이 장에서 이 셋을 한데 모은 것은, 그러한 차이가 있음에도 이 세 가지 감정에 많은 공통점이 있기 때문이다. 우선 불안과 그것에 관련된 감정인 공포부터 시작해보자. 이 장의 제목에서는 불안 - 공포라고 하이픈으로 연결해놓았다. 그것은 이 두 가지가 종종 같은 감정의 다른 형태라고 여겨지기 때문이다.

불안 - 공포

여기 어떤 면에서는 상당히 건실한 사람에게 나타난 약한 불안의 사례가 있다.

명문 주립 대학에서 임상심리학을 공부하는 어느 대학원생이 불안의 발작을 경험했다. 그는 서른 살 정도 되었고 수줍음을 많이 타고 붙임성이 없는 성격이었다. 얼굴은 호감이 가게 생기기는 했지만, 잘생긴 편은 아니었다. 체격은 호리호리했다.

그럼에도 그는 다른 사람들에게는 주로 외향적이고, 유능하고, 정력적이라고 알려져 있었다.

그는 임상 훈련을 받고 있었다. 그 과정의 일환으로, 일주일에 한 번씩 한 시간 동안 대학가의 환자 6~10명을 모아 그룹 치료 모임을 가졌다. 그는 몇 달 동안 이 일을 했다. 새로운 역할을 수행할 때 예상할 수 있는 것처럼 처음에는 좀 불편해했지만 점차 능숙한 치료 전문가가 되어갔다. 모임을 시작하기 전에는 불안해하는 일이 잦았다. 그러나 점점 그 시간을 매력적이고, 보람이 있고, 또 종종 매우 즐거운 시간으로 여기게 되었다.

그러던 어느 날 그는 처음 보는 환자들을 만나게 되었는데, 모임 내내 상당한 불안을 경험하게 되었다. 그 불안은 한 젊은 남자 환자가 자신의 문제에 대해 이야기를 꺼냈을 때 시작되었다. 그 환자는 직장과 사교적 상황에서 수줍음으로 괴로움을 겪는 사람이었다. 젊은 치료 전문가는 그 이야기를 들으면서 자신이 땀을 흘리고 있다는 것을 알았다. 더불어 약간 구역질이 났고, 입안이 바짝바짝 말랐다. 이것은 불안의 신체적 증상들이라고 할 수 있었다. 그러나 그는 대체 자기가 왜 이러는지 영문을 몰랐다. 젊은 치료 전문가는 그룹 구성원들이 자신의 고통을 눈치챌까 봐 두려웠다. 때문에 그는 평소의 그답지 않게 더듬거렸고, 혼란스러워했고, 권위를 상실했다.

이 모임은 도무지 방향이 잡히지 않는 것 같았다. 젊은 치료 전문가에게는 이 모임이 무척 긴 경험으로 느껴졌다. 그는 계속 불편하고 무력했다. 환자들도 치료 전문가가 어색하게 굴고 눈에 띄게 긴장하자 불편해했다. 젊은 치료사는 환자들이 하는 이야기에 주의를 기울이지 못하는 것이 분명해 보였다. 어찌 된 영문인지 그는 이 상황을 개인적으로 위협이 되는 상황으로 판단하고 반응하고 있는 것이 분명했다. 그러나 그 이유는 이해할 수가 없었다.

마침내 모임이 끝났을 때 환자들은 모임이 끝나 각자의 길로 가게 되어 기뻐했다. 젊은 치료 전문가는 다음 주에 다시 만나면 어떻게 할지 불안해했다. 그는 이 상처받은 경험을 마음에서 몰아내려고 애를 썼다. 그러나 기억이 계속 마음을 파고드는 바람에 공부를 할 수가 없었다. 그는 미약하긴 하지만, 몸을 해치는 불안의 반응을 보이고 있었다.

심리학적 분석

특히 환자들을 처음 만나게 되는 초보 의사의 경우, 임상 훈련 프로그램 교수진에서 나온 경험 많은 감독과 함께 평가 모임을 갖는 것이 관례다. 이 초보 의사는 감독을 만났을 때 약간 창피해하면서 그룹 모임에서 있었던 문제를 이야기했다. 감독은 도대체 무슨 일이 있었기에 그렇게 심한 불안을 느꼈냐고 대학원생을 다그쳤다.

대학원생은 처음에는 아무것도 모르는 것 같았다. 그래서 땀을 흘린 것, 구토를 느낀 것, 입이 마른 것이 자신이 어려움을 겪었던 이유라고 설명했다. 그러나 그와 감독 둘 다 이것이 적당한 설명이 아님을 알고 있었다. 그런 증상들은 감정적 고통과 연관되어 있는 것이 틀림없었다. 그래서 감독은 대학원생에게 그룹 모임 자체에 관심을 돌려, 그 안에서 불안 자극을 찾아보라고 했다.

대학원생은 그룹 모임에서 있었던 일을 요약하려 했다. 그러는 가운데 무엇이 자신에게 위협이 되었는지를 천천히 인식하기 시작했다. 한 환자가 대학원생 자신의 문제에 대해 이야기하고 있었던 것이다. 바로 수줍음으로 고민하고 있던 젊은 남자였다.

대학원생은 보통 다른 사람들과 함께 있으면 불편하고 자의식이 강해졌다. 그래서 그는 어려운 사회적 상황에 대처하기 위한 전략으로, 다른 사람들과 상호작용을 하기 위한 효과적이고 통제된 방식을 개발했다. 많은 지식을 갖추고, 다른 사람들이 하는 말과 의미에 주의를 기울이고, 부드럽고 적절하게 대꾸를 하는 것이었다. 이런 대처 전략은 보통 잘 먹혀들었다. 덕분에 그는 다른 사람들 눈에 사회적 상황을 책임지는 유능한 사람으로 보이게 되었다.

대학원생은 개인적인 문제들만이 아니라 이런 사회적 자산 때문에 임상심리학 분야로 진출하게 되었다. 그의 일관된 주요한 목표는 사회적 상황을 장악하고, 통제력을 갖춘 모습을 보여주고, 다른 사람들의 존경을 받는 것이었다. 그는 자신이 상황을 통제한다고 느끼고 존중을 받을 때는 사회적으로 빈틈이 없었다. 그러나 관심이나 존경의 결핍을 느낄 때는 불안을 느껴 어색하게 행동하곤 했다.

대학원생은 그룹 치료 모임에서 한 환자가 기본적으로 자신의 문제와 똑같은 문제를 이야기하는 것을 듣게 되었다. 그 과정에서 자신의 수줍음과 자의식을 다시 경험할 수밖에 없었다. 환자가 마치 의사인 그 대학원생에 대한 이야기를 하는 것 같았다. 그리고 다른 환자들도 그의 문제에 관심을 가지는 것 같았다. 대학원생은 치료 그룹 구성원들이 혹시 의사인 자신이 환자와 똑같은 문제를 가지고 씨름하고 있다는 것을 알게 되지나 않을까 걱정하게 되었다. 그리고 그것을 감추는 데 그의 모든 관심과 에너지가 들어가게 되었다. 따라서 그룹 모임에서 이루어지고 있던 대화에 적절하게 대응할 수가 없었다.

대학원생은 그가 막 불편해지기 시작하는 시점에 불편함을 감추려는 실수를 범했다. 그것을 감추려 하지 않고, 환자와 자신의 유사성에 대해 그룹에 솔직히 이야기할 수도 있었을 것이다. 그랬다면 그는 침착함과 통제력을 다시 찾고, 그룹 구성원들에게 동정을 얻을 수 있었을 것이다. 그 결과 자기 역할도 잘 수행하고, 계속 통제력을 유지할 수 있었을 것이다. 또 자신의 문제를 통해 환자의 문제를 내밀하게 이해하는 유리한 위치에 서게 되었을 것이다. 그리고 이를 이용해 좋은 효과를 보았을 것이다. 그러나 자신의 문제를 드러내는 것이 가져올지도 모를 수치심 때문에 그는 자신에게 일어나고 있는 일을 감추고 싶어 했던 것이다.

어쨌든 감독과의 모임을 통해 그의 문제가 부각될 수 있었다. 앞으로 비슷한 상황에 효과적으로 대처하는 방법도 터득할 수 있었다. 대학원생은 이제부터 자신의 결함을 감추기보다는 개방적인 태도를 취하기로 결심했다. 그렇게 하면 자의식도 줄어들고 치료 모임에서 일어나는 일에도 더 주의를 기울일 수 있을 것 같았다. 그리고 언젠가 치료를 더 받겠다는 생각도 해보게 되었다.

불안에 대한 이 짧은 에피소드에서 약한 불안 발작의 세 가지 공통된 특징을 보았다. 첫째, 구체적인 **자극**이 불안을 일으키는 과정. 둘째, 특정한 상황에서 개인적인 **의미**가 불안에 특별히 취약한 상태를 만들어내는 과정. 셋째, 위협에 성공적으로 **대처**하지 못함으로써 불안이 악화되는 과정.

되풀이하여 불안을 느끼는 사람은 자신의 능력에 심각한 의심을 품게 될 수도 있음을 덧붙일 필요가 있다. 이런 의심들을 억누르고 살 수는 있을 것이다. 그러나 그런 사람들은 이런 의심 때문에, 자신의 자원을 넘어서는 요구에 부딪칠 때는 위협을 느낀다. 그리고 대처하려는 노력이 실패하면, 상황은 더욱 악화된다.

우리 모두 불안을 통제하기 위해 다양한 대처 전략들을 사용한다. 때문에 어떤 상황을 잘 다루지 못할 때, 사태의 진상이 모호해질 수도 있다. 예를 들어, 앞서 예로 든 대학원생처럼 불안에 특히 취약한 사람들은 임상의학자들이 역공포 스타일이라고 부르는 것을 통해 상황에 대처해나갈 수도 있다. 그들은 위협적인 상황과 부딪힐 때 실제로 느끼는 불편함을 인정하고 받아들이기보다는, 적어도 외면적으로는 용기, 대담함, 능란한 솜씨를 가지고 맞서려 한다. 어떤 사람들은 그런 대결을 피한다. 그럼으로써 그들이 삶에서 얻을 수 있는 것도 심각하게 제한을 받게 된다.

역공포 대처법이 효과를 볼 때는 일반적인 관찰자 또는 심지어 그런 방법을 사용한 사람 자신도 그 사람에게 어떤 문제가 있었다는 증거를 거의 또는 전혀 찾아볼 수가 없다. 그러나 그런 방법이 효과가 없을 때는 불안이 시작된다. 그럴 경우 그들은 부정으로 불안에 대처할 수도 있다. 그들 스스로에게나 다른 사람들에게, 자신은 위협을 느끼지 않는다거나, 자신은 다른 사람들 승인이나 존경이 필요하지 않다는 등의 주장을 하는 것이다. 이런 부정은 진정한 문제를 은폐하는 것이다. 그 문제는 표면 밑에 감추어져 있지만, 적당한 조건만 나타나면 언제든지 전면에 나타날 수 있다. 사람들이 의식적으로 위협의 원인을 인식하지 못하는 경우에도 그것이 마음에 기록되는 경우가 있다. 그러면 당사자는 그 상황이 위협적이라고 느끼고, 불안한 느낌을 받게 된다.

대학원생에게 왜 수줍음이 개인적으로 그렇게 위협적이었을까? 다르게 묻는다면, 그 개인적 의미가 무엇이었을까? 왜 그는 역공포 대처 전략을 채택하여 상황을 통제하려 했을까? 또는 적어도 그렇게 보이려 했을까? 다른 식으로 그가 그 문제를 극복할 수 있는 방법이 있었을까?

대학원생은 수줍음을 경력에 장애가 되는 것으로 여겼다. 동시에 개인적인 무능력의 지표로 여겼다. 그는 그의 아버지처럼 다른 사람들에게 편안하게 이야기할 수 있고, 자신을 다른 사람들에게 효과적으로 드러낼 수 있는 사람들을 존경했다. 그 수줍음은 상당 부분 아버지의 그에 대한 끊임없는 비판과 경멸적 표현의 결과였다. 때문에 그는 자신이 가망 없을 정도로 무능하다는 느낌을 받았던 것이다. 그것은 그가 한 개인으로서 되고 싶어 했던 모든 것의 적이었으며, 그의 존재의 질에 대한 위협이었다.

그래서 그는 사춘기 때부터 아버지에게, 또 자기 자신에게, 자신이 가치 있고 유능한 사람이라는 것을 보여주려고 분투했다. 그러나 그는 마음속에 심어진 의심을 절대 버릴 수가 없었다. 이런 약점이 있는데도 그의 투쟁은 그의 두려움들의 뿌리를 향하고 있다. 그 뿌리란 자신의 존재와 자신이 되고자 하는 것에 대한 부정적 평가다. 그러나 그의 역공포적인 대처법은 부적절했다. 그래서 그는 자신의 가치를 완전하게 확신할 수 없었다. 그러나 이런 대처 전략은 또 귀중하기도 했다. 여기서 동기부여를 받아, 그는 유능하게 되는 방법과 다른 사람들이 그가 유능하다고 믿게 만드는 방법을 배우려고 영웅적인 노력을 기울였기 때문이다. 그리고 실제로 어느 정도 성공을 거두기도 했다.

이 대학원생은 심리 치료의 도움을 받는다면 자신의 문제를 더 잘 이해할 수 있을 것이고, 자신의 내부에서 그것을 받아들일 수 있을 것이고, 또 효과적으로 관리할 수 있을 것이다. 그러나 만일 그의 성격에 근본적인 변화가 없다면, 그 문제는 절대 완전히 사라지지 않을 것이다. 무엇 때문에 마음 깊은 곳에 불안정한 요소들이 형성되어, 그것들이 변화에 완강하게 저항하며 남아 있는지는 잘 이해되지 않고 있다. 그것들을 극복하는 것은 어렵지만, 심한 고통과 기능장애를 덜어주는 방식으로 대처해나갈 수는 있다.

집요한 불안의 패턴을 바꾸는 것이 어려운 한 가지 이유는 불안의 더 깊은 원인들이 모호하다는 것이다. 이는 실존적인 문제들이기 때문이다. 이 때문에 우리 모두 일평생 어느 정도 불안을 경험하며, 우리를 불안하게 하는 것이 무엇인지 분명하게 이해하지 못하는 경우가 많다. 어떤 사람들은 다른 사람들보다 불안을 더 잘 감출 수 있다. 또 우리는 불안을 이해하려 할 수 있고, 그것이 우리의 통제 범위를 벗어나지 않도록 애를 쓸 수 있고, 가능한 한 잘 참을 수도 있다. 그냥 자기 내부에서 그것을 받아들이고, 이것이 인간을 다른 동물과 구별해주는 특질이라고 인정하면서, 스스로에게 "이것이 내가 존재하는 방식"이라고 말할 수도 있을 것이다. 어쩌면 대부분의 사람에게는 이것이 우리의 약점에 대처하는 가장 건전한 방법일 수도 있다.

불안의 여러 가지 얼굴

우리는 불안할 때 긴장을 풀지 못한다. 그리고 현재 상황에서 또는 우리 인생에서 뭔가 잘못되고 있다는 느낌을 경험한다. 우리는 계속 침입하는 생각들 때문에 불안, 걱정, 근심에 사로잡혀 쉴 수가 없다. 그리고 다가오는 대결을 피하거나 탈출하고 싶어 한다. 그 대결은 우리 근심의 구체적인 표현물이라고 할 수 있다. 앞서의 사례에서 대학원생은 땀, 위통, 입이 마르는 경험을 했다. 이것들은 다른 원인에서 나올 수도 있지만, 보통 불안의 일반적 증상들로 간주된다.

불안은 여러 측면에서 독특한 감정이다. 그 극적인 플롯은 **불확실한 위협**이다. 우리는 우리가 당할 수도 있는 피해의 정확한 성격을 모른다. 그것이 현실화할지 아닐지, 또는 언제 현실화할지를 모른다. 그것을 어떻게 해야 할지 모른다. 그 밑에 깔린 위협은 추상적이고, 모호하다. 또 불안은 우리 삶의 여러 문제들, 예를 들어 우리가 누구고 우리의 장래는 어떻게 될 것인가 하는 문제들을 상징한다. 이런 것들은 일반적으로 실존적 문제들이라고 일컬어지는데, 불안은 단연 실존적 감정이다.

우리는 이 실존적인 문제들에 대해 더 이야기를 할 필요가 있다. 이것이 불안이라는 감정 밑에 깔린 개인적인 의미들이기 때문이다. 젊을 때는 죽음을 포함해 실존적인 문제들을 생각하는 것을 쉽게 피할 수 있다. 죽음은 멀리 떨어진 것으로 보인다. 늙을 때까지도 죽음에 대해 의식적으로 거의 생각을 하지 않을 수도 있다. 그러나 그것이 늘 우리 의식의 배경을 이루고 있는 것은 틀림없다. 분명 죽음은 살아 있는 것들에 큰 위협이다. 그러나 그 본질은 모호하다. 경험을 통해 그것에 대해 말할 수 있는 사람은 없다. 어쨌든 그것에 대해 할 수 있는 일은 거의 없다.

모든 불안의 밑에 깔린 기본적인 위협은 실존적이다. 따라서 상징적이고 모호하다. 그러나 가장 일반적으로 불안을 경험하는 경우는 진짜 위험들이 다가올 때다. 이런 위험들은 실존적인 위협들의 구체적인 구현물이 된다. 이 대학원생에게 실존적인 위협은 치료 전문가로서의 역할에 실패하는 것이다. 그 역할이 그의 인생의 이 시기에 그의 정체성을 규정하는 데 도움을 주었기 때문이다.

학교에서 시험을 보거나, 일자리 때문에 면접을 보거나, 관객 앞에서 공연을 하거나, 낯선 사람을 만나거나, 새로운 공동체로 여행이나 이사를 하거나, 직업을 바꾸거나, 실업자 상태를 유지하거나, 심각한 병이 있는지 알아보기 위해서 의학적인 검사를 하거나, 심장마비를 나타내는 증상을 경험할 때, 우리는 구체적으로 위협을 평가하고 불안을 경험한다.

사람들은 모두 인간존재의 공통된 문제들을 공유하고 있다. 그러나 그들을 불안하게 만드는 구체적인 위협은 사람마다 크게 다르다. 불안은 인간존재의 보편적 특징이다. 우리 모두 불안을 경험한다. 하나의 위협이 지나가면 또 다른 위협과 맞닥뜨려야 한다. 불안은 늘 오고 간다. 다만 어떤 사람들에게는 약하고 드물고, 어떤 사람들에게는 강하고 반복적이고 만성적일 뿐이다. 어떤 사람들에게는 심각한 공포의 순간으로 경험되기도 한다.

실존철학자들이 불안에 대해서 한 이야기들을 생각해보면, 불안의 독특한 특질을 더 잘 이해할 수 있다. 그들은 무(無)나 비존재가 불안의 기본적 원천이라고 강조한다. 일종의 심리적 죽음이다. 결국 신체적·심리적인 존재의 종말을 가져오는 죽음의 불가피성은 불안의 궁극적 기초가 된다. 우리는 어떤 식으로든 이 위협에 대처해야 한다. 그러나 기본적인 위협들은 추상적이고, 상징적이고, 모호하기 때문에, 그것에 대처하기는 어렵다. 특정한 배경에서, 예를 들어 우리가 평가받게 되는 상황에서, 불안이 구체적이고 일상적으로 표현되는 경우를 제외하면, 즉각적인 위협을 집어내는 것은 실제로 어렵다.

어니스트 베커는 주요한 동기 부여의 힘, 즉 정신의 주된 엔진이 '죽음의 부정'이라고 주장했다. 그는 이 놀라운 주제를 가지고 《죽음의 부정》이라는 책을 써서 퓰리처상을 받았다. 베커는 인간의 모든 성취 뒤에는 그런 부정이 놓여 있다고 주장했다. 우리는 죽고 나서 뒤에 남기게 될 성취들에, 그리고 우리를 우호적으로 기억해줄 자식과 손자들에게 우리의 삶, 우리의 불멸을 향한 욕망을 투자한다. 당연한 말이지만, 죽은 뒤에는 우리에 대해 생각하거나 말하는 것을 보고 들을 수 없다. 그럼에도 사람들이 애정을 가지고 우리를 기억해줄 것이라고 믿는 것이 위안이 될 수 있다니, 인간의 마음은 참으로 이상도 하다.

죽음 뒤에 문자 그대로의 삶이 없을 경우, 우리가 뒤에 남기는 업적들과 우리의 자손은 우리를 미래와 연결하는 기념비 역할을 한다. 고대 이집트 왕족의 무덤인 피라미드 같은 역할을 하는 것이다. 이렇게 미래와의 연결을 상상하는 것은 사람들이 죽음의 불안과 거기에 수반되는 실존적인 위협에 대처하는 것을 도와준다.

삶(정신이라고 번역할 수도 있다)의 종말에 대한 위협을 불안의 주된 원천으로 강조한 현대의 정신분석학자는 로버트 제이 리프턴이다. 이런 위협은 한편으로는 다른 사람들, 그중에서도 우선 부모나 돌봐주는 사람들과 관련을 맺고자 하는 인간적 요구, 또 한편으로는 삶의 덧없는 본성으로 인한 분리의 불가피성이라는 두 측면에서 생긴다. 리프턴은 그 이전의 정신분석학적 사상가들과 마찬가지로 이러한 관련과 분리의 갈등이 인간존재의 보편적 특징이라고 생각한다. 그는 이 개념을 옹호하며 이렇게 썼다.

어떤 문화에서는 죽음을 비교적 받아들이기 쉬운 것으로 만든다. 그런 곳에는 삶의 시작부터 끝까지 죽음에 대한 부정이나 무감각 상태가 덜하다. 그러나 너무 성급하게 이런 판단을 내려서는 안 된다. 죽음의 불가역성을 둘러싼 심리적 갈등은 보편적인 것으로 보이며, 인간 정신이 진화하면서 생겨난 한 측면으로 보이기 때문이다.

리프턴은 아이들이 죽음에 대해 묻는 탐색적인 질문들을 보여주고자 했다. 그래서 그의 책에는 열 살짜리 소녀와 아버지의 매혹적이고 교훈적인 전화 대화가 담겨 있다. 아버지는 짧은 여행 때문에 집을 떠나 있다. 그들은 애완견 점블리의 죽음, 개의 화장, 개의 유해를 가족의 여름 별장 근처 모래 언덕에 뿌린 것 등에 대해 이야기를 나눈다. 애완견이 죽는 사건은 딸과 그녀의 오빠가 캠프에 가고 없는 동안 일어났다. 전화 대화는 이런 식으로 전개된다.

딸 아빠, 켄(소녀의 오빠)하고 이야기를 했는데요, 왜 아빠하고 엄마는 우리가 없는 동안 점블리의 유해를 뿌린 거예요?

아버지 글쎄, 너하고 켄은 캠프에 가 있었잖니. 그래서 엄마하고 난 우리가 어서 해치우는 게 좋겠다고 생각했지.

딸 재는 어디에 담았어요?

아버지 단지에 담았지.

딸 전부 다요?

아버지 그래, 전부 다.

딸 단지가 얼마나 컸는데요?

아버지 병처럼 동그랬는데, 높이가 15센티미터나 20센티미터쯤 되었을 거야.

딸 그러면 점블리는 어디 있는 거예요?

아버지 점블리를 화장하고 나니 그 재가 다였어.

딸 뼈는요?

아버지 다 타서 재가되었지.

딸 그럼 나머지는요? 귀는 어떻게 되었어요?

아버지 그것도 타서 재가 되었어.

딸 아빠, 아빠하고 엄마가 돌아가셨을 때도, 두 분의 재를 모래 언덕에 뿌릴 건가요?

아버지 그럴 것 같구나. 지금 계획은 그래. 넌 그 계획을 어떻게 생각하니?

딸 모르겠어요. 그걸 누가 뿌리는데요?

아버지 글쎄, 그건 누가 먼저 죽느냐에 따라 다르겠지. 누구든 먼저 죽으면 산 사람이 그걸 뿌려야겠지. 아니면 너하고 켄이 할 수도 있고.

딸 하지만 두 분이 함께 돌아가시면요?

아버지 그럼 너하고 켄이 뿌려야 할 것 같구나. 하지만 그럴 가능성은 거의 없어. 어쨌든 우리는 당분간은 죽지 않을 계획이야.

딸 아빠, 아빠는 돌아가신 다음에 다시 태어나는 것을 믿어요?

아버지 아니, 애야, 안 믿어. 나는 죽으면 그것으로 끝이라고 생각해.

딸 엄마는 그렇게 생각하지 않는 것 같은데요.

아버지 글쎄, 안 그럴지도 모르지. 하지만 나는 그렇게 생각해.

딸 그런데 어떻게 그것이 끝일 수가 있어요? 뭔가 느낄 수 있을 게 틀림없어요.

아버지 아니야, 죽은 뒤에는 못 느껴.

딸 그럼 아빠는 어떻게 되는 거예요?

아버지 글쎄, 죽으면 내 몸만 남지. 그건 내가 아니야. 더는 아무것도 못 느껴.

딸 아플까요?

아버지 죽은 다음에는 안 아파.

딸 하지만 꿈은 계속 꿀 수 있지 않겠어요?

아버지 아냐, 죽은 다음에는 못 꿔. 꿈도 꿀 수 없는 거야. 그냥 아무런 느낌이 없는 거야. 그건 참 이해하기 어렵겠구나, 그렇지?

딸 네, 그래요.

아버지 글쎄, 심지어 우리 같은 어른들도 그것을 이해하기가 힘이 들 때가 있어.

이어 리프턴은 이 대화의 내용을 이렇게 해석한다.

이 대화의 중요한 주제는 어린 소녀가 죽음과 지속성을 둘러싼 가족의 상징화와 의식(儀式)을 이해하고 거기에 참여하려 애쓴다는 것이다. 소녀는 죽음에 대한 부모의 믿음들에 대해 꼬치꼬치 캐묻는다. 그러면서 한편으로는 하나의 출구를 찾고 있지만, 근본적으로는 죽음이 종말이라는 어려운 진실을 소화하는 방법을 찾고 있다. 소녀는 감수성이 예민한 열 살짜리 특유의 구체적인 관심들을 표명함으로써, 죽음이라는 곤혹스러운 절대성을 자신이 이해 가능한 이미지들로 구성하려고 노력하고 있다. 그것은 살아 있는 존재에서 살아 있지 않은 비존재로 바뀌는 무시무시한 변화를 소화해내려는 노력이다. 여기에는 우선 그녀의 개가 관련된다. 그다음에는 (그녀의 연상 속에서) 그녀의 부모들이 관련된다. 이어 (말로 표현되지는 않지만) 그녀 자신이 관련된다. 소녀가 질문들을 통해 탐사하는 세부 사항들은 그녀가 보기에는 살아 있는 존재들의 가장 인상적인 특징들이다. 소녀는 신체적인 특징으로는 귀를 골랐다. 그것은 개를 평가하는 데 아주 중요한 것이다. 또한 인간의 눈으로 보기에는, 삐죽 튀어나와 매우 복잡하게 얽힌 것처럼 보인다. 정신적 기능으로는 느끼고 꿈을 꾸는 근본적인 능력들을 택했다. 소녀는 그런 세부 사항들의 선택을 통해 자신의 궁극적 질문에 힘을 부여한다. 동물이나 사람의 존재, 또는 자아는 어떻게 되는가? 어떻게 그런 활력 있는 실체가 그렇게 절대적으로 존재를 중단할 수 있는가?

 종말이라는 죽음의 이미지는 소녀에게는 새로운 것이 아니다. 그러나 개의 죽음이 그녀 내부에서 큰 힘을 가지고 그 이미지를 움직였다. 소녀는 상당한 고통을 겪으면서도 동시에 기회를 느낀다. 소녀는 진전된 탐구와 이해를 위해 그 기회를 포착한다. 그리고 현재로서는 충분한 탐구를 했다고 느끼자, 화제를 바꾼다.

불안이라는 감정과 그 실존적 기초는 불안을 가까운 사촌이라 할 수 있는 공포와 비교해보면 더 잘 이해할 수 있다.

 우리는 fear보다 fright라는 말을 더 좋아하는데, fear라는 말은 모든 것을 포함하는 모호한 말이 되어버렸기 때문이다. 공포의 극적인 플롯은 신체적 행복에 대한 구체적이고 갑작스러운 위험과 직면하는 것인데, 그 위험이란 상해, 또는 죽음이 곧 닥쳐올 것이라는 전망을 뜻한다.

비행기를 타고 여행할 때 우리가 안전에 대해 가질 수도 있는 근심은 보통 산만한 염려(불안)로 경험된다. 그러나 비행기가 에어포켓〔비행 중인 비행기가 함정에 빠지듯이 하강하는 구역〕속에서 급속히 하강하거나, 심하게 흔들리거나, 심각한 사태에 빠진 것처럼 여겨질 때는 강렬한 공포를 경험한다. 공포는 예리하고 강렬하지만 지속 시간이 짧은 감정이다. 그리고 위험이 지나가면 사라진다. 반면 불안은, 공황(panic)으로 상승하는 특별한 경우를 제외하면, 강도가 낮거나 보통이다. 대신, 괴로운 상태가 만성적으로 유지되거나, 아니면 계속 되풀이된다. 불안은 모호하고 불확실하고 실존적인 위협에 대한 반응으로, 집요하게 물러나지 않는 근심에 더 가깝다. 예리한 경악 상태라기보다는 지속적이고 둔한 통증이다.

불안의 플롯을 요약하면 다음과 같다. 불안을 자극하는 것은 닥쳐올 어떤 사건이다. 그 구체적 표현은 병의 결과, 평가받을 일, 비판이나 사회적인 비난을 받을 가능성이 있는 사회적 상호작용 등인데, 모두 불확실한 위협이라는 특징이 있다. 그 위협 뒤에 숨은 개인적 의미는 실존적이다. 이 세상에서 우리의 존재, 장래의 행복, 생사와 관련되어 있기 때문이다. 사람들은 그들이 직면하는 상황, 개인적인 목표, 일평생 얻게 된 그들 자신과 세상에 대한 믿음 등에서 이런 의미를 구성한다. 그 구체적인 위협에 대처하는 방법에는 여러 가지가 있다. 혹시 일어날지도 모르는 일에 대비하거나 그런 위협에 대해서는 아예 생각하지 않을 수도 있다. 위협을 감소시키는 새로운 의미를 구성할 수도 있다. 그러나 불안을 일으키는 위협에 근본적으로 대처한다는 것은 그 모호하고 실존적인 토대 때문에 어려운 일이다. 그 토대는 무엇이 일어날지, 언제 일어날지, 우리가 그것을 어떻게 처리할지를 모두 불확실하게 만들어버리기 때문이다.

죄책감

우리가 이미 보았던 다른 감정들과 마찬가지로, 죄책감은 삶에서 일어나고 있는 일에 대한 감정인 동시에 우리 마음에서 이루어지는 작용의 산물이다.

로버트라는 스물네 살 환자는 2차 세계대전에서 심한 죄책감을 경험했다. 그리고 오랜 세월이 지난 후에도 계속 그것 때문에 고통을 겪었다. 로버트는 보병 중위였다. 그의 부대는 훈련 기간이 끝난 뒤 북아프리카로 갈 예정이었다. 그러나 대포 포미에 결함이 있는 폭탄을 장전하다가 폭발 사고가 일어나는 바람에 로버트는 크게 부상을 당했다. 몇 사람이 죽었다. 로버트는 큰 수술을 받았으며, 그 바람에 전투에 참여할 수 없게 되었다.

로버트는 나중에 그의 대대가 예정대로 북아프리카로 갔으며, 거기서 롬멜 휘하의 판저 탱크들에 궤멸당했다는 것을 알게 되었다. 생존자는 거의 없었다. 이 사건이 보통 생존자 죄책감이라고 부르는 감정을 자극하는 것이 되었다. 로버트는 자신이 이런 끔찍한 운명을 피하게 된 것이 고맙기도 했지만, 동시에 그렇게 그 운명을 피한 것에 엄청난 죄책감을 느꼈다. 로버트는 이 일을 마음에서 떨쳐버릴 수가 없었다. 그래서 전쟁이 끝난 뒤 동부의 병원으로 치료를 받으러 왔다.

치료 과정에서, 군대에서 그런 경험을 하기 오래전 로버트가 다른 중요한 경험을 한 것이 드러났다. 그의 남동생은 뇌성마비 상태로 태어나는 바람에 심한 장애를 보였다. 부모들이 장애아가 된 자식에게 관심을 집중했으리란 건 충분히 짐작이 가는 일이다. 그 바람에 다른 세 자녀는 소외될 수밖에 없었다. 로버트는 여섯 살이 되었을 때 그 사실에 격렬하게 항의했다. 그것은 로버트로서는 적절한 대처 방식이었으나 어머니에게 심한 꾸지람을 들었다. 어머니는 그 일이 있은 후로는 로버트에게서 애정을 거두어버린 것처럼 보였다. 이런 벌로 인해 로버트는 가족 내 관심의 불균형을 바로잡으려는 노력을 중단하는 동시에 심한 죄책감을 가지게 되었다. 그 후로 로버트는 죄책감에는 점점 대처를 할 수 없게 되었다.

그러다 여덟 살이 되었을 때 끔찍한 일이 일어났다. 함께 스케이트를 타던 친구가 얼음이 녹는 바람에 물에 빠져 익사하는 것을 지켜보게 된 것이다. 로버트는 자기가 뒤쫓아가지 않는 바람에 친구가 죽었다고 믿게 되었다. 그랬어도 그 아이를 구할 수 없었을 것이라고, 만일 얼음 구멍에 들어갔다면 자신도 함께 익사했을 것이라고 스스로를 타일러보기도 했다. 그래도 그 사건을 보는 시각은 바뀌지가 않았다.

전쟁 뒤에 대학을 다니던 로버트는 마침내 도움을 얻기로 결심했다. 로버트는 자신을 무가치한 존재로 여기고 있었다. 또 수치심이 가득 담긴 죄책감에 시달리고 있었다. 그의 표현을 빌리면, 자신이 가련한 인간의 전형적인 예라고 믿고 있었다. 로버트는 자신의 가족 상황을 이야기하다가 뇌성마비인 남동생 이야기를 하게 되었다. 그는 자신의 어머니가 옳았고, 자신은 자기중심적이고 이기적인 사람이라고 말했다. 로버트는 깨진 얼음 속에서 친구를 구하지 못한 일을 이야기하면서 자신을 겁쟁이라고 해석했다. 그리고 자신의 행동 역시 자기중심적이고 이기적인 것이었다고 평가했다. 전우들은 죽었는데 살아남은 것에 대한 죄책감도 이러한 부정적인 자기평가의 추가 증거가 되었다.

로버트는 이런 비극적인 사건들의 진상을 스스로 왜곡하고 있었다. 그러나 그에게 그 점을 인식시키는 것은 어려웠다. 그 가운데도 가장 어려웠던 일은, 그가 몹시 의존하고 있던 그의 어머니가 그의 죄책감과 수치심을 통제 장치로 이용했다는 사실에 대한 인식이었다. 그의 어머니는 로버트가 장애아인 남동생에게 화를 낸 것에 대한 벌로 로버트를 거부한 것으로 보인다. 그것은 매우 몰인정한 행동이었다.

로버트는 의사를 포함해 자신의 행동을 조사하려는 모든 사람들에게 끊임없이 불신하는 태도를 보였다. 이는 수치심에서 자신을 방어하기 위한 것으로 치료를 위한 노력을 방해했다. 로버트는 이런 문제들을 해결하지 못한 채 대학을 졸업했다. 그 후에 그가 이 문제와 관련하여 어떻게 되었는지는 알 수가 없다. 그러나 그에게 일어났던 일의 진상을 이해하는 데 어느 정도 진전을 보인 것 같았다.

심리학적 분석

로버트의 생존자 죄책감의 개인적 의미는, 다른 사람들, 예를 들어 얼음구멍에 빠진 소년이나 부대 대원들이 죽은 상황에서 자신은 살 자격이 없다는 것이다. 나치의 강제수용소 생존자들은 그곳에서 죽은 사람들을 돕기 위해 더 노력했어야 한다고 믿는 경우가 많다. 로버트도 그들과 마찬가지로 자신이 죽은 소년을 도왔어야 한다고 생각했다. 다른 사람들은 운명을 피하지 못했는데 로버트는 그것을 피해 살아남았다는 것도 그에게 심한 죄책감이라는 짐을 안겨주었다. 그리고 로버트가 이런 일련의 불운한 사건들과 그것이 불러일으키는 강력한 감정들에 대처하기 위해 했던 일들은 대부분 자신의 죄를 공개적으로 인정하고 스스로를 비난하는 것이었다.

죽음을 피하고 싶어 하는 것은 인간적인 일일 따름이다. 그럼에도 로버트는 어떻게 된 것인지 자신이 살아남은 것을 부당한 일로, 자신의 도덕적 잘못으로 평가했다. 그는 동지들이 당했던 죽음의 운명을 피하고 싶은 욕망을 겁으로 간주했다. 그러나 로버트로서는 달리 어떻게 할 수가 없었다. 따라서 그의 판단은 비합리적인 것으로 보인다. 그럼에도 기저에 깔려서 죄책감을 불러일으키는 의미는 어쨌든 간에 죽은 사람들에게 일어난 일에 그에게 책임이 있다는 것이다.

물론 로버트의 심리의 역사(뇌성마비 동생, 얇은 얼음 때문에 익사한 소년, 어머니의 죄책감과 수치심의 이용)는 그의 인격에 상당히 영향을 주었다. 그래서 그는 죄책감을 느끼기 쉬운 성격을 가지게 되었다. 로버트가 어머니에게 뇌성마비에 걸린 남동생에 대해 불평을 한 것은 아마 최초의 적대적 행동이었을 것이다. 그리고 그 일로 인해, 나중에 그가 다른 사람들 죽음에 도덕적 책임을 지고 있다고 해석하게 되는 패턴이 형성되었을 것이다.

로버트에게는 자신이 동생에게 짜증을 표현했다는 이유로 어머니가 자신에게서 승인, 사랑, 관심을 거두어들인 것이 심각한 정서적 충격이었다. 틀림없이 다른 자녀도 로버트와 같은 반응을 보였을 것이다. 그러나 어머니가 감정적인 지원을 철회하는 사태에 직면하였을 때의 반응도 각각이다. 어떤 아이들은, 아주 어린 아이들이라 할지라도, 그들에게 벌을 주는 어머니에게서 거리를 둠으로써 복수를 하기도 한다. 때로는 자율성을 확립하는 방법으로 부모에게 적대적이 되어 사이가 벌어지기도 한다. 또 어떤 아이들은 더 의존적으로 된다. 아마 로버트는 마지막 경우였을 것이다.

로버트의 반응은 어머니의 비난에 외상을 입고, 죄책감과 수치심을 가지는 것이었다. 그도 그것을 어떻게 해볼 수 없었던 것 같다. 아마 이것이 로버트가 죄책감에 시달리는 자신의 인격 형성에서 어머니가 차지한 역할을 인정하지 않음으로써 자신을 방어했던 이유일 것이다.

로버트의 불행한 개인사에는 죄책감에 대한 몇 가지 자극이 있다. 어머니가 뇌성마비에 걸린 남동생에게만 관심을 기울인다고 화를 냈다가 야단을 맞은 것, 그리고 얼음이 깨지는 바람에 친구가 물에 빠져 죽은 것이다. 그러나 그가 치료에 들어가게 한 직접적 자극은 2차 세계대전에서 전우들이 북아프리카 전투에서 목숨을 잃었을 때 자신은 죽음을 피했다는 사실이었다. 다른 사람이라면, 강제수용소의 어떤 피수용자들처럼, 불명예스러운 죽음을 피한 것을 기뻐할 수도 있었을 것이다. 그러나 로버트는 오히려 그 사실 때문에 늘 괴로워했다. 이것은 강제수용소에서 친구, 동무, 사랑하는 사람들을 잃은 많은 생존자들이 그랬던 것과 같다.

로버트는 다른 많은 제대 군인들과 달리, 군 복무 기간 동안 자신이 했던 역할에 긍지를 표현할 수가 없었다. 그는 자신이 자신의 중대와 함께 전투에 나갔어야만 그런 긍지가 가능하다고 믿었다. 나중에 로버트는 전쟁 기간 동안 사랑하는 사람을 잃은 가족들을 위한 기금에 기부함으로써 죄책감에 대처하려고 했다. 그리고 이런 자선은 그가 상상하고 있는 죄를 씻는 데 도움을 주었다.

로버트는 앞으로 어떻게 될까? 물론 자신 있게 말하기는 힘들다. 우리는 그가 다시 전문적인 도움을 구할 것이라고 생각하고 있다. 그는 죄책감과 수치감 때문에 너무 심한 피해를 보고 있기에 그런 괴로움 때문에 어쩔 수 없이 다시 치료를 받게 될 것 같다는의견이다. 그는 어머니가 사랑을 거두어들임으로써 입은 끔찍한 외상이 차지하는 역할을 이해할 필요가 있다. 그리고 유년과 젊은 시절을 계속 괴롭힌 불행한 죽음들에 그가 책임이 없다는 사실을 인정할 필요가 있다.

치료를 받지 않을 경우, 그는 자신에 대한 관점을 재구성하도록 유도해

줄 교정적인 경험을 할 가능성이 거의 없다. 예를 들어 로버트는 종교에 귀의함으로써, 다른 사람들을 위해 봉사하고 자신을 희생하는 삶을 살 수도 있다. 그렇게 해서 그가 저질렀다고 느끼는 죄를 계속 씻으려 할 수도 있다. 그러나 그의 관점에 큰 변화가 일어나지 않는 한, 그는 미래의 감정적인 위기에 아주 취약할 것이다. 우울증에 빠지거나, 아니면 자살을 할 위험도 있다. 그러나 자신 있게 그의 미래를 예측할 수는 없다. 그리고 사람들이란 겉보기보다 훨씬 더 탄력이 있다는 것이 간혹 입증되기도 한다. 우리는 로버트가 앞으로 전진하기를 바란다.

죄책감의 여러 가지 얼굴

사람들이 죄책감을 경험하려면 자신이 도덕적 규범을 어겼다고 느껴야 한다. 그리고 그 도덕적 규범을 그들 자신이 가지고 있는 일군의 가치들 가운데 일부로 받아들여야 한다. 죄책감의 극적인 플롯은 따라서 도덕적 명령을 어겼다는 것이다. 죄책감을 느끼는 사람들이 반드시 도덕적으로 잘못된 일을 저지를 필요는 없으나, 어쨌든 그랬다고 믿어야 한다. 많은 사람들은 그저 양심이 금지하는 어떤 것을 바라는 것만으로도 죄책감을 느낀다. 설사 그들이 그런 바람을 실행에 옮기지 않았다 해도 죄책감은 끈질기게 살아남는다. 죄책감이라는 감정을 이야기할 때 진짜 죄는 관계가 없다. 범죄에 대한 사법적인 판단의 경우와 마찬가지다. 다만 죄를 지었다는 주관적 느낌이 중요하다. 죄책감에서는 어떤 행동이 도덕적 가치를 어긴 것으로 평가된다. 그런 판단이 현실적이냐 아니냐는 관계없다.

서구 사회에서는 십계명이 우리 대부분이 믿고 있는 도덕적 가치들을 정교하게 표현하고 있다. 그 조항들은 하느님을 믿고 그를 영광되게 하라, 그의 이름을 망녕되이 부르지 마라, 안식일을 거룩하게 지키라, 부모를 공경하라, 간음하거나 살인하지 마라, 도둑질하거나 거짓 증언을 하지 마라, 이웃의 아내를 탐하지 마라 등이다. 현실적인 맥락에서 이 조항들은 매우 복잡해질 수 있다. 개인적 이해와 공동체의 이해 사이에 갈등이 생길 때의 도덕적 딜레마가 그런 경우다. 그러나 굳이 종교적이거나 하느님을 믿지 않아도 이것들 대부분이 핵심적인 도덕적 가치라는 것은 받아들일 수 있을 것이다.

죄책감은 고통스러운 것이고, 어떤 사람들은 지나칠 정도의 비합리적인 죄책감에 시달리기도 한다. 그러나 사회적인 관점에서 볼 때 죄책감은 매우 유용한 감정이다. 그것이 사회적으로 바람직한 행동을 촉진하는 데 도움을 주기 때문이다. 간단히 말해서 죄책감은 친사회적인 감정이다. 죄책감과 사회적인 비난이나 거부를 피하기 위해 사회적으로 금지된 행동들을 피하게 되기 때문이다. 만일 사회 구성원들 스스로 착하게 행동하기를 원한다면, 사회적 도덕성에 별 관심을 가지지 않는 사회와 비교할 때 사람들 행동을 단속할 필요가 줄어들 것이다. 죄책감이 강한 사람들은 함께 지내기가 편하다. 그들은 다른 사람들에 비해 사람들 관계에서 공정한 태도를 취하는 경향이 있기 때문이다. 그러나 그들이 극단적으로 고결하다면, 다른 사람들이 승인받지 않은 즐거움에 탐닉하는 것을 못마땅해할 수도 있다.

대부분의 문화와 종교는 구약에서 볼 수 있는 것과 같은 도덕적 구속들 가운데 많은 것들을 받아들인다. 사실 그것들은 인간에게 보편적인 것들이라고 간주할 수도 있고, 어떤 사람들 말대로 자연법이라고 간주할 수도 있다. 그러나 동시에 뚜렷한 편차 역시 존재한다. 예를 들어, 인도에서는 전통적으로 미망인이 남편을 화장하는 장작더미에서 함께 타 죽는 것을 거룩하게 여겼다. 이것이 '순사(殉死)'라는 의식이다. 다른 문화에 속한 사람들은 이것을 야만적이라고 여긴다. 반면, 인도에서는 이 의식을 통해 죽은 여자들은 성자들로 간주되고, 그들을 기념하는 사당도 지어진다. 그러나 현재에는 인도에서도 이 관습을 두고 논란이 있다.

　죄책감을 얼마나 쉽게 느끼느냐 하는 문제를 놓고, 여자들은 성별 차이의 흥미로운 예를 보여준다. 이제까지 여자들은 남자들보다 죄책감을 더 쉽게 느끼도록 키워진다고 이야기되어왔다. 이것이 사실인 경우들이 있다. 여자들은 남편이나 연인들과 언쟁을 할 때, 설사 자신이 문제의 원인이 아니라 할지라도 스스로 죄책감을 떠맡는 경향이 있다. 여자들은 짝의 괴로움을 덜어주고 의견 불일치를 무마하는 책임을 받아들이는 것으로 보인다. 미국의 문화에서 적어도 과거에는, 여자들은 가족을 통합하는 접착제 역할을 하는 것으로 묘사되었다. 여자들도 이런 문화적인 개념을 내재화하고, 그 개념대로 사회생활을 하는 경향이 있었다. 그럼에도 로버트의 경우처럼, 남자들도 죄책감으로 괴로워하는 경우가 많다.

　우리는 어떻게 죄책감을 느끼는 능력을 발달시키는 걸까? 왜 우리 가운데 일부는 다른 사람들보다 죄책감을 더 쉽게 느끼는 걸까? 죄책감을 느끼는 경향에는 몇 가지 뚜렷한 종류의 사회적 영향이 관련되어 있다. 그리고 죄책감에 대한 이론들은 각기 다른 영향들을 강조해왔다.

　정신분석학자들은 죄책감이 사회적으로 받아들일 수 없다고 여기는 충동들에 대한 반응이라고 생각하고 있다. 그들의 말에 따르면, 어린이들은 적대적이고 성적인 충동들 때문에 벌을 두려워하게 되고 부모의 사랑을 잃게 될 것이라는 위협을 느낀다. 부모는 아이의 분노를 통제하려 하고, 아이는 그런 통제에 저항한다. 아이들은 금지된 충동들을 표현하거나 행동으로 옮길 때, 처벌을 받을까 봐 불안해하게 된다. 이것은 로버트의 상황에도 들어맞는다. 로버트는 틀림없이 뇌성마비에 걸린 동생이 사라지거나 아니면 적어도 무시되기를 바랐을 테고 그럼으로써 자기에게 필요한 몫의 관심을 받을 수 있기를 바랐을 것이다.

아이들은 안전을 느끼기 위해 금지된 충동을 억누르고 마치 그 충동이 더는 존재하지 않는 것처럼 만든다. 그리고 부모의 기준을 자신의 것으로 채택한다. 그것이 아이의 양심이 된다. 따라서 위험한 충동은 지하로 가게 되어 무의식이 된다. 억압의 의미가 바로 이런 것이다. 그러나 이것은 로버트의 경우에는 해당되지 않는다. 그는 늘 죄책감을 강렬하게 느꼈기 때문이다. 그러나 그가 성장할 때 어머니가 그의 죄책감을 이용하고 그를 위협했던 것이 그가 그런 느낌을 가지는 데 어떤 역할을 했는지는 의식하지 못했던 것 같다. 아마 그것을 인정하는 것이 그에게 매우 위협적인 일이었기 때문일 것이다.

또 어떤 이론가들은 죄책감이 다른 사람의 고통에 감정이입을 하는 자연스럽고 생물학적인 경향이 반응한 것이라고 생각한다. 그리고 이것은 발전과정에서 점차 다른 사람들을 공정하게 대우하려는 욕구로 변한다고 말한다. 이런 이론가들은 인간이 늘 집단을 이루어 산다는 사실에 초점을 맞춘다. 이 때문에 초기 인간들이 생존 문제를 처리함에 있어 서로 협조를 할 수 있었다는 것이다. 바꾸어 말하면 사회적 가치와 조화를 이루어 행동함으로써 집단의 승인을 얻으려는 욕구는 생존에 도움이 되었기 때문에 진화해왔다는 이야기다. 그러나 이것은 왜 로버트 같은 사람들이 특히 죄책감을 잘 느끼는지는 설명해주지 못한다. 따라서 우리는 그런 사람들의 성장 과정에서 특정한 경험들을 살펴볼 필요가 있다. 그것이 우리가 어떤 사람들이 가지고 있는 특별한 취약성을 이해하는 데 도움을 줄 것이다.

인간의 아기들은 부모나 돌봐주는 사람들과 의존적인 관계를 맺고 보내는 시간이 길다고 말하는 사람들이 있다. 다른 종들에 비해 훨씬 길다는 것이다. 아기들은 이런 의존이 생존에 필요하기 때문에 그들의 승인을 구하는 것을 배우게 된다는 주장이다.

마지막으로 어떤 이론가들은 죄책감은 아이들이 행동 기준을 위반하는 것의 사회적 의미를 지각하고 이해하고 난 뒤에만 온다고 강조한다. 로버트는 뇌성마비 동생에게 화를 냈을 때, 동생의 요구들을 인식할 만큼 철이 들었다. 또한 얼음이 깨지는 바람에 친구가 죽은 것이 자신의 책임이라고 이해할 만큼 나이가 들었다.

죄책감의 사회적 발생에 대한 이런 다양한 이론들은 결코 서로 양립 불가능한 것이 아니다. 그 각각은 어떤 면에서는 옳을 수도 있고, 죄책감의 발생적 기원에 대한 중요한 사실들을 포함하고 있을 수도 있다. 어쨌든 이 모든 이론이 도덕적 명령을 위반하는 것(이것이 죄책감의 극적 플롯이다)이 죄책감이 일어나는 과정의 중심 주제라는 것을 인정하고 있다.

죄책감이라는 쓰라린 고통에 어떻게 대처해야 할까? 앞서 말했듯이, 죄책감을 느끼는 것은 속죄하거나, 보상하거나, 배상하거나, 상대가 입은 피해에 대한 벌을 받으려는 충동을 일으킬 수 있다. 우리는 잘못했을 때 자신을 탓한다. 로버트는 북아프리카에서 죽은 전우의 가족에게 기부를 함으로써 생존자 죄책감을 씻으려 했다. 로버트는 그들의 운명에 죄책감을 느끼지 않아도 되는 사람이었다. 그러나 그렇게 함으로써 기분이 약간 나아질 수 있었다.

죄책감은 고통스럽기 때문에, 때로는 방어적으로 우리 행동을 정당화하거나 아니면 다른 사람을 비난함으로써 대처하려 한다. 만일 벌어진 일의 책임을 다른 사람에게 돌릴 수 있다면, 우리의 괴로운 죄책감을 예방하거나 최소화할 수 있을 것이다. 그러나 로버트는 다른 사람들의 불운과 자신의 생존에 대해 자기 자신을 비난할 수밖에 없었다.

도덕적 위반에 뒤따르는 적당한 사회적 행위는 사과를 하고 보상을 하는 것이다. 다른 사람에게 손해를 입혔을 때는 특히 그렇다. 사과에서 흥미로운 점은 때로는 그것이 효과가 있고 때로는 효과가 없다는 것이다. 어떤 사과는 형식적인 것일 뿐이다. 즉 죄책감 없이 사과를 할 수도 있다. 그런 사과는 제도화된 사회적 관행의 표현일 뿐이다. 일어난 일에 전혀 책임감을 느끼지 않으면서도 미안하다고 말할 수 있다. 이런 경우 처음부터 죄책감을 느끼지 않은 것이다.

손해를 본 피해자를 사과로 만족시키는 것이 늘 쉬운 일은 아니다. 피해자는 자기가 입은 손해에 비추어볼 때 몇 마디 사과로는 충분치 않다고 느낄 수 있다. 또 어떤 사과는 사과를 하는 태도 때문에 손해를 준 사람이 사실은 미안해하지 않는다는 것을 드러낼 수도 있다. 형식적인 사과는 피해자의 고통을 덜어주지 않는다. 사과가 효과가 있으려면 진지해 보여야 하고, 굽실거리는 듯이 보여야 하고, 어떤 개인적 희생을 하겠다는 것을 제시해야 한다. 그래야 손해를 본 사람이 받아들이게 된다.

반면 늘 미안하다고 말하는 사람이 있다. 그들은 마치 자신이 존재한다는 것 자체를 사과하듯이, 늘 모든 것에 대해 사과한다. 이는 자신이 사회적으로 받아들여질 수 있느냐에 강한 의심을 품고 있어, 다른 사람들의 환심을 살 필요가 있다고 느끼는 개인들에게서 많이 나타난다. 이 패턴은 사실 죄책감이라기보다는 사회적 불안의 패턴이다.

죄책감의 플롯을 요약하자면, 자극은 우리가 지키며 살아야 한다고 믿고 있는 행동 규범을 침해하는 생각이나 행동이다. 그 뒤에 깔린 개인적 의미는 자신과 세상에 대한 도덕적 책임, 그리고 이런 책임 위반의 결과로 예상되는 것에 대한 관점과 관계가 있다. 그리고 그런 점에서 실존적이다. 이런 의미는 한편으론 우리를 돌보는 사람들, 동료들, 사회 전체가 제시하는 도덕적 가치들을 해석하고 내재화하는 방식에서, 다른 한편으론 삶의 경험에서 나온다. 죄책감은 일시적인 특정한 행동이나 생각, 그 가운데서도 보상할 수 있는 행동이나 생각과 관련되어 있을 때 대처가 가장 쉽다. 그리고 성격의 도덕적 약점들을 표현하고 있다고 믿게 될 때 대처가 가장 어렵다.

이 논의를 시작하는 사례가 되었던 로버트의 문제에서 죄책감은 때때로 수치심으로 뒤덮일 수 있다는 것을 보았다. 그러나 죄책감과 수치심은 많은 공통점을 가지고 있으면서도, 동시에 서로 매우 다르다. 각각의 감정이 일어나는 방식이 다르며, 특히 대처하는 방식에서는 크게 다르다. 이제 실존적 감정들 가운데 가장 마지막 것인 수치심을 살펴보기로 하자.

수치심

실생활의 예에서 시작하기 위해, 우리가 오랫동안 알고 지낸 한 가족의 두 가지 괴로운 수치심 경험을 이야기해보겠다.

에이브와 패니에게는 찰스라는 외아들이 있었다. 두 사람은 아들을 맹목적으로 사랑했다. 찰스는 늦게 본 자식이었다. 우리가 말하고자 하는 수치심에 대한 두 가지 에피소드가 생겼을 때 두 사람은 60대였다. 그들은 1세대 유대인들로, 뉴욕에서 태어났다. 친구들 대부분도 유대인이었다. 그렇다고 그들이 특별히 신앙심이 깊은 것은 아니었다. 그들은 뉴욕 시티의 수수한 아파트에서 살고 있었다.

찰스는 잘생기고 키가 큰 젊은이로 성장했다. 운동도 잘하고 공부도 잘했다. 대학에서는 공학을 전공했다. 부모는 아들을 매우 자랑스러워했다.

그러나 1930년대 초, 찰스가 대학 4학년일 때 문제가 생기기 시작했다.

찰스가 공학 학사 학위를 받으며 대학을 졸업한 뒤에는 그 문제가 심하게 악화되었다. 찰스가 대학에서 감독파 신앙을 가진 부유한 가문의 처녀와 데이트를 시작했던 것이다. 처녀는 코네티컷의 부자 동네에 살고 있었다. 찰스는 그녀와 그녀 가족과 점점 많은 시간을 보내게 되었다. 그들의 컨트리클럽에서 테니스를 치기도 했다.

에이브와 패니가 수치심을 느꼈던 건 찰스가 점차 부모와 인연을 끊는 방향으로 나아가기 시작했기 때문이다. 당시에는 반유대 감정이 아주 심했다. 유대인 엔지니어라고 하면 일자리 제안도 들어오지 않을 정도였다. 그래서 찰스는 유대인 취급을 받지 않으려고 노심초사했다. 찰스는 금발에 파란 눈을 가졌으며, 키가 크고, 균형 잡힌 이목구비를 가지고 있었다. 찰스는 그 부유한 공동체에 들어가고 싶었다. 그래서 출신을 은폐함으로써, 자신의 부정적 유산이라고 생각하는 부분을 극복하려 했다. 여자 친구와 그녀의 가족은 찰스의 출신을 알고 있었으나, 그 문제는 절대 언급하지 않았다.

찰스와 사교계 명사였던 그 여자는 결국 결혼을 하기로 했다. 여자의 아버지는 찰스에게 좋은 직장을 마련해주었다. 찰스는 부자 세계에서 빠르게 출세해나갔다. 찰스는 부모를 부끄러워했다. 그들이 자신의 새로운 공동체나 컨트리클럽에 나타나지 않게 하려고 노심초사했다. 그런 일이 생기면 그가 새로 발견한 부와 사교적 명성이 훼손당할까 두려웠던 것이다. 찰스는 감독파 신앙으로 개종했다. 그리고 새로운 사회적 배경과 자신을 동일시했다. 찰스는 부모가 자기 결혼식에 오는 걸 꺼렸다. 아내나 장인, 장모가 뉴욕의 부모를 찾아가는 것도 원치 않았다. 그래서 찰스의 부모들은 결혼식에 초대받지 못했고, 나중에 소식만 듣게 되었다. 이것은 에이브와 패니에게 큰 충격이었다.

찰스는 에이브와 패니, 그리고 그들의 친구들과 거리를 유지할 필요가 있다고 생각했다. 그들 가운데 몇몇의 영어에는 강한 유대인 악센트가 섞여 있었기 때문이다. 그들은 찰스가 잊고 싶어 하는 그의 출신을 드러냄으로써 그에게 수치심을 안겨줄 터였다. 이 시점부터 찰스는 부모와 거의 연락을 하지 않았다.

그래서 찰스는 부모를 배신한 것에 대해 수치심과 죄책감 양쪽을 다 경험하게 되었다. 그러나 부모가 혹시라도 찾아올 경우 그것이 자신에게 안겨줄 수치를 훨씬 더 두려워했다. 찰스가 부모와 접촉을 끊은 것은, 사회적 편견에 의해 그의 내부에 만들어진 잠재적 수치심에 대처하는 하나의 방식이었다고 파악할 수 있다.

한편 아들이 부모와 의절을 한 것이나 다름없이 되어버리자 에이브와 패니는 친구들 앞에 나서기가 몹시 부끄러웠다. 에이브는 화가 나 아들을 심하게 꾸짖기도 했다. 패니가 남편보다 더 큰 상처를 받기는 했으나, 남편의 상처도 만만치 않았다. 그들은 이런 모욕을 누구에게도 이야기하지 않았다. 친구들 사이에서 그것은 금기시되는 화제였다. 에이브와 패니는 가능한 한 그 고통스러운 비밀을 자기들끼리 간직하려 했다. 그래도 친구들은 다 알고 있었다.

패니와 에이브의 수치심은 그들의 친구 가운데 하나가 딸의 결혼을 준비하게 되었을 때 강하게 자극을 받았다. 그것이 그들의 비극을 기억나게 했기 때문이다. 친구는 대화 중에도 결혼 계획 이야기만 했다. 에이브와 패니를 포함해 결혼식에 참석할 하객들 이야기도 했고, 결혼식과 관련된 모든 세부 사항들도 이야기했다. 그러나 에이브와 패니가 나타나면 이야기를 중단했다. 그들도 찰스와 그의 아내에 대해 알고 있었기 때문이다. 이것 때문에 에이브와 패니는 더 쓰라린 아픔을 겪어야 했다. 그러나 그들은 괴로움을 감추었다. 사람들은 보통 수치심을 개인적인 고통으로 남겨두고 싶어 하기 때문이다.

이렇게 우리는 한 가족에게 나타난 두 가지 종류의 수치심의 사례를 보게 되었다. 한 가지는 아들이 겪은 것이고, 또 한 가지는 아들의 부모가 겪은 것이다.

심리학적 분석

찰스와 그의 부모의 이중의 경험에 나타난 개인적 의미는 그들이 자신과 다른 사람들의 눈으로 보기에 실패를 했다는 것, 그리고 그 실패가 그들의 성격 가운데 부정적인 어떤 면을 드러내고 있다는 것이다. 그러나 정확히 따지고 들어가면, 찰스의 개인적 의미와 에이브와 패니의 개인적 의미는 매우 다르다.

찰스는 그의 새로운 관계에서 수치심을 겪을 위험을 느꼈다. 자신이 부모나 그들의 민족적 생활 방식과 동일시될 경우에 느낄 수치심이었다. 또한 찰스는 부모와 의절을 한 것에 약간 죄책감을 느꼈을 수도 있다. 좋은 사람들이고, 효도받을 자격이 있는 사람들이었기 때문이다. 그러나 그의 행동을 결정하는 데서, 그의 죄책감은 자신의 출신이 탄로 나는 것으로 인한 수치심의 위협보다 약하게 작용했던 것이 분명하다. 그리고 이 죄책감은 또한 그가 사회적으로나 경제적으로 출세를 할 수 없을 것이라는 위협보다도 약하게 작용했다.

에이브와 패니는 자기들이 기른 자식이 부모와 부모의 출신을 거부한 것이 형편없는 대접이라고 느꼈다. 거기서 그들의 수치심이 생겼다. 또한 친구들에게 자식이 저지른 짓을 보여줄 수밖에 없다는 데서도 수치심이 생겼다. 수치스럽게 행동하는 자녀를 둔 부모들은 우리가 무엇을 잘못했기에 이런 결과가 나왔냐고 자문하며 괴로워하는 경향이 있다. 에이브와 패니는 벌어진 일들을 곰곰이 생각해보면서, 자신이 어떤 말을 하거나 어떤 태도를 보였기에, 외아들이 자신의 출신을 거부하고, 심지어 길러준 부모까지 거부하게 되었는지 따져보았을 것이다.

그들이 이런 괴로운 생각을 하게 된 것은 그들에게 벌어진 일이 자기들 탓이라는 느낌이 있었기 때문이다. 예를 들어, 그들은 아들에게 찰스라는 모호한 이름을 지어주었다. 이 이름만 가지고는 이름의 주인공이 이교도라고 생각할 수도 있고, 유대인이라고 생각할 수도 있다. 그들은 또 새로 오는 유대인 이민을 '풋내기'라고 헐뜯었다. 이 말은 유대인 사회에서는 영어를 잘 못하고, 본국의 생활 방식을 그대로 따르는 사람들을 가리킨다. 이런 경멸은 이미 이주민으로 자리 잡은 사람들에게는 흔히 나타나는 태도다. 나아가 찰스가 성장할 때 부모는 그가 미국 문화 내에서 성공을 거두는 것이 중요하다고 강조했다.

이런 태도들이 찰스의 변절에 영향을 주었을지 안 주었을지 누가 알 수 있을까? 그러나 에이브와 패니는 당시의 인종적 편견 일부를 공유하고 있었던 만큼, 그들 비극의 원인이 그들 자신의 결함과 관계가 있을지도 모른다고 느꼈다. 그렇게 되면 수치심은 더 커질 수밖에 없다.

아들 편에서는 부모를 거부하는 것이 이미 이야기한 것들과는 다른 많은 이유에서 생긴 것일 수도 있다. 패니는 상냥한 여자였다. 에이브는 냉정하고, 공격적이고, 거만했다. 찰스는 에이브에게는 어느 정도 적대감을 느꼈다. 그리고 아버지의 지배에 대항하는 싸움에서 패니가 자기편을 들어주지 않는 것에 실망했다. 찰스는 수동적이고 귀가 얇은 패니와 자신을 동일시하는 데 어려움을 겪었다. 그리고 아마 자신을 돌보거나 이해해주지 않고 성공으로만 몰아간 공격적인 아버지에게 반항하고 싶었을 것이다.

수치심에서는, 일어난 사건과 스스로가 자신의 성격을 규정하는 방식을 떼어놓고 보는 것이 어렵다. 어떤 주어진 행동이 개인적 이상에 어긋나고, 또 다른 사람들의 경멸을 받게 될 때 수치심을 느낄 수 있다. 그러나 우리의 자기규정에는 이런 행동을 포함시키지 않을 수 있다. 아마 찰스는 스스로에게 자신이 출세하기 위해, 안정된 미래를 확보하기 위해 최선을 다하고 있다고 다짐했을 것이다. 자신이 세상에서 성공하고 있는 것에 부모들도 기뻐해야 한다고 믿었을 것이다.

찰스는 부모와, 특히 아버지와 마주치는 것을 피했다. 부모에게 거의 연락을 하지 않았고, 결혼 전에는 거의, 그리고 결혼 후에는 전혀 부모를 찾아가지 않았다. 그것이 죄책감과 수치심을 더 강화해주었을 수도 있다. 그리고 아내와 처가 사람들이 자신의 부모와 교류하는 것을 권하지 않음으로써, 자신이 부모의 인종적 출신과 동일시되는 수치를 피할 수 있었다.

에이브와 패니는 죽음 전의 몇 년 동안 친구들을 중심으로 생활했다. 그리고 아들과의 찢어진 관계를 받아들이려고 최선을 다했다. 대부분의 상실과 마찬가지로, 이런 상실은 슬픔의 원천이었다. 또 분노의 원천이기도 했다. 그러나 그것은 지니고 살 수밖에 없는 것이었다. 거의 적대감을 가지고 있지 않았던 패니의 경우가 에이브의 경우보다 상실감이 더 컸다. 에이브는 그런 상실에서 짜증을 느꼈다. 일어난 일을 자기 책임으로 돌리는 것은 에이브가 패니보다 덜했을 것이다. 그러나 에이브는 친구들 눈을 생각하며 수치심을 느꼈다. 패니도 이런 수치심을 느꼈으나, 그녀의 수치심에는 자신이 어머니로서 실패했다는 생각도 포함되어 있었다. 패니는 아들에게 거부당하는 데 에이브보다 더 많은 고통을 느꼈다. 그리고 아들이 자기가 한 일에 큰 대가를 치르고, 나중에 괴로워할 것이라는 걱정도 더 많이 했다. 패니는 남편과는 달리, 책임을 다른 사람들에게 돌리기보다는 자신에게 돌리는 경향이 강한 사람이었다.

한참 시간이 흐르자 둘 다 아들 일은 생각하지 않으려고 노력하게 되었다. 또 대부분의 경우에는 성공을 거두었다. 그들은 죽을 때, 남길 재산도 거의 없었지만, 그나마 남은 재산을 유대인 자선단체에 기부했다. 어차피 찰스한테야 필요한 것도 아니었다. 찰스는 자기가 선택한 환경에서 잘살았다. 그러나 우리는 그의 내적 삶에 대해서는 거의 아는 것이 없다. 찰스 부부는 네 자녀를 길렀다. 그들 모두 아이비리그에 진학했다. 그리고 각자 가정을 꾸려 독립해 나갔다. 에이브와 패니는 손자들에 대해서는 전혀 알지 못했다.

우리는 찰스는 에이브와 패니만큼 수치심을 느끼지는 않았다는 인상을 받았다. 찰스의 행동에 분개하는 독자들에게는 언짢은 일일지도 모르지만, 찰스의 결혼은 성공적이었으며, 오래 지속되었다. 부모가 죽었을 때 찰스는 장례식에 참석했다. 그러나 에이브와 패니의 친구들에게 추방당했다. 그러나 이것은 찰스에게 거의 고통을 주지 않았다. 이미 골치 아픈 과거와 거리를 두는 방식을 배웠기 때문이다.

수치심의 여러 가지 얼굴

어떤 사람들은 수줍음(shyness)도 수치심의 한 형태로 취급한다. 수줍음 역시 개인적인 노출의 위협과 관련되어 있다는 점에서 수치심과 비슷하기는 하지만, 그래도 사회적인 불안의 한 유형으로 취급하는 것이 더 낫다는 생각이다.

수치심과 관련된 개인적인 이상들은 우리가 한 개인으로서 남들에게 알려지고 싶은 모습들로 이루어져 있다. 그것들은 도덕성과는 거의 또는 전혀 관계가 없을 수도 있다. 그 모습은 용기가 있다거나, 영리하다거나, 품위가 있다거나, 정신력이 강하다거나, 용감한 싸움꾼이라거나, 세상 돌아가는 이치를 잘 안다거나, 수완이 좋다거나, 야망이 크다거나, 똑똑하다거나, 착하다거나 하는 다양한 형용사들을 통해 전달될 수 있다. 수완이 좋다거나, 용감한 싸움꾼이라거나, 정신력이 강하다는 것은 특별히 도덕적이라고 할 수는 없다. 그러나 이 가치들은 사회적이고 개인적인 기준들을 구체적으로 보여준다. 어떤 사람들은 도덕성에 관계없이 이런 기준에 맞추어 살고 싶어 한다. 어쩌면 그것들은 우리가 우리의 부고란에 실리기를 바라는 말들일 수도 있다. 수치심과 관련된 개인적 이상들은 문화에 따라 또 개인에 따라 도덕적 가치보다 더 큰 편차를 보인다.

죄책감과 수치심을 구별하는 것이 혼란스러울 수도 있다. 특히 그 두 감정의 문화적이고 개인적인 유래 때문에 그럴 수 있다. 도덕성과 개인적 이상은 둘 다 우리의 내적 기준들과 관련이 있는데, 이 기준들은 어린 시절에 사회와 어른들, 특히 우리를 기른 사람들과 접촉한 경험에서 파생되는 것이기 때문이다. 우리는 어렸을 때 그런 식으로 '좋은' 사람이 되는 것을 배웠다. 여기서 좋다는 말은 당연히 모호한 것이다. 그 의미는 '좋다'는 말 뒤에 깔린 구체적 가치들을 밝히지 않는 한 분명해질 수가 없다.

또 도덕적 가치와 개인적 이상들에 맞추어 살았는지 아닌지 우리에게 말해주는 것이 내적인 목소리이기 때문에 혼란이 생긴다. 물론 내적인 목소리라는 것은 편리한 비유일 따름이다. 이 가치와 이상들은 사회의 특징들로 존재한다. 그러나 그것들은 개인에 의해 내재화되며, 그럼으로써 그 개인의 개인적 관점의 일부를 이룬다. 프로이트는 죄책감과 수치심 둘 다의 원천이 정신의 단일한 작용, 즉 초자아라고 했다. 이 초자아는 성장 과정에서 발생한다. 그러나 도덕적 가치와 개인적 이상 두 가지가 관련되어 있는 만큼, 말하자면 각기 다른 내용을 가진 두 개의 별도의 목소리가 작용할 수도 있다.

죄책감을 경험할 때와 수치심을 경험할 때, 우리의 주관적 경험과 우리가 보여주는 행동은 서로 다르다. 두 경우 모두 내적인 고통이 있지만, 고통의 종류는 다르다. 죄책감일 경우 공적으로 죄를 씻지만, 수치심일 경우 그것을 남들에게 감춘다.

오랫동안 정신분석학자들은 프로이트의 전통에 따라 죄책감과 수치심을 크게 구별하지 않았다. 그러나 영어의 일반적 용례가 모호하여 죄책감과 수치심을 종종 혼동하기는 하지만, 두 감정은 종류가 다를 뿐 아니라 유래도 다르다. 수치심은 최근까지도 비교적 큰 관심을 받지 못했다. 보통 별도의 감정으로 취급되기보다는 죄책감과 결합되어 다루어졌다. 그리고 정신분석학자들은 일반적으로 임상 작업에서 수치심이 아닌 죄책감을 다루었다. 그러나 그러한 경향은 변하고 있다.

유년 시절의 보호자들은 아이들의 자아이상의 발전에 큰 영향력을 갖는다. 아이들이 그들에게 장기간 의존하기 때문이다. 우리는 어렸을 때는 부모 같은 인물들과 동년배들에게 양심과 자아이상을 얻는다. 이 사람들이 우리가 어때야 하는가에 대한 기준을 설정해주는 것이다. 이들은 우리의 행동이나 태도가 이 기준에 부합되지 않을 때는 비판을 하거나 벌을 준다. 한참 후에는 이런 기준들이 우리 자신의 에고의 부담스러운 특징들이 된다. 어떤 부모들은 아주 엄격한 기준을 세우고 완벽을 요구하기도 한다. 그럴 경우 우리는 완벽주의자가 되어 우리의 내적 기준에 맞추어 사는 데 큰 어려움을 겪을 수도 있다.

주로 수치심을 연구한 정신분석학자 헬렌 루이스에 따르면, 수치심의 발달 뒤에 놓인 위협은 비판, 거부, 포기 등이다. 이것은 아이가 기대에 못 미쳤을 때 상상하는 벌이다. 찰스는 유대인 부모들보다는 아내, 장인과 장모, 새 공동체에서 거부당하는 것을 더 두려워했던 것이 분명하다. 에이브와 패니, 특히 패니는 아들에게 거부당했다. 그리고 친구들한테 같은 일을 당할까 봐 두려워했다.

대부분의 경우 포기의 위협은 공개적이라기보다는 암시적으로 나타난다. 그러나 부모들은 때때로 잔인하게 아이에게 그 말을 직접적으로 할 수도 있다. 예를 들어, "너는 부끄러운 줄 알아야 해. 더 잘하지 못하면, 너를 포기할 거야." 이런 식으로 말하는 것이다. 이보다는 덜 잔인하지만 역시 강력한 말은 이런 것이다. "이제 제대로 행동하지 않으면, 나는 너 때문에 죽을 거야. 너는 내가 없어진 다음에야 미안해할 거야."

수치심에서 개인적인 좌절은 자신의 개인적 이상 또는 자아이상에 맞추어 행동하지 못했다는 것이다. 이것이 이 감정의 극적인 플롯이다. 따라서 개인적 이상에 맞추어 행동하는 것은 수치심을 피하는 한 방법이다. 앞서 죄책감의 사례에서 나왔던 로버트라는 환자의 경우, 우리는 수치심으로 뒤덮인 죄책감을 보았다.

개인적 이상들에 맞추어 행동하지 못한 상황에서 수치심을 느끼는 것과 늘 수치심에 젖어 사는 것은 별개의 문제다. 후자의 경우는 극히 기능장애적이다. 죄책감에 대해서도 똑같은 말을 할 수 있다. 특정한 도덕적 잘못에 대해 죄책감을 느끼는 것과 한 개인으로서 무가치한 성격을 가지고 있다고 믿기 때문에 죄책감에 젖어 사는 것은 완전히 다르다.

로버트를 치료하는 것이 그렇게 어려웠던 것은, 그가 단지 어떤 일에 대해 죄책감을 느끼고 있었을 뿐 아니라, 한 개인으로서 자신에 대해 깊은 수치심을 느끼고 있었기 때문이다. 로버트는 자신이 나쁜 사람이라고 느끼고 있었다. 로버트는 자신의 죄가 아주 많은 사람들을 실망시켰고, 그것이 그의 비난받을 만한 성격의 한 측면이라고 여겼다.

수치심의 경우 개인적 이상에 맞추어 행동하지 못하는 것이 어떤 사람에 의해 관찰되는 경우가 많다. 또 그 사람은 우리가 승인을 얻고 싶어하는 사람일 경우가 많다. 그러나 어떤 사람이 우리의 모자란 행동을 실제로 보지 못해도 수치심을 경험할 수 있다. 내재적으로 늘 관찰자, 예를 들어 부모나 역할 모델이 있는 셈이다. 다만 그는 감추어진 관찰자로서, 지금은 살아 있지 않을 수도 있다.

구약이 죄를 다루는 것을 보면 인간이 에덴동산에서 수치심을 발견했다는 생각과 관련이 된다. 이것은 성경 〈창세기〉의 이브가 '타락'하는 이야기에서 나오는데, 이 수치심이란 자신이 벌거벗었다는 자의식으로 표현된다. 그러나 이런 형태의 수치심은 사실 수치심이라기보다는 당황스러움이다. 우리는 벌거벗었거나 노출된 우리 몸에 당황하게 된다.

우리 모두 이브의 이야기를 알고 있다. 이브는 뱀의 유혹에 넘어가 하느님이 금지한 유일한 것을 먹었는데, 그것은 선악을 알게 하는 열매였다. 이브는 하느님에게 순종하지 않음으로써 인간의 순수를 영원히 상실하게 되었다. 아마 그다음부터 수치심이 우리 모두가 경험하는 감정이 된 것 같다.

그러나 벌거벗음이 수치심의 원천으로 여겨지는 경우가 많기는 하지만, 진정한 원천은 아니라는 것을 인식해야 한다. 벌거벗음은 훨씬 더 깊고 더 심각한 문제를 상징한다. 즉 우리의 기준을 침해했기 때문에 무가치한 자아가 노출되는 문제다.

사람들한테 수치심을 겪은 사건에 대해 물어보라. 그러면 그들은 어떤 사건을 이야기해줄지 매우 까다롭게 선별할 것이다. 어떤 사건들은 너무 모욕적이라 그 이야기를 하는 것 자체가 어려울 수도 있다. 또 어떤 사건들은 창피하기는 하지만 비교적 쉽게 이야기할 수 있다. 에이브와 패니는 그들의 이야기를 절대 남에게 하지 않았다. 하지만 다른 친구들은 다 알고 있었다.

사람들의 부정적인 면에 대해서는 스스로 말한 적이 없어도 잘 알고 있는 경우가 많다. 가족, 친구, 동료 들에게 당혹스럽거나 수치스러운 화제를 면전에서 꺼내지 않는다는 것은 암묵적으로 인정하는 사회적 계약이라고 할 수 있다. 또 에이브와 패니의 친구들은 찰스의 행동이 에이브와 패니 탓이라고 생각하지 않았다고 확신한다. 우리는 그 가족을 알고 있었고, 벌어진 사건들을 보았고, 아들에 대해 물을 때 그들이 방어적으로 이야기하는 것을 들었다. 우리는 모든 일을 종합해볼 수 있는 위치에 있었다.

수치심에 특히 취약한 사람들은 자기가 나쁜 사람이라는 이유로 사회적으로 거부당하거나 포기당할까 봐 걱정하고 있을 가능성이 많다. 이런 비판과 거부를 피하고자 하는 것이 수치심 배후에서 작동되는 목표인 것으로 보인다. 수치심의 경험은 의식에서는 고통스러운 것일 수도 있고 또 어쩌면 눈에 보이는 것일 수도 있다. 그러나 수치심을 느끼는 사람들이 겪는 배후의 위협에 대해서는 모르는 경우가 많다. 그것은 거부당할 것이라는 위협이다. 이런 위협은 아이에게는 끔찍한 것이며, 어른에게도 견디기 힘든 것일 수 있다.

수치심으로 인한 고통을 덜어주는 것은 무엇일까? 수치심에 대처하는 효과적인 방법이 있을까? 일반적으로 어려운 일이기는 하지만, 우선 수치심을 준 일을 생각하는 것을 피하려고 해볼 수 있다. 흥미롭게도, 수치심으로 괴로워 하는 사람들은 보통 세상에서 숨는다. 훌륭한 태도를 앞세우는 방식을 택할 수도 있고, 사교 모임에 아예 나타나지 않을 수도 있다. 어떤 사람들은 수치스럽고 모욕적인 경험들을 완전히 혼자만 간직하며, 평생 그 누구에게도 절대 털어놓지 않는다. 그러나 이런 식의 대처법은 개인적 실패에 대한 내적인 깊은 느낌을 덜어주지는 못한다. 그렇기 때문에 수치심이 하나의 감정으로서 그렇게 파괴적인 힘을 가진다고 할 수 있을 것이다.

3장 실존적 감정들: 불안-공포, 죄책감, 수치심

수치심에 대처하는 일반적인 방법은 부끄러워할 만한 일을 전혀 하지 않았다고 말하는 것이다. 스스로에게나 다른 사람들에게 수치스러운 행동을 했다고 인정하기를 거부하는 것이다. 이렇게 하는 사람들은 사실상 그들 자신의 실패를 부정하는 것이다. 그들은 무엇이 잘못되었건 그것은 외부 탓이라고 생각한다. 만일 누가 그들에게 수치스럽게 행동한다고 비난하면, 오히려 화를 내며, 그것을 보았거나 폭로하고 싶어 하는 사람에게 복수하려 한다.

잠재하는 수치심이 많아지면 분노도 강해진다. 우리는 이런 대처 전략이 종종 효과가 있다고 생각한다. 이런 전략을 워낙 자주 보기 때문이다. 의미를 재평가하게 되면, 즉 '나는 부끄럽다'에서 '나는 부끄러워할 만한 짓을 전혀 하지 않았다'나 '그건 다른 사람 잘못이다'로 생각이 바뀌면, 수치심을 피할 수 있다. 아니면 수치심은 분노로 바뀐다. 대부분의 경우 수치심이나 죄책감보다는 분노가 더 쉽게 받아들여진다. 왜냐고 묻고 싶을 것이다. 수치심을 느끼면 우리가 무력하고 나쁜 사람이라고 믿게 된다. 반면, 분노는, 특히 공격으로 표현될 경우, 자아정체감에 대한 적극적인 방어가 된다. 또한 우리는 우리에게 우리 삶이나 다른 사람들을 향해 휘두를 힘이 있다고 믿게 된다. 죄책감의 경우에도 똑같은 방어 패턴이 발견될 수 있다. 2장에서 보았듯이, 죄책감도 수치심과 마찬가지로, 잘못된 행동의 책임을 외부로 돌리고, 다른 사람을 공격함으로써 처리될 수 있기 때문이다.

실존적 감정들에 대한 이야기를 맺으면서, 독자들에게 불안, 죄책감, 수치심은 많은 공통된 특징이 있지만, 각각의 밑에 깔린 개인적 의미들은 구별된다는 이야기를 강조해두고 싶다. 불안은 삶과 죽음의 문제와 관련된다. 불안은 대체로 타인이나 세상과 의미 있는 관련을 유지하고자 노력할 때 촉진된다. 그런 관련성은 삶의 무상한 본성 때문에 늘 위협을 받기 때문이다. 반면 죄책감은 도덕적 가치들을 어기는 것과 관련된다. 수치심은 개인으로서 형성해온 개인적 이상들에 맞추어 행동하지 못하는 것과 관련된다. 이런 학습된 가치들은 우리 자신의 일부를 이루고 있으며, 세상과 충돌하면서 구성하는 개인적 의미들을 형성한다. 그리고 이런 의미들에서 일상의 감정들이 나온다.

4장

삶의 나쁜 조건에 의해 자극되는 감정들:
안도감, 희망, 슬픔과 우울

삶의 나쁜 조건들, 예를 들어 큰 병, 아픔, 사랑하는 사람이나 개인적 지위의 상실 또는 상실 가능성 등과 관련된 감정들은 안도, 희망, 슬픔 등을 포함하는 그룹이다. 우리는 이 감정들을 논리적인 순서에 따라 배열하였다. 안도감이 첫 번째다. 그것은 안도감이 나쁜 상황에 뒤따르는 긍정적인 결과를 반영하기 때문이다. 그다음은 희망인데, 이것은 나쁜 상황에서 기대하는 긍정적인 결과의 가능성을 반영한다. 그다음이 슬픔이다. 이것은 복구 불가능한 상실에 굴복하는 것이다. 슬픔을 이야기할 때는 슬픔이라는 느낌을 우울이나 절망 같은 슬픔과 관련된 상태의 느낌과 구별한다. 우울이나 절망은 삶에 남아 있는 것에 대해 전혀 희망을 가지지 않는다는 느낌을 전달한다.

안도감

안도감은 거의 설명이 필요 없는, 비교적 단순한 감정이다. 사례 연구 대신 이 감정을 살펴볼 수 있는 몇 가지 짧은 시나리오를 살펴보도록 하자.

암이 의심되어 의학적 조직 검사를 받았다고 해보자. 검사 과정 자체만이 아니라 결과를 알기 전까지 기다리는 동안 겪어야 하는 두려움은 충분히 짐작이 갈 것이다. 기다리는 동안 온갖 끔찍한 생각들이 다 든다. 악성종양이 이미 퍼져 병이 말기에 이른 것인지도 몰라. 비참한 화학 치료를 받아야 할지도 몰라. 일을 그만두어야 할지도 모르는데, 그러면 어떻게 가족을 부양한담. 두려운 결과에 대한 생각은 피하려고 애를 쓴다. 하지만 줄곧 결과에 대한 생각이 머리를 떠나지 않는다. 그 결과 만성적인 불안을 느끼게 된다. 그러나 결과가 좋았다고 해보자. 종양은 암이 아니었다. 그러면 당신은 곧 안도감을 경험하게 된다. 좋은 소식이 안도의 느낌을 가져온 것이다. 두려워하던 것을 피한 기쁨에 마음이 들뜨기까지 할 것이다.

완전히 다른 두 가지 예를 보자. 우선 당신이 사랑하는 어떤 사람이 다른 사람에게 애정을 쏟아붓는 광경을 목격했다고 해보자. 당신은 그것을 지켜보는 가운데 강렬한 질투심을 경험하게 된다. 그 배반 행위와 그것이 의미하는 바를 가지고 고민을 하게 된다. 그러나 자세히 보니 그는 당신이 사랑하는 사람이 아니고, 비슷하게 닮은 사람에 불과했다. 그러면 당신은 즉시 안도감을 느낄 것이다.

마지막 예를 들어보자. 사랑하는 사람이 있는데 그가 전쟁에 나가 거의 1년 동안 전투 지역에서 근무를 했다고 상상해보라. 당신은 그를 생각하며 거의 언제나 불안한 상태에 있었을 것이다. 그러다가 갑자기 그 사람이 집으로 오는 중이라는 것을 알게 된다. 위험은 끝났다. 그때의 감정적 경험이 커다란 안도감이다.

안도감은 늘 어떤 목표의 좌절에서 시작되어, 순간적으로 몇 가지 괴로운 감정들을 낳는다. 그것들은 보통 분노, 불안, 죄책감, 수치심, 선망, 질투 등이다. 그러나 좌절을 안겨다 준 조건이 좋은 쪽으로 변하거나 사라질 때, 우리는 안도감의 극적 플롯을 경험한다. 삶의 고통스러운 조건이 얼마간, 예를 들어 몇 년간, 지속될 수 있다. 그러나 상황 변화가 갑자기 안도감을 가져다주면서, 거의 순간으로 여겨지는 시간에 이전의 괴로운 감정을 다 흩어버린다.

안도감을 하나의 감정으로서 독특하게 만드는 것은 그것이 두 단계를 가지고 있다는 것이다. 한 단계는 부정적인 것이고, 또 한 단계는 긍정적인 것이다. 그것은 어떤 감정적 고통에서 시작될 수도 있다. 그래서 안도감을 삶의 나쁜 조건과 관련된 감정들의 그룹에 넣은 것이다. 그러나 스트레스를 주는 상황이 끝나는 동시에 감정적인 에피소드도 끝이 난다. 두려워하던 것은 현실로 나타나지 않는다. 이것이 안도감이라는 긍정적인 감정 상태를 자극한다.

안도감의 개인적 의미는 다시 모든 것이 괜찮아졌고, 이제 삶을 계속해 나갈 수 있겠다는 것이다. 당신이 두려워하는 것이 현실이 되지 않았기 때문에 안도감을 경험할 때, 나쁜 결과에 대처한다는 것은 이제 의미 없는 이야기가 된다. 두 번째 단계에서는 일종의 감압 과정을 경험한다. 이 과정에서 괴로움과 신체적 긴장은 사라진다. 마음은 느긋해진다. 어쩌면 소리 내어 '안도의 한숨'을 쉬게 될지도 모른다.

이렇게 긴장이 풀리고 어떤 행동을 할 필요가 사라지는 것이 안도감의 표시다. 그러나 바로 이것 때문에 안도감이 과연 하나의 감정이냐 하는 문제가 나오게 된다. 감정과 반대되는 것으로 보일 정도다. 고통과 신체적 긴장이 사라지기 때문이다. 그러나 안도감을 느낄 때의 마음 상태는 완전히 비감정적인 사건을 겪을 때의 마음 상태와는 다르다. 감정이 없을 때의 마음 상태는 중립적이고 아무 일도 없지만, 안도감의 경우는 이것과 다르다.

우리가 느끼는 안도감의 강도는 괴로움을 주던 삶의 나쁜 조건에 우리가 얼마나 중요성을 부여했느냐에 달려 있다. 만일 그 중요성이 크고 부정적인 결과가 파괴적인 것이었다면, 안도의 느낌은 아주 강렬할 것이다. 만일 그렇게 중요한 것이 아니었고, 부정적인 결과가 약간의 고통만 주는 것이었다면, 마찬가지로 안도감은 약한 경험이 될 수밖에 없을 것이다.

안도감에서 흥미로운 것은 그것이 아주 갑작스럽고 짧을 수도 있다는 것이다. 특히 상당히 오랜 기간 동안 어떤 임박한 재난에 대해 고민하고 있었을 경우에 그렇다. 사실 심리학은 안도감의 순간 직전에 관심을 기울인다. 이때 우리는 두려워하는 것을 평가하고, 거기에 대처하려고 노력하게 된다. 어쩌면 그 두려운 일이 우리에게 일어나지 않는 요행을 바랄 수도 있다.

그러다가 안도감이 찾아올 때 마음 상태는 극적으로 온화해진다. 이러한 순간에 심리학적으로 흥미로운 것은 상황을 해석하는 방식이다. 특히 상황이 복잡할수록 더욱 그러하다. 예를 들어, 안도감은 갖게 되더라도 끔찍한 병의 가능성을 가지고 쓸데없이 겁을 주던 의사의 판단에 분개할 수도 있다. 거꾸로 행운에 대해, 또는 위기의 기간 동안 다른 사람들이 보여주었던 감정적 지원에 고마워할 수도 있다. 안도감에 대해서는 많이 쓰지 않았지만, 이 감정은 시간이 지나면서 두려움이라는 부정적 상태에서 모든 것이 괜찮다는 발견으로 확장되어간다. 이 감정은 두려워하던 사건들이 현실화되지 않을 때 경험되기 때문에, 그리고 그것이 활기찬 대처 행동을 위한 기회기 때문에 중요하다.

희망

희망에 대해 말해보자. 개인은 삶의 나쁜 조건과 마주친다. 그러나 희망은 안도감과는 달리 긍정적인 결과가 아직 일어나지 않은 마음 상태다. 만일 긍정적인 결과가 일어나게 되면, 이제 희망이라는 말은 의미가 없어진다. 여기 병에 걸려 '사형선고'에 직면했으나 거의 기적적인 회복을 희망하는 사람의 짧은 이야기가 있다. 그 경험은 책으로도 나와 있으니, 본명을 써도 무방하리라.

앨리스 호퍼 엡스테인은 암허스트 매사추세츠 대학의 교수인 유명한 연구 심리학자의 아내다. 우리는 그녀의 남편을 개인적으로 알고 있다. 앨리스는 사회학 박사 학위를 받았으며, 컴퓨터 자문으로 일하고 있다. 1985년 4월, 앨리스는 신장에 암이 있다는 것을 알게 되었다. 암은 이미 전이되어 있었다. 즉 몸 전체에 넓게 퍼졌다는 뜻이다. 한쪽 폐에까지 암이 있었다. 살아날 가능성은 아주 적었다. 수술로 신장과 폐 하나를 잘라냈다. 그러나 한 달 뒤 암은 다른 폐까지 번졌다. 이제 수술은 생각할 수가 없었다. 암이 워낙 빨리 퍼져, 앨리스는 석 달 이상을 살지 못할 것이라는 말을 들었다.

앨리스는 예상대로, 초기에는 자신의 상태에 당황하고 비통해했다. 그러나 그녀의 이야기가 특히 흥미로운 것은, 그녀는 자기가 암에 걸리기 쉬운 성격이라는 가정하에 암에서 벗어나기 위해 자신의 감정생활을 바꾸려는 노력을 시작했다는 것이다. 자신을 더 잘 이해하고자 하고, 삶에 대한 태도를 바꾸고, 자신의 성격을 재조정하려고 노력한 것이다. 앨리스는 이 모든 일이 실제로 가능하다고 생각했다. 또 그렇게 되면 자신의 몸 상태도 나아질 것이라는 열렬한 희망을 품었다.

앨리스가 암에 걸리기 쉬운 성격이냐 아니냐 하는 것은 논란의 여지가 있다. 일반적으로 건강 전문가들은 그런 개념을 받아들이지 않기 때문이다.(감정과 건강에 대한 12장 참조) 여기서 중심이 되는 것은 앨리스가 자신의 삶을 바꾸어, 암에 대항할 가능성을 높이겠다고 생각했다는 것이다. 앨리스라는 사람은 겉으로 보기에는 명랑했고, 다른 사람들에게 도움을 주고자 했고, 유능했고, 다른 사람들도 그녀를 좋아했다. 그러나 그녀는 늘 다른 사람들의 요구를 위해 자신의 요구를 희생하는 경향이 있었다. 그녀의 명랑함은 밑에 깔린 우울을 가리기 위한 가면이라고 말할 수도 있을 것이다.

앨리스는 강도 높은 심리 치료를 받았다. 전문가인 남편을 비롯해 어느 여성 전문가의 도움을 받기도 했다. 앨리스는 그 여성에게 속을 털어놓았다. 또 여성 전문가는 앨리스와 아무런 개인적 관련이 없었기 때문에, 그녀의 남편보다 거리를 둘 수 있었다. 한참 뒤, 넓게 퍼지던 암이 사라지기 시작하더니, 이윽고 완전히 없어졌다. 그녀의 책은 1989년에 출간되었다. 우리가 알기로는 그녀는 지금도 건강하고 활동적이다.

심리학적 분석

앨리스 엡스테인에게 희망의 개인적 의미는 어떤 노력을 하든 또는 하지 않든, 삶의 절망적인 조건이 개선될 가능성이었다. 사실 당시의 전망은 절망적으로 보였음에도, 그녀는 자신이 회복될 것이라는 희망을 버리지 않았다. 그러나 희망이 꼭 수동적인 마음 상태인 것은 아니다. 앨리스는 희망을 가지는 것 외에도, 자신에 대한 전망을 개선하기 위해 많은 일들을 했다. 그녀는 가능성은 적다고 보았지만, 동시에 그 가능성을 이용하기 위해 생활 방식을 바꾸려고 큰 노력을 기울이는 것은 가치 있는 일이라고 확신했다. 어떻게 보면 희망이 이런 노력에 동력을 제공하고, 또 그것을 끝까지 유지해주었다고도 할 수 있을 것이다.

이 짧은 실화를 제시한 것은 심리 치료가 암이나 여타 질병의 실제적인 치료에 도움이 된다는 이야기를 하기 위해서가 아니다. 암에 걸리기 쉬운 성격이 따로 있다는 이야기를 하려는 것도 아니다. 강조하고 싶은 것은, 이 것이 기적적인 회복의 이야기인 동시에, 사람을 버티게 해주는 희망의 가치에 대한 이야기라는 것이다. 우리는 암의 피해자들이 병이 발견되는 순간부터 절망하고 짧아진 인생의 남은 기간을 은둔 상태에서 비참하게 보내는 것을 많이 보았다. 희망을 이해하는 것은 중요한 일이다. 그것이 삶을 지탱해주기 때문이다. 정말로 기적이 일어날 수도 있다. 뿐만 아니라, 그것이 우리에게 나쁜 운명을 최대한 활용할 능력, 나빠질 확률을 무릅쓰고 기백과 위엄을 가지고 살 수 있는 능력을 주기 때문이다.

알다시피, 하나의 사례로는 아무것도 증명하지 못한다. 앨리스 엡스테인의 경우, 지속적인 의학적 치료를 통해 유리한 생화학적 변화가 일어났을 가능성도 있으며, 감정 패턴을 바꾸려고 노력하지 않아도 건강해졌을 가능성도 높다. 12장에서 신체적 건강과 정신 건강을 다루면서 대처와 성격이라는 요인들을 자세히 살펴볼 텐데, 거기서 다시 이 중요한 주제로 돌아올 것이다.

거짓 희망, 즉 모든 현실적 확률과 배치되는 희망도 거론해야 할 것이다. 이 경우 희망은 잠재적인 재난에 대처하는 바람직하지 못한 방법으로 보일 수도 있다. 그러나 앨리스의 남편 시모어 엡스테인은 아내가 쓴 책의 머리말에서 희망에 대한 이런 부정적인 관점을 효과적으로 떨쳐버리고 있다.

어떤 의사들은 심리학적 접근 방법이 '거짓 희망'을 부추긴다는 이유로 이에 반대한다. 하지만 난 지금까지도 거짓 희망이 무엇인지 도무지 이해할 수가 없다. 모든 희망은 바라는 것이 현실이 되지 않을 수 있다는 의미에서 다 '거짓'이다. 희망을 가지는 시점에는 결과를 알 수 없다. 만일 희망이 삶의 질을 개선하는 데 도움을 주고, 적응할 수 있는 행동을 피하게 하지 않는다면, 또 바라던 결과가 현실이 되지 않았을 때 분개하지 않는다면, 모든 희망이 당연히 바람직한 것이다.

우리는 시모어 엡스테인의 말에 논박의 여지가 없음을 알고 있다. 확률이 유리할 때만 희망을 갖는다는 것은 말이 되지 않는다. 희망이 가장 필요한 때는 바로 삶의 상황이 가장 나쁠 때다. 희망이 상황에 대한 적극적 대처 능력을 지탱해주고, 또 삶에 대한 긍정적인 관점을 유지하게 해준다면, 그 거짓됨을 주장하는 것에는 지혜가 결여되어 있다.

희망의 여러 가지 얼굴

희망은 극히 중요한 마음 상태인데도 하나의 감정으로서의 희망에 대해 쓰인 글은 비교적 적은 편이다. 어떤 독자들은 우리가 희망을 삶의 나쁜 조건들과 연관된 감정 그룹에 집어넣은 것을 이상하게 생각하는 독자가 있을지도 모르겠다. 서구 문화 속에서 사는 사람들은 희망을 긍정적인 맥락에서 생각하는 데 익숙하기 때문이다. 그러나 희망은 본질적으로 절망의 해독제다. 희망이 있을 때, 부정적인 생각들 및 그것과 연관된 감정들이 줄어들고 전망도 덜 삭막해진다. 그럼에도 희망은 보통 두려운 상황에 의해 초래된다. 그러나 이 상황은 희망의 여지가 남아 있을 만큼 모호한 상황이다. 즉 이제 가망 없다고 포기하는 것을 피할 만큼 모호한 상황인 것이다. 따라서 희망에 대한 자극은 보통 어떤 곤경에 처해 있다는 것이다.

예를 들어, 당신이나 당신이 사랑하는 사람이 아프다고 생각해보자. 나는 불안해하게 된다. 어쩌면 공포를 느낄지도 모른다. 그러나 병이 심각하지 않고 곧 낫게 되기를 바라게 된다. 예를 들어, 학교에서 시험을 보는 경우처럼, 자신의 작업이나 지식에 대한 중요한 평가와 직면했다고 생각해보자. 당신은 부정적인 결과에 대해 불안해하지만, 잘할 수 있기를 바라게 된다. 달리기 경주에서 힘이 빠지고 있다는 것을 느끼며 불안해하지만, 당신은 결승점까지 갈 수 있으리란 희망을 갖게 된다. 누가 배반 행위를 했기 때문에 화가 날 때, 당신은 잘못 들은 것이기를, 또는 당신이 오해한 것이기를 바라게 된다.

희망의 개인적 의미는 상황이 지금은 아무리 절망적으로 보여도 나아질 가능성이 있다고 믿는 것이다. 따라서 희망의 극적 플롯은 최악을 두려워하지만 나아질 것을 갈망하는 것이다.

희망은 삶의 긍정적인 조건에서부터 생기는 걸까? 상황을 유리하게 보고 그 상황이 내 마음대로 풀려가기를 바라게 되는 걸까? 그럴지도 모르지만, 그런 경우는 드물다고 생각한다. 상황을 유리하게 보는 것은 낙관적 태도에 훨씬 가까운 것처럼 보인다. 그러나 사람들은 낙관적일 때는 희망에 대해서 이야기하지 않는다. 낙관적 태도는 앞으로 일어날 일에 대해 긍정적 기대를 가지는 것이다. 좋은 결과에 대비하는 것이다. 이것은 때로는 경솔한 태도일 수도 있다. 너무 많은 것을 걸 수도 있기 때문이다. 기대와 달리 상황이 엉망이 되면, 그것은 더욱더 당혹스럽고, 큰 대가를 치르게 되고, 심지어 환멸까지 주게 된다. 대부분의 경우 사람들이 희망을 가지는 것은 나쁜 상황이 개선되기를 바랄 때다.

왜 우리는 희망이 하나의 감정이라고 생각하는 것일까? 사실 희망을 대처의 주된 전략으로 생각할 수도 있다. 희망을 품는다는 것은 노력을 기울이는 것을 좋게 본다는 것이다. 이는 우리가 장애를 극복하고자 힘을 기울이는 것에 도움을 줄 것이다. 사실 희망은 대처의 한 방법일 수도 있다. 그러나 냉정하거나 거리를 두는 경우는 거의 없다. 따라서 우리는 희망을 단순히 대처의 한 측면이 아니라 하나의 감정으로 보게 되는 것이다.

절망에 직면하여 희망을 유지할 수 있는 능력은 또한 대처의 주된 자원 가운데 하나다. 희망을 가질 수 있는 사람들은 절망할 가능성이 적다. 때때로 불리한 확률에 대항하여 투쟁함으로써 긍정적인 결과를 얻기도 한다. 사람들은 환멸을 느낄 때조차 희망을 가질 수 있다. 그리고 세상의 조건들에 대해 비관적이면서도, 세상의 많은 인간들이 나아질 것이라는 희망은 절대 포기하지 않을 수도 있다.

희망의 긍정적 특징이나 부정적 특징들을 바라보는 역사적이고 문화적인 전통들에는 일관성이 없다. 예를 들어 고대 그리스 판도라의 신화도 기껏해야 모호한 태도만 드러낼 뿐이다. 희망에 대해 매혹적인 심리학적 분석을 했던 애버릴, 캐틀린, 큠은 판도라의 신화를 다음과 같이 묘사하고 있다.

프로메테우스는 하늘에서 불을 훔쳐 인류에게 갖다주었다. 그러자 제우스는 인류에게 비참함을 가져다줄 여자를 만들라고 명령했다. 그 여자는 에피메테우스(프로메테우스의 형제) 앞에 나타났다. 에피메테우스는 신들에게 선물을 받지 말라는 경고를 무시하고 그녀를 아내로 삼았다. 판도라는 인간의 모든 악이 담긴 상자를 가지고 왔다. 에피메테우스가 상자를 열자 모든 악들이 빠져나왔다. 딱 하나만 상자 안에 남아 있었다. 그것이 희망이었다.

판도라의 이야기는 모호하다. 희망은 상자에서 빠져나간 다른 것들과 마찬가지로 악일까? 아니면 어떤 은인이 인류를 돕기 위해 남겨둔 것일까? 그리스인들은 희망에 대해서 양면적인 태도를 지녔던 것 같다. 그러나 전체적으로 그리스인들은 희망을 은혜라기보다는 독으로 보는 쪽이었다.

고대 그리스인들 가운데 영향력이 큰 몇 사람은 희망에 대해서 부정적인 이야기를 했다. 플라톤은 사람들이 희망 때문에 길을 잃기 십상이라고 말했다. 유명한 비극 작가인 유리피데스는 희망이 인류에게 내린 저주라고 했다. 둘 다 '거짓 희망' 이야기를 했던 것 같다. 앞서 이야기했듯이, 시모어 엡스테인은 '거짓 희망'이라 해도 사람에게 절망 대신 붙들고 있을 것을 준다는 의미에서 긍정적이라고 보았다. 그러나 어떤 상황에서 사람들이 계속 거부되는 것을 구하려 하는 것, 따라서 생각이나 에너지를 더 현실적인 곳으로 돌리지 못한다는 것은 위험한 일이다.

그리스와는 달리 유대-기독교 세계는 희망을 세 개의 신학적 덕목 가운데 하나로 여기고 있다. 나머지 둘은 믿음과 사랑이다. 여기서 희망은 의욕을 드높이고, 건설적인 노력을 지탱하게 해주는 것으로 여겨지고 있다. 희망이 미래에 대한 믿음을 내포한 의미로 사용될 때, 믿음도 희망과 비슷하게 생각할 수 있다.

영어에는 희망에 대한 많은 비유들이 있는데, 이들은 희망에 대한 긍정적인 태도와 부정적인 태도 양쪽을 다 표현한다. 예를 들어, 사람들은 긍정적인 측면에 대해서는 "삶이 있는 곳에 희망도 있다", "희망의 빛줄기", "터널 끝의 빛" 같은 희망, "높은 희망을 가진다" 등등의 말을 한다. 부정적인 측면에 대해서는 "지푸라기라도 잡는다", "헛되고 어리석은 희망", "희망의 포로", "희망이 우리 눈을 흐리게 한다" 등등의 말을 한다. 희망이 삶의 나쁜 조건과 연관되어 있기는 하지만, 물론 그 반대되는 절망보다는 훨씬 더 바람직한 마음 상태다. 사실 문학의 거인들 대부분은 삶이란 긍정적인 환상 없이는 견딜 수 없는 것이라고 믿었던 것 같다.(대처를 다루는 8장 참조)

희망의 가장 흥미로운 특징들 가운데 하나는 더 나은 결과에 대한 전망이 줄어들 때도, 반드시 희망을 완전히 포기하는 것은 아니라는 점이다. 범위가 좁아지기는 하지만, 여전히 가능할 수도 있는 작은 이익에 대한 기대는 살아남는다. 이런 좁힘이야말로 상실이라는 고통스러운 현실에 대처하는 방법이다. 예를 들어 암 같은 치명적인 병의 말기에는 환자나 가족은 병이 나아 정상적인 생활을 재개하는 것은 바라지 못한다. 이 경우에 희망은 환자가 고통 없이 또렷한 정신을 가지고 살 수 있는 며칠 또는 몇 시간을 가짐으로써, 사랑하는 사람들과 분명한 의사소통을 할 수 있기를 바라는 것으로 줄어든다. 심지어 이런 제한된 가능성도 이보다 나은 대안이 없을 때는 바랄 만한 가치가 있다.

삶의 절망적인 조건에서는 희망과 절망이라는 양극단이 서로 대립되는 선택의 대안으로 되풀이해 나타나는 속임수가 벌어진다. 여생이 얼마 안 남고 건강 상태가 나쁜 사람들에게서는 희망과 절망이라는 양극단 사이의 갈등을 흔히 볼 수 있다. 그들은 이 두 가지 마음 상태를 왔다 갔다 한다. 남은 삶에 대한 희망을 느끼기도 했다가, 삶의 종말, 그리고 남은 삶으로 할 수 있는 일이 거의 없다는 것에 절망을 느끼기도 한다.

희망의 플롯을 요약해보자. 희망을 자극하는 것은 삶의 나쁜 조건인데, 보통 그 결과는 불확실하지만, 운명의 역전과 희망의 여지는 남아 있는 상태다. 사람들은 문제에 대처하는 한 방법으로 희망의 느낌을 만들어낸다. 그것이 절망에 빠져드는 것보다 낫기 때문이다. 개인적 의미는 자신의 노력 덕분이든 아니면 단순한 행운의 결과든 우리가 두려워하는 결과(그렇지 않기를 바라는 결과)가 두려워한 것만큼 나쁘지 않을 약간의 가능성이 있다는 것이다. 또는 우리가 두려워했음에도 모든 것이 궁극적으로 괜찮아질 약간의 가능성이 있다는 것이다.

슬픔과 우울

슬픔과 우울은 예순두 살이 되어 갑자기 남편을 잃은 클라라의 이야기에서 잘 볼 수 있을 것이다.

이전에는 병의 징후가 없었다. 남편은 어느 날 아침 갑작스러운 심장마비로 덜컥 죽고 말았다. 클라라는 1년 동안 애도했다. 그 기간 동안 우울했으나, 나중에는 회복되었다. 남편은 많은 재산을 남겨주었기 때문에 클라라는 일을 할 필요가 없었다. 그녀의 인생은 대체로 온화하고 별문제가 없었다. 다만 열다섯 살 때 사랑하는 자매가 죽어서, 오랫동안 애도했던 일이 있을 뿐이다.

클라라에게도 친구들이 있었지만, 생활의 대부분을 남편과 함께 보냈다. 남편은 외향적인 성격이었다. 그는 성공한 최고경영자였으며, 자신의 일을 사랑했다. 클라라는 최고경영자의 내조자로서 남편의 동료들과 친구들을 접대했다. 또 이런 역할을 좋아했다. 부부는 세 자녀를 두었다. 그들 모두 결혼을 했으며, 각기 자식을 두고 있었다. 두 자녀는 부모와 마찬가지로 서부 해안에 살고 있었으며, 또 하나는 남동부에 살고 있었다.

클라라는 남편의 죽음 직후에는 큰 괴로움을 나타내지 않았다. 장례도 침착하게 치러냈다. 나중에는 그런 일을 하는 동안 자신이 산송장과 다름없었다고 말했지만. 이어서 가족과 친구들이 관심을 보여주는 부산한 과정이 끝난 후, 클라라는 나사가 풀린 것 같았고 침울해졌다. 밥도 제대로 먹지 않아, 다음 여섯 달 동안 몸무게가 많이 빠졌다. 자식들은 그녀 걱정을 하기 시작했다. 클라라는 자신을 돌보지 않았다. 대부분 집에만 있었다. 클라라는 컴컴한 방에서 혼자 시간을 보내며 남편의 물건들을 살폈다. 옷을 갖추어 입거나 목욕을 하지도 않았다. 어떤 일에도 관심을 보이지 않았다.

친구나 가족이 함께 있자고 초대를 하면, 초대에 응해 갔을 경우, 클라라는 잠이 안 오고 몸이 여기저기 아프다고 불평을 할 뿐이었다. 사람들은 그것이 마음에서 온 병이라고 생각했다. 클라라의 자식들은 어머니와 함께 있는 것이 힘들었다. 그러나 어머니를 기쁘게 하려고 최선을 다했다. 그래서 어머니가 그녀를 사랑하는 가족과 함께 있으면 나아지지 않을까 해서 자기들 집으로 데려갔다. 자식들은 혹시 클라라가 자살을 할까 봐 걱정했다.

클라라와 남편의 관계는 전체적으로 좋았고 또 이따금씩 매우 다정하기도 했다. 그러나 말다툼도 상당히 했다. 또 기본적으로 서로 거리를 두는 관계였다. 그런데 이제 클라라는 남편이 마치 모든 덕의 전형인 것처럼 이야기했다. 남편을 잃은 것을 비극으로 여겼다. 클라라는 줄곧 자신이 남편과 함께 죽었어야 했다고 말했다. 남편이 없으니 자신의 삶은 아무 의미가 없다고도 했다. 클라라는 자신이 남편 건강을 잘 돌보았다면, 예를 들어 그의 식단을 관리하고 담배를 끊게 했더라면, 그렇게 젊어서 죽는 일은 없었을 거라고 말했다.

자녀들이 보기에 클라라는 심각한 우울증을 겪고 있었다. 클라라는 줄곧 몸이 아프다고 불평을 했다. 실제로 자주 감염이 되곤 했다. 감기와 폐렴에 심하게 걸리기도 했다. 자식들은 클라라에게 전문적인 도움을 얻으라고 했다. 마침내 자식들은 클라라를 정신과 의사에게 데려갔다. 의사는 약을 처방해주었는데, 그 약이 잠시 도움이 되는 것 같았다.

남편이 죽은 지 거의 1년이 다 된 어느 날이었다. 클라라는 신문에 난 기사를 보고 갑작스레 근처 도시의 의대에 있는 위기 클리닉 및 연구 센터에 가보겠다고 결심했다. 그녀는 거기서 약 없이 석 달 동안 심리 치료를 받았다. 그 치료는 그녀가 자신에게 일어난 일을 이해하고, 자신의 개인적 상실에 대처하는 것을 돕는 데 집중되었다. 클라라는 계속 애도했지만 결국 나아지기 시작했다. 그리고 자신의 상황을 현실적으로 보게 되었다. 클라라는 지역 병원에서 자원봉사자로 일하기까지 했다.

클라라는 조금씩 여러 가지 일에 관심을 보이기 시작했다. 혼자 즐겁게 요리를 하기도 했다. 심지어 자원봉사 일을 하다 새로 만난 친구들을 집으로 부르기까지 했다. 자식과 손자들에게도 관심을 가졌다. 건강도 좋아져, 우울증 이전의 에너지 수준으로까지 다시 회복되었다.

14개월 후, 깊은 애도 상태는 거의 끝이 났다. 클라라는 어떻게 살지 고민했다. 거기에는 그녀보다 나이 많고 아픈 사람들을 돌보는 자원봉사 일을 계속하는 문제도 포함되어 있었다. 클라라는 타고난 유능함 덕분에, 자원봉사자들의 일 가운데 몇 가지를 책임질 기회를 얻게 되었다. 기록을 하고, 봉사에 대한 상을 주고, 자원봉사자들과 환자들을 위한 사교적인 행사를 준비하는 것이었다. 클라라는 지금도 무슨 기념일이나 남편이 기억날 만한 행사 때가 되면, 다시 슬픔을 앓는 기간을 겪는다. 그러나 우울은 아니다. 그리고 이제 다시 삶에서 기쁨을 얻고 있다.

애도는 사라지고 새로운 패턴의 삶이 들어섰다. 클라라는 바람직하다고 느낀다. 지금도 남편을 잃은 것에 슬픔을 느끼는 순간이 많다. 특히 혼자서 책을 읽거나 텔리비전을 보다 보면, 생각들이 기억으로 흘러가버린다. 그러나 이제 괴로움은 전처럼 강렬하지 않다. 슬픔의 순간도 횟수가 줄고, 지속되는 기간도 짧아졌다. 이제 그런 순간들은 대부분 결혼기념일이나 휴가를 비롯해, 남편과 함께한 순간을 기억하게 해주는 행사들이 있는 특정한 경우로 제한되었다. 슬픔에 잠기는 순간은 그리워하는 상태로 점점 바뀌게 되었다. 그녀의 인생을 흐리게 했던 절망은 거의 사라졌다.

심리학적 분석

클라라는 남편의 일 주위에서 자신의 삶을 살았다. 자신의 것으로 의지할 만한 것이 거의 없었다. 그러다 남편이 갑자기 죽었다. 따라서 상실은 극단적인 것이 되었다. 클라라는 한동안 대처를 할 수가 없었다. 처음 며칠 동안 클라라는 유능하게 일처리를 했다. 상실이 일어났을 때 첫 충격 직후에는 무감각하게, 또 겉으로는 아무런 감정 없이 반응하는 것이 보통이다. 비교적 약한 경우긴 했지만, 그녀의 우울은 조정 첫 시기의 혼란이 끝난 뒤에 시작되었다.

클라라는 평소의 역할과 기능을 잃었다. 빠른 시간 안에 자신에 대한 틀을 새로 짜고, 자신의 삶을 재조직할 수도 없었다. 그 단계에서는 그렇게 한다는 것을 단념했던 것이 틀림없다. 모든 것이 희망 없는 일로 보였다. 그것이 우울 뒤에 놓인 개인적 의미였다. 자식들이 보이는 진정한 관심조차 별 도움이 되지 않았다. 자식들의 삶에 기초하여 새로운 삶을 구축할 수 없는 게 분명했다. 이제까지 한 번도 손자들을 귀여워하는 할머니 노릇을 해본 적이 없었기 때문이다.

주로 신경화학적인 기원을 갖는 우울증에는 약이 도움이 될 수도 있다. 그러나 약은 의욕과 헌신성을 유지해나가는 것과 관련된 삶의 문제들을 해결해주지는 않는다. 위기 클리닉을 찾아간 것이 주요한 돌파구였다. 전통적인 정신의학은 정신적인 문제 배후에 있는 질병이나 정신병에 초점을 맞추는 경향이 있었다. 그러나 위기 클리닉은 신경쇠약, 또는 그와 유사한 상태들을 정신적 질병의 증거라기보다는 흔히 나타날 수 있는 상태로 본다. 즉 끔찍한 외상이나 상실의 결과로 보는 것이다. 그런 클리닉에서는 상실의 문제를 다루려고 한다. 그것이 개인적으로 무슨 의미를 가지고 있는지, 그 문제에 어떻게 대처해야 할지를 다루려고 한다. 또한 감정적인 지원을 제공한다. 환자에게 스스로 일어났던 사건과 겪었던 감정들을 묘사함으로써 그것을 다시 겪도록 권한다. 그것이 외상의 개인적인 의미를 파악하는 실마리를 제공하기 때문이다.

클라라는 강하고, 똑똑하고, 탄력 있는 여자였기 때문에 이런 치료가 이로웠다. 남편이 죽은 직후에는 상황을 절망적으로 보았고, 그것이 그녀 정신 상태의 특징을 이루었다. 그러나 이제 자신의 상황을 현실적으로 볼 수 있었다. 사물들에 새로운 관심을 가지고 한 걸음씩 나가가게 되었다. 그러자 새로운 상황에 비추어 자신의 삶을 어떻게 개조할 것인가에 대한 폭넓은 전망이 점점 나타나기 시작했다. 한참 후 클라라는 과거와는 다른 맥락에서 지금도 만족스러운 삶이 가능하다는 것을 알게 되었다. 그리고 이렇게 힘들게 출발한 뒤에는 잘해나가게 되었다.

슬픔의 여러 가지 얼굴

슬픔은 우울과 자주 혼동되지만 우울은 아니다. 그리고 상실 직후에 슬픔이 사람의 기분을 지배하는 일은 드물다. 모든 개인에게 해당되는 절대적인 규칙은 없다. 그러나 슬픔, 애도, 우울을 자극하는 큰 상실의 피해자들 대부분은 일정한 시기 동안 갈등을 겪는다고 볼 수 있다. 그 시기 동안 상실에 저항하고 상실과 싸우다가, 심지어 부정까지 하다가, 마침내 상실을 받아들이게 된다. 상실을 돌이킬 수 없는 것으로 재평가하고 나서야 애도는 슬픔이 된다.

온갖 종류의 패턴들이 가능하다. 그러나 초기 애도 기간에는 상실의 개인적 의미가 죽음이 일어났다는 것을 부정하고, 잃은 것을 복구하려고 애를 쓰는 시도에 의해 은폐될 수도 있다. 사별한 사람은 사랑하는 사람이 아직 살아 있다고 상상할 수도 있다. 또 혼자 있을 때는 그 사람을 시각화해보려고 애를 쓰며, 그 이미지가 사라지지 않기를 바랄 수도 있다.

상실의 정확한 의미는 사람마다 다르다. 상실 후부터 슬픔을 겪기 전까지의 기간에 따라서도 달라진다. 상실을 어떻게 해석하느냐에 따라서도 달라진다. 개인적 의미는 또한 상실을 경험하는 사랑받던 사람과 가버린 사람의 관계의 역사에도 달려 있다. 사별한 사람의 감정을 이해하려면 그들이 사별의 개인적인 의미를 어떻게 평가하는지를 이해해야 한다.

우리는 슬픔에 대한 논의를 사랑하는 사람의 죽음에 집중해왔다. 이것이 상실 가운데 가장 심오한 것이기는 하다. 그러나 중요한 상실, 예를 들어 일자리를 잃거나, 연인에게 거부당하거나, 자연재해로 집을 잃는 등의 상실 역시 사별과 비슷한 애도의 느낌을 자아낼 수 있다(이후 애도라는 표현을 쓸 때 그것이 꼭 사별에서 오는 감정은 아닐 수 있다). 그러나 슬픔을 자극하는 것은 단지 상실 자체가 아니라, 복구 불가능한 상실이다. 사실상 **복구 불가능한** 상실이 슬픔의 극적 플롯이다. 피해자는 잃어버린 것을 다시 가져올 가능성이 없다는 것을 이해해야 한다. 상실을 받아들이는 데는 보통 시간이 걸린다.

애도, 그리고 상실의 궁극적 수용

갈등, 저항이 일어날 때 우리가 겪는 감정은 분노, 불안, 죄책감 등이며, 거기에 때로는 수치심, 선망, 질투, 희망이 섞이게 된다. 이것들이 상실이나 상실의 위협에 대항하는 저항과 적극적 투쟁의 주요한 감정들이다. 애도하는 사람은 상실을 막는 방법, 또는 이미 상실이 일어났을 때는 그것을 돌이킬 방법을 적극적으로 찾는다. 그러나 이렇게 찾는 것, 그리고 잃어버린 것을 복구하려고 노력하는 것은 애도하는 사람이 상실을 복구 불가능한 것으로 확실하게 소화했을 때는 일어나지 않는다.

만일 이것이 미친 것처럼 보인다면, 다음과 같은 것을 생각해보라. 사별한 사람들도 사랑하는 사람이 죽었다는 것을 알고 있다. 그들은 정신병자가 아니니까. 그러나 사별의 강렬한 스트레스에 대한 반응으로, 그들은 때때로 소망과 상상이라는 어스름의 세계와 현실 세계 사이를 왔다 갔다 하기도 한다. 이것은 죽음이 일어나지 않은 것이기를, 모든 것이 꿈이기를 바라는 비현실적인 갈망을 표현한다.

분노, 불안, 죄책감과는 반대로 슬픔은 상실을 예방하거나 복구할 수 있다는 생각 자체를 포기하는, 적극적이지 않은 상태다. 슬픔은 보통 저항이나 부정과 같은 헛된 노력을 포기하고 나서야 나타난다. 사별한 사람이 상실을 받아들이거나 체념하게 되어서야 지배적인 감정으로 나타나는 것이다. 클라라는 남편이 죽고 나서 1년이 훨씬 지나서야 애도의 이 단계에 이르렀다.

체념과 수용의 차이는 미묘하다. 체념을 했을 때는 망설임이나 고통 없이 상실을 인정한다. 상실을 받아들였을 때는 상실에 굴복하게 된 것이며, 이제 강렬한 고통은 없다. 물론 여전히 이따금씩 슬픔을 느낄 수는 있다. 그러나 이때의 슬픔은 억압적이지 않을 수 있다. 그래서 때때로 이런 슬픔을 그리워하는 것이라고 부른다.

우리는 애도를 상실에 대처하는 과정으로 여긴다. 사람들은 중요한 상실을 겪었을 때도, 예를 들어 일자리, 세상에서의 역할, 부유함 등을 잃었을 때도 애도한다. 그러나 주로 사랑하는 사람의 죽음의 맥락에서 애도를 생각하게 된다.

배우자의 죽음은 사람의 인생에서 가능한 많은 상실들 가운데 가장 스트레스가 큰 것에 속한다. 그 이유 가운데 하나는 결혼이 두 사람을 워낙 상호 의존적으로 만들기 때문이다. 만일 그런 관계가 오래 지속되면, 그 관계가 없어졌을 경우, 스트레스가 엄청난 조정 과정이 필요하다. 자식의 죽음 역시 극심한 스트레스를 겪게 하는 것이다. 한편으로는 많은 희망과 계획들이 내동댕이쳐지기 때문이고, 또 한편으로는 생명이 시작되자마자 일찌감치 상실되는 것의 부당함 때문이고, 또 한편으로는 그런 상실이 수반하는 죄책감에 대한 공포 때문이다.

앞서 말했듯이 분노, 불안, 죄책감, 희망은 모두 애도가 슬픔으로 바뀌는 데 나름대로 역할을 한다. 애도에서 생기는 분노는 사랑하는 사람의 목숨을 구하지 못한 의료 체계를 향할 수도 있고, 죽음에 책임을 져야 할 것으로 여겨지는 사람을 향할 수도 있다. 그런 사람들의 목록은 끝도 없다. 음주운전자, 부주의하게도 장전된 권총을 탁자에 놓음으로써 사랑하는 아이가 죽게 만든 삼촌, 무기 등록과 통제에 저항하는 전국 라이플 연합, 사랑하는 사람의 목숨을 앗아간 병에 대한 연구 지원금을 충분히 제공하지 못한 정부 부서 등등. 그러나 클라라는 화를 낼 사람도 없었고, 또 속죄양을 만들고 싶어 했던 것 같지도 않다.

그러나 역설적으로 죽은 사람에게 화를 낼 수도 있다. 죽은 사람이 부주의함으로 죽음을 자초했을 수도 있기 때문이다. 아니면 죽은 사람이 평소에 원한을 사거나 무능력해서, 사람들이 그를 경멸하는 마음으로 기억할 수도 있다. 또 애도하는 사람들이, 죽은 사람이 죽음으로써 그들을 저버렸다고 믿는 경우도 있고, 그런 믿음이 분노로 반영되었을 수도 있다. 이런 믿음은 비현실적으로 보이지만, 없애기는 쉽지 않다.

대부분의 경우(자살은 예외) 사별한 사람들은 죽은 사람이 세상을 떠나고자 한 것이 아님을 알고 있다. 그럼에도 사별한 사람은 버림받았다는 느낌을 받기도 한다. 그리고 그 느낌 때문에 죄책감이나 수치심을 느낄 수도 있다. 클라라는 그런 감정은 보여주지 않았다. 대신 그녀는 남편을 현실적으로 보기보다는 지나치게 찬미하게 되었다. 이것은 그녀가 다른 부정적인 감정적 요소들에 대항해 자신을 방어하려 했다는 것을 보여준다. 어쩌면 클라라는 남편의 사업 성공에 다른 사람들만큼 감명을 받지 않았기에 그가 죽은 뒤에 지나치게 나갔던 것인지도 모른다.

애도에서 생기는 불안은 삶과 죽음의 중심적 의미와 개인적 정체성에 대한 위협의 결과다. 예를 들어 배우자의 죽음은 우리 자신의 임박한 사망을 떠올리게 한다. 그것은 오랫동안 지속되어온 사회적 정체성을 박탈하고, 새로운 정체성을 찾도록 요구한다. 상실과 새로운 정체성을 찾는 부담은 종종 심각한 외상을 수반하며, 이것은 불안을 낳기 쉽다. 이는 클라라가 남편을 통한 삶을 산 뒤에 자신을 위한 새로운 사회적 정체성을 성취하려고 애쓰는 과정에서 씨름했던 문제이기도 하다.

특히 혼자 살게 된 과부는 사회적이고 사업적인 삶이 전과는 매우 다른 경우가 많다. 따라서 새로운 정체성이 필요하다. 과거에 사귀던 결혼한 친구들은 과부들을 만나주지 않을 수도 있다. 과부들과의 관계가 자신들의 사회 활동과 양립하는 것으로 보지 않기 때문이다. 결혼한 여자들은 과부들이 잠재적으로 자기네 남편을 유혹할지도 모른다며 두려워하는 경우도 있다. 어떤 부부가 과부에게 브리지를 하자고 초대하면 파트너를 구해야 한다. 춤을 추러 가자고 하면 과부는 파트너를 데려가야만 한다. 아니면 친구의 남편들이 그녀와 춤을 추어야 하니까. 혼자 사는 여자가 은행신용을 얻기 점점 더 어려워지고 있다. 사별은 또 예기치 않은 궁핍을 가져와, 어쩌면 생전 처음으로 먹고살려고 돈을 벌어야 할 수도 있다. 이 모든 변화들, 이외에도 많은 변화들이 지속적인 불안을 낳을 가능성이 있다.

애도에서 생기는 **죄책감**은 자신이 죽음을 막기 위해, 죽기 전에 그 사람과 의사소통을 하기 위해, 그 사람에게 충분히 감사하기 위해, 편안하게 죽게 해주기 위해 가능한 모든 노력을 기울이지 못했다는 믿음에서 나올 수도 있다. 즉시 치료만 했다면 목숨을 구했을 수도 있는 의학적 증상들에 제대로 주의를 기울이지 않았을지도 모른다. 클라라는 이런 종류의 죄책감과 씨름을 했다. 그녀의 우울의 한 가지 특징은 죽은 남편에게 자신이 정작 필요했을 때 아무런 도움을 주지 못했다는 느낌이었다. 죽은 사람에게 화가 난다면, 이 또한 죄책감을 자극할 가능성이 있다. 죽음은 보통 죽은 사람의 잘못으로 생각될 수 없으며, 따라서 분노는 부당하게 보일 테니까.

만일 분노와 죄책감이 생긴다면, 이 괴로운 감정에는 반드시 대처를 해야 한다. 그런 감정들을 자극한 부정적인 생각들이 있을 것이다. 그리고 죽은 사람에 대한, 또 자신과 죽은 사람의 관계에 대한 긍정적인 이미지들, 즉 사별한 사람이 기억하고 싶은 이미지들도 있을 것이다. 이 두 가지가 조정되어야 한다. 이것이 장례식에서 고인을 칭송하는 이야기를 하는 중요한 이유들 가운데 하나다. 이런 조정이 있어야만, 애도가 끝나고 나서 새로운 삶의 패턴이 쉽게 형성될 수 있다. 애도의 주된 과제는 과거를 부정하거나 과거에 화를 내지 않고, 미래에 초점을 맞추도록 하는 것이다.

애도에서 생기는 희망, 특히 상실 직후에는, 죽은 사람이 살아 있는 사람들에게로 복귀하기를, 죽음이 실제로 일어나지 않은 악몽이기를 바라는 것이다. 더 현실적인 희망은 현재의 깊은 괴로움과 절망에서 궁극적으로 회복되기를 바라는 것이다. 애도하는 사람들은 깊은 우울에 빠져 있을 수 있다. 그래서 절망의 시기가 끝난 뒤에 그들을 기다리는 새로운 삶을 차분한 마음으로 인식하지 못할 수도 있다. 이런 우울은 비록 되풀이해 나타나기는 하지만, 보통 일시적인 것이다.

사랑하는 사람의 운명이 모호할 때 상실과 애도의 흥미롭고도 비극적인 측면이 나타난다. 작전 중 실종이라고 분류된 미국 군인들의 아내와 가족들은 얼마나 견디기 힘들었을까! 그 군인들은 포로로 잡힌다든가, 당국을 몰래 피해 살아남는다든가 하여, 어쨌든 죽지 않고 살아 있을 수도 있다.
　불확실한 것보다는 그들이 죽었다는 확실한 지식에 대처하는 것이 차라리 쉬울 것이다. 만일 그들이 죽었다는 것을 확실히 안다면, 보통의 애도 과정이 이루어지고, 유족은 자신들 삶을 살아나갈 수 있다. 그러나 사랑하는 사람이 살아 있는지 죽었는지 모른다는 것은 끝없는 불안과 우유부단함을 낳을 수 있다. 세월이 흘러 희망이 거의 사라졌을 때, 가족은 애도를 하고 마침내 사랑하는 사람을 무덤에 넣고 싶어 할 수 있다. 물리적으로뿐만 아니라 심리적으로도. 그러나 이렇게 하는 것은 생사의 불확실성에 비추어 신의 없는 행동으로 보이게 된다.
　사랑하는 사람의 죽음에 대한 일차적 반응은, 앞서 말한 대로, 멍한 상태이거나 충격인 경우가 많다. 울지는 않을 수도 있다. 사별을 한 사람은 벌어진 일을 완전히 깨닫지 못할 수도 있고, 또 그것을 부정할 수도 있다. 클라라에게도 이런 일이 일어났다. 사별한 사람은 마치 마술에 걸린 사람처럼 이렇게 생각한다. "내 남편(아이, 부모 또는 누구든지)은 갔을 리 없어. 그건 불가능한 일이야. 그런데 어디 있을까? 그는 전에도 늘 그랬던 것처럼 곧 현관으로 걸어 들어올 거야."
　시신을 본다든가, 가족을 모은다든가, 송덕문을 읽는다든가, 하관을 하거나 재를 뿌린다든가 하는 장례 의식들은 모두 사별한 사람이 죽음이라는 현실을 받아들이는 것을 도와줄 수 있다. 물론 그 개인적 의미들은 여전히 애도 과정을 통해 처리해나가야 하지만.
　결국 사별한 사람은 상실에 체념하게 되거나, 또는 훨씬 더 긍정적으로, 상실을 수용하게 된다. 그에 따라 고통은 점점 줄어들게 된다. 사별한 사람은 애도 뒤에도 죽은 사람이 기억날 때 슬픔을 느낀다. 하지만 이제 그 슬픔은 강렬한 비통함이나 공허와 절망이 아니다. 그 기억은 따뜻하고 그리움에 찬 빛을 띨 수도 있다. 인생의 긍정적인, 어쩌면 아주 행복한 단계에 대한 확인이 될 수도 있다. 이런 기억은 괴로움 없이 양육되고 품어질 수 있다. 사별한 사람은 궁극적으로 삶에 다시 헌신할 수 있게 된다. 우리는 클라라에게서 이것을 아주 분명하게 보았다.

사별 과정에서 그때까지의 삶과 관련되었던 관계들과 삶의 의미들은 심오한 변화를 겪는 경우가 많다. 이상적으로 말하자면, 대처 과정에서 낡은 의미를 재긍정하면서 새로운 의미들이 나타날 길을 닦아야 한다. 그 변화들은 삶의 일상적인 순환에서만 일어나는 것이 아니라, 삶과 죽음에 대한 실존적 의미에서도 일어난다. 오랫동안 지속적인 관계를 맺어온 사랑하는 사람의 상실일 경우, 그 충격이 많은 측면들에서 실존적인 것은 당연하다. 똑같은 것이 다른 주요한 상실들, 예를 들어 퇴직으로 인한 일자리의 상실, 신체적 건강과 힘의 상실, 자녀들이 집을 떠나 멀리 가는 일 등에도 적용될 수 있다.

사별에서 큰 상실감을 느끼는 것은 아주 흔한 일이다. 어떤 사람들은 쉽게 극복하는 반면, 어떤 사람들은 절대 극복하지 못한다. 극복하지 못하는 경우에는 심리적으로 취약해진다. 새롭게 헌신하지 못할 수도 있다. 특히 나이가 든 여자들은 다시 남자들과 친밀한 관계를 형성하는 일을 머릿속에 떠올릴 수 없는 경우가 많다. 설사 어떤 남자에게 끌리더라도, 다시 상실의 상처를 입는 일은 원치 않을 수도 있기 때문이다. 또 과거의 패턴이 워낙 제한적이었기 때문에, 그곳으로 복귀하는 일을 피하고 싶어 할 수도 있다.

우울과 절망

우울은 감정적인 것이지만, 별도로 구별되는 하나의 감정은 아니다. 우울은 애도와 희망이 없다는 느낌의 산물로서, 실제로는 몇 가지 감정들, 예를 들어 보통 자신을 향한 분노, 불안, 죄책감 등의 복합물이다.

임상적으로는 요즘 흔히 두 가지 종류의 우울에 대해 말한다. 하나는 주로 유전적 기원을 가진 것이며, 또 하나는 사회생활에 일시적으로 실패해서 생긴 결과다. 생물학적인 우울은 보통 내생적(內生的)이라고 부른다. 사회생활 실패의 결과로 생기는 우울은 외생적(外生的)이라고 부른다. 내생적인 우울에는 두 가지 형태가 있다. 양극성(bipolar, 우울증과 조증을 번갈아 오간다는 뜻)과 단극성(unipolar, 오직 우울증만 느낀다는 뜻)이다.

내생적 우울의 주된 치료 방법은 약이다. 외생적 우울의 주된 치료 방법은 심리 치료다. 심리 치료가 결국에는 더 지속력이 있다고 생각하는 사람들이 많지만, 두 가지 치료를 병행하는 것이 어느 한 가지만 사용하는 것보다 유리할 수도 있다.

사회적 삶의 실패에 대한 반응으로 생기는 우울에 대해서는 보통, 어린 시절에 외상을 준 상실들이 취약한 상태를 만들어냄으로써 나중에 우울증에 걸리기 쉬워진다고 생각한다. 어린 시절의 상실들이 자신과 세상에 대해 생각하는 어떤 습관들을 길러내는데, 그것이 병적이거나 병을 일으킨다고 보는 것이 그런 취약성을 파악하는 전문적인 관점들 가운데 요사이 가장 인기 있는 것이다.

예를 들어, 취약한 사람들은 늘 자신이 비난받을 만한 존재라고 생각할 수 있다. 어쩌면 이것이 가장 중요한 것인데, 자신이 상황을 어떻게 해보기에는 너무 무력한 존재라고 생각할 수도 있다. 우울증 환자들에게는, 세상이 적대적이고 추해 보일 수도 있다. 그들은 부정적인 경험이 마치 파멸적인 것처럼 과잉 반응을 보인다. 그런 관점을 가진 사람들에게는 삶의 나쁜 조건을 변화시키는 일에 대해 느끼는 무력감이 삶 자체에 대한 희망 없음으로 변질되는 경우가 많다.

우울은 보통 애도와 관련된다. 물론 우울한 사람은 이런 식으로 생각하지 않을 수도 있다. 또 의식적으로는 큰 상실을 겪었다는 것을 인정하지 않을 수도 있다. 우울은 전문적인 분야에서는 절망보다 훨씬 자주 사용되는 용어다. 그러나 두 단어의 본질적인 의미는 상당히 겹친다. 이 단어들을 구별해서 생각하는 가장 좋은 방법은, 우울은 상실에 대한 복잡한 감정적 반응으로 파악하고, 절망은 우울 밑에 깔린 삶에 대한 관점으로 파악하는 것이다.

보통 애도라는 단어는 상실에 대처하는 과정을 가리킬 때 사용한다. 애도하는 사람은 그들이 궁극적으로 덜 괴로워지리라는 것, 심지어 완전히 괴로움을 넘어서리라는 것을 알고 있는 경우가 아주 많다. 우울(과 절망)은 상실이 그 일을 당한 사람에게 살 가치를 가진 것이 남지 않았음을 의미할 때 일어난다. 그 사람은 인생 전체에 대해 절망하는 것이다.

희망 없음은 우울을 가리키는 데 사용되는 또 다른 말이다. 우리 삶에 대해 희망 없다고 느끼는 것(또는 절망하는 것)은 특정한 상실을 복구하는 것에 대해 **무력감**을 느끼는 것보다 훨씬 더 심각한 문제다. 상실은 큰 고통을 줄 수는 있지만, 반드시 우리가 살 이유를 없애버리는 것은 아니다. 그러나 우울에 관해서는, 삶의 가치에 대해 희망 없음을 느끼고 죽고 싶을 수도 있다. 이럴 때는 삶에 대한 관심을 지탱할 만한 것도, 즐길 만한 것도 도무지 없는 것처럼 보인다. 심각한 경우에는 병원에 입원해서 치료를 받아야 한다. 자살이 위협으로 다가오기 때문이다.

슬픔에 대해 기억해야 할 중요한 점은 그것이 우울, 희망 없음, 절망과는 똑같지 않다는 것이다. 이런 예외적인 관점들을 갖거나 그것들과 관련된 감정들을 겪지 않고도 충분히 슬플 수 있다.

슬픔과 관련된 몇 가지 이상한 점들

슬픔을 우울이나 애도와는 구별했으니, 이제 그 이상한 특징들 몇 가지를 생각해보아야겠다. 첫째는 울음과 관련된 것이다. 우리는 슬플 때 운다. 또 우울하거나 애도할 때도 운다. 불행한 상황에서 우는 것은 사람들의 자연스러운 행동이다. 그리고 인간만이 그렇게 하는 것 같다.

하지만 당연히 행복한 행사라고 여겨지는 결혼식에서도 사람들은 운다. 이것은 해석하기 어려운 반응이다. 우는 것은 자신의 결혼 생활에 대한 불만을 표현하는 것일 수도 있기 때문이다. 물론 말로는 결혼하는 부부 때문에 행복해서 우는 것이라고 하지만. 사람들은 또 자식이 졸업을 하거나, 예상치 못한 아주 좋은 소식을 들었을 때도 운다. 사실 우리는 사람들이 마땅히 행복해해야 할 사건들이 있을 때 우는 이유에 대해서는 잘 알고 있지 못하다.

슬픔에서 또 하나 이상한 것은 실제로 슬픔을 느끼지 않으면서도 누군가의 불행에 대해 슬픔을 표현하는 경우가 많다는 것이다. 예를 들어, 실제로 슬퍼서라기보다는 상대방에게 동정심과 우정을 표현하고 싶어서 "당신에게 일어난 일 때문에 슬프다"고 말하는 경우가 얼마나 많은가. 그것은 자신이 저지른 해로운 행동에 대해 실제로는 죄책감을 느끼지 못하면서 사과하는 경우와 같다. 우리는 슬픔을 표현할 때, 일어난 일을 진정으로 안타까워할 수도 있다. 그러나 진정한 느낌이라기보다는, 그저 괴로움을 겪는 사람에게 정중한 태도를 보이기 위해 슬픔을 표현하기도 한다. 그렇다고 해서 우리가 부정직해지고자 하는 의도를 가지는 것은 아니다. 다른 사람에게 우리의 이해와 지지를 다짐하고 싶은 것일 뿐이다.

슬픔에서 세 번째로 이상한 것은, 사람들이 공개적으로 상실을 인정할 수 없을 때, 따라서 애도나 슬픔을 인정할 수 없을 때가 있다는 것이다. 이런 일은 막강한 사회적 제재를 침해했을 때 일어난다. 죽은 사람이 기혼자를 애인으로 가지고 있을 경우를 상상해보라. 그 애인이 공개적으로 애도나 슬픔을 드러내는 것은 경솔한 일일 것이다. 그럴 경우 은밀한 연애가 들통 나기 때문이다. 따라서 이 애인은 상실에 대해 큰 슬픔을 느껴도 슬픔을 표현할 수가 없다. 부정한 연애를 하고 있는 한 쌍의 연인들 가운데 한쪽에서 그 관계를 끝내려고 할 때도 비슷한 일이 일어난다. 거부당한 연인은 그 관계가 밝혀지는 것을 막기 위해 상실에 대한 괴로움을 감추어야 한다. 사별한 사람에게는 애도를 공개적으로 표현할 수 없다는 것이 무척 괴로운 일일 수도 있다.

　우리는 하나의 감정으로서 슬픔이 가지는 불확실한 지위와 그 주된 근거를 이야기하면서 이 장을 마무리하고자 한다. 슬픔은 종종 격렬한 감정적 반응이라기보다는 분위기에 더 가깝다. 격렬한 감정은 뭔가 슬프게 하는 일이 일어난 경우에 발생한다. 그리고 그런 일은 슬픈 감정을 구체적으로 자극하는 것이 된다.

　반면 분위기는 하나의 좁은 목표나 사건에 초점을 맞추기보다는 넓게 퍼진다. 격렬한 감정들은 보통 감정을 유발하는 어떤 사건에 의해 자극을 받는다. 반면 분위기는 실존적 우려들을 표현한다. 그리고 이것은 확산되는 경향이 있다. 따라서 스스로에게 언제 슬픔이나 행복이 분노, 죄책감, 수치심, 질투 같은 격렬한 감정이고, 언제 분위기인지 물어볼 수도 있을 것이다. 슬픔과 행복은 불안과 마찬가지로 실존적인 특징들을 가진다.

　슬픈 분위기에서는 구체적으로 어떤 상실에 대해 그런 반응을 보이는 것인가를 말하기가 어렵다. 이런 분위기는 우리가 성공적인 인물인가, 건강한가, 좋은 삶의 질을 유지하고 있는가, 좋은 사람인가, 사랑받고 있는가, 감사를 받고 있는가, 자신과 세계에 대해 안정된 의미들을 얻고 있는가 하는 실존적인 문제들과 관련이 있다. 구체적인 사건이 슬픈 분위기나 행복한 분위기를 가져올 수는 있다. 그러나 그런 상황에서도 그 사건은 장기적이고 실존적인 문제를 상징하게 된다.

    삶 전체가 보기 흉하게 여겨질 때, 사람들이 추해 보일 때, 삶이 무질서하고 의미가 없어 보일 때, 운명이 나에게 불리할 때, 휴일에 다른 사람들은 모두 행복해 보이는데 나만 우울을 겪고 있을 때 슬프거나 우울한 분위기에 빠지기 쉽다. 이런 시무룩한 전망을 가지고 있을 때, 삶에 대해 슬프고 우울하고 나쁜 분위기를 가지게 된다.

    행복을 느끼는 것도 슬픔과 마찬가지로 불확실하다. 삶이 유리하게 진전된다고 느낄 때, 훌륭하거나 능란할 때, 사랑받거나 감사를 받을 때, 사람들이 선하다고 믿을 때, 인생이 의미 있고 질서 있고 정의롭다고 느낄 때, 운명이 우호적이라고 느낄 때 행복한 분위기에 빠지는 경향이 있다. 이런 낙관적인 전망을 가지고 있을 때 행복하고, 마음이 가볍고, 명랑하고, 좋게 느낀다.

5장

삶의 좋은 조건에 의해 자극되는 감정들:
행복감, 긍지, 사랑

이 장에서는 목표를 성취하는 데 우호적인 상황에서 일어나는 감정들을 다루어보겠다. 이 감정들은 행복감, 긍지, 사랑이다. 우리 모두 이 감정들을 경험하고 공유하고 싶어 한다. 이 감정들이 우리가 원하는 것을 얻고 보유하는 것과 관련되어 있기 때문이다. 또 비록 사랑의 어떤 형태들에 주목할 만한 예외가 있기는 하지만, 대부분은 좋은 기분과 관련되어 있기 때문이다.

행복감

이 감정을 구체적으로 살펴보기 위해서 행복감에 관한 짧은 에피소드를 하나 이야기해보겠다.

조는 한국 주둔군으로 거의 3년을 근무했다. 2차 세계대전에 참전해 예비군 장교로 있다가, 1950년 가을 에이미와 결혼한 직후에 다시 징집되었다. 조는 공학 학사 학위를 받고 장인의 염색 공장에서 일을 하고 있었다. 조는 에이미를 사랑했으며, 에이미도 그 애정에 보답을 해주었다.

조와 에이미는 미래에 큰 희망을 품고 있었다. 훌륭한 가족을 이루어 정착하려는 것이었다. 그러나 한국전쟁이 그들의 삶을 방해했다. 조는 다시 소환되는 것에 분개했다. 안정된 미래에 대한 희망이 꺾이고 있었다.

조는 에이미를 비롯한 가족과 헤어지는 것을 몹시 괴롭게 여겼다. 어서 집으로 돌아가 다시 인생과 일을 계속하고 싶었다. 한국에서 조는 공병대에 근무했다. 그는 전투 도로를 건설하고, 보급 비행기들이 이용할 활주로를 건설했다. 1950년 11월 중국이 전쟁에 개입을 했다. 조와 에이미는 전보다 훨씬 더 많은 걱정을 하게 되었다. 전쟁은 막다른 상태에 이르러 몇 년을 끌었다.

그러다 갑자기 1953년 7월 27일, 휴전과 더불어 전쟁은 끝이 났다. 조는 제대하여 집으로 돌아왔다. 조, 에이미, 그리고 그들의 가족은 처음으로 큰 안도감을 경험했다. 조는 건강했다. 부상당한 데도 없었다. 그들은 거의 3년 동안이나 떨어져 있었기 때문에 조가 돌아오기를 간절히 고대하고 있었다.

조의 귀향과 그 뒤 첫 일주일은 조와 에이미의 기억 속 가장 기쁜 시기였다. 오랜 별거를 견딘 부부들이 가끔 그런 것과는 달리 그들 사이에 낯선 느낌은 없었다. 가족과 친구들이 여러 차례 축하 파티를 열어주었다. 조가 귀환했을 때는, 2차 세계대전 뒤의 급속한 경제적 팽창 덕분에 커다란 희망과 낙관이 미국을 지배하던 시기였다. 장인의 사업은 번창했다. 그리고 조는 그곳에서 중요한 역할을 하리라 기대했다. 어서 경제적으로 자리를 잡고 싶었다. 인생의 전망은 정말로 좋아 보였다. 이제 사는 것처럼 살아볼 준비가 되어 있었다.

행복감은 일주일 정도 계속되었다. 그다음에는 일과 가족 관계 등의 문제와 씨름해야 하는 시기가 왔다. 문제는 조의 장인에게서부터 생겼다. 장인은 모든 것을 통제하려 했다. 사위에게 진정한 자율과 권위를 주려 하지 않았다. 상당한 긴장의 시기가 흘렀다. 그것은 그와 에이미의 관계에까지 영향을 미쳤다. 어쨌든 조는 지식과 재능을 더 잘 발휘할 수 있는 새로운 일자리를 찾기 시작했다.

귀향 때의 강렬한 행복감은 사라졌다. 대신 나름대로 기복을 갖는, 일반적인 생활의 갈등이 그 자리를 차지했다.

심리학적 분석

조와 에이미의 경우 행복한 상황의 개인적 의미는 단순했다. 그들은 이제 영원히 재결합했으며, 낙관적인 태도를 가지고 함께 삶을 건설해나갈 수 있었다. 전쟁으로 인해 삶의 운영이 지연된 것에 대한 분개는 금방 스러졌다. 그들은 가족과 일자리 등과 관련된, 연기된 삶의 계획들을 다시 계속할 수 있기를 고대했다.

좋은 삶을 사는 방법에 대한 생각은 결혼으로 맺어진 두 사람 사이에도 서로 다를 수 있다. 그러나 조와 에이미는 똑같은 전망을 가졌던 것 같다. 그런 전망과 관점은 2차 세계대전 후에 미국에 살던 세대 전체에 강하게 각인돼 있던 것이기도 했다. 설사 그들에게 의심이 있었다 해도, 그것은 이 기쁨의 순간에는 떠오르지 않았다.

그러나 조가 더 많은 자율성을 요구하고, 그것이 에이미 아버지의 저항에 부딪히자 의심이 떠오르기 시작했다. 에이미는 이런 갈등 때문에 고민했다. 그러나 그녀는 무슨 일이 일어나고 있는지를 인식했다. 조가 그녀의 아버지를 위해 일하고 있기 때문에 불만의 씨앗들이 뿌려지고 있다는 것을 알고 있었던 것이다. 그래서 에이미는 조가 더 나은 일자리를 찾으려고 노력하자 그를 지지했다.

산업이 팽창하던 시기였기 때문에 다행히 기회는 풍부했다. 조는 셸이라는 석유 회사에 자리를 얻게 되었다. 조는 석유 산업에 대해서는 아는 것이 거의 없었지만, 공학 분야에서 쌓은 경력을 높이 평가받았다. 그 후 조와 에이미는 여러 곳을 돌아다니고 해외에도 나가 살았다. 세월이 흐르자 조는 중간 수준 임원 자리에 올라가게 되었다. 그들은 뉴욕 시티 근처 뉴저지 교외에 살게 되었다. 네 자녀를 두었는데, 아들 셋에 딸 하나였다. 그들은 각기 다른 대학을 나와 전국에 흩어져 살고 있다.

석유 회사를 떠나 다른 기회를 찾아볼까 고민하던 때도 있었다. 그러나 그런 생각에 완전히 끌려가본 적은 없었다. 조는 예순두 살이 되어 퇴직 압력을 받을 때까지 일하다가, 기대한 대로 상당한 연금을 받게 되었다. 조는 퇴직 생활을 즐기고 있다. 조와 에이미는 그들의 레크리에이션용 차를 타고 멀리 여행을 떠날 때를 제외하면, 낮에는 각자 생활을 한다. 그들 둘 다 신체적으로 건강하고 활동적이다.

이제 둘만 살게 된 부부는 1년에 한 번씩 자식들을 찾아다닌다. 그들도 대부분의 부부들이 늘 겪는 기복을 겪었다. 그럼에도 그들은 끝까지 함께 있게 되었고, 평화롭게 살았고, 또 대체로 만족한다. 그들에게는 많은 행복한 사건들이 있었다. 또 불행한 사건들도 있었다. 불행한 사건들이란 대체로 자식들의 문제를 반영하는 것이었다. 즉 자식들을 어떻게 할 것인가를 놓고 의견이 일치하지 않는 경우였다. 자식들 교육비를 충당하느라 경제적인 압박을 받기도 했고, 부동산 투자에서 심각한 실수를 하기도 했다. 하지만 전체적으로 큰 경제적인 문제는 없었다.

에이미와 조는 2차 세계대전 후에 자리를 잡게 된 많은 가족들의 전형적인 경우에 속한다고 할 수 있다. 그들은 자기네 삶이 특별할 게 없다고 회고한다. 그들은 조가 한국전쟁에서 돌아왔을 때 기뻐하던 일을 가까스로 기억하고 있다. 그러나 조가 장인과 갈등을 겪던 일도 아주 분명하게 기억하고 있다.

행복감의 여러 가지 얼굴

무엇이 사람들을 행복하게 만드느냐고 물을 때 그 답은 다양하다. 이것은 우리가 이러한 마음 상태를 완전히 이해하지 못하고 있음을 나타낸다. 그럼에도 사람들은 서로가 많은 가치와 목표를 공유하고 있기 때문에, 사람들을 행복하게 느끼게 해주는 많은 공통된 삶의 조건들이 있다. 많은 예외가 있기는 하지만, 대부분의 사람들은 칭찬을 받거나 누가 사랑한다는 표시를 할 때, 승진을 하거나 임금이 올라갈 때, 자식이 잘 자라는 것을 볼 때 행복감을 느낀다. 행복감에 대한 이런 자극들은 대부분의 사람들에게 긍정적인 개인적 의미를 가진다.

앞의 예에서 조는 제대를 했을 때 제정신이 아닐 정도로 기뻐했고 아내 에이미도 마찬가지였다. 그러나 다른 사람들은 강압적인 장기간의 별거 뒤에 고향에 돌아와 분노와 불안을 느끼기도 한다. 이제 맛이 간 결혼 관계, 줄어든 취업 기회, 극복할 수 없을 것 같은 경제적 어려움 등에 직면해야 하기 때문이다.

감정으로서의 행복감, 또는 복지에 대한 평가로서의 행복감

이제 우리는 행복감이 무엇이냐 하는 가장 어려운 문제에 이르게 되었다. 행복감이라는 말은 두 가지 아주 다른 의미로 쓰이기 때문이다. 만일 사람들에게 얼마나 행복하냐고 묻는다면, 그 답은 보통 행복을 느끼는 격렬한 감정을 가리키는 것이 아니라 자신의 일반적인 복지(well-being)에 대한 것이 된다. 그들의 답은 자신이 자신의 삶에서 어떻게 살아간다고 생각하는지에 대한 평가가 되는 것이다.

자신의 복지에 대한 평가로서의 행복하다는 말, 또는 행복감이라는 말은 감정적 상태를 가리키는 것이 아니다. 특정한 순간에 발생하거나, 특정한 사건에 자극을 받는 것이 아니라는 말이다. 그것은 인생의 특정한 순간에 자신이 얼마나 잘살고 있는가에 대한 계산을 나타낸다. 그것은 감정적인 기복의 합계다. 여기서는 그들 삶의 환경들이 그들이 늘 원하거나 원하지 않았던 것과 얼마나 잘 일치하고 있느냐가 측정된다. 그것은 사실상 자기 삶의 전반적인 질에 대한 생각이 담긴 판단이다. 연구자들은 이런 판단에 대해 주관적인 복지라는 용어를 쓴다.

반면 행복감은 뭔가 좋거나 멋진 일이 일어나는 특정한 사건에 자극을 받은 감정이다. 어떤 주어진 순간에는 행복감을 느꼈다가, 몇 분이 지난 뒤에는 마음 상태가 다른 사건들에 반응하면서 변할 수도 있다. 조와 에이미는 조가 한국에서 돌아와 재결합을 하게 되자 둘 다 행복감을 느꼈다. 이 감정은 그들 삶이 다시 궤도에 오를 것이라는 믿음에 의해 촉진된 것이다. 따라서 행복감을 느끼는 것은 보통 긍정적인 사건과 모든 것이 좋아 보인다는 배경상의 느낌을 요구한다. 이에 대해서는 나중에 더 이야기를 하겠다.

행복감에 대해 쓰인 글들 대부분은 불분명하다. 그 이유는 행복감이라는 말을 사용할 때 이 두 가지 의미 가운데 어느 쪽이 적용되는 것인지를 알 수 없기 때문이다. 때때로 그 의미는 주관적인 복지를 가리키기도 하고, 때로는 행복한 감정을 가리키기도 한다. 이 장 나머지에서 감정에 대해서는 '행복감'이라는 표현을 쓰고, 일반화된 판단에 대해서는 '복지'라는 표현을 쓰도록 하겠다. 이 둘은 관련되어 있기는 하지만 똑같은 것은 아니다.

행복감, 즉 격렬한 감정의 극적 플롯은 목표들을 성취하는 방향으로 적당한 진전을 이루는 것이다. 이것은 아리스토텔레스가 오래전에 제시한 설명이기도 하다. 아리스토텔레스는 목표를 달성하는 것 자체가 아니라, 목표를 향해 노력하고 자신의 자원을 잘 활용하는 것이 우리를 행복하게 해줄 잠재력을 지니고 있다고 말했다. 이것도 우리가 왜 행복을 느끼는가에 대한 하나의 이론이다. 좋은 이론인 것으로 생각된다.

예를 들어 어떤 학생이 오랜 기간에 걸친 고된 일과 노력 끝에 수준 높은 학위를 얻었다고 해보자. 그는 이 중대한 사건을 통해 기껏해야 짧은 기간만 행복을 느낄 것이다. 이 학생은 곧 다른 일들, 예를 들어 그 학위를 이용해 전문적인 일자리를 얻는다든가 하는 일을 해야 할 것이다. 단순히 성취감에 젖어 있는 것만으로는 행복감이, 또는 심지어 긍정적인 복지에 대한 느낌조차, 오래 지속될 수가 없다. 중요한 것은 지금 하고 있는 일, 예를 들어 우리의 경우 이 책을 쓴다든가 하는 일과 그것이 미래에 가지는 의미다. 우리는 이 책을 마치면 잠깐 행복감에 젖겠지만 이어서 다른 일, 예를 들어 다른 책을 쓰는 일 등을 하게 될 것이다. 이것이 행복한 재결합 뒤에 일자리와 가족이라는 현실과 직면했을 때 조와 에이미에게 일어났던 일이다.

행복감의 전경(前景)과 배경(背景)

감정, 즉 행복감은 전경으로, 즉 칭찬을 받는다든가 하는 긍정적인 사건에 대한 반응으로 보는 것이 좋을 것 같다. 반대로 복지는 전경에 영향을 주는 배경 조건으로 보아야 할 것이다.

예를 들어, 진심 어린 칭찬을 받을 때, 그것은 보통 우리를 기쁘게 하고 행복하게 한다. 그러나 지금 이 순간 삶의 상황이 쓸쓸할 수도 있다. 몸이 아픈 상태일 수도 있고, 큰 실패를 겪었을 수도 있다. 그러면 칭찬은 기쁠지 모르지만, 배경에서 미적거리고 있는 부정적인 마음 상태를 극복하기에는 충분치 못할 것이다. 복지 수준이 워낙 낮으면, 그 칭찬에서 조금의 기쁨조차 얻지 못할 수도 있다. 그러나 인생이 잘 진행되는 것 같아 복지가 긍정적이라면, 심지어 부정적인 사건조차도, 예를 들어 보통 경우라면 감정적인 괴로움을 주었을 모욕이나 당혹스러운 일조차도, 조금도 고통을 주지 않고 넘어갈 수 있다.

여기서 중요한 원리가 하나 나온다. 배경의 마음 상태, 또는 흔히 분위기라고 부르는 것과 그것을 초래한 조건(복지나 불행한 조건)이 전경의 사건들에 반응을 보이는 방식에 근본적인 중요성을 가지고 있다는 것이다. 이것은 모든 감정들에 적용되는 것이기는 하지만, 행복감과 슬픈 느낌의 경우에 특히 중요하게 부각된다. 어떤 사건이 이런 감정적인 상태들 가운데 어느 한쪽을 유도할 가능성은 전반적인 삶의 상황에 따라 높아지기도 하고 낮아지기도 한다. 행복감을 느끼는 과정은 겉보기보다는 복잡하다.

우리는 조와 에이미에게서 이런 원리가 작동하는 것을 보았다. 조가 한국에서 귀환한 첫 주에는, 재결합을 해서 이제 다시 함께 살아갈 수 있다는 사실에 기쁨을 느낀 것이 전경을 이루었다. 배경 또한 유리해 보였다. 이러한 전경 사건들과 배경 분위기의 결합은 행복감을 느끼기 위한 주요한 조건을 형성했다.

전경의 느낌이 삶의 배경을 이루는 특징들에 의존한다는 원리는 흥미로운 딜레마를 낳는다. 예를 들어, 만일 전반적인 삶의 상황이 나쁘다면 어떤 주어진 순간에 행복감을 느낄 가능성이 없다는 뜻인가? 예를 들어 말기 암에 걸려 살날이 얼마 안 남았다고 해보자. 그러한 역경을 극복하는 것은 사실 사람들 대부분에게 매우 어려운 일이다. 그러나 때로는 나쁜 운명도 초월할 수 있다. 어떤 사람들은 말기 병을 무릅쓰고 행복감을 느낄 수 있으며, 적어도 약간의 시간 동안은 삶에 몰두할 수 있다. 얄궂은 일이긴 하지만, 삶의 상황이 훨씬 유리한 사람들보다 훨씬 더 강하게 몰두할 수도 있다.

어떤 환자들은 말기 병에 걸렸음에도, 장기간의 삶의 비극을 마음에서 몰아내고, 지금 이 순간 일어나는 일에 관심을 가지고 그것을 즐길 수 있다. 역경을 맞아 이런 식으로 당당하게 대처하라는 것이 반드시 삶의 엄혹한 현실을 부정하라는 것은 아니다. 오히려 일상적인 사건들에 완전히 몰두하라는 것이다.

어떤 사람들은 이런 해결책을 터득할 수가 없다. 물론 그들도 배울 수는 있다. 그들도 하나의 대처 방법으로, 그들이 몰두하고 있는 삶의 비극적인 의미에서 벗어나, 그와는 다른 더 긍정적인 의미를 구성할 수도 있을 것이다. 이것이 현재 일어나고 있는 일들을 부정적인 감정들보다는 긍정적인 감정들에 유리한 쪽으로 재평가할 때 우리가 하는 일인 것이다. 또 하나의 가능성이 있다. 그것은 삶의 긍정적인 측면들에 몰두함으로써, 우리가 직면해야 하는 나쁜 운명을 잠시 비껴가는 것이다.

복지에 접근하는 방식들

주관적으로 평가되는 복지와 실제 상황의 관계에 대해서는 관찰된 것이 거의 없다. 이것은 주목할 만한 역설이다. 복지에 대한 평가가 반드시 개인 생활의 객관적인 사회 경제적 조건을 반영하는 것은 아니다. 그것은 주관적인 것이다. 다른 사람들이 우리 삶의 현재 상태를 나쁘게 판단해도, 우리는 우리 삶을 좋게 평가할 수 있다. 그 반대도 성립한다.

그렇기 때문에 사람들이 자신과 삶에 대해 긍정적으로 생각하도록 촉구하고 고무하는 책들이 오랫동안 많이 읽혀왔다. 신교도 성직자인 노먼 빈센트 필은 이런 책들 가운데 가장 생명력이 긴 책을 썼다. 그 책은《적극적 사고방식(The Power of Positive Thinking)》이다. 필은 이 책에서, 역경이 가하는 압박감 속에서조차 긍정적인 전망을 유지할 수 있다는 것은 성공적이고 건강한 생활을 하는 데 귀중한 자원이라고 말하고 있다. 그러나 그러한 철학은 현실을 부정하라고 권하거나, 긍정적인 환상들을 유지하라고 권하는 것으로 보인다. 두 가지 대처 전략 모두 유용하기는 하지만, 긴 시간 동안 우리를 지탱해주지는 못한다.

그러나 때로는 행복한 마음 상태로 보이는 것이 꼭 정신적 건강이나 복지의 표현은 아닐 수도 있다. 어떤 사람들은 너무 자주 의욕적이고 낙관적인 태도를 보여준다. 그들은 늘 좋은 기분인 것 같고, 의욕을 보이며 시끄럽게 활동을 하는 것 같다. 그것이 너무 심해서 그런 패턴이 다른 사람들에게 부담이 되기도 하고, 사람들은 그것이 진짜일까 궁금해하기도 한다. 만일 그런 의욕이 강제적인 것이면, 다시 말해, 실제로 일어나고 있는 일에 대한 반응이라기보다는 안에서부터 억지로 밀어붙인 것이라면, 그것은 사실상 우울과 절망에 대한 방어일 수도 있다.

어떤 사람들은 또 복지(또는 행복감)를 현재에는 절대 이룰 수 없는 목표로 생각하며, 먼 과거, 예를 들어 유년 시절에만 존재했던 삶의 조건으로 기억하고 있다. 우리는 때때로 동경에 잠겨 삶, 일, 사회적 관계가 화려했던, 전설과 같은 시절에 대해 자주 이야기한다. 당신 인생 가운데 어느 때가 가장 행복했던가? 그 느낌, 그리고 그것이 무엇을 가져다주었는지를 묘사할 수 있는가? 대부분의 사람들의 답변은 이렇다. 행복감이라는 감정의 가장 두드러진 특징은 포착할 수가 없고, 분석이 불가능하다는 것이다.

행복감의 개인적 의미는 당신이 중요한 인생의 프로젝트에, 예를 들어 일이라든가, 가족을 부양한다든가, 집을 수리한다든가, 책을 쓴다든가, 정원을 만든다든가 하는 것에 몰두했을 때 나온다. 만일 관심을 가지는 사람들과 따뜻한 관계를 이루고 있다면, 경제적인 압박이 없고, 좋은 친구들이 있고, 건강이 좋고, 범죄와 폭행에서 안전하고, 사회에서 한 개인으로서 진정한 방식으로 노력하며 자신을 표현할 수 있다면, 삶 전체가 좋아 보일 것이다.

이런 시나리오는 행복감과 복지에 대한 가장 오래되고 가장 흥미로운 철학적 딜레마를 묘사하고 있다. 바로 행복을 느끼는 것을 인생의 목표로 삼고 구해보았자 성공할 수 없다는 딜레마다. 그 느낌은 우리의 자연스러운 능력을 잘 이용하고 자신의 긍정적인 복지 외의 다른 것을 구하려고 노력할 때 생기는 부산물이다. 그러나 불행히도 많은 사람들이 '단지 행복하기만'을 바라며, 그것을 그들의 목표로 삼는다. 그러나 인간 본성에 대해 알고 있는 것으로 미루어볼 때, 그들은 반드시 실망할 것이다. 구하는 결과를 실제로 얻었을 때, 그것이 기대보다 못한 경우가 많기 때문이다.

복지에 대한 판단

인간관계의 준거틀을 이용한다면, 우리의 복지가 다른 사람들의 복지보다 크냐 작으냐를 결정해야 한다. 그러나 우리는 이런 비교를 할 만한 믿을 만한 기초를 가지고 있지 못하다. 아무리 잘 아는 사람일지라도, 그 사람의 복지가 얼마나 긍정적인가에 대해 말할 수 있을까? 대부분의 사람들의 경우 복지가 얼마나 긍정적일까? 일반적인 사람들에 대해 그 답을 찾는 것은 쉬운 일이 아니다. 그러나 잘 알 것 같은 사람에 대해서도 그 답을 찾기란 쉽지 않다.

예를 들어, 사람들이 삶에 대해 불평을 할 때, 그것이 꼭 그들의 분위기를 나타내는 지표라고는 할 수는 없다. 사람들이 불평을 하는 경향 자체가 몹시 다르기 때문이다. 또 그들의 불평이 그들이 실제로 자신의 복지를 어떻게 판단하느냐와 늘 관련이 되는 것은 아니기 때문이다. 사람들은 다른 사람들 눈에 잘사는 것처럼 보이지 않기 위해 불평을 할 수도 있다. 잘사는 것처럼 보였다가는 동료들의 선망의 대상이 되거나 적대감을 살 수도 있으니까. 어쩌면 미신적이어서 그렇게 말하는 것일 수도 있다. 또 어쩌면 탐욕 때문에 그들이 지금 가진 것 이상을 원해서 그럴 수도 있다.

사람들이 자신의 복지에 대해 하는 말에는 아주 이상한 특징이 있다. 사람들은 복지를 평균 이상으로 평가하는 경향이 있다는 것이다. 그것은 통계적으로는 말이 안 된다. 어떻게 대부분의 사람들이 평균 이상일 수가 있겠는가? 어쩌면 사람들은 정말로 자신이 대부분의 사람들보다 낫다고(이것이 무슨 뜻인지는 몰라도) 믿고 있는지도 모른다. 반면 자신이나 동료에게 그런 확신을 주려고 애를 쓰고 있는 것인지도 모른다. 그러한 경향은 자신을 긍정적으로 보면 행운이 오고, 부정적으로 보면 불운이 온다는 문화적 믿음에서 오는 것일 수도 있다. 사실 우리 모두 자신에 대해 수치심을 느끼기보다는 긍지를 느끼는 쪽을 더 좋아한다. 자신의 복지를 평균보다 높게 평가하는 또 하나의 중요한 이유는 자신을 다른 사람들과 비교할 분명한 기준이 없다는 것이다. 그래서 그렇게 모호할 바에야 우리 자신에게 점수를 더 주는 것인지도 모른다.

이 모든 것이 복지에 대한 평가의 정직성 문제를 제기한다. 사랑하는 사람들을 포함해 다른 사람들에게 말하는 내용은 삶에 대해 정말로 어떻게 생각하느냐보다는, 다른 사람들이 우리를 봐주기를 바라는 방식과 더 큰 관계가 있을 수도 있다. 어떤 사람이 비참한 상태에 빠져 있으면 거기에는 의문의 여지 없이 사회적인 오점이 따라붙는다. 반면 역경과 직면해서도 자신의 복지에 대해 긍정적으로 느끼는 사람들은 보통 함께 있기가 편하다. 사람들은 우울하거나 아니면 늘 자신의 운명에 대해 불평하는 사람들에게서는 고개를 돌려버린다.

우리 자신에 대해 잔인할 정도로 정직하기는 어렵다. 긍정적인 자아상을 보호하는 데 많은 것이 걸려 있기 때문이다. 따라서 만일 복지에 대해서 솔직한 답을 하려 한다면 자신, 그리고 우리와 다른 사람들의 관계에 대한 중요한 환상들이 훼손될 수도 있다. 심지어 자신의 삶이 위기에 처하지 않는 한, 복지에 대해 생각하는 것 자체를 피할 수도 있다. 그러나 위기에 처했을 때는 피할 수가 없을 것이다.

개인 내부의 준거틀을 이용한다면, 어떤 시기의 자신의 인생을 다른 시기의 인생과 비교하게 된다. 자신을 어느 정도 알기 때문에 비교를 위한 기준을 가질 수 있다. 따라서 이것은 앞의 것보다 쉬운 판단이라고 할 수 있다. 한 사람 내부의 틀을 사용한다는 것은 복지나 행복을 느끼는 것 또는 슬픔을 느끼는 것이 항상적인 마음 상태가 아니라는 것을 전제한다. 그것은 시기마다, 상황마다 달라진다. 어떤 시점을 다른 시점과 비교해 상황 전개에 대해 더 쾌활한 태도를 보일 수도 있고 덜 쾌활한 태도를 보일 수도 있다.

예를 들어, 현재 상황이 5년 전보다 더 긍정적이라고 판단할 수도 있다. 5년 전에는 직장에서 진전이 없거나, 배우자나 자식 문제 때문에 실망을 하고 있었을 수도 있다. 그러나 이제 상황이 나아졌다. 삶에 더 만족한다. 직장에서 승진을 했거나 아예 일자리를 바꾸었다. 배우자와 자식들과의 관계도 이제 차갑고 비판적인 대신 따뜻하고 상호 존중적이다. 만일 조가 귀향을 했을 때 조와 에이미에게 그런 질문을 했다면, 그들은 그들의 복지가 별거 동안보다 무한히 더 좋아졌다고 평가했을 것이다. 그러나 몇 주 뒤 문제들이 떠오르기 시작했을 때는, 물론 불행한 것은 전혀 아니었지만, 더 냉정하게 평가를 하게 되었을 것이다.

인간관계의 준거틀을 이용해 얻는 대답은 개인 내의 준거틀을 이용해 얻는 대답과는 일치하지 않을 수도 있다. 예를 들어, 우리는 자신이 다른 사람들 대부분보다 낫다고 생각할 수는 있지만, 동시에 평소보다는 못하다고 생각할 수도 있다. 이것은 모순된 것이 아니다. 두 개의 준거틀이 완전히 다른 질문을 하고 있기 때문이다. 사람들은 대부분 삶의 조건에 대하여 두 가지 사고방식을 다 사용하고 있다.

복지와 행복감의 결과들

복지와 행복감은 일상적인 기능을 하고 다른 사람들과 관계를 맺는 데 영향을 준다. 기분이 부정적일 때는 문제를 푸는 능력이 저하되지만, 기분이 긍정적일 때는 일을 잘한다는 것이 대체로 입증된 사실이다. 긍정적인 기분은 또한 우리를 외향적·개방적으로 만들고, 남들을 친근하게 대하고, 남들에게 도움을 주며, 사려 깊게 행동하도록 만든다. 그럴 경우 우리의 관심은 자신보다는 남들을 향한다. 반면 불만스러운 마음의 틀 속에 있을 때는 자기중심적이 되며 방어적이 된다.

사람들은 좋은 대접을 받고 긍정적인 경험을 하게 되면, 자신이 안전하고, 안정되고, 자신감에 넘친다는 느낌을 가질 가능성이 높다. 그렇게 되면 다른 사람들에게도 더 친절해지고 도움을 주게 된다. 생각도 쉽게 흐르고, 일의 수행 능력도 절정에 이른다. 그럴 때는 어떤 일이 닥쳐도 위협을 받기보다는 도전하고자 하는 마음이 생긴다. 또 억제가 줄어들고 개방적이 된다. 모험을 할 여유도 생긴다.

사람들이 위협받는다고 느끼고 보호를 필요로 할 때는 정반대 경우가 된다. 비판적이거나 적대적인 분위기에서 일을 하는 것은 경계와 억제를 낳는다. 또 자신이 무능력하거나 어리석게 보이지 않도록 자제할 필요를 느낀다. 이런 상황에서는 사람들은 무슨 말을 하고, 또 그 말을 어떻게 할지 어려워한다. 불안은 "왜 내가 괴로움을 겪고 일을 잘 못하는 걸까? 주위 사람들도 내가 불안해한다는 걸 느낄까?" 하는 식의 자기중심적인 생각들을 수반한다. 이런 생각들은 또 일을 하는 데 지장을 준다. 바로 그 때문에 입담에 의존하는 코미디언이 관객의 반응을 소중하게 여기는 것이다. 코미디언들은 관객의 반응이 있으면 자신이 높이 평가받고 있고 효과를 발휘하고 있다고 느낀다. 그럼으로써 개방적이 되고 스스로도 즐거워할 수 있다. 결국 그들은 자신의 재능을 최대로 발휘하게 된다.

행복감의 플롯을 요약해보자. 행복감을 자극하는 것은 우리 삶에 대한 약간의 좋은 소식이다. 우리는 그것을 우리가 직접적이고 장기적인 목표들을 성취하는 방향으로 나아가고 있음을 보여준다고 해석한다. 이런 진전이 행복감 밑에 깔린 근본적인 개인적 의미다. 사실상 우리는 목표들을 처리하기 위해 우리가 가진 자원을 이용하고 있다. 이 목표에는 두 가지가 있다. 하나는 구체적인 일들을 잘 처리하는 것 같은 전경의 작은 목표들이다. 또 하나는 자신의 일에서 성공을 거둔다거나, 가족이 긍정적인 방향으로 발전하도록 돌보거나 하는 것 같은 배경의 커다란 목표들이다. 이러한 목표들을 성취하는 진전 과정에서 다음 단계들에 현실적인 관심을 가짐으로써 대처를 해나간다. 행복감은 우리가 하고 있는 일에 개인적으로 몰두하고 헌신하는 지속적인 과정의 부산물이다.

긍지

지금부터 어머니가 아들에게 느끼는 강한 긍지의 한 예를 보도록 하자.

마시아 부인의 외아들 앤서니가 아직 갓난아기일 때, 부인의 남편은 일을 하다가 사고로 목숨을 잃었다. 그들 부부는 경제적인 어려움 때문에 남부 이탈리아에서 미국으로 이민 온 사람들이었다.

남편은 미국에 와서 부두 노동자가 되었다. 남편이 죽자 마시아 부인은 먹고살기 위해 바느질을 한다든가 세탁 일을 해야 했다. 하필이면 1930년대의 대공황 시기였다. 부인은 뉴욕의 브루클린 빈민가에서 최저 생계비를 가지고 아이를 기르기 위해 애면글면했다.

마시아 부인은 조용한 여자로, 자기 규율이 있었고, 의지가 강했으며, 유능했다. 또 아들에게 더 나은 기회를 주기 위해서라면, 언제든지 자신의 개인적 기쁨을 기꺼이 보류할 수 있었다. 부인은 아들 앤서니가 진짜 미국인이 되기를 바랐다. 그리고 이 목표를 달성하기 위해 앤서니 앞에서는 이탈리아 말을 하지 않았다. 부인은 아들에게 동네에 득실거리는 깡패들을 피하도록 했으며, '훌륭한 사람이 되기' 위해 열심히 일하고 공부하라고 했다. 그러나 부인은 앤서니에게, 미국에서 성공하는 것을 이해하는 데 도움받을 수 있는 남성 모델이 없다는 것 때문에 고민했다.

시간이 지나자 마시아 부인은 조용하고 얌전한 남자를 만나게 되었다. 남자는 부인을 좋아했다. 남자는 지적인 문제에 관심을 가졌다. 남자는 도서관에서 일을 하며 가난하게 살았으나, 독서량이 많고 꼭 교수처럼 말을 했다. 마시아 부인은 그 남자에게 특별히 끌리는 것은 아니었으나, 마침내 남자가 청혼을 했을 때 앤서니에게 아버지가 있는 것도 좋은 일이라고 생각하여 받아들였다. 둘 다 약간의 돈을 집에 가져올 수 있었다. 마시아 부인은 사는 동네가 악영향을 주어 아들을 망칠까 걱정했다. 그래서 그들은 황폐한 동네를 떠나 중간계급 하층이 사는 동네에 집을 구하게 되었다.

마시아 부인은 남편이 앤서니에게 이탈리아어 악센트가 없는 훌륭한 영어로 책을 읽어주고 이야기를 하는 것을 보고 열광했다. 남편이 앤서니의 말을 교정해주는 소리도 들렸다. 앤서니는 학교에서 뛰어난 성적을 보여주었다. 마시아는 매우 기뻐했다. 그녀는 공부를 열심히 해서 훌륭한 사람이 되라고 계속 앤서니를 자극했다. 때때로 앤서니가 엄한 규율에 반항하는 경우도 있었다. 그럴 때면 마시아는 화를 냈고 앤서니는 늘 죄책감을 느꼈다. 그리고 계부가 부드럽게 타이르는 말에 따라, 어머니가 원하는 대로 했다.

앤서니는 과학사 학위를 받았다. 그리고 대학을 졸업하자마자 입대하여 2차 세계대전에 참가했다. 앤서니는 3년 동안 복무했다. 마시아 부인은 앤서니가 군복을 입고 집에 올 때면 긍지에 가슴이 부풀어올랐다. 앤서니는 아주 착한 청년이었으며, 또 매우 잘생겼다. 마침내 전쟁이 끝나고 제대를 했을 때, 앤서니는 이미 콜럼비아 대학 대학원에 들어가 문학과 창작을 공부하기로 마음먹고 있었다. 학비는 제대 군인 원호법에 의거해 조달하기로 했다. 앤서니가 박사 학위를 받자, 괜찮은 대학 몇 군데서 조교수로 와달라는 제안이 왔다. 대학원을 다니면서 발표한 단편들도 문학 학과들의 관심을 끌었다. 앤서니는 결국 프린스턴에서 일자리를 얻게 되었다.

마시아 부인과 남편은 앤서니의 졸업식에 참가했다. 이제 나이를 먹고 병도 들었지만, 마시아 부인은 부푼 긍지로 가슴이 터질 것 같았다. 그녀는 아들이 졸업장을 받았을 때 기뻐서 울었다. 이 졸업식은 앤서니를 훌륭한 사람으로 만들려는 그녀의 긴 노력의 기쁘고 자랑스러운 절정이었다. 마시아 부인은 아들이 교수가 되어, 그녀가 엘리트라고 믿는 사람들에 속하게 되었다는 것이 믿어지지가 않았다. 게다가 프린스턴은 대학 가운데서도 가장 엘리트 대학에 속하는 곳이었다. 뉴욕에서 멀지도 않았다.

마시아 부인의 긍지는 끝 간 데를 몰랐다. 부인은 아들의 성취에 대해 모두에게 이야기를 하지 않을 수 없었다. 그럼에도 조용히 자신을 위해 긍지의 한 부분을 따로 간직했다. 부인은 자신이 역경에 대항하여 시작한 것을 성취했고, 그것이 자신의 공로라고 느꼈다. 부인은 자신의 삶이 가치 있었다고 생각했다. 그리고 언젠가 앤서니가 결혼을 하여 자식들을 낳는 상상을 했다.

심리학적 분석

마시아 부인은 아들을 위해 많은 것을 희생한 것이 분명하다. 그럼에도 그녀는 상당한 행복을 경험했고 다행히도 아들이 이루어낸 것에 실망하지 않았다. 부인은 교육받지 못한 가난한 여자로 낯선 외국 땅에서 살았다. 생활 스타일과 관련하여 아내가 개인적으로 선택할 수 있는 것은 많지 않았다. 사실 아내는 자신을 위해서는 많은 것을 원치도 않았다. 부인은 아들을 위해, 또 아들을 통해서 살았다. 그럼에도 부인은 잘 해나갔다. 괜찮은 생활수준을 유지할 수 있었으며, 훌륭한 아버지이자 짝인 남편도 얻을 수 있었다.

앞서 한 이야기는 아들이 대학원을 졸업하고 프린스턴 대학 교수가 되었을 때 마시아 부인이 경험한 커다란 긍지를 중심으로 한 것이다. 그러나 부인은 앤서니의 어린 시절에도 행복감과 긍지를 많이 경험했다. 여기에는 앤서니와 계부가 따뜻하게 대화를 나누는 장면을 보던 순간, 집에 손님이 왔을 때 앤서니가 지능과 지식을 자랑하던 순간 등도 포함된다. 우리들 대부분의 삶에는 그런 경험들이 점점이 박혀 있다. 그런 경험이 긍정적인 마음 상태를 낳아, 힘든 시기를 견디어내도록 해준다. 마시아 부인은 자신이 한 일이나 원하던 것이 다 잘 풀려나갔고, 아들이 장래 문제로 걱정을 끼치지 않았기 때문에 운이 좋았다고 할 수 있다.

아들을 위한 엄청난 희생, 그리고 아들 덕분에 경험했던 행복감, 복지, 긍지에 비추어볼 때, 마시아 부인의 장래는 어떻게 될까? 물론 많은 것이 그녀의 아들에게 달려 있다. 아들이 결혼을 하고 자식을 낳은 뒤에도 어머니에게 사랑과 관심을 보낼까?

앤서니는 나중에 프린스턴의 여교수와 결혼했다. 그리고 5년이 안 되어

이 부부는 서해안의 어떤 대학으로 옮겨 갔다. 그들의 삶은, 늘 그래야 하듯이, 그들 자신의 직업과 사교 범위를 중심에 두고 있었다. 마시아 부인이 가끔 방문하러 갔지만, 이는 매우 제한된 관계를 제공할 뿐이었다. 마시아 부인이 자식 부부에게 아이를 가지라고 압력을 넣을 때는 긴장이 감돌기도 했다. 자식 부부는 아이를 원치 않았던 반면 마시아 부인은 자신이 손자들을 길러주리라 생각했기 때문이다. 이제 부인으로서는 자신에게 만족을 줄 만한 새 일을 찾을 필요가 있었다.

마시아 부인의 말년에는 이전에 아들을 위해 헌신하던 것과 비슷한 일이 반복되지 않았다. 남편은 아들 부부가 이사 간 직후에 세상을 떠났다. 그가 남긴 보험 덕분에 부인은 어려움 없이 말년을 살아갈 수 있었다. 앤서니는 장례식에 참석하려고 잠깐 들렀다. 마시아 부인은 점차 자신이 쓸모없다는 생각을 하게 되었다. 더불어 아들을 위해 살던 시절을 인생 최고의 시절로 돌이켜보게 되었다.

예순다섯이 된 부인은 죽을 준비가 된 것 같았다. 부인은 서해안으로 이사 가고 싶은 마음과 낯익은 환경 속에 남아 있고 싶은 마음 사이에서 갈등을 느꼈다. 앤서니 부부는 굳이 이사 오라고 권하지 않았다. 마시아 부인은 며느리가 반대를 하나 보다 생각했다. 앤서니는 거의 매달 전화를 했으나, 부인에게는 그것으로 충분치가 않았다. 이제 그들의 대화도 과장된 방식으로 진행되었다. 그것은 이 두 세대 사이에 발전해온 관심과 전망에 이제 커다랗게 빈 곳이 생겼다는 사실의 반영이었다.

행복감과 긍지는 일시적인 마음 상태다. 이것은 과거에 초점을 맞추고 있을 수 없다. 이런 느낌을 지속시키려면 현재 우리의 에너지를 불러내고 또 우리의 능력을 동원하게 하는 뭔가가 있어야 한다. 이런 현실 참여 없이는 자신의 기능 상실에 대한 불만과 한탄이 생긴다. 마시아 부인은 나이가 들면서, 또 아들 부부가 그들 자신의 삶을 영위해나가면서, 이런 문제에 대처를 해야 했다. 아내는 아직 행복하게 살 방법을 찾지 못했다. 그래서 비참하고 우울하다. 변화는 당연한 것이다. 변화가 생긴 상태에서 다시 행복감, 긍지, 복지를 경험하려면 새로운 조건이 필요하다.

긍지의 여러 가지 얼굴

긍지는 행복감과는 구별되는 특별한 의미를 지니고 있다. 오래전 철학자 데이비드 흄이 그런 구별을 했다. 흄은 긍지를 자극하는 것은 행복한 느낌을 주는 긍정적인 사건만이 아니라, 개인적 가치에 대한 느낌을 확인해주거나 고양해주는 사건이기도 하다고 주장했다. 이런 자아나 에고의 고양이 긍지 밑에 깔린 개인적 의미다. 아름답거나 잘 관리되어 있는 집, 업적, 세상에 대한 지식, 사회에 대한 기여, 젊은 외모, 꿋꿋함, 다시 말해서 우리 사회에서 사람들이 가치를 두는 것들은 다 개인적·사회적 지위를 높여준다. 긍지를 자극하는 것은 자아나 에고를 고양하는 사건이나 조건, 또는 그런 사건에 대한 언급이나 생각의 기억이다.

행복감과 긍지의 구분을 통해 긍지의 극적 플롯을 이해할 수 있다. 그 플롯이란 가치 있는 물건이나 업적을 자기 공로로 인정함으로써 자신의 개인적 가치를 고양하는 것이다. 업적은 우리 자신의 것일 수도 있고, 우리가 동일시하는 존재들, 예를 들어 자식, 가족 구성원, 동포, 또는 스포츠 팀이나 부족이나 민족처럼 우리가 속한 집단의 것일 수도 있다. 마시아 부인은 아들의 졸업식에서 아들의 업적 일부가 자기 공로라고 인정할 수 있었기 때문에 아들과 자신에 대해 긍지를 느낄 수 있었다. 이는 긍지의 분명한 예다.

긍지를 느낄 때는 행복을 느낄 때와 마찬가지로 개방적이 되며, 다른 사람들에게 이야기를 하고 싶어진다. 가슴이 부풀어 오른다. 긍지를 느낄 때의 개방적 태도를 수치심을 경험할 때의 숨고 싶은 충동과 비교해보라. 긍지를 느낀다는 것은 개인적이고 사회적인 기준에 맞추어 살았거나 그 이상으로 살았다는 것이다. 그것은 우리가 칭찬을 듣고 싶어 하는 사람들을 실망시켰을 때의 수치심과 대조가 된다.

긍지는 또 겸손과도 비교될 수 있다. 긍지라는 것은 우리의 장점에 대한 평가와 관련된다. 그러나 진정으로 겸손을 느낄 때(좋은 인상을 주기 위해 단순히 겸손을 가장하는 것과는 달리) 우리는 한계를 존중하게 된다. 겸손은 한계에 대한 괴로움의 표현이라기보다는 그 한계의 수용이라는 점에서 수치심과는 다르다. 긍지는 때때로 오만을 드러낼 수도 있는데, 그것은 분명 겸손이나 수치심이라는, 자신을 낮추는 감정에서는 발견할 수 없는 것이다.

긍지, 겸손, 수치심 모두 자신에 대한 객관적 진실과 관계가 있을 필요는 없다. 오히려 진실을 어떻게 평가할 것이냐 하는 문제와 관련된 것이다. 여기서 우리는 다시 감정이란 것은 생활 속 사건들에서 구성하는 의미에 의존한다는 것을 보게 된다. 마시아 부인은 자신이 잘 밀어줌으로써 앤서니가 그런 업적을 이루었다고 믿었다. 그리고 그 점에 대해 자신과 아들 둘 다에게 긍지를 느끼기도 했다. 우리도 그렇게 생각한다. 그녀가 자신의 삶에 대해 구성하는 의미의 중심에는 아들의 성취에 대한 희망이 놓여 있었다. 이것이 그녀의 자기희생을 가능하게 해주었다. 이것은 또 아들의 놀라운 성공이라는 보답을 받았다. 더불어 아들에게 그런 성공의 힘을 부여했다는 점에서 그녀 자신의 성취감 또한 북돋아 주었다.

사회는 긍지에 대해 분명하면서도 미묘한 가치를 부여한다. 이런 이유 때문에, 좀 이상하게 들릴지 모르지만, 긍지에 대처해야 할 수도 있다. 예를 들어, 긍지를 긍정적으로 생각하기는 하지만, 자랑을 한다거나 자신을 과대하게 드러낸다거나 하는 것에는 부정적인 반응을 보일 수도 있다. 그리고 그것이 다른 사람들을 당황하게 만들 수도 있다. "저 친구는 자만심이 강해"라고 하는 것은 비난이다. 긍지는 개인적 정체성을 보호하고 고양하려는 요구에 초점을 맞추고 있기 때문에 경쟁적인 감정이다. 따라서 때때로 지나친 긍지, 즉 오만함으로 인해 다른 사람들을 불쾌하게 하지 않도록 조심해야 한다.

긍지는 또 취약한 에고를 방어하는 데 사용될 수도 있다. 이런 경우에 긍지는 스스로 자신의 한 인간으로서의 가치를 의심하고 있다는 것을 드러내기도 한다. 긍지를 가질 것이 거의 없을 때, 중요한 종교적·민족적·인종적·하위문화적·정치적 집단과 우리를 관련시킴으로써 자아정체감을 고양할 수도 있다. 심지어 시즌 내내 승리를 구가하는 야구 팀이나 풋볼 팀이 긍지의 원천이 될 수도 있다. 그러나 이런 것은 **자민족 중심주의**라는 위험한 특질을 띨 수도 있다. 이것은 우리 자신의 집단이나 사회는 긍정적으로 평가하고, 다른 것들은 평가절하하고 비난하고 배척하는 태도다.

긍지의 플롯을 요약해보자. 긍지를 자극하는 것은 어떤 좋은 일이 일어나는 것이다. 그 일은 우리 자신과 관련되어 있어야 하고, 긍정적인 사회적 가치를 수반해야 한다. 긍지의 개인적 의미는 어떤 일이 한 개인으로서 우리의 정체성을 고양하고, 따라서 다른 사람들뿐만 아니라 우리도 우리 자신을 특별하게 생각하게 만든다는 것이다. 이러한 사회적 지위의 상승이라는 의미 때문에 긍지는 그것과 밀접하게 관련된 행복감이라는 감정과 구별된다. 긍지는 경쟁적이고, 때로는 심지어 도덕적인 함축성이 있다. 따라서 우리는 정당화될 수 있는 긍지와 사회적인 비난을 받을 수도 있는 오만 사이에서 줄타기를 함으로써 긍지에 대처한다.

사랑

사랑의 경험 가운데 짝사랑만큼 감정적인 고통의 원천이 되는 것은 거의 없다. 따라서 먼저 이런 유형의 경험부터 살펴보자.

재닛은 캘리포니아의 한 대학을 다녔다. 그녀는 예쁘고 인기 있는 대학생이었다. 학문적인 성취는 중간 정도였다. 재닛은 그녀가 좋아하고 숭배하는 다른 여학생과 함께 기숙사 방을 쓰고 있었다. 재닛은 수학에 겁을 집어먹었다. 그런데 스티브라는 이름의 똑똑하고 어딘가 이상한 남자가 그녀와 친해지면서 수학 공부를 도와주겠다고 했다. 스티브는 같은 학교 학생이었다.

스티브는 사교적인 일들을 불편해했다. 성격은 매우 강렬하고 폭발적이었다. 여자 친구들은 많지 않았다. 재닛은 스티브의 도움을 고맙게 받아들였다. 동시에 스티브의 에고 형성이 아직 모자라다고 느끼고 있었다. 그래서 재닛은 한편으로는 스티브의 도움을 받았으며, 동시에 이 젊은이에 대한 동정심 때문에 이따금씩 함께 외출을 하기도 했다. 스티브의 관심이 불쾌하기는 했지만, 스티브가 힘든 처지에 있다고 생각했던 것이다.

그러나 스티브는 재닛이 자신에게 관심을 보인다고 생각했다. 그래서 그들의 관계에 대한 현실감각을 잃기 시작했다. 스티브는 재닛의 기숙사에 가서 그녀의 수학 공부를 도와줄 때를 무척 고대하게 되었다. 스티브는 또한 재닛에게 자신의 사교 활동을 의존하게 되었다. 한마디로 스티브는 재닛에게 완전히 반했다.

재닛은 스티브가 다른 생각을 품지 않도록 신중하고 조심스럽게 행동했다. 그러나 스티브의 자신감을 망치고 싶지도 않았다. 스티브는 재닛을 맹목적으로 좋아했으며, 재닛과 함께 자고 싶어 했다. 그리고 재닛의 관심 여하에 따라 기분이 좋아졌다 나빠졌다 했다. 어느 날 저녁, 함께 공부를 하다가, 스티브는 재닛에게 자신의 감정을 표현했다. 재닛의 반응은 쌀쌀했고, 그것이 스티브를 불편하게 만들었다. 재닛은 자기도 스티브를 좋아하지만, 그런 식으로 스티브의 애정에 보답하지는 않겠다고 했다. 그의 사랑은, 그런 것을 사랑이라고 불러도 좋다면, 짝사랑이었던 것이다.

스티브는 재닛의 태도를 거부로 받아들이고 망연자실했다. 스티브는 계속 재닛 생각을 했다. 그녀가 관심을 보이는 다른 모든 남성을 미워했다. 자신이 그녀에게 구애를 한다는 환상을 품었다. 어떻게 하면 재닛에게 더 매력적으로 보일 수 있을까를 상상했다. 그러다 스티브는 재닛과 성관계를 맺으려는 시도를 했다. 재닛은 처음에는 그를 거부하는 것에 죄책감을 느껴, 그가 애무를 하도록 허락했다. 그러나 그것은 스티브의 갈망만 더 강하게 했을 뿐이다. 마침내 재닛은 스티브에게, 나는 너를 그런 식으로는 좋아하지 않으니 이제 그만두라고 말했다. 스티브가 거부하고 계속 강압적으로 나오려고 하자, 재닛은 겁에 질려 이웃을 소리쳐 불렀다. 이웃들은 물리적인 방법으로 스티브를 기숙사에서 내몰았다.

이런 거부는 스티브에게는 끔찍한 경험이었다. 스티브는 모든 현실감을 잃어버린 것 같았다. 강박감에 사로잡힌 듯, 그가 사랑하고 사랑받을 수 있는 유일한 여자는 재닛뿐이라고 믿게 되었다. 스티브는 재닛의 뒤를 밟기 시작했다. 처음에는 거리를 두고, 재닛이 수업에 들어가거나 여럿이 모이는 데 가는 것을 지켜보았다. 그럴 때면 재닛의 친구들이 스티브가 와 있다는 것을 말해주는 경우가 많았다. 스티브는 재닛에게 편지를 썼는데, 그것은 점점 불쾌해지고 위협적이 되었다. 심지어 재닛의 기숙사 방으로 밀고 들어오려고 하는 경우도 있었다. 스티브는 재닛을 막아 세우고 그녀에게 간청을 하기도 했다. 안 된다는 답은 듣지 않겠다는 태도였다.

재닛은 대학 행정실에 고발하러 갔다. 그러나 행정실에서는 재닛에게 소란을 피우지 말라고 권했다. 스티브가 냉정해져서 그녀를 잊게 되기를 기다리라는 것이었다. 재닛은 스티브의 가장 위협적인 편지 몇 통을 들고 지역 경찰서를 찾아갔다. 그러나 경찰은 스티브가 범죄를 저지르지 않는 한 자기들도 어쩔 수 없다고 말했다. (당시 캘리포니아에는 그런 접근을 금하는 법이 없었다). 마침내 스티브는 강제로 재닛의 방에 들어와 재닛을 폭행하려 했다. 재닛은 비명을 지르고 싸워서 스티브를 쫓아냈다. 그리고 기숙사 여학생 하나가 911에 전화를 걸었기 때문에 경찰이 출동했다. 그날 밤 스티브는 유치장에서 잤다. 판사는 스티브에게 재닛 근처에는 얼씬도 하지 말라는 명령을 내리고 석방해주었다.

재닛은 괴롭고 두려웠다. 스티브 자신도 스스로를 통제하지 못하는 것 같았기 때문이다. 스티브는 계속 재닛 뒤를 따라다녔다.

그러나 재닛은 그를 체포할 증거를 찾을 수가 없었다. 재닛은 공부를 할 수 없을 정도로 불편했기 때문에 대학을 그만두고 고향으로 갔다. 거기서 결국 다른 대학에 등록하여 자신의 움직임이 드러나지 않도록 조심했다. 다행히 이것으로 스티브의 괴롭힘은 끝이 났다. 스티브는 몇 년 뒤 로스엔젤레스에서 유명한 텔레비전 여배우를 비슷하게 뒤쫓아다니다가 체포되었다. 스티브는 지금 감옥에서 복역 중이며, 곧 석방될 예정이다. 재닛은 혹시나 스티브가 다시 그녀를 공격할까 봐 불안해하고 있다. 이번에 또 그런 일이 생기면 더 폭력적인 결과가 나올 것 같은 느낌이기 때문이다.

심리학적 분석

이 불만스러운 관계의 개인적 의미는 재닛과 스티브에게 당연히 다를 수밖에 없다. 스티브는 이 착하고, 친절하고, 인기 있는 젊은 여자에게서 무척 사랑을 받고 싶었다. 그리고 재닛은 처음에는 자신을 돕겠다는 스티브의 의도를 잘못 해석했다. 그러나 점점 경계심을 품게 되었다. 어떤 사람이 다른 사람을 맹목적으로 좋아할 때, 적극적으로 그 사람을 피하는 행동을 하기는 어렵다. 사람들은 가혹하게 거부하는 것에 죄책감을 느끼기 때문이다. 그러나 스티브는 결국 재닛의 단호한 거부에 직면했다. 이것은 스티브의 자신에 대한 낮은 평가를 강화해주었고, 그래서 더욱더 참담했다.

매우 불안정한, 사실 정신병의 잠재성을 가지고 있던 스티브는 그러한 거부를 받아들일 수가 없었다. 스티브는 어린 시절 부모에게 거부당해 혼자 내팽개쳐졌다. 스티브는 사회 주변부에서 대체로 고독하게 살아왔다. 그러나 머리가 좋아 이럭저럭 지낼 수 있었으며, 대학에 들어올 수도 있었다. 재닛과의 일이 있기 전에는 남에게 공포를 주지 않을 만큼 잘 견디어왔다. 그렇지만 스티브가 재닛에게 한 일을 그가 어린 시절에 당했던 거부를 이용해 설명하는 것은 간단하기는 하지만 별 도움이 되지 않는다. 많은 소년들이 거부를 경험하지만, 나중에 여자에게 거절을 당한다고 해서 강박적으로 집착하거나 폭력적이 되지는 않기 때문이다. 심리학은 이런 경우 뭐가 잘못된 것인지를 아직 제대로 설명하지 못한다.

한편 재닛은 스티브가 그녀를 위협하여 그를 사랑하게 만들려고 하자 당황했다. 이어 스티브에게 폭력의 잠재성이 있음을 보고 공포를 느꼈다. 재닛은 스티브의 감정과 행동이 심한 기능장애에 처해 있다는 것을 전혀 모르고 있었다. 재닛은 그가 수학을 잘했기 때문에 도움을 받고자 했던 것이다. 그리고 이 외로운 젊은이에게 잘 대해주었다. 그녀는 자신의 행위 때문에 그가 그녀의 의도를 오해한 것이라 생각하고 죄책감을 느꼈다. 그러나 재닛은 민감하고 사려 깊게 스티브를 대하려 했을 뿐이기 때문에, 죄책감은 적절한 반응이라고 할 수 없다. 어쨌든 그녀가 진실을 말할 수밖에 없게 되자 스티브는 감당할 수가 없었다.

재닛에겐 보호가 필요했지만, 당국은 보호를 제공하려 하지 않았거나 제공할 수가 없었다. 재닛은 너무 불안정하여 폭력적이 될 수 있는 사람의 위협적인 행동과 직면하여 외상을 입었다. 재닛은 비극으로 끝난 다른 사례를 들었다. 그리고 자신에게도 그런 일이 일어나는 걸 바라지 않았다. 재닛은 당국의 도움을 얻으려고 모든 면에서 노력했다. 그러나 여전히 도움은 미흡했다. 그럼에도 죄책감, 그리고 스티브에 대한 정당한 공포를 제외하면, 재닛은 이 짝사랑 에피소드가 끝난 뒤에도 중요한 심리적 문제를 떠안지 않았다.

그러나 스티브는 어떻게 될 것인가? 자신 있게 말할 수는 없다. 스티브는 정신병을 가진 것으로 보인다. 이것은 그의 행동의 온당치 못함, 강박적인 갈망을 털어버릴 능력이 없다는 것, 사회적 고립 등에 반영되고 있다. 스티브는 평소에 점잖은 모습을 보여준다. 그리고 평균 이상의 지능과 기술을 가지고 있다. 그럼에도 스티브는 치료가 몹시 필요한 상태다. 그런 치료 없이는 감옥에 가거나 더 심한 범죄를 저지를 위험이 있다.

남자든 여자든, 사회는 스티브를 비롯해 사회 주변부에서 살아가는 많은 사람들과 그들의 잠재적 피해자들에게 일어날 수도 있는 잠재적 비극을 막는 데 비교적 무력한 것으로 보인다. 더욱 나쁜 것은 사회가 그런 비극을 막는 일에, 또는 그런 일이 일어났을 때 그것을 처리하는 일에 충분한 돈과 자원을 투자하려 하지 않으면서, 그런 비극을 무시하거나, 아니면 그런 비극이 사라질 것이라고 믿는다는 점이다.

정신이상이 관련되어 있다는 것을 제외하면, 이 사례는 근본적으로, 많은 것이 결핍된 사람들이 사랑의 욕망에 어떻게 더 잘 대처할 것인가를 파악하는 문제다. 사랑의 게임을 잘하려면 자신의 위치를 유리하게 보아야 한다. 그럼으로써 자신에게 잘해주는 사람에게 함부로 덤벼들지 말아야 하며, 성급하게 진전을 이루려고 하지 말아야 한다. 하물며 그런 욕망을 위해 상대를 위협하거나 폭력을 행사해서는 안 된다. 또한 사랑을 하게 되면 당연히 다른 누군가를 소유하거나, 다른 누군가의 관심을 지배하고자 하는 강박관념을 가지게 된다고 가정하지도 말아야 한다.

재닛이 스티브를 거부한 사례는 대부분의 짝사랑의 예보다 훨씬 극적이고 부정적이다. 젊은 사람들에게 거부 경험은 일반적이다. 다만 스티브의 경우 같은 극단적이고 부정적인 경험은 흔치 않다. 보통 경우에는 거부 경험이 패배한 사람의 실망이나 일시적으로 상처받은 에고 이상으로 나아가는 경우는 드물다. 거부를 한 사람 쪽에서도 약간의 죄책감 이상으로 나아가는 일은 드물다.

그렇다면 무엇이 잘못된 것인가? 씨앗은 스티브 자신도 어쩔 수 없는 과거에 뿌려져 있었다. 그가 보여준 패턴은 자신과 다른 사람들에 대해 어린 시절에 생각하고 느끼던 방식대로 사는 것이었다. 마치 고대 그리스비극에서처럼, 운명이 앞으로 일어날 일을 정해놓은 것 같다. 스티브는 그릇된 의미들을 구성하는 데서부터 시작한다. 첫째, 재닛이 그에게 연인으로서 관심을 가지고 있다는 것. 둘째, 그녀가 그를 거부한 것은 그가 사랑받을 만하지 못해서라는 것. 스티브는 자신을 피해자로 보았다. 그럼으로써 적어도 표면적으로는 그에게 뭔가 잘못된 것이 있다거나, 이 사태 대부분이 그가 자초한 것임을 부정할 수 있었다. 이것은 마음의 병으로, 자극만 생기면 활동을 해서 불가피한 결말을 초래하게 된다.

사랑의 여러 가지 얼굴

사랑이 그것을 겪는 두 사람에게 반드시 똑같은 경험이 되는 것은 아니다. 다른 말로 하면, 사랑의 개인적 의미는 사람마다 다르다. 따라서 한 파트너는 사랑을 독립과 자율성의 희생으로서 부정적으로 볼 수 있는 반면, 다른 파트너는 상대에게 홀딱 반해 있을 수도 있다. 어떤 짝들은 사랑을 섹스와 강하게 관련짓는 반면, 어떤 짝들은 그러지 않을 수도 있다. 한 파트너의 소망은 개인적인 생각, 목표, 경험을 공유하는 것인 반면, 다른 파트너는 그런 공유에는 관심이 거의 없거나, 그런 공유 능력 자체가 없을 수도 있다. 느낌과 그 느낌을 드러내는 강도 역시 파트너마다 다를 수 있다. 한 파트너는 관계에 헌신하는 반면, 다른 파트너는 그런 헌신이 약할 수도 있다.

사랑의 관계들은 끝도 없이 다양한 패턴과 감정들을 보여준다. 어떤 관계들은 행복의 원천일 수 있고, 어떤 관계들은 고민의 원천일 수 있다. 어떤 관계들은 활기찬 반면 모순될 수도 있고, 어떤 관계들은 편안하지만 심리학적으로는 죽은 것일 수도 있다. 스티브는 이미 사랑의 역사를 가지고 있는데, 이것이 그의 미래에 사랑의 관계들을 형성하게 될 가능성이 높다. 따라서 스티브는 먼저 자신을 바람직한 사람으로 보도록 해야 한다. 또는 사랑을 구하는 것에서 다른 종류의 사회적인 헌신이나 일을 통해 자신을 확인하는 데로 초점을 옮겨야 한다. 스티브의 개인사와 도움이 되지 않는 개인적 의미들이 여성들과의 초기 관계의 특징을 이루는데, 스티브는 그 역사와 의미에 대처해야 한다. 그러나 그에게 그런 일을 할 수 있는 에고의 힘이 있는지는 분명치 않다.

사랑은 또한 문화적인 가치들과 뒤얽혀 있다. 따라서 사랑에 대한 관점은 문화마다 다르다. 뿐만 아니라, 서구 역사에서는 이런 관점들이 크게 변해오기도 했다. 예를 들어 예전에는 사랑이 결혼과 관련되어 생각되지 않았다. 결혼은 사회적이고 사업적인 관계였다. 그 주요한 사회적 과제는 자식들을 기르는 것이었다. 결혼은 젊은 사람들보다는 부모들의 협상의 결과였으며, 사랑은 그 협상에서 안건으로 오르지 않았다. 신혼부부들은 앞으로 서로 사랑하게 될 거라는 말을 듣기도 했다. 어떤 경우에는 아마 그렇게 되기도 했을 것이다.

우리는 사랑의 욕망이 늘 인류의 중심 문제였다고 믿는다. 심지어 중매결혼이 이루어지고 사랑은 강조되지 않을 때도 마찬가지였다. 인간의 생물적 조건과 사회적 존재로서의 본성 때문에 우리의 진화론적 조상들은 로맨틱한 사랑 관계에 대한 요구를 발전시켜온 것 같다. 무엇보다도 사랑은 두 사람 사이의 서로 돌보는 관계를 규정한다. 그것 없이는 외로움과 쓰라림만 남기 마련이다.

사람들에게 인간의 가장 중요한 감정들을 거명해보라고 하면, 사랑이 (그 대립물인 분노나 증오와 더불어) 보통 목록의 꼭대기에 나타난다. 그러나 하나의 감정으로서 사랑의 실상은 실제로는 약간 복잡하다. 또 사랑이 늘 감정적이기는 하지만, 모든 심리학자들이 사랑을 감정으로 취급하는 것은 아니다. 사랑이 복잡한 주된 이유는 무엇보다도 다양한 종류의 사랑이 있기 때문이다.

로맨틱한 사랑은 성적이지 않은 우애와 많은 공통점이 있다. 형제애와 부모애도 우애에 들어간다고 할 수 있다. 그러나 로맨틱한 사랑과 그렇지 않은 사랑은 또 중요한 면에서 서로 다르다. 이성애적이든 동성애적이든, 로맨틱한 사랑을 성적 관심에 의해 규정해야 하는지 아닌지는 분명치 않다. 불확실성의 주된 이유는 에로틱한 관심은 사랑 없이도 일어날 수 있다는 것이다. 또 로맨틱한 사랑에 내재된 많은 태도들이 성적인 관련이나 정열 없이도 존재할 수 있다는 것이다.

긍정적 또는 부정적 경험으로서의 사랑

우리는 사랑을 긍정적 경험으로 생각하는 경우가 많다. 그래서 사랑을 이 장에서 다루는 것이기도 하다. 그러나 문학에서 사랑을 다루는 것을 보면, 이 경험이 실제로는 얼마나 다양한지에 대해 실마리를 얻을 수 있다. 사랑은 때로는 황홀한 마음 상태로서, 모든 것을 사르는 보람 있는 정열로서 이상화되기도 한다. 그러나 어떤 사람들은 사랑을 갈등, 고통, 비참함, 불행, 어리석음의 원천으로 비난한다, 특히 짝사랑일 때. 따라서 사랑을 마음의 평화를 원한다면 피해야 할 것으로 간주하거나 심지어는 사회적으로 받아들여지는 광기의 한 형태로 취급하기도 한다.

세르반테스의 《돈키호테》에서 우리는 이상화된, 따라서 긍정적이지만 강박적인 사랑의 예를 보게 된다. 주인공은 자칭 무예 수도자로서 약간 미친 사람이다. 그는 편력 중에 만난 알돈자라는 창녀의 순결성에 병적으로 집착한다. 이것은 그의 비합리적인 이상주의나 선한 일을 하고 싶은 욕구와 조화를 이루고 있다. 그는 그녀를 둘시네아라고 부른다. 이는 번역하면 '달콤한 꿈'이라는 뜻이다. 순결성에 대한 돈키호테의 병적인 집착 때문에, 그녀는 결국 과거의 삶의 방식을 버리고 그의 이상화된 이미지와 자신을 동일시하게 된다.

서머싯 몸의 소설 《인간의 굴레》에서 사랑은 겉으로 보기에는 비합리적인 강박관념으로 찬미된다. 기형적인 발을 가지고 있으며, 매우 불안정한 사람 필립은 밀드레드의 감정적인 노예가 된다. 그러나 그녀는 그가 존경할 수 없는 천하고 얕고 생각 없는 여자다. 그럼에도 그는 무력하여, 자신의 애착을 어쩌지 못한다. 그는 그녀와 함께 있을 수 있는 순간을 위해 살지만, 동시에 자신의 운명을 저주한다. 밀드레드의 굴레에 묶여 있는 것은 그가 자초한 일이다. 그것이 그를 비참하게 만든다. 스티브의 사랑에 대한 접근 방식 역시 강박적인 굴레의 방식이라고 볼 수 있을 것이다. 자신에 대한 낮은 평가와 여자에게 사랑받고 높은 평가를 받고자 하는 필사적인 요구가 겹쳐 있기 때문이다.

감정 또는 감정적 태도로서의 사랑

우리는 격렬한 감정으로서의 사랑과 감정적 태도로서의 사랑을 구별할 필요가 있다. 우리가 한 파트너의 다른 파트너에 대한 (또는 양쪽 파트너의) 사랑을 묘사할 때의 사랑은 감정적 태도에 대해 말하는 것이다. 격렬한 감정으로서의 사랑은 이따금씩만 일어나며, 그것이 정상이다. 강한 감정을 경험하는 것은, 항상은 물론이고 긴 기간 동안도 견딜 수가 없다. 그랬다가는 소진되어버릴 것이다.

사랑이라는 격렬한 감정은 사랑하는 관계에 나타났다 사라졌다 한다. 그것은 특별한 대화, 좋은 기회, 로맨틱한 분위기, 상대를 보거나 목소리를 듣는 것, 그리고 성호르몬이 솟구치는 것 같은 매우 신체적인 것에 의해 자극을 받는다.

가장 로맨틱한 연애에서도, 연인들이 각자 일을 하러 가거나 헤어져 있을 때는 사랑의 감정을 적극적으로 느끼지 못할 가능성이 높다. 보통 다른 일에 몰두하기 때문이다. 물론 혼자 있거나 상대가 떠오르는 특별한 조건이 생기면 다를 것이다. 그렇지 않고 사랑의 감정이 늘 타오르면 제대로 일을 할 수가 없을 것이다. 대부분의 안정된 관계들은, 부부 관계든 아니든, 분노, 불안, 죄책감, 수치심, 안도감, 행복감, 긍지, 동정심 등의 많은 감정들을 포함한다. 그리고 경우에 따라 사랑의 감정 역시 포함된다. 그러나 사회적 관계로서의 사랑은 감정으로서의 사랑과 같지 않다.

격렬한 감정인 사랑은 흥분된 상태다. 상상이든 현실이든, 사랑하는 사람과의 특정한 만남에서 사랑이 경험되는 상태다. 그것은 연인들이 사랑과 정열이라는 상호적인 감정을 경험할 때는, 사랑의 행위를 하든 하지 않든, 주기적으로 일어난다. 사랑이 죽어갈 때, 사랑의 느낌이 일어나는 경우의 빈도가 줄어들거나 완전히 사라진다. 물론 때때로 다시 불타오를 수도 있다.

사랑의 종류

이성애적이고 동성애적인 사랑 말고도 여러 가지 사랑이 있다. 가장 중요하고 흥미로운 대조는 로맨틱한 사랑과 우애적인 사랑의 대조다. 우애적인 사랑에는 하위 유형으로 형제애와 부모애도 들어간다. 이런 변종들은 그 극적인 플롯들에서 알 수 있듯이 서로 많이 겹친다. 그러나 주목해야 할 중요한 차이들도 있다.

로맨틱한 사랑

지금까지는 주로 로맨틱한 사랑이라고 부를 만한 것에 대해 이야기해왔다. 이것은 보통 성적인 친밀감을 포함하며, 연인들의 것으로 한정된다. 로맨틱한 사랑은 현대 서구의 결혼 개념에 들어맞는다. 서구에서 결혼은, 그 이상적인 형태에서는, 사랑에 기초를 두는 것으로 되어 있기 때문이다. 이런 종류의 사랑에 대한 서구 사회의 이상은 연인들이 서로 긍정적으로 존중하고, 시로를 동등하게 여기고, 꼭 그럴 필요는 없지만, 어느 정도 성적인 정열을 느끼는 것이다. 로맨틱한 사랑과 우애적인 사랑을 구별하는 것은 성적인 친밀감이다.

로맨틱한 사랑의 극적인 플롯은 우리 대부분에게 분명하다. 애정과 신체적 친밀함을 바라거나 거기에 참여하는 것인데, 꼭 그렇지는 않지만 보통의 경우에는 보답을 받는다. 상호성이라는 것은 문제가 많은 것이긴 하지만, 어쨌든 보답으로 사랑을 받지 않고도 상대를 사랑할 수 있음을 인정한다. 우리는 앞서 이것을 짝사랑이라고 불렀다. 짝사랑의 경우에도 그 사랑은 상대를 사랑하고 또 상대에게 사랑받고자 하는 소망의 결과다. 다만 현실에서 그 보답으로 꼭 사랑을 받는 것은 아니다.

사랑은 상대에게 접근하고, 만지고, 상호의 성적 만족을 위해 상호작용하려는 강한 충동을 수반한다. 우리는 사랑에서 따뜻함과 부드러움을 바라게 된다. 우리는 상대의 행복에 관심을 가지고 염려하게 된다. 그러나 우리가 사랑하는 사람에게서 무엇을 매력적으로 보느냐 하는 것은 문화적인 면과 개인적인 면 양쪽에 의해 결정된다.

우리 사회에서 구애는 복잡한 문제다. 이 때문에 남녀 관계에서 대처 과정이 특별히 중요해진다. 우선 직면해야 할 어려운 문제는 거부 가능성이다. 이는 일부에게는 참담한 결과를 가져올 수도 있다. 그러나 대부분의 건강한 애정 관계에서 연애 시기는 시행착오의 시기다. 대체로 상대의 긍정적인 반응에 대한 현실적 증거가 있을 때에만 관계가 점진적으로 발전해나간다.

긍정적인 반응이 없는 것은 대부분의 사람들에게 괴롭고 기가 죽는 일이기 쉽다. 사실 그 시점에 상대에게 그 이상의 시도를 하는 것을 그만둘 수도 있다. 이런 구애 과정의 신중함은 너무 심한 피해를 입는 것에서 에고를 보호해준다. 스티브와 《인간의 굴레》에 나오는 필립의 경우에는 이 과정을 제대로 수행하지 못했다. 둘 다 어떤 면에서는 의존적인 애착에 너무 취약했다. 그러한 의존적인 애착이 스티브와 필립의 경우처럼 나타날 때, 사람들은 대부분 그것을 병적이라고 거부하겠지만, 어떤 사람들은 그것을 사랑이라 일컬을 수도 있다.

그러나 상대가 거부하는데도 집요하게 따라다니는 것은 정신병 증상이며 위험하다고 알려져왔다. 이런 행동에는 종종 강박관념이라는 말이 사용된다. 이것은 실제로 일어나는 일에 대한 당연한 반응 이상의 내적인 강제가 있다는 뜻이다. 자신이 사랑하거나 사모한다고 주장하는 사람과 계속 원치 않는 접촉(때로는 위협적이거나 폭력적인 성격의 접촉일 수도 있다)을 하려고 하는 사람이 이런 범주에 들어간다.

구애의 문제들은 자신을 낮게 평가하는 사람들에게서 특히 격하게 나타난다. 또 억제되어 있거나, 상대의 거부에 취약해서 모욕을 느끼는 사람들에게서도 첨예하게 나타난다. 우리는 이런 취약성이 사랑과 분노의 밀접한 관련성의 기초라고 생각한다. 구애에서 문제가 생기면, 한 사람 또는 두 사람 모두가 상호성의 근거 없이 성적인 친밀함을 향해 너무 빠르게 나아갈 수 있다. 구애자는 일방적인 관계에 엮이어, 관계의 완성에 이르지 못할 위험이 있다. 또 하나의 위험은 내키지 않는 파트너 쪽에서 분개할 수도 있다는 것이다. 심지어 무례한 행동을 비난하며 공개적으로 모욕을 줄 수도 있다.

진행 중이던 관계에서 사랑을 상실하게 되면, 에고에 상처와 피해를 줄 위험이 있다. 사랑의 상실에 대한 응답은 위험한 수준의 분노이거나, 심지어 우울과 애도일 수도 있다. 아마 우리 사회의 인간관계에서 사랑을 구하고 유지하는 것보다 사회적으로 더 복잡하고 민감하며, 또 더 많은 감정적인 위험을 가진 일은 없을 것이다.

헌신은 하나의 감정으로서의 사랑과는 직접적인 관계가 거의 없다. 물론 그것이 어떤 사람들에게는 사랑에 빠지는 조건이 될 수 있을 것이다. 헌신적이지 않은 상대에게는, 나를 사랑해주세요, 하지만 내 몸 때문에만 사랑하지는 마세요, 하는 메시지를 간접적으로 전달할 수도 있다. 헌신은 상대의 행복에 안정적인 관심을 가지고 있다는 선포다. 또 사회에서는 보통 진정한 사랑을 그런 식으로 정의한다. 헌신은 또한 두 사람의 관계에서 사랑의 감정을 경험하지 못하거나, 그런 감정이 완전히 희미해지는 시기를 무시해버리겠다는 의사표시다.

사회적으로 보자면 상대나 자식에 대해 책임을 지는 것이 이상적이다. 따라서 별거나 이혼 후에도 감정에 관계없이 일관된 양육을 요구한다. 정열이 좀처럼 또는 두 번 다시 나타나지 않는다면, 또는 사랑이 없는 상태에서 관계를 지탱하는 것이 너무 힘겹다면, 헌신의 약속은 해체될 수도 있다. 그런 경우에는 부수되는 경제적인 문제, 자식 양육 문제, 심리적인 재조정과 사회적인 재조정 등의 부담을 무릅쓰고 이혼을 한다.

사랑과 헌신에 대한 태도들은 문화와 역사적 시기에 따라 다르다. 사회는 결혼의 기록에 관여한다. 사회는 파트너들의 권리를 보호하며, 상호 간의 의무를 유지시키며, 파트너들이 사회적·직업적으로 자리를 잡아 예측 가능한 기능을 수행하도록 하며, 자식 양육의 편의를 제공하며, 사회가 중시하는 가치들을 지탱해나간다. 따라서 헌신은 개인적이고 감정적인 역할은 못할 수도 있지만, 중요한 사회적 역할은 수행한다.

로맨틱한 사랑을 이상화하는 것, 그리고 그것을 헌신과 연결하는 것은 자연히 우리가 사랑과 그 안정성에 대해 가지는 기대를 복잡하게 만든다. 이것은 사람들이 사랑의 관계에 접근하면서 저지르는 가장 심각한 실수들 가운데 하나다. 많은 부부들의 실망이 사랑을 지속적인 마음 상태로 여기는 로맨틱하고 비현실적인 관념들에서 비롯된다. 그들은 두 파트너의 서로에 대한 맹목적 숭배가 조금도 줄어들지 않을 것이라 기대한다.

하나의 감정으로서 사랑에서 문제가 되는 것은, 정열은 차오르기도 하고 줄어들기도 하며, 오랜 기간 매 순간 쉼 없이 지속될 수는 없다는 것이다. 장기적인 관계는 지속적인 정열이나 격렬한 사랑의 감정에 도움을 주지 않는다. 활발한 사랑의 느낌을 가지는 데 필요한 의미들은 때때로, 좋은 조건하에서, 관계의 다른 고려 사항들이 잠시 뒤로 물러나 있을 때 표면으로 떠오르곤 한다.

우애적인 사랑

우애적인 사랑 역시 친밀함과 사랑의 느낌에 중심을 둔다. 그리고 서로의 행복에 대한 긍정적인 존중과 관심이 상호작용할 때 기쁨이 생긴다. 그 극적인 플롯은 애정을 바라거나 거기에 참여하는 것인데, 꼭 그렇지는 않지만 보통의 경우에는 보답을 받는다는 것이다. 이것은 로맨틱한 사랑과 매우 흡사하다. 부모들은 자식을 사랑하고, 자식들은 부모를 사랑한다. 여자들은 그들이 가장 좋은 친구라고 여기고 함께 있고 싶은 여자들을 에로틱한 요소 없이 사랑할 수 있다. 남자들도 다른 남자들을 사랑할 수 있다. 물론 우리 사회에서는 남성성에 대한 정의 때문에, 이런 종류의 사랑에 대해서는 때때로 불안해하고 억압을 한다. 그래서 많은 남자들의 경우 사랑보다는 우정을 말하는 것이 더 편하다.

부모로서 자식에 대한 헌신은 보통 매우 강하다. 또 대체로 로맨틱한 사랑의 경우보다 훨씬 더 일방적이다. 어머니와 아버지는 자식이 그들의 애정에 보답을 하지 않는다 해도, 자식의 요구에 지속적으로 관심을 기울이기 마련이다. 그러나 부모도 애정을 요구한다. 그것이 없으면, 실망, 분노, 죄책감, 수치심이 생긴다.

부모가 자식을 사랑하는 방식은 워낙 다양하기 때문에 분석이 어렵다. 또 설명을 할 수는 있지만, 추측에 불과한 경우가 많다. 어떤 부모들은 자식을 낳고 돌보는 것을 하나의 의무, 일종의 도덕적 명령이라고 생각한다. 거기에는 사실 사랑의 감정은 들어가지 않는다. 그것은 책임의 문제다.

요즘은 특히 많은 여성들이 자식을 낳지 않는 쪽을 택한다. 또 가족보다는 일을 택한다. 그러나 어떤 여성들은 어른이 되면서 처음에는 이런 식으로 가족을 거부하지만, 분만 가능한 햇수가 얼마 남지 않게 되면서, 결국 분만과 육아의 경험을 할 수도 있다. 이런 심경 변화의 동기는 무엇일까? 사랑을 갈망하듯 그 경험을 갈망하는 걸까? 그것은 말하기가 어렵다. 어떤 사람들에게는 아이를 갖는 것이 그들의 생활을 풍부하게 해주는 중요한 요소가 된다. 심지어 필수적이라고 할 수도 있다. 어떤 사람들은 노년에 자식들이 동무해주고 돌보아줄 것이라고 믿는다. 또 아이들을 매우 사랑하고 잘 돌보는 것처럼 보이는 사람들 가운데는 유년 시절 이후로 부모 노릇에 매혹되어온 경우도 있다. 그들은 어린 시절에도 엄마 놀이를 자주 하면서, 엄마 역할을 그들 성인 생활의 자연스러운 일부로 고대해왔다.

아기를 돌보고 싶어 하는 경향에는 뭔가 생물적인 것이 있는 것 같다. 인간의 아기는 그런 돌봄에 오랫동안 매우 의존적이기 때문이다. 여성이 아이를 낳을 때 여성에게 이런 경향이 생긴다고 가정하는 경우도 많다. 그러나 이것은 양부모들이 자식에게 느끼는 강한 사랑과 모순된다. 어쩌면 아이를 바라는 욕구는 여성호르몬, 그리고 그것이 뇌에 주는 영향과 관련이 있는 것인지도 모른다. 그러나 모든 여성이 이런 식으로 느끼는 것 같지는 않다. 또 남자들도 부모의 사랑을 강하게 경험할 수 있다. 어쩌면 남자들에게도 이런 경향이 내재되어 있지만, 여자의 경우보다는 덜 분명하게 나타나는 것인지도 모른다.

한편 우리가 성장하는 사회에서 어떤 식으로 느껴야 하는가를 배울 수도 있다. 예를 들어 미국에서는 자식과 가족은 미국의 꿈의 일부라고 배울 수도 있다. 그래서 이것이 사회라는 조직을 그대로 유지하게 해주는 공유된 환상이 될 수도 있다. 어쩌면 사랑을 찾는 것은 우리가 매우 취약하기 때문인지도 모른다. 그래서 우리를 돌보아줄 사람들, 우리의 개인으로서의 중요성과 긍정적인 특질을 인정해줄 사람들, 세상에 대항하여 우리와 힘을 합해 삶의 요구와 기회를 처리해줄 사람들이 필요한 것인지도 모른다. 사랑에는 아마 많은 복잡한 동기들이 있을 것이다.

우리는 전통적이고 곤혹스러운 문제에 접근하고 있다. 우리의 느낌들 가운데 얼마나 많은 부분이 생물적 조건에서 영향을 받고, 또 얼마나 많은 부분이 사회적 경험에서 영향을 받는가? 이 점에서는 로맨틱한 사랑에 대해서도 똑같은 질문을 할 수가 있다. 로맨틱한 사랑이 하나의 감정인가? 아니면 순수하게 생물적 기능과 호르몬의 작용인가? 사실상 사랑이 아닌 육욕인가? 사실은 그런 것인데, 그것이 사회적으로 받아들여지도록 하기 위하여 사랑이라는 완곡어법을 사용하는 것인가?

우애적인 사랑에는 빠져 있고, 로맨틱한 사랑에서는 중심 무대를 차지하는 것이 에로틱한 정열이다. 부모애든 형제애든 우애적인 사랑에 성적인 관심이 없다는 것은 사회적인 규칙이다. 이것은 근친상간 터부로 표현된다.

그러나 정신분석학자들은 우애적인 사랑, 특히 부모애가, 로맨틱한 사랑과 비교할 때 에로틱한 관련성이 없다는 것이 성적인 관심이 결여되어 있다는 의미는 아니라고 말한다. 다만 그것이 억압되어 있을 뿐이라는 것이다. 그들의 이야기는 이렇다. 우애적인 사랑에서는 그 관계가 거세되어 있다. 만일 에로틱한 관심이 존재한다 해도 (얼마나 빈번한지 알 수 없지만) 그것은 억압되거나 감추어지는 경향이 있다. 아마 부모는 그것을 의식하지 못할 것이다. 만에 하나 생각이나 환상에서 그런 관심이 생긴다 해도, 얼른 마음에서 밀어버리거나 위장된다. 사회에서 부도덕하다고 간주하는 것에 대한 수치심, 죄책감, 불안이 너무 심해져 처치 곤란한 사태가 벌어질 수도 있기 때문이다. 그럼에도 근친상간과 아동 학대는 매우 흔하다. 우리는 그런 경우 무엇이 잘못되었는지 이해하는 데 어려움을 느낀다. 오늘날 언론에서는 이 사회적이고 개인적인 문제들에 큰 관심을 가지고 있다. 하지만 이런 사건들의 발생이 최근 들어 갑자기 늘어난 것인지는 분명치 않다. 과거에는 근친상간이 공개적으로 논의될 수 있는 문제가 아니었기 때문이다.

사랑이라는 감정에 대한 논의를 마치면서, 정신분석학자들은 인간관계에서 사랑의 힘과 강렬함을 유년의 경험이라는 관점에서 본다는 이야기를 해두고 싶다. 어른이 되어서 사랑을 하게 되면, 유년 초기의 관계, 특히 자식과 부모의 공생적 관계를 재발견한다고 한다. 어른의 사랑에는 두 독립된 개인의 융합이 있는 것이다.

우리는 또 어른이 되어서 하는 사랑에 어머니나 아버지와의 관계, 또는 그들을 대신했던 존재들과의 관계에서 생겼던 것과 똑같은 문제나 미덕들 가운데 일부를 부여하기도 한다. 우리는 어른으로서의 사랑 관계에서 때로는 그것들에 저항하면서, 때로는 그것들을 복제하면서, 말하자면 부모와의 관계를 다시 겪는다. 사실 우리가 사랑에 대해 처음 배우는 것은 부모가 아니었던가.

우리는 부모를 지배하려고 했거나 아니면 지배당하는 것을 막으려 했을 수도 있다. 부모와 거리를 둠으로써 대처하려 했을 수도 있다. 부모에게 지나치게 의존했을 수도 있다. 우리는 양면적인 태도로, 예를 들어 사랑하는 동시에 미워하는 식으로 부모와 관계를 맺었을 수도 있다. 그럴 경우 훗날의 사랑의 파트너들과의 관계에서 이런 유년의 패턴을 복원할 수도 있다. 그래서 관계를 맺을 때마다 똑같은 실수를 하는 경우도 많다. 똑같은 이유로 이혼을 하기도 한다. 한 사례에서 구성한 의미를 그대로 다른 경우로 가져가기 때문이다.

어떤 어른들은 관계에서 영원히 아이로 남는다. 그들은 사랑을 할 수 없을 수도 있다. 자신이 사랑받을 만하다고 믿지 않을 수도 있다. 반응 없는 사랑에 강박적으로 몰두할 수도 있다. 어떤 사람들은 늘 사랑에 굶주려, 평생 만족하지 못하기도 한다. 건강한 성인의 관계를 위해서는 유년의 패턴이 되풀이되는 것을 어떻게든 막아야 한다. 그렇게 하려면 사랑이 유년기에서부터 유래한 방식에 대한 통찰을 얻는 것이 필요할지도 모른다. 그리고 심리 치료를 통해 그것을 얻을 수도 있다.

로맨틱한 사랑과 우애적인 사랑은 매우 강한 인간적 요구다. 그것은 강력한, 때로는 통제할 수 없는 감정들을 일으킨다. 문화가 사랑에 미치는 영향들은 의심의 여지 없이 상당하다. 그러나 사회가 구애와 짝짓기 의식을 취급하는 방식에 관계없이, 그 생물적 조건 역시 지속적인 중요성을 갖는다.

6장

감정이입의 결과들 : 감사, 동정심, 미학적 경험의 감정

이 장에서 설명하는 세 종류의 감정은 서로 밀접하게 관련을 맺고 있다. 그 각각이 어느 정도는 다른 사람들과 감정이입하는 능력에 의존하고 있기 때문이다. 그 감정들에 대한 우리의 지식은 별로 많지 않다. 그러나 그 감정들은 일상생활에서 중요하다. 또 그 특별한 특징들 때문에 이 감정들은 매혹적이고 다른 감정들과도 구분이 된다.

감사

우리는 다음 이야기에서 감사의 예를 볼 수 있다.

1940년, 열여덟 살 존은 뉴욕 시티칼리지 3학년생이었다. 이 대학은 가난한 학생들에게 일류 무상교육을 제공했다. 그래도 식사, 책, 각종 공과금 비용을 충당하려면 존에겐 보수가 있는 일자리가 필요했다. 당시에는 그런 자리가 매우 드물었다.

존은 대학에서 학생들을 상대해 이발사 일을 하면서 돈을 약간 벌었다.

어린이 여름 캠프에서 카운슬러로 일하면서 아이들 머리를 상당히 잘 깎게 되었기 때문이다. 존은 대학 여러 곳에 광고를 붙였다. 자신의 수업 시간과 머리를 깎아줄 수 있는 빈 시간을 적어놓은 광고였다. 존은 약속 시간을 정해놓고서만 머리를 깎아줄 수 있었다. 이발료로는 20센트를 받았는데, 이것은 이웃 이발소보다 5센트 싼 가격이었다. 존은 또 강의실에서 강의가 시작되기 전에도 개인적으로 자신이 하는 일을 광고하곤 했다.

시티칼리지 학생들은 이 젊은 사업가에게 큰 동정심을 품었고, 동시에 5센트를 절약할 수 있는 기회를 환영하기도 했다. 그래서 오래지 않아 존의 사업은 번창하게 되었다. 그러나 어느 날 경찰관이 찾아오더니, 시에서 발급한 면허가 없으면 사업을 중단해야 한다고 통보했다. 동네 이발사가 누군가에게 존의 사업 이야기를 들은 것이 분명했다. 그러나 존이 취득하기에는 면허가 너무 비쌌다.

이 무렵, 존의 교수 한 사람이 존의 이발 사업을 알고 일이 어떻게 되어 가느냐고 물었다. 존이 나쁜 소식을 이야기하자, 교수는 존에게 뉴욕 도심으로 연구 보고서를 배달하면서 시간당 50센트를 버는 일을 하지 않겠느냐고 물었다. 그 제안은 곤경에 빠진 존을 구해주는 것이었다. 존은 감사의 마음을 느꼈다.

존은 교수를 위해서 일을 하게 되었다. 일주일에 닷새씩 오전 5시에서 10시 사이에 보고서들을 한데 모아 배달하는 일이었다. 존은 그 일을 마치자마자 첫 수업을 들으러 갔다. 몇 달 뒤 존은 연구 보고서에 나오는, 계산하는 일을 제안받았다. 더 나은 일이었다. 시급은 같았으며, 일주일에 30시간 일을 했다. 존은 계산을 더 능률적으로 하는 방법을 찾았으며, 주어진 시간을 반만 쓰고 일을 다 하게 되었다. 물론 이 때문에 주당 30시간에 따르는 보수를 다 받을 수 없을지도 몰랐다. 일을 다 하는 데 15시간이면 충분하다고 말을 하게 되면, 보수도 반으로 줄어들지 몰랐기 때문이다.

존은 이 딜레마 때문에 몹시 고민을 했다. 존은 생각을 해보다가 교수한테 솔직히 말해야겠다고 결심했다. 교수는 존의 혁신적인 방법에 매우 기뻐했고, 또 존의 솔직함도 높이 평가했다. 교수는 자신은 그 일을 다 완성시키기만 하면 된다고 말했다. 따라서 주간 보고서를 작성하는 데 실제로 시간이 얼마나 걸리든 관계없이 똑같은 보수를 주겠다고 했다. 덕분에 존은 수입은 그대로 유지하면서, 공부 시간은 더 확보할 수 있었다. 존은 졸업할 때까지 그 일을 하다가 2차 세계대전 때 군에 징집되었다.

교수로선 존에게 일자리를 제공한 것 자체가 크게 관대한 행동이라고 할 수 없을 것이다. 교수는 어차피 그 일을 해야 했고, 또 존은 유능하고 진취적인 젊은이였기 때문이다. 그러나 존은 이 특별한 친절에 대해서, 그리고 존에게 유리한 쪽으로 일하는 조건들을 바꾸어준 것에 대해서 교수에게 무척 고마워하였다. 존은 교수의 그런 행동이 무척 관대한 것이라고 생각했다.

교수는 존에게 놀라운 은혜를 베푼 것이다. 덕분에 존은 좋은 성적을 거둘 수 있었고, 이것이 나중에 대학원에 가는 데도 도움이 되었다. 존은 그 친절을 잊지 않았다. 존은 군 복무를 하고 나서 대학원에 진학하여, 박사 학위를 받았다. 그와 더불어 조교수 자리 제안을 받아들였다. 존은 나중에 자기 분야에서 존경받는 유명 교수가 되었다.

50년 뒤, 존은 자신을 도와주었던 대학교수의 여든 번째 생일잔치가 있다는 이야기를 들었다. 존은 그의 관대한 행동이 자신에게 얼마나 큰 의미가 있었는지 따뜻한 편지를 써 보냈다. 존은 이번에도 감사하다는 말을 잊지 않았다.

존이 경험한 것은 사람들이 젊은 시절에 겪을 수 있는 아주 멋진 긍정적 경험들 가운데 하나다. 이런 은혜를 입은 사람들은 나중에 다른 사람들을 위해 은혜를 베풀 위치가 되었을 때, 이와 비슷한 관대한 행동을 하게 된다. 실제로 존도 늘 감사를 느끼며, 자신이 받은 은혜에 대한 보답으로 다른 훌륭한 학생들을 돕는 일을 하고자 애를 썼다. 이런 관대한 행동들은 돌고 돈다.

심리학적 분석

존의 경우 감사의 개인적 의미는, 교수가 존을 돕고자 발 벗고 나섬으로써 그의 삶에 긍정적인 기여를 했다는 따뜻한 믿음이었다. 교수는 개인적 이득을 바라지 않고 조건 없이 은혜를 베풀었다. 따라서 존은 그것을 이타적인 것으로 간주했다. 교수가 친절한 마음으로 은혜를 베풀었기 때문에, 그리고 은혜를 받은 사람이 도움이 필요한 처지였기 때문에, 그 은혜를 고맙게 받는 것이 가능해졌다.

존에게는 그 은혜가 자신의 일을 해나가려고 노력하는 데 중요한 것이었다. 따라서 성공을 한 뒤에도 그 은혜를 긍정적으로 기억했다. 존은 자신이 가르치는 젊은 학생들에게 그가 받았던 것과 비슷한 은혜를 주었다. 그럼으로써 자신이 교수의 친절에 보답하고 있다고 믿었다.

감사의 여러 가지 얼굴

감사의 극적 플롯은 이타적인 은혜를 높이 평가하는 것이다. 감사는 때로는 강하게 느껴지기도 하지만, 대부분의 경우에는 약한 감정이다. 이는 돈 같은 물질적 도움, 일터나 병원까지 차를 태워다 주는 것, 유용한 정보를 제공하는 것, 필요한 감정적 지원을 제공하는 것 등에 기초를 두고 있다.

모든 은혜에는 두 사람, 즉 주는 사람과 받는 사람이 관련되기 마련이다. 그리고 이런 은혜는 겉으로는 분명해 보이지만, 실제로는 더 복잡한 관계로 두 사람을 묶는다. 관계는 관련된 사람들, 은혜를 주는 방식, 받는 방식에 따라 달라진다. 그리고 이것이 주고받는 행동에서 일어나는 다양한 느낌들에 중요한 영향을 미친다.

여기서 감정이입이 제기된다. 친절하게 은혜를 베푸는 것은 자신이 받는 사람 관점에서 본다는 뜻이다. 정중하게 은혜를 받는 것도 같은 뜻이다. 감사 반응을 보일 때, 사람들은 보통 주는 사람의 긍정적인 의도를 느끼기 때문이다. 따라서 감사라는 감정의 존재나 부재를 이해하려면, 주는 사람과 받는 사람의 상호작용, 그리고 주고받는 것과 관련된 감정들을 살펴보아야 한다.

받는 사람이 상대가 개인적인 이득을 위해 뭔가를 준다고 느끼면, 감사는 없거나, 약하거나, 양면적이 된다. 그런 경우 개인적인 의미는 이타적인 은혜가 아니다. 예를 들어, 주는 사람이 자만심을 느끼고 싶어 하거나 죄를 씻고 싶어서 줄 수도 있다. 그런 은혜는 감사 없이 수용될 수도 있고, 감사가 마지못해 나오는 것이 될 수도 있고, 아예 그 은혜가 거부될 수도 있다. 만일 그 은혜 때문에 미래에 어떤 원치 않는 의무를 이행해야 한다면, 은혜는 거부될 수도 있다. 만일 은혜가 이런 조건하에서 수용되는 것이라면, 그것은 고마움보다는 분개, 불안, 수치심 등을 발생시키기 십상이다.

은혜를 주는 사람이 간호사, 의사, 공무원의 경우처럼 그저 자기 할 일을 하는 경우일 수도 있다. 그렇다 해도, 그들이 하는 일이 단순한 의무 이상으로 여겨지면, 그것을 받는 사람은 보통 고마움을 느끼게 된다. 일을 하는 데서 추가로 신경을 써주고 사려 깊은 태도를 보여주면, 이타적인 은혜로 여겨지는 것이다. 이것이 존이 교수의 결정을 평가하는 방식이었다. 교수는 자기 자신을 위해 쓸 수도 있었을 돈을 존에게 주었다. 그 결정은 또한 존이 학업을 마칠 가능성을 높여주는 동시에, 일을 하는 사람으로서 존의 충성심과 부지런함도 높이는 좋은 결과를 낳았다.

감사를 느끼기 위한 주요한 기초는 뭔가 필요한 사람이 있고, 다른 사람이 자발적으로 그 필요한 것을 제공하려고 나서는 것이다. 이런 필요는 돈, 주거, 관심과 애정 등이다. 또 장애자이거나 아픈 사람의 경우에는 돌봄일 수도 있다. 뭔가 강하게 필요한 상태일수록, 우리가 느끼는 감사도 더 커질 것이라는 가정이 가능하다. 그러나 그 역도 사실인 경우가 많다. 특히 궁핍한 상태가 부당하거나 수치의 원천이라고 느낄 때는, 은혜에 오히려 분개할 수도 있다.

감사에서는 관점의 개인적인 차이가 중요하다. 예를 들어 존은 자신의 경제적인 궁핍을 원망하지 않았다. 사실 대공황 시절에는 거의 모두가 가난해 보였다. 그래서 존은 교수의 친절한 배려에 감사를 느낄 수 있었다. 존이 아닌 다른 사람들이라면 자신의 궁핍을 원망할 수도 있었을 것이다. 그런 사람들은 사회를 탓했다. 잘사는 사람들은 선망의 대상이 되었다. 많은 사람들이 그들에게 베풀어지는 은혜를 착취당하는 피해자가 받아야 할 당연한 권리로 여겼으며, 따라서 감사를 경험하지 않았다.

많은 사람들에게 도움이 필요하다는 것은, 특히 개인주의적 사회에서는 심리적인 문제다. 자신을 돌볼 수 없거나 남들에게 짐이 되는 것은 에고에 고통스럽고 해로운 일이다. 우리 사회에서는 혼자서 잘 지내면서 사회에서 유용한 역할을 하는 사람들을 칭찬하기 때문이다. 다른 사람들에게서 뭔가를 얻어야 하는 사람들에게는 특별한 오점이 남는다.

주는 사람과 받는 사람의 관계에서 생기는 문제를 보여주는 좋은 예가 있다. 사람들이 다른 사람들에게 사회적 지원을 주는 방식과 그런 지원이 일으키는 심리적 효과를 관찰해보면 된다. 이미 말한 대로, 그런 지원은 물질적인 것일 수도 있고, 정보일 수도 있고, 감정적인 것일 수도 있다. 감정적이라는 것은 예를 들어 궁핍한 사람이 자신이 가치가 있고 누가 신경을 써

준다는 느낌을 갖도록 해주는 것이다. 물론 감정적인 지원이 가장 중요한 것이다. 동시에 그것은 문제를 일으킬 잠재력을 가지고 있다. 배우자와 친구들은 종종 병이나 개인적 상실의 결과 스트레스를 받고 있는 짝이나 친구에게 감정적인 지원을 하려 한다. 그러나 감정적인 지원을 주고자 한 것이 세심하지 못해서 전혀 지원이 되지 않을 수도 있다. 그 결과 그것을 받는 사람은 그것을 나쁘게 생각할 수도 있다.

의도는 좋지만 도움이 되지 않는 말을 하는 것보다는, 그냥 귀를 기울이고 관심을 가지거나, 상대방의 문제에 슬픔을 표현하는 것이 훨씬 낫다. 필요한 경우 내가 좀 도움이 될 수 있다면 좋겠다는 식으로만 표현하는 것("내가 도움이 될 만한 일은 없을까?")도 환영받는다. 제안이 진지해 보이고, 불합리한 요구나 단서가 붙어 있지 않고, 상대방 요구에 민감한 것일 때는 제안을 받는 사람도 고마움을 느낄 것이다. 여기서 다시, 곤경을 겪는 사람의 생각이나 느낌에 대한 감정이입이 적절하게 표현되는 것이 유용한 감정적 지원을 제공하는 데 중요한 요소라는 것을 알 수 있다. 그리고 그럴 경우에는 많은 감사를 받을 수 있다.

감정적 지원에 대해서는 오래전에 이루어진 매혹적인 연구가 있다. 이 연구는 학위를 얻기 위해 몇 년을 투자한 뒤에 중요한 구두시험을 앞둔 남자 대학원생들을 대상으로 했다. 많은 경우 그들의 아내들은 남편을 안심시킴으로써, 다가온 시험에 대한 부담을 덜어주려 했다. 예를 들어 한 아내는 이렇게 말했다. "걱정할 거 하나 없어요. 전에도 시험을 잘 봤잖아요. 난 당신이 높은 점수로 합격할 거라고 생각해요."

독자들 가운데는 벌써 뭐가 잘못되었는지 느끼는 사람들이 있을 것이다. 물론 이 말은 감정적 지원을 제공하려는 의도를 가진 말이다. 그런데 왜 이런 말이 지원이 되지 못하며, 남편에게서 감사의 느낌을 불러일으키지 못하는가? 첫째, 아내는 남편의 정당한 걱정을 부정했다. 남편은 현재 상황을 자신의 야망이 위기에 처한 상황이라고 보고 있다. 그런데 걱정할 것 하나 없다는 그녀 말은 남편 느낌의 정당성에 문제를 제기한 것이다. 이런 식의 말을 들은 학생이라면 누구나 오해를 받거나 자신의 뜻이 훼손되고 있다고 느끼기 쉽다. 또 상대방은 안심시키려는 시도였음에도 자신이 위협과 혼자 씨름해야 한다고 느끼기 쉽다.

둘째, 그가 잘할 것이라는 기대를 표현함으로써 안심시키려 했던 것은 실제로는 반대 효과를 가져왔다. 이미 위협적으로 해석되고 있는 상황에서 그것은 잘해야 한다는 압력만 가중시켰을 뿐이다. 그래서 그 말을 듣는 사람은 마음이 편해지기는커녕 오히려 더 불안해졌다.

다가온 시험 때문에 불안해하고 있는 학생에게 선생이 할 수 있는 최악의 말 가운데 하나가 학생이 잘할 거라고 믿는다는 말이다. 긍정적인 기대는 칭찬이기는 하다. 그러나 아무리 유능한 학생이라도 속으로는 선생이 자신을 잘못 판단하고 있다고 믿을 수도 있다. 이번 시험에서 자신의 무능함이 드러나고, 선생의 긍정적인 관심이 실망과 당혹으로 바뀔까 봐 두려워하기 십상이다. 심지어 성공한 사람들도 자신은 운이 좋았을 뿐 자랑거리가 되고 있는 그들의 능력은 사실 크게 과장된 것이라고 생각하는 경우가 많다.

선생들로서는 결과가 어떻게 나오든 학생을 계속 높이 평가하겠다고 말하는 것이 감정적 지원이 될 것이다. 개인적으로 아는 한 훌륭한 선생은 학생들에게, 자신은 뛰어난 학생이 시험을 못 보고 평범한 학생이 시험을 잘 보는 경우를 자주 보았기 때문에 시험을 별로 중요하게 여기지 않는다고 말한다. 사실 이것은 진실인 경우가 많다. 여전히 압박감이야 심하겠지만, 이런 말을 들은 이상 학생들은 시험을 못 본다 해도 선생의 애정을 잃을까 봐 불안해할 필요가 없게 된다. 이 선생의 말은 학생들의 압박감을 줄여주었다.

같은 상황에서 도움이 될 만한 학생의 아내(또는 남편)의 말을 생각해보라. 예를 들어 그녀는 이렇게 말할 수 있다. "나도 걱정이에요. 하지만 전에도 버텨왔잖아요. 일이 잘못 된다 하더라도, 다시 버텨낼 수 있을 거예요. 그냥 최선만 다하세요." 이것은 매우 지각 있는 말이고, 실제로 도움이 된다. 이 말은 배우자의 불안을 인정하면서, 그것이 합리적인 것이라고 받아들이고 있다. 그러나 또, 만일 실패를 한다 해도, 부부가 함께 위기에 대처할 테니까 그것이 재난이 되지는 않을 거라고 효과적으로 안심시킨다. 따라서 최선을 다하라는 메시지도 긍정적인 기대감으로 인한 부가적 압박감을 주지는 않는다.

효과적으로 감정적인 지원을 하는 방법을 배우지 못하면, 이렇게 오히려 부정적인 반응을 불러올 수도 있다. 지금까지는 은혜를 주는 쪽의 문제를 살펴보았다. 그러나 은혜를 받는 사람들도 자신의 인격적인 특질 때문에 감사를 모를 수도 있다. 또는 삶의 엄혹한 조건과 도움이 필요한 자신의 상황을 원망만 할 수도 있다. 어떤 사람들은 도움이 무조건 그들을 모욕하는 것이라고 생각한다. 그래서 어떤 도움이든 원망 없이 순순히 받아들이는 데 큰 어려움을 겪기도 한다. 정중하게 은혜를 베푸는 것과 마찬가지로 정중하게 도움을 받아들일 수 있는 것도 인간관계의 중요한 기술이다. 이것도 배워야 하는 것이다. 어쨌든 받아들이는 것 역시 주는 것과 마찬가지로 결핍 상태의 스트레스에 대처하는 문제를 동반한다.

이제 우리는 은혜를 주는 것과 받는 것이 현실에서는 겉으로 보기보다 훨씬 더 복잡한 사회적 상호작용임을 알게 되었다. 둘 다 보통 생각하는 것과는 달리, 효과적으로 또 정중하게 수행하기가 어렵다. 감사의 감정은 은혜를 베푸는 사람이 그것을 베푸는 방식, 받는 사람이 그것을 평가하는 방식에 달려 있다. 그리고 이에 따라 주는 사람과 받는 사람은 그 행위에 개인적 의미를 부여하게 된다.

동정심

동정심은 감사와는 달리 복잡하고 독특한 인간 감정이다. 자신의 일에서 너무 많은 동정심을 느끼는 사람에 대한 짧은 이야기가 있다.

주디스는 늘 다른 사람의 고통을 덜어주고 싶어 했다. 그래서 간호사 일이 자기 소명이라고 느꼈다. 간호는 그녀에게 이상적인 일로 여겨졌다. 주디스는 훈련을 마친 뒤에 소아암 병동의 간호사가 되었다. 처음에 주디스는 능률적이고 인기 있는 간호사로 부모와 아이들에게 칭송받았다.

그러나 몇 년이 흐르자, 주디스는 그녀가 정기적으로 보는 광경 때문에 점점 고민을 하게 되었다. 어린아이들이 말기 암으로 죽어가고, 치료 때문에 고통을 겪고, 부모들이 감정적 고통에 빠져 있는 것을 늘 보아야만 했던 것이다. 그러나 또 많은 아이들이 치료 결과 회복이 되어 퇴원을 하기도 했다. 그러나 주디스에게는 그것으로 충분하지가 않았다. 그녀를 지나치게 괴롭혔던 건 희망이 없는 아이들이 너무 많다는 것이었다. 주디스는 아이들이 의학적으로 절망적인 상태에 처했는데도, 금욕적이거나 긍정적인 전망을 가지고 있는 것을 자주 보게 되었다. 그 때문에 주디스는 심하게 울곤 했다.

이제 주디스는 부모의 고통이나 아이들의 고통에 거리를 둘 수가 없게 되었다. 그렇다는 것은 대부분의 성공적인 간호사들이 채택하는 대처 방법을 사용할 수 없게 되었다는 뜻이다. 다른 간호사들은 병동을 떠나면 그런 고통에 대해 잊어버렸다. 그러나 주디스는 식사를 할 때, 책을 읽을 때, 특히 한밤중에 잠을 깰 때, 이 모든 비애를 다시 맛보곤 했다. 주디스는 밤에 깨면 몇 시간씩 그냥 누워 낮에 느낀 괴로움을 다시 곱씹기도 했다. 그러면서 이전에는 그렇게 염려해주던 바로 그 환자와 가족들에게 짜증을 내고 화를 내기 시작했다. 일도 제대로 못하게 되었다. 다른 간호사들도 그녀가 환자들의 비극에 너무 깊이 말려들고 있다는 이야기를 했다.

주디스는 불안과 우울 때문에 크게 고생을 했다. 대장염 증세도 심해졌다. 일에 즐거움을 느낄 수가 없었으며, 자신이 간호사에는 적격이 아니라는 생각을 하게 되었다. 그녀는 흔히 소갈이라고 부르는 상태로 고생을 하고 있었다. 주디스는 완전히 좌절감에 사로잡혀 전문적인 도움을 구했다. 심리 치료 전문가를 수도 없이 찾아간 뒤에, 그녀는 간호사 일을 그만두고 다른 일을 찾겠다고 결심했다. 간호사 생활 2년 만이었다.

주디스는 결국 은행에서 일자리를 찾아 대부과장 자리까지 올라갔다. 그러나 이 자리에서도 주디스는 고객이 간절히 원하는 대출을 거절할 때는 마음을 단단히 먹어야 했다. 그래도 은행에서는 대처가 쉬운 편이었다. 아이들과 그들의 가족을 친밀하게 알게 되는 병원과는 달리, 은행에서는 거절당하는 사람에게 지속적으로 노출되지 않기 때문이다.

심리학적 분석

주디스의 경우 동정심의 개인적 의미는 비참한 상태에 빠진 다른 사람들 때문에 괴로움을 겪고 그들을 돕기 위해 헌신하는 것이었다. 그녀가 유난히 강렬한 괴로움을 겪었기에 그녀의 경험은 보통의 동정심과는 다르다. 동정심을 가질 능력이 있는 대부분의 사람들은 스스로 다른 사람들의 비참함에 빠져버려서는 안 된다는 것을 인식한다. 감정을 억제할 수 없다면 차라리 피해야 한다고 생각한다. 대부분의 사람들은 스스로 감정적으로 병이 들면 괴로움을 겪는 사람들을 도울 수 없다는 것을 알고 있다. 그래서 큰 고통을 겪지 않도록 스스로 거리를 둠으로써 지나친 동정심에 대처한다. 오직 가끔씩만 감정적 반응을 통제할 수 없을 때가 생긴다. 기습을 당하거나, 다른 사람들의 고통이 자신의 고통과 너무 가까울 때다. 주디스는 다른 사람들의 비참함을 완전히 공유하지 않으면서도 동정심을 느끼는 길을 찾을 수가 없었다. 그런 거리를 설정하지 못했기 때문이다.

주디스가 여덟 살 때 그녀의 어머니는 고통스러운 암으로 천천히 죽어갔다. 어쩌면 이것이 주디스가 그런 특질을 가지게 만든 결정적인 경험일지도 모른다. 주디스는 아버지 때문에 최악의 고통에서는 보호받을 수 있었다. 아버지는 주디스를 멀리 가 있게 하는 경우가 많았다. 게다가 주디스는 어머니를 별로 좋아하지 않았다. 바로 이 점이 이 비극에 중요하고 복잡한 문제를 보태게 되었다.

아버지가 보호해준 결과 주디스는 많은 일을 피할 수 있었다. 그리고 어머니에게 깊이 감정이입을 할 수 없었다. 그랬기 때문에 딸로서 보여줄 수 있는 최대한의 강한 반응을 할 수가 없었다. 그녀도 상황을 알고 있었기 때문에, 자신의 무관심에 상당한 죄책감을 느꼈다. 그녀는 간호사 일을 하기로 결정하면서, 이런 죄책감 때문에 자신이 감정이입적인 고통에 매우 취약하다는 사실을 간과했던 것이다.

주디스의 경우에는 죄책감이 중심을 이루는 것 같다. 그것이 그녀의 지나친 반응을 이해할 수 있는 주요한 실마리가 되는 것으로 보인다. 주디스의 경우 어머니 문제에 대한 죄책감은 억압되어 있었다. 괴로움을 겪는 사람을 마주하는 것은 그녀에게 몹시 힘든 일이었다. 어머니의 경우에는 그렇게 하지 못했다. 주디스는 어머니의 괴로움에 무관심했다. 그래서 그것이 야기하는 죄책감을 부정하는 방법으로 다른 사람이 감정적 고통을 겪을 때 자신도 괴로움을 겪을 수밖에 없었다. 그것이 우리의 분석이다.

주디스는 자신에게 맞지 않는 분야를 택한 것이 분명하다. 그러나 자신의 취약함을 발견했을 때, 현명하게도 간호사 일을 버림으로써 문제에 대처했다. 어머니의 괴로움을 생각나게 하지 않는 직업, 어린 시절에 어머니에게 무관심했던 것에 대한 죄책감을 생각나게 하지 않는 직업을 갖고서는, 다른 사람들의 괴로움을 공유할 필요가 크지 않았다.

동정심의 여러 가지 얼굴

동정심의 개인적 의미는 다른 사람이 나 자신처럼 고통을 겪고 있고 도움을 받을 자격이 있음을 이해하는 것이다. 그런 사람을 보고, 그런 사람의 곤경과 괴로움을 인식하는 것이 동정심을 자극한다. 자신이 고통을 겪은 비슷한 경험이 있다면, 동정심이 생길 가능성도 높아지고 그 동정심도 더 강렬해진다. 그런 경험 덕분에 다른 사람들 문제를 더 쉽게 이해하고 동정적으로 평가할 수 있기 때문이다. 동정심의 극적 플롯은 다른 사람이 고통을 겪고 도움을 원하는 것에 마음이 움직여 고통을 겪는 것이다.

앞서 우리는, 감정에는 늘 개인적인 목표가 있다고 했다. 그것은 우리와 다른 사람들의 관계에 의해서 촉진되기도 하고 좌절되기도 한다. 동정심에도 목표가 있을까? 사랑하는 사람들이 곤경에 처한 경우라면, 그 목표를 찾기 위해 굳이 멀리 볼 필요도 없다. 우리는 그들을 사랑하기 때문에, 그들의 복지를 위해 헌신한다. 우리의 목표는 그들이 안정되고 행복한 모습을 보는 것이다. 우리는 그들의 일이 안 풀릴 때 함께 고통을 겪는다.

그러나 낯선 사람들의 경우에는 좀 복잡하다. 우리는 불안에 대해 이야기할 때 질서 잡힌 정의로운 세계에 대한 소망도 이야기했다. 이러한 소망(목표나 필요)이 동정심과도 관계가 있다. 만일 사람들이 불필요하게 고통을 겪으면, 정의라는 이념이 침해된다. 여기서 관련된 목표는, 우리 자신이 곤경에 처하면 누군가 나서서 도와줄 것이라는 희망이다. 사람들이 이타적임을 의심하는 사람들은 남을 돕는 데서 자기 이익을 깨달음으로써 남을 돕게 된다고 말하기도 한다.

감정이입 능력, 그리고 그 결과 나타나는 동정심이라는 느낌은 보편적인 인간 특질은 아니다. 그러나 자연스러운 것이고, 널리 퍼져 있는 것처럼 보인다. 사실 우리는 양심이나 다른 사람들에 대한 감정이입 능력이 없는 사람을 반(反)사회적 성격이상자라고 부른다. 그러나 동정심을 느낄 만한 상황에서 동정심이 전혀 일어나지 않는 경우도 많다. 그것을 보면, 동정심이라는 것은 쉽게 차단이 가능하다는 생각이 들기도 한다.

동정심을 느끼는 경향을 차단하는 한 방법은 고통을 겪는 누군가에게서 감정적으로 거리를 두는 것이다. 또 감정적 거리를 두는 한 가지 방법은 다른 사람들을 비인간적으로 만드는 것이다. 예를 들어 우리는 가난한 사람들은 게으르다고 말하고, 적은 교활하고 잔인하며, 인간이라기보다는 짐승에 가깝다고 말한다. 만일 그들을 정말로 그런 식으로 볼 수 있다면, 그들의 고통에 동정심을 느낄 필요가 없을 것이다. 그렇지 않다면 어떻게 그렇게 쉽게 전쟁을 일으키고, 상대가 원수라는 것이 분명치도 않은 상황에서 어떻게 다른 사람들을 죽일 치명적인 폭탄을 떨구겠는가? 어떻게 다른 사람들을 고문하며, 그들의 고통에서 기쁨을 느낄 수 있겠는가? 동정심은 다른 바람직한 인간 특질들과 마찬가지로, 삶의 엄혹한 조건, 훈련, 악을 간과하거나 합리화할 수 있는 특별한 인간 능력에 의해 쉽게 시들어버리는 약한 꽃처럼 보인다.

동정심을 느끼고 보여주는 정도는 개인마다 크게 다르다. 어떤 사람들은 주디스와 마찬가지로 동정심에 압도당하기도 한다. 우리는 이미 그녀의 특별한 취약성은 그녀 어머니가 죽어가며 겪었던 고통에 무관심했던 것에 대한 억압된 죄책감이라고 해석을 했다. 어쨌든 주디스 같은 사람들에게 고통은 참을 수 없는 극히 괴로운 것이다.

어떤 사람들은 마음을 굳게 먹고 그런 느낌에 저항할 수 있다. 동정심은 그것을 느끼는 사람이 그 감정에 압도당하지도 않고, 또 그렇다고 너무 차갑거나 거리를 두지도 않을 때 다른 사람들에게 가장 크게 도움이 될 것이다. 동정심을 가지면서 동시에 도움을 준다는 것은 상당한 민감성과 더불어 자기통제를 요구한다.

간호사와 의사들이 아픈 사람들을 전문적으로 책임질 때, 그들은 환자들의 고통에 너무 심하게 빠져드는 것을 피하기 위해 환자들을 향해 감정적으로 거리를 두려고 한다. 의사들은 수술을 할 때 환자에게 감정을 가지고 접근하는 것이 아니라, 환자의 조직과 기관을 대상으로 삼고 거기에만 관심을 기울인다. 그래서 의사들이 수술 전후 환자에게 무관심하게 거리를 두는 건지도 모른다. 그렇지 않고서 어떻게 사람들 몸을 찢고 병을 고치겠는가? 그렇지 않고서 어떻게 간호사들이 그들이 돌보는 사람들의 통증과 고통을 견디어낼 수 있겠는가? 그렇지 않고서 어떻게 구급 요원을 비롯한 비상 팀들이 몸이 절단 나서 피 흘리는 사람들을 도울 수 있겠는가? 다른 사람들의 고통은 그들 일의 일반적 특징이다. 그들은 다른 사람들의 고통에 어느 정도 감정적 거리를 두어야만 자기 일을 할 수 있다. 그들이 그러한 감정적 거리를 얻기 위해 열심히 노력하는 경우도 많다.

당신이 1989년 10월 17일 캘리포니아주 오클랜드에서 일어났던 로마프리에타 지진 참사 구조 작업에 참여했던 구조대원이라고 상상해보라. 이

참사에서는 러시아워에 주간 880번 프리웨이의 한 부분인 사이프러스 스트리트 고가도로의 1.5킬로미터 약간 안 되는 도로가 무너져내려 42명이 죽거나 매몰되고 108명이 부상을 당하는 일이 벌어졌다. 이 사고 후 차에서 시신을 꺼내는 일 등 현장 정리를 했던 남자 구조대원 47명과 그들의 경험에 대해 자세히 인터뷰를 하고, 그것을 바탕으로 연구한 논문이 있다. 이 인터뷰들은 고통의 원인들 몇 가지를 극명하게 보여주며, 더불어 구조대원들이 참담한 광경과 냄새에 대처한 방법들을 보여준다. 한 구조대원은 피해자들이 고통 없이 죽었다고 스스로를 안심시키려 했다. 그 인터뷰는 대처를 위한 노력의 내밀한 모습을 보여준다.

우리는 그날 밤 다른 시신들도 끌어냈다……. 나는 그 모습을 보면서, 그것을 마음속에서 분석했다. 이번에도 다시 저 남자는 충격으로 죽었다, 빨리 죽었다는 생각을 했다. 그런 관점으로 그 모습을 보며 마음을 편하게 가지려고 노력했다. 그러자 보는 것이 쉬워졌다. 저 남자는 죽음이 다가오는 것을 보았을지는 모르지만, 어쨌든 매우 빨리 죽었다. 그렇게 생각한 것이다. 그 여자에 대해서는, 그녀가 즉사했는지 아닌지에 대해 계속 마음이 찜찜했다. 다시 내 마음 한구석에서는, 만일 이 사람들이 즉사하지 않았다면 어땠을까, 하는 생각이 들었다. 혹시 우리가 더 빨리 도착했다면 그 사람들을 구할 수 있었을까? 그런 생각이 내 마음을 괴롭혔다.

여자는 의자에 자리를 잡고 있었다. 말짱해 보였다. 여자는 옆으로 약간 고개를 돌려 운전사 쪽을 보고 있었다. 그래서 난 직감적으로, 맙소사, 이 여자는 즉사하지 않았구나, 하는 생각을 했다. 남자는 여자의 남자 친구일 수도 있었고, 남편일 수도 있었고, 오빠일 수도 있었다. 어쨌든 여자는 그 남자에게 무슨 말을 하려 했던 것이다. 그러나 그 남자는 즉사했다. 누구도 운

전대 기둥 전체가 가슴에 박히는 충격을 가슴에 받고는 살 수가 없었기 때문이다. 이 광경이 오랫동안 나를 괴롭혔다. 그러나 이제는 좀 괜찮아졌다.

구조대원들의 심리적 문제는 끔찍한 부패의 냄새, 찢긴 시신들, 토막 난 자동차들에서 피해자를 꺼내기 위해 때때로 신체 일부를 잘라낼 필요성 등에 의해 복잡해졌다. 냄새 자체도 끔찍했다. 그러나 우리는 사람들이 거기서 일을 할 때 느꼈던 가장 중요한 위협은 죽음 뒤에 몸이 썩는 것을 보았던 것이라고 생각한다. 그 몸은 아주 현실적인 의미에서 그들 자신의 몸이라고 할 수 있었다. 향료나 약품 처리나 화장(火葬)의 전통 때문에 우리는 보통 이런 부패, 그리고 그것이 죽음과 관련하여 나타내는 것들을 의식하지 않는다. 장례식에서 보는 시신은 살아 있는 것처럼 보이며, 가능한 한 보기 흉하지 않게 처리된다. 향료나 약품 처리를 하지 않고, 화장도 하지 않는 정통 유대인들은 죽은 사람들을 얼른 묻어버린다.

한 구조대원은 다음과 같이 주로 부패하는 시신의 끔찍한 냄새에 대해 이야기한다. 그러나 그가 사실상 반응을 하고 있는 것은 죽음의 속성에 대한 무시무시한 개인적 의미라고 할 수 있다.

부패하는 살에서는 정말로 악취가 난다. 열흘도 넘었을 테니까 더욱 그랬다. 정말 비위가 상하는 냄새였다. 정말 끔찍하다. 우리는 그 냄새를 맡지 않으려고 콧구멍에 빅스 사탕을 넣었다. 그러면 어느 정도 도움이 되었다. 어쨌거나 우리는 안으로 들어가 일을 해야 했다. 해야 할 일이었기 때문이다. 소방서 친구들 몇 명에게…… 냄새에 대해 말했더니, 그들이 요령을 가르쳐주었다(그제야 난 왜 대부분의 소방수들이 콧수염을 기르는지 알게 되었다). 그들은 빅스 베이포러브를 콧수염에 문질렀다. 그래서 나는 늘 빅스를 가진 사람 옆에 있었다.

그 속의 냄새는 정말 고약했다. 우리 둘 다 메스꺼워했다. 그러다가 어떤 이유에서인지, 우리는 메스꺼워하다가 갑자기 웃음을 터뜨리기 시작했다. 내가 웃음을 터뜨렸다. 그러자 마셜도 따라서 웃음을 터뜨렸다. 우리는 한 15분 내지 20분 동안 웃었을 것이다. 우리는 밴에 들어가 앉아 계속 웃었다. 웃음소리가 계속 메아리쳤다. 아래쪽에는 사람들이 있었다. 아마 그 사람들은 그때 우리가 정말 미쳐버린 줄 알았을 것이다. 그들은 내가 정말로 돌아버린 걸로 생각했을 것이다.

다음 두 가지 예는 감정적인 거리 두기가 성공적인 대처 형태임을 보여준다. 한 구조대원은 유해를 다루던 경험을 다음과 같이 묘사한다.

연장들은 원시적이었고, 일은 정말 힘들었다. 누군가의 내장에 팔꿈치까지 집어넣은 상태로 척추를 잘라내야 했는데, 그건 쉬운 일이 아니었다. 살이 뚝뚝 떨어졌는데, 구역질이 났다. 정말 구역질 나는 일이었다. 내가 오로지 생각하는 것이라고는, 나는 이 일을 해야 한다, 내 일은 이것을 완벽하게 하는 것이다, 하는 것뿐이었다. 그러니까 이 시체, 저 사랑하는 사람, 죽은 어머니를 꺼내는 것이었다. 많은 사람들이 그렇게 생각했던 것 같다. 우리 모두 그렇게 생각했고, 그런 식으로 느끼고 있었다.

우리는 그의 목을 베어 거기서 끌어내야 했다……. 나에게는 그 일이 도무지 현실로 여겨지지 않았다. 물론 내 할 일은 다 하고 있었지만, 마치 그런 일이 실제로 일어나는 일이 아닌 것 같았다. 우리는 나머지 나흘 동안 계속 그런 종류의 일을 했다. 나는 내 생각에 빠져 있었다. 나는 사실 일에는 주의를 기울이지 않았다. 할 일을 하기는 했지만, 실제로 벌어지는 일에는 사실 주의를 기울이지 않았다는 것이다.

한 구조대원은 감정적인 거리 두기의 고전적인 예를 보여주었다. 그는 의학자가 아니면서도 마치 그런 신분이기나 한 것처럼 말을 하고 있다. 그가 감정적으로 거리를 두는 용어를 자주 사용하는 것도 흥미롭다.

시체는 시체다. 그 가운데 일부는 다른 것보다 더 소름 끼친다. 어떤 것들은 의학적인 관점에서 보면, 또 내 일이라는 관점에서 보면, 매우 큰 관심을 유발한다. 알다시피, 이것은 아주 흥미로운 일이며, 또 나름대로 병적인 측면도 가지고 있다. 그러나 우리가 여기서 보고 있는 것은 어떤 사람을 죽게 만든 과학적 이유다. 그건 매우 흥미롭다.

우리는 이 사람들이, 비극의 피해자들이 겪는 괴로움을 보면서 감정적 고통에 압도당하지 않으려고, 또 피해자들에게 일어난 일이 자신들에게도 일어날 수 있다는 깨달음에 압도당하지 않으려고 애쓰는 것을 거의 손으로 만지듯이 느낄 수 있다. 이 문제, 감정이입에서 출발해 통제 불가능한 동정심에 사로잡히는 문제에 대처하는 가장 일반적인 방법은 충분한 감정적 거리를 유지하는 것이다. 바로 앞에 인용한 실제로 있었던 일들의 예에서, 구조대원들이 하려 했던 것이 그것이다.

미학적 경험의 감정

대부분의 사람들은 영화, 오페라를 포함한 무대 드라마, 그림, 조각, 음악, 과학적 발견, 구경거리, 석양이나 북극광 같은 자연적인 장면에 감정적으로 반응을 한다. 그리고 그것에 경외감이나 경이를 느낀다. 이는 종교적인 경험에 비유될 수 있다. 미학적 경험이 어떻게 감정을 일으키느냐 하는 것은 매혹적인 질문이다.

감정이 일어나려면 자신이 보고 있는 것의 의미를 느끼는 데 적극적으로 참여해야 한다. 우리는 그림, 음악, 드라마, 영화의 내용과 관계를 맺으려고 노력한다. 그런 예술 형태에서 의식적으로 의미를 찾으려 한다. 예를 들어 드라마나 영화에서는 플롯을 찾으려 하며, 동기를 이해하려 하며, 등장인물 각각에게 일어나는 일의 의미를 찾으려 한다. 우리는 이 과정을 즐기는 것 같다. 그리고 이런 이야기들 가운데 가장 감동적인 것들이 인간 고통과 기쁨의 주된 원천들을 드러낸다는 데는 의심의 여지가 없다.

감정이입의 경우와 마찬가지로, 단일하거나 고유한 미학적 감정이란 것은 없다. 미학적 경험들은 이 책에서 논의되고 있는 열다섯 가지 감정들 가운데 하나를 일으킬 수 있다. 그 감정이 분노냐, 불안이냐, 희망이냐, 슬픔이냐, 기쁨이냐, 아니면 다른 무엇이냐 하는 것은 묘사되는 사건의 개인적 의미에 달려 있다. 미학적 경험은 어떤 단일한 감정을 일으키는 것이 아니기 때문에 사례는 들지 않겠다. 대신 미학적 경험의 몇 가지 예를 살펴보며 그 독특한 인간적 특질을 찾아볼 것이다.

여기서는 세 가지 주요한 미학적 경험, 즉 영화나 드라마, 음악, 미술 각각에서 감정들이 어떻게 생기는지 살펴보도록 하자. 우선 영화나 드라마부터 시작하겠다. 그것이 우리 모두가 관련을 맺고 있는 가장 단순한 것이기 때문이다. 또 영화나 드라마의 경우 다른 미학적 경험들과 비교할 때 감정이 생기는 방식을 비교적 쉽게 이해할 수 있기 때문이다.

영화, 드라마 그리고 감정

인간이 겪는 사건들에 대한 이야기들은 관객 앞에서 이야기되건 연기로 표현되건, 인간사의 맨 처음부터 사람들을 감동시켜왔을 것이 틀림없다. 현대의 영화나 텔리비전에서 보는 희비극들은 본질적으로 같은 일을 하고 있다. 우리는 보통 극장이나 편안한 집에서 다른 사람들이 성공과 실패, 상실, 갈등, 비극과 승리를 가지고 씨름하는 것을 지켜본다.

극적인 드라마들의 플롯은 인간 감정과 그것을 초래하는 상황의 전 범위를 다룬다. 등장인물들은 우리가 자신의 삶에서 볼 수 있는 사람들이다. 어떤 사람들은 약하고, 어떤 사람들은 강하고, 어떤 사람들은 타산적이고, 어떤 사람들은 사랑을 하고 또 사랑받을 만하기도 하다. 또 어떤 사람들은 증오에 가득 차 있어 역겹고, 어떤 사람들은 영웅적이고, 어떤 사람들은 어리석고, 어떤 사람들은 희극적이다.

관객은 이야기에 따라 등장인물의 행동에 몰두하게 되면서 감정적인 관련을 맺는다. 감동을 받지 않으면 관객은 자리를 뜨거나, 아니면 지루해서 관심을 기울이지 않게 된다. 우리는 관객이 환호하거나, 그려지는 등장인물에 반대하여 격노하거나, 웃음을 터뜨리거나, 울거나, 말없이 행복이나 괴로움을 경험하는 것을 보거나 듣게 된다. 플롯이 관객에게 감동을 주지 못할 때는 감정이 나타나지 않는다. 이것은 하나의 극이 관객에게 인기를 얻으려면 관객에게 개인적으로 의미가 있는 실생활의 주제를 그려야 한다는 것, 그럼으로써 앞서 묘사한 감정의 극적인 플롯 하나 이상을 통해서 감정을 발생시켜야 한다는 것을 보여준다.

극이 우리를 감동시킨다면, 극작가는 그가 그리고 있는 사람들과 감정들을 예리하게 이해하고 있다는 뜻이다. 극작가들은 플롯을 구축하는 데도 기술을 발휘해 그것이 최대의 힘으로 우리를 감동시키도록 해야 한다. 그렇다고 모든 관객이 똑같이 감동을 받거나, 똑같은 감정을 경험하는 것은 아니다. 우리들 각각은 서로 약간씩 다른 개인적 조건을 가지고 있다. 그러나 성공적인 영화나 드라마는 보통 관객의 많은 부분이 공유하는 감정들을 유발한다.

앞서 말한 대로, 남들 처지가 되어보고 그들이 느끼는 것을 느끼는 능력은 인간의 심리적 특징이다. 우리는 그것을 감정이입이라고 부른다. 영화 제작자들과 극작가들은 감정을 일으키는 데 그런 특징을 이용한다. 드라마에서 이런 능력을 이용하려면 사회적 관계의 작동 방식에 대해 많이 알 필요가 있다.

여기서도 '모든 감정 밑에는 개인적 의미가 깔려 있다'는 원리를 보게 된다. 영화나 극에서 일어나는 일은 극장 관객으로 앉아 있는 우리 내부의 뭔가를 감동시킨다. 그리고 다른 관객의 존재와 행동은 우리가 느끼는 것을 강화한다. 우리가 이야기에 말려들게 되는 것은 단지 무대에서 사람들이 경험하고 있는 것 때문만은 아니다. 무대에서 보여지는 것이 어떤 식으로든 우리의 개인적 환경과 맞아야 한다. 우리가 어떤 식으로든 무대에서 보여지는 사람들과 비슷해야 한다. 만일 그들의 곤경이 우리 자신의 곤경과 같지 않다면, 우리는 반응하지 않을 것이다.

극작가는 우리의 두려움, 소망, 취약함에 의존한다. 만일 극작가의 기술이 뛰어나다면, 우리는 각각의 등장인물을 내밀하게 알게 된다. 그들의 욕구, 좌절, 괴로운 역사, 그들을 곤경에 빠지게 만든 비극적 실수와 결함들을 알게 되는 것이다. 우리는 그들을 이해하게 된다. 우리 모두 우리가 좋아하는 플롯들을 가지고 있다. 그 플롯들은 우리 자신의 인격과 삶의 경험의 특징들을 반영한다.

우리는 아서 밀러의 비통한 연극 《세일즈맨의 죽음》을 볼 때, 마치 우리 자신이 고통을 겪는 아내, 또는 비극적인 남편이자 세일즈맨, 또는 괴로운 두 아들 가운데 하나가 된 듯한 느낌을 받는다. 이 연극은 마치 신에 의해 미리 예정되어 절대 바뀔 수 없는 운명처럼 냉혹한 종말을 향해 움직여 간다는 점에서 그리스비극과 비슷하다. 무대에서 이 연극을 보지 못했거나, 아니면 영화로도 보지 못한 독자들을 위해 그 플롯을 간단하게 요약해보겠다.

지치고, 고갈되고, 나이가 들어가는 세일즈맨 윌리 로먼은 일평생 많은 시간을 길 위에서 살아왔다. 그러나 이제 물건을 잘 팔 수가 없다. 시대가 바뀌고, 옛 친구의 아들이 사업체를 인수했던 것이다. 윌리는 두 아들 가운데 고등학교에서 풋볼 영웅이었던 비프를 우상화했다. 그러는 과정에서 아들을 통해 자신의 성공적이지 못했던 삶을 다시 살고 싶어 했다. 윌리는 비프가 방향 없이 떠돌고 있다고 계속 불평을 한다.

한편 비프는 아버지가 자신에 대해 영웅적인 이미지를 구성해놓았는데, 그것이 정확하지 않다고 불평을 한다. 아버지에게 혼란스러운 메시지들을 받으면서 비프는 자신이 누구고, 어떻게 세상에 끼어들어야 하는 것인지 알 수가 없다. 비프는 자신에게 재능이 없다고 생각한다. 그가 애절하게 말하는 대로, 그는 "하루에 1달러짜리 인간"이라는 것이다. 비프의 남동생 해피는 이런 괴로운 관계에 거리를 두는 경향이 있다. 그는 얄팍하고 성숙하지 못했으며, 재미있게 사는 데만 관심이 있다. 다른 가족 구성원들에게 일어나는 일에도 별로 동요하지 않고 살아가는 것으로 보인다.

세일즈맨의 아내이자 두 아들의 어머니인 린다는 두 아들이 아버지의 곤경에 관심을 가지게 하려고 계속 노력한다. 린다가 보기에 윌리는 자살을 향해 가는 것 같다. 또 그런 의도에 대한 구체적인 증거도 찾았다. 번갈아가며 오만한 태도와 애원하는 태도를 보이던 윌리 로먼은 새로운 사장에게 불명

예스럽게 해고당한다. 린다는 두 아들이 노력해서 아버지를 돕기를 바란다. 그러나 그들 자신의 혼란스럽고 목적 없는 삶을 고려할 때, 그들은 아버지를 도와줄 수도 없고 도와줄 용의도 없다. 린다는 두 아들에게 늘 최선을 다해 온 아버지에 대한 동정심이 없는 것을 보고 괴로워한다. 린다는 다급해져서 필사적으로 아버지에게 "관심을 기울여야 한다"고 두 아들에게 외친다.

과거 장면으로 전환되면서, 고등학교에 다니는 비프는 아버지와 이야기 하려고 보스턴에 출장 가 있는 아버지를 찾아간다. 그러다 예기치 못하게 아버지의 호텔방에서 벌어지는 혼외정사를 방해하고 만다. 환멸을 느낀 경험이었다. 이것이 독이 되어 비프는 이전에는 존경했던 아버지에게 대항하게 된다. 관객은 이 외상성 경험이 비프가 나중에 의욕이 떨어지고 혼란을 느끼게 되는 주요한 이유라는 것을 이해한다. 연극은 아버지의 자살로 비극적 결말이 난다. 어머니는 이 패배하기는 했지만 품위를 지켰던 사람의 죽음에 경의를 표하라고 두 아들에게 감정적으로 호소한다.

미국의 연극들 가운데 최고로 치는 이 연극을 보면서 세일즈맨 윌리 로먼을 비극적인 아버지와 동일시하게 된다. 그가 과거에 살며 백일몽이나 꾸는 바보가 되는 것을 보면서, 또는 그의 짜증 많은 젊은 사장이 그를 모욕하는 것을 보면서 화를 낸다. 또 아들 비프가 되어, 자신이 누구인지에 혼란을 느끼고, 아버지가 그리는 모습에 맞추어 살 수 없고, 자신을 도무지 정리하지 못하는 데 공감하기도 한다. 어떤 사람들은 비프의 남동생(이 연극에서 덜 중요한 역할이기는 하지만)과 동일시하기도 한다. 만일 남편의 자멸로 가는 괴로운 행진을 공포에 젖어 지켜보며, 임박한 비극에 직면해 무력감으로 괴로워하는 세일즈맨의 아내와 동일시를 하게 되면 또 다른 감동을 느낄 수 있다.

연극이나 영화를 볼 때 경험하는 감정의 강렬함은 우리 자신의 삶에서 일어난 비슷한 사건들의 강렬함보다 약할 가능성이 높다. 만일 그렇지 않다면 너무 괴로워 연극을 즐길 수 없을 테고, 감정의 열기로 자신을 금방 불태워버릴 것이다. 그러나 우리는 대개 연극에서 묘사되는 사건들을 완전한 현실로 여기지 않는다. 우리는 우리가 안전한 극장에 있다는 것을 알고 있다. 이것이 드라마에 대한 감정적 반응이 통제를 벗어나지 않는 중요한 이유다. 마침내 극장을 나가려고 일어설 때, 혹시 목이 메거나, 눈물이 나거나, 눈물을 삼킬 수는 있다. 그러나 극장 복도를 나와 집으로 가면서 곧 현실 생활의 세계와 재회하게 된다.

음악과 감정

음악학자들과 심리학자들은 한결같이 그 이유는 잘 알 수가 없지만, 어쨌든 음악이 감정을 불러일으킨다는 것을 인정한다. 지나치게 단순화된 것이기는 하지만, 명랑한 음악적 주제는 요한 슈트라우스의 왈츠처럼 빠른 템포, 가벼운 멜로디, 장조 화음 등에서 생기는 것 같다고 말할 수 있다. 반면 슬프고 고통스러운 음악적 주제는 느린 템포, 묵직한 음악적 진행, 단조 화음 등에서 생긴다고 말할 수 있다. 우리가 아는 바로는, 이제까지 음악이 만드는 감정들을 체계적으로 측정하려 하거나, 음악적 구조와 감정의 관련을 체계적으로 연구한 사람은, 극히 드문 예외가 있기는 하지만 거의 없었다고 할 수 있다.

영화음악은 플롯을 따라가며 행동에 의해 도출되는 감정들을 고양하기 위해 만들어진다. 예를 들어, 공포나 두려움에 초점을 맞추는 플롯을 가진 영화에서는 불길한 배경음악이 계획되며, 군사적 승리에 대한 영화에서는 의기양양한 배경음악, 희극에서는 경쾌한 배경음악이 계획된다. 이것은 작곡가가 이런 분위기를 음악으로 나타내는 방법을 직관적으로 이해하고 있다는 것을 보여준다. 물론 여기 관련된 원칙들은 과학자가 만족할 정도로 확인되지는 않고 있다.

음악이 감정을 일으키는 이유를 밝힌 한 이론에 따르면, 본질적으로 그 이유는 인간의 신경이 설계된 방식에 놓여 있다고 한다. 그러나 신경이 실제로 어떻게 작동되는지는 모호하다고 한다. 음악을 들을 때 신경 시스템이 특정한 음들의 패턴에 어떻게 반응하느냐에 따라 불안을 느끼기도 하고, 분노를 느끼기도 하고, 슬픔을 느끼기도 한다는 것이다. 이런 관점에서 보면 학습은 관련이 없다. 그냥 인간이 그렇게 만들어졌다는 것이다.

이와 반대되는 이론에 따르면 우리는 음악이 과거와 관련을 맺고 있는 방식에서 감정적 의미들을 배운다고 한다. 예를 들어 특별한 훈련이 없으면 서구인들의 귀에 아시아의 음악은 금방 이해되지 않으며, 또 그 역도 성립한다고 한다. 우리는 이전에 분노, 불안, 슬픔, 기쁨의 경험과 관련되었던 음악적 패턴을 들으면 그 감정을 느낀다. 그건 단지 조건형성의 문제라는 것이다.

음악이 어떻게 감정을 전달하느냐 하는 문제는, 오페라의 경우처럼, 음악과 드라마가 결합될 때는 더 복잡해진다. 우리는 레온카발로의 오페라 〈팔리아치〉에 나오는 아리아에서 깊은 감동을 받을 수도 있다. 여기서는 어릿광대가 그의 진짜 아내 네다의 부정(不貞)에 대해 비극적으로 노래를 한다. 그런데 어릿광대가 연기하고 있는 인물도 연극 속에서 똑같은 부정을 경험하고 있다. 이 경우 우리는 설사 음악이 없다 해도 감정적으로 강력한 그의 고통의 이야기에 감동을 받을 수 있을까? 아니면 그 멜로디와 그의 목소리에서 전달되는 애절함에 반응을 하는 걸까?

틀림없이 이야기와 음악은 서로 보완적일 것이다. 둘이 결합되어 가장 완전한 감정적 충격을 준다. 그 오페라에서 가장 감정적인 아리아인 '리디 팔리아치', 즉 '웃어라 어릿광대여'에서 팔리아치는 자기 가슴은 부서지는데도 어릿광대의 희극적인 연기를 할 수밖에 없다고 노래한다. 아리아의 그 부분에 가면 카루소의 목소리도 늘 부서진다. 이것은 그의 상심을 효과적으로 표현하며, 마치 그가 눈물을 흘리는 것처럼 관객에게 감정적으로 영향을 준다. 그러나 아리아의 마지막에 노래가 없는 긴 부분 역시 커다란 감정적인 힘을 가지고 있는 것 같다.

강하게 감동받은 영화나 연극을 생각해보면서 자신의 극적 경험에 대해서도 이런 유형의 분석을 해볼 수 있다. 당신이 누구와 동일시를 하고 있고, 왜 그렇게 하는지를 스스로에게 물어보라. 당신이 경험하는 감정들은 무엇인가? 플롯이 당신 자신의 삶과 당신이 관련을 맺고 있는 갈등과 어떻게 일치하는가? 당신은 그 과정에서 인간 취약성의 원천들을 드러내는 주제를 발견할 수도 있다. 그리고 그런 취약성을 당신 자신에게서 발견하고 그것에서 배울 수도 있다.

미술과 감정

우리는 또 표상적인 그림과 조각의 내용에서 전달되는 개인적 의미들에 감동받는다. 예를 들어 프란시스코 고야의, 나폴레옹 전쟁 동안의 처형을 그린 유명한 〈5월 3일〉을 감정적으로 경험하기 위해 살펴볼 수도 있다. 그러려면 우리는 시간을 들여 거기에 몰두하고, 거기서 일어나고 있는 일의 개인적 의미에 동화되어야 한다. 주의 깊은 관람자들이 보는 것은 하얀 셔츠를 입은 피해자가 전경에서 두 팔을 벌리고 얼굴 없는 총살형 집행대를 바라보는 최종적이고 가망 없는 몸짓이다. 역사가인 케네스 클라크가 말하는 대로, "그의 죽음은 터무니없으며, 그도 그것을 알고 있다." 그 그림을 보면서 경험할 수 있는 감정들에는 악에 의해 유발되는 절망적인 분노, 공포, 불안, 동정심뿐만이 아니라, 화가의 화려한 예술적 재능에 대한 기쁨도 있을 것이다.

비구상적이거나 추상적인 그림과 조각에 의해 전달되는 개인적 의미들은 보통 그것을 보는 사람들에게 분명하지 않다. 그리고 그 감정적 의미에 대해서 자신할 수도 없다. 만일 그 그림들이 상당히 많은 수의 사람들에게 실제로 감정을 불러일으킨다면, 그것은 그것들이 전달하는 상징적인 의미들 때문임이 틀림없을 것이다. 그 의미들은 무의식적인 것이거나 간신히 느낄 수 있는 것이다. 어떤 그림들은 보는 사람들에게 기쁨을 주는 즐겁고 명랑한 디자인들일 뿐이다. 어떤 그림들은 의미와 분위기를 전달하는 일차적인 수단으로 색을 사용하기도 한다.

정신분석학자인 칼 융(원래는 프로이트의 제자였다)은 상징들이 우리가 깨닫지 못하지만 그럼에도 우리 감정에 영향을 주는 보편적 의미들을 전달한다고 주장했다. 가장 분명한 예들 가운데 몇 가지는 봄이나 시초를 상징하는 데 자주 사용되는 알(卵), 에로틱하고 다산적인 기능을 뜻하는 커다란 젖가슴이나 골반이나 배를 가진 고대의 여인상, 질(腹)의 상징인 문, 성적인 상징으로서 남자와 여자가 식사를 하는 것, 남성의 성이나 공격성의 상징으로서의 칼이나 총이나 펜 등이다.

그러나 오늘날 심리학자들은 상징의 의미들이 보편적이라기보다는 개인에 따라 약간씩 다르다고 생각하는 경향이 강하다. 프로이트에게는 꿈이 상징들을 담은 고도로 개인적인 풍경을 드러내는 것이었다. 그리고 정신분석에서는 훈련받은 치료 전문가가 상대방의 자유연상을 통해 이 의미들에 접근할 수 있다.(심리 치료 기법에 대한 논의는 13장 참조) 어쨌든 비구상적인 회화에서 생기는 감정들을 이해하려면 정신의 더 깊고, 상대적으로 접근 불가능한 영역의 특징들을 살펴볼 필요가 있다.

우리는 경외감이나 경이 같은 정신적 상태들은 감정으로 취급하지 않았다. 이런 용어들에는 한 가지 이상의 의미가 있기 때문이다. 그리고 매우 솔직히 말해서, 그것들을 어떻게 처리해야 할지 모르기 때문이다. 경외감은 공포와 관련될 수도 있다. 또는 경이와 기쁨이라는 긍정적인 의미가 있을 수도 있다. 그런 경이와 기쁨은 예를 들어 세상에 대한 발견, 그 광대함, 생명과 지성이라는 은혜로 인한 것이다. 이런 상태는 물론 감정적으로 보이는데, 여러 감정의 혼합물일 수도 있다. 그런 상태를 가리키는 단어들 역시 영적인 함축성이 있다.

화가들이 그린 것, 또는 인상적인 자연의 광경을 볼 때 우리는 경외감, 경이, 신비감, 죽음과 미지의 것에 대한 공포, 평화로움, 믿음과 신뢰에 도움이 되는 정신적인 소속감 등을 느낀다. 이 감정적 반응들은 인간 정신에 대한 이해의 변경(frontier)으로 남아 있다.

미학적 경험의 감정들에서 특히 주목할 만한 것은 다른 모든 감정들과 마찬가지로 우리가 이런 경험들에서 구성하는 개인적 의미들이 감정을 불러일으킨다는 것이다. 그리고 의미를 구성하는 일은 자연스럽게 일어난다는 것이다. 그 의미들은 앞의 다섯 개 장에서 탐사해온 특정한 감정들 각각을 불러일으키는 의미들이다.

미학적 경험의 중요성과 감정적인 힘을 생각할 때, 우리 생활의 감정의 원천으로서의 미학적 경험에 과학적 관심이 거의 기울여지지 않았다는 것은 주목할 만한 일이다. 미학적 경험들이 인간을 감동시켜왔기 때문에 그리스와 셰익스피어의 비극, 현대의 연극과 영화, 이탈리아 르네상스의 회화와 조각, 고전음악 같은 예술적 창조물들이 인간사에서 그렇게 중요한 역할을 해왔을 것이다. 그 창조물들은 감정들을 자극한다. 그 감정들은 인간 경험에서 영구한 것이다. 플롯과 등장인물들의 세목은 변할 수도 있다. 그러나 이런 작품들이 유도하는 감정들 때문에 그것들이 인간 사회에서 지속성을 가지게 된다.

2부
감정을 이해하는 방법

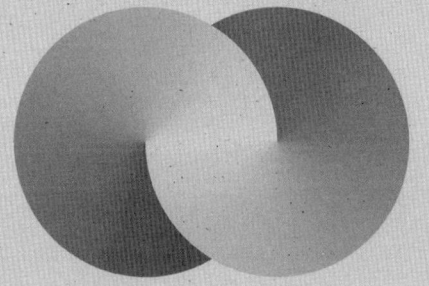

7장

감정의 구성 요소

각 감정의 독특한 플롯을 보았으니, 이제 이 감정들 모두의 공통점에 대한 논의로 들어가 감정의 구성 요소들을 살펴보기로 한다. 이제 우리가 구성하는 개인적 의미가 우리가 경험하는 감정을 형성한다는 것을 알게 되었다. 감정들이 비합리적이기는커녕, 지능을 가진 존재의 사고 과정에서 나오는 것임을 보았다. 이제 분명해진 것은 인간에게 감정과 생각은 불가분이라는 것이다. '감정과 생각이 심리학적으로 어떻게 작동하는가' 하는 것이 이 장에서 살펴볼 내용이다.

구성 요소들

감정의 구성 요소들은 여섯 개의 심리적 요소다. 여기에는 (1) 개인적 목표들의 운명 (2) 자아나 에고 (3) 평가 (4) 개인적 의미 (5) 자극 (6) 행동 경향 등이 포함되며, 이들을 차례로 살펴보겠다. 대처는 일곱 번째 요소로 간주할 수 있다. 그러나 대처는 인간의 적응에서 독특하고 아주 중요한 것이기 때문에, 다음 장에서 별도로 다루겠다.

개인적 목표들의 운명 : 무엇이 감정에 동기를 부여하는가?

생활의 모든 측면이 감정을 포함하는 것은 아니다. 아무런 감정 없이 아침 식사를 준비할 수도 있고, 개를 산책시킬 수도 있고, 차를 타고 출근할 수도 있고, 식당에 들러 점심을 먹을 수도 있고, 아이들을 데리고 학교에 갈 수도 있고, 동료나 친구들과 잡담을 할 수도 있고, 텔레비전을 볼 수도 있다. 물론 이런 행동을 하려면 약간의 자원을 결집해야 하며, 또 모호하더라도 어떤 계획을 가지고 있어야 한다.

그러나 이런 행동들은 유쾌하거나 편안할 수는 있지만, 그 자체로는 감정을 포함하지 않는다. 때때로 우리는 설사 약한 상태라 하더라도 늘 감정적이라는 주장이 제기되어왔다. 그러나 우리의 일반적 경험 가운데 많은 부분은 중요한 감정 없이 이루어진다. 하나의 감정이 일어나는 데 핵심적인 것은 목표가 위태롭다는 것이다. 다른 말로 하면, 우리는 감정적인 상황에서는 뭔가를 얻고자 하는 동기를 가지고 있거나, 아니면 원치 않는 어떤 일이 일어나는 것을 막고자 하는 동기를 가지고 있다. 그러나 비감정적인 상황에서는 그렇지 않다.

감정을 일으키는 데는 두 가지 동기부여 요소들이 필요하다. 첫째, 어떤 사건 때문에 평범한 상황이 개인적인 해로움이나 이익과 관련된 상황으로 바뀌어야 한다. 바꾸어 말하면, 감정적인 상황은 우리가 일어나기를 원하거나 원하지 않는 뭔가를 건드린다는 것이다. 우리는 어떤 목적을 달성하기 위해 열심히 노력한다. 그런데 어떤 상황에서 만난 상대가 달성을 촉진하거나 위협하거나 좌절시킨다. 목표가 중요하면 할수록, 즉 우리가 어떤 일이 일어나거나 일어나지 않는 것을 더 바라면 바랄수록, 감정도 더 강해질 것이다. 의미 있는 목표가 걸려 있지 않다면, 다른 사람이나 물리적 환경과 만나는 상황이라 해도 감정은 일어나지 않을 것이다.

둘째, 목표의 운명을 판단하는 방식에 따라 감정이 긍정적(이익이 되는 것)이냐 부정적(해가 되는 것)이냐가 달라진다.

이 두 요소가 합해져서 하나의 상황을 감정적인 것으로 만들기도 하고, 나아가 상황을 긍정적으로 느낄 것이냐, 부정적으로 느낄 것이냐를 결정하기도 한다. 2장부터 6장까지 나왔던 사례들을 다시 생각해본다면, 감정의 경험은 개인적인 목표가 걸려 있을 때, 그 목표를 달성하는 것을 훼방하거나 촉진하는 무슨 일이 일어날 때 발생한다는 것을 알 수 있을 것이다.

직장까지 차를 몰고 가는 일상적인 일도, 중요한 약속이 있고 시간도 얼마 남지 않았는데 교통체증에 걸려버리면 불안을 자극할 수 있다. 이런 상황에서 방해를 받는 목표는 정각에 도착해서 당면한 중요한 일을 처리하는 것이다. 그러나 제때 집에서 출발했고 아침에 예정된 약속이 없다면, 평소처럼 아무 특별한 감정 없이 천천히 직장에 나가게 된다. 그리고 일찍 떠났는데 교통 체증에 걸렸다면, 서두를 이유가 없기 때문에 신경을 쓰지 않을 수도 있다.

이런 예들에서 우리는 상황의 개인적 의미가 변하여 해로움이나 이익을 낳게 되면 감정이 일어난다는 것을 알 수 있다. 목표가 충족되어 개인적 이익을 얻게 되면 긍정적인 감정을 겪는다. 어떤 목표가 좌절되면 부정적인 감정을 겪는다. 모든 종류의 감정은 개인적 목표들의 운명에서 흘러나온다. 따라서 일상적이고 비감정적인 활동도 감정적이 될 수 있다. 상황에서 구성하는 의미가 일상적 사건에서 해로움이나 이익으로 바뀌어, 긍정적이거나 부정적인 감정을 경험하게 되기 때문이다.

자아나 에고

자아라는 말은 보통 자신이 어떤 사람인지에 대해 스스로 가지고 있는 이미지, 즉 우리의 개성에서 'me'를 가리킨다. 우리 모두 자신에 대해 어떤 종류의 그림을 가지고 있다. 그것은 발달하는 동안, 그리고 평생 동안 다른 사람들이 우리에게 가지고 있는 것으로 여겨지는 인상들에 영향을 받는다. 예를 들어, 부모나 교사들은 우리가 멍청하다거나 똑똑하다고, 잘생겼거나 못생겼다고, 게으르거나 활기차다고 하는 메시지를 전달할 수 있다. 그것이 자아상의 기초가 된다.

에고는 무엇을 할 것인가, 세상과 어떻게 관계를 맺을 것인가를 결정하는 'I'를 가리킨다. 이것은 우리의 일들을 책임지고 있는 일종의 행정관이다. 에고는 내부의 많은, 또 종종 모순된 경향들을 한데 묶는다. 에고는 우리를 인생에서 계속 앞으로 나아가게 한다. 여남은 개의 우연적인 방향으로 이리저리 날아다니는 것이 아니라 대체로 항상적인 길을 걷도록 한다. 에고는 또한 우리가 늘상 혼란을 겪고, 괴로워하고, 기능 부전을 보이는 대신, 일관된 행동을 하는 통일적인 사람으로 기능하도록 만들어준다.

자아와 에고는 흔히 서로 바꿔 쓰인다. 이 책에서도 다른 사람의 말을 인용할 때는 자아나 자존심이라는 표현을 쓴다. 그러나 대부분의 경우 우리는 에고, 자아정체감, 정체성 등의 말을 사용하는데, 이것들은 그 의미가 같다. 이것들은 우리가 누구고, 우리가 사회적 세계와 맺는 기능적 관계가 무엇인지 확인해준다.

유명한 철학자이자 심리학자인 윌리엄 제임스는 그의 글에서 자아라는 말만 사용했으며, 그것을 그의 심리학의 중심에 세워놓았다.

> 심리학의 직접 자료로 취급되어야 할 것은 생각이라기보다는 개인적 자아다. 보편적으로 의식되는 사실은 감정과 생각들이 존재한다는 것이 아니라, 내가 생각하고 느낀다는 것이다. 어쨌든 어떤 심리학도 개인적 자아의

존재에 대해서는 의문을 제기할 수 없다. 우리가 자연스럽게 다루는 의식의 유일한 표현들은 개인적인 의식, 정신, 자아, 구체적이고 특정한 나와 당신에서 찾을 수 있다.

통합되고 안정된 자아정체감은 심리적 구성의 중요한 부분이다. 또 그것은 감정생활에 영향을 준다. 어른의 감정들은 종종 그 자아정체감을 지키고 고양하는 목표가 실현되었기 때문에(긍지에서처럼), 또는 좌절되었기 때문에(분노, 죄책, 수치심에서처럼) 일어난다. 자아정체감이 우리가 경험하는 감정들에서 얼마나 중요한가를 보기 위해서는 앞 장들에서 나온 몇 가지 감정들을 기억해보는 것으로 충분할 것이다.

우리는 정체성이 다른 사람에게 모욕을 당할 때 분노를 느낀다. 실제 모습이나 되고 싶어 하는 모습보다 못한 사람으로 여겨짐으로써 굴욕을 경험할 때가 그런 경우다.

질투라는 반응의 가장 일반적인 이유는 성적인 부정(不貞)이다. 우리는 이를 개인적인 배반으로 여긴다. 서구 문화에서, 그리고 수많은 문화에서, 성적인 부정은 무엇보다도 개인적 권리나 특권이라고 여기는 것에 대한 공격이다. 질투라는 감정에서는 잔인하게 보복하고자 하는 충동이 생긴다. 이것은 상처받은 에고에서 나온다. 오셀로의 질투를 생각해보라.

반면 불안은 질투와 비교할 때 더 미묘하다. 우리는 자신과 세계에 대한 개인적 의미(우리의 심리적인 존재의 핵심)가 위협을 받을 때 불안을 느낀다. 3장의 젊은 치료 전문가의 예를 생각해보라. 그의 자기 자신에 대한 규정은 아는 것 많고 유능한 사람이었다. 그런데 갑자기 그의 치료 그룹을 통제하지 못하는 상황에 직면했다. 삶의 나쁜 조건에 의해 야기되는 감정들 각각도 이와 마찬가지다.

긍정적인 측면을 보자. 자아정체감이 공로라고 말할 수 있는 우리의 업적에 의해 고양될 때 우리는 긍지를 느낀다. 마시아 부인과 그녀 인생의 빛이었던 아들에 대해 생각해보라. 또는 누가 우리의 성실성을 모욕하지 않으면서 자발적으로 은혜를 베풀 때 우리는 감사를 느낀다. 교수가 관대하게 보수를 줌으로써 편하게 공부를 할 수 있었던 가난한 대학생을 기억해보라. 사랑의 경우 우리는 파트너에게 긍정적인 존중을 얻고 싶어 한다. 이 모든 감정에 에고가 깊이 관련되어 있다.

평가

지능을 가진 생물들은 그들 주위의 세계를 지각하고 이해한다. 그들은 생존하고 번창하기 위해 상황이 그들의 복지에 의미가 있는지 없는지, 또 어떤 식으로 의미가 있는지 판단해야 할 필요가 있다. 개인적인 의미가 없다면 감정은 없다. 평가는 이런 의미에 대한 판단이다. 평가는 감정이 의존하는 주된 추론 과정이며, 감정 과정의 핵심이다. 우리는 2~6장에서 자주 그 이야기를 했다. 포유류, 조류, 사람을 포함한 영장류는 그들의 복지를 위해, 또 복지를 보호하고 발전시키기 위해 해야 할 일들에 대한 실마리를 찾고자 환경과 그들 자신을 늘 살펴본다.

평가는 지능에 의존한다. 또 세상일이 돌아가는 방식에 대한 지식에 의존한다. 우리는 유아 시절부터 어떤 사건이 일어나면, 그다음에 무슨 일이 일어날 가능성이 높은가, 그리고 그것을 어떻게 처리해야 할 것인가를 배운다. 모든 생물은 그들의 완전성에 대한 위협을 처리해야 한다. 그런 위협은 육식동물에게서 올 수도 있고, 병에서 올 수도 있고, 사고에서 올 수도 있다. 그들은 또 번창할 기회들을 활용해야 한다.

인간은 미래를 예측하고 또 미래를 위해 계획을 세울 수 있다. 우리는 우리의 관심사를 포착할 수 있고, 일어나기를 바라는 일과 바라지 않는 일에 영향을 줄 수 있다. 이런 능력 때문에 우리는 매우 복잡한 사회와 관계를 맺을 수 있다. 그리고 풍부한 감정생활도 할 수 있다.

평가는 두 가지 주요한 판단으로 이루어진다. 첫째, 일어나고 있는 일에 우리와 관련된 뭔가가 걸려 있는지 아닌지 판단해야 한다. 걸려 있다는 것은 어떤 목표가 관련되어 있다는 것이다. 예를 들어 카지노 도박에는 보통 돈이 걸려 있다. 걸려 있는 것이 없다면, 일어나고 있는 일을 처리하는 행동은 요구되지 않으며, 감정도 일어나지 않을 것이다. 그렇다면 그 상황은 적어도 지금으로서는 복지와도 관련이 없을 것이다. 그러면 우리는 그 상황과 아무 관련 없이 남아 있을 수 있다. 그러나 결과에 개인적인 이해관계가 걸려 있다면, 우리는 무관심한 태도를 유지하지 못하고 말려들 것이고, 더불어 감정도 일어날 것이다.

둘째, 만일 어떤 상황이 개인적 복지에 중요하다고 판단했다면, 그것을 처리하기 위해 선택 가능한 것들을 평가해보아야 한다. 무엇을 해야 할 것인가? 그것이 효과가 있을까? 해야 할 일을 할 수 있을까? 다양한 행동 경로의 결과들은 무엇일까? 그것들이 안전할까? 어떤 것이 최선일까? 따라서 평가에는 어떻게 문제에 대처할 것인가에 대한 가치판단이 포함된다.

만일 고층 호텔에 묵고 있는데 불이 나서 잠이 깼다면, 재빨리 가장 가까운 곳에 있는 출구 위치를 확인해야 한다. 들어오면서 방문에 붙어 있는 게시물을 읽어두었을 수도 있다. 그렇다면 어느 쪽으로 가야 할지 알 수 있을 것이다. 그런 긴급 상황에서 머릿속은 무엇을 해야 하고 하지 말아야 하는가에 대한 경고들로 꽉 차게 될 것이다. 예를 들어 엘리베이터보다는 계단을 이용하라든가, 문을 조심해서 열라든가, 연기를 들이마시지 않도록 젖은 수건으로 코와 입을 가리고 바닥을 기라든가 등등.

참담한 화재에 대해 읽은 것들이 기억날 것이고, 불을 위험한 것으로 평가할 것이다. 따라서 불안을 느끼거나 공포를 느낄 수는 있지만, 적어도 적당하게 행동할 준비는 되어 있을 것이다. 평가는 특정한 환경과 부딪혔을 때, 또는 전체적인 삶에서, 현재 우리가 어떻게 하고 있는지, 앞으로 잠재적인 해로움과 이익을 어떻게 처리해야 할 것인지에 대한 복잡한 판단이다. 감정은 이런 평가에 의존한다.

평가는 단지 환경에 대해 수동적으로 정보를 받는 것만이 아니다. 그것은 늘 개인적 특징과 환경의 특징의 적극적인 교섭이다. 개인적 특징에는 개인의 목표와 믿음 같은 것이, 환경의 특징에는, 예를 들어 우리가 상호작용하는 사람의 종류 같은 것이 있을 것이다. 만일 원하는 것에만 관심을 기울인다면, 욕망에 따라서 반응하게 될 것이다. 하지만 그 욕망은 현실과 절연될 것이기에 아무것도 얻지 못할 것이다. 만일 환경적인 요구, 강제, 자원에만 관심을 기울인다면, 외적 세계에 대한 노예가 될 것이고, 욕구 충족을 이루지 못할 것이다. 양쪽 극단 모두 문제를 일으키며, 불필요한 고통과 기능장애를 유발할 수 있다.

복잡한 세계에서 이런 교섭은 결코 쉽지 않다. 그리고 어떤 상황에서 성공과 실패의 차이, 건전한 감정생활과 현실에서 빗나간 감정생활의 차이에서 그 효과성이 결정된다. 이런 교섭이 어려운 이유 가운데 하나는 감정적 상황들이 종종 모호하다는 것이다. 그래서 무엇을 생각하고, 느끼고, 해야 할지가 불확실한 경우가 많다. 또 하나의 이유는 이런 상황들이 종종 매우 복잡하다는 것이다. 그래서 관련되어 있는 모든 것에 주의를 기울일 수가 없다. 따라서 선별적이 될 수밖에 없다. 하지만 그러다가 엉뚱한 것들에 주의를 기울이면 나쁜 결정을 내리기가 쉽다.

상황의 불확실성은 사람들이 상황을 서로 다르게 해석하는 주된 이유들 가운데 하나다. 사람들은 다양한 목표와 믿음을 가지고 있기에, 하나의 현실이 존재하는 것이 아니라 많은 현실이 존재한다. 하나의 사건을 두고 다르게 평가하는 예를 하나 들어보자. 두 여자가 식당에 앉아 있는데, 그들이 함께 아는 친구의 남편이 젊고 예쁜 여자와 함께 있는 것을 보았다. 둘은 친밀한 대화에 몰두해 있었다. 상황은 모호했다. 한 사람은 그 상황이 친구 남편이 바람을 피우는 것이라 해석했기에 화가 났다. 또 한 사람은 그 가족을 잘 알고 있었는데, 그 여자가 시골에서 올라온 남편의 조카라는 것을 알아보고 아무런 감정을 느끼지 않았다. 똑같은 사건이지만, 두 개의 평가가 있었고 두 개의 서로 다른 감정적 반응이 있었던 것이다.

행동과 작용에 영향을 주는 것은 실제로 일어나고 있는 사건, 즉 객관적 현실이 아니다. 그것을 해석하는 방식이다. 셰익스피어의 《햄릿》에 나오는 말을 인용하면, "선한 것이나 악한 것은 없고 생각이 그렇게 만들 뿐이다." 아름다움(또는 추함)은 보는 사람 눈에 달렸다는 말을 자주 듣는데, 그것은 상당히 타당한 말이다.

개인적 의미

감정을 일으키는 개인적 의미는 평가의 산물이다. 감정을 일으키는 개인과 환경의 관계는 다른 사람들과 더불어 일어나는 관계다. 그 다른 사람들이란 부모, 자식, 형제, 연인, 친구, 돌보는 사람, 상사, 부하, 교사, 학생, 경쟁자 등이다. 이것은 개인적 의미 역시 관계적이라는 뜻이다. 즉 관계들이 우리의 복지에 어떤 영향을 주느냐와 관련이 있다는 뜻이다.

삶에서 어떤 사람들은 우리에게 엄청나게 중요하다. 우리는 그들이나 그들이 원하는 것을 위해 헌신하며, 그렇기 때문에 그들의 행동과 반응이 우리에게 큰 힘을 가진다. 그들은 우리가 원하는 것을 얻도록 도와주기도 하지만, 동시에 우리가 원하는 것을 얻지 못하도록 좌절시킬 수도 있다. 예를 들어 결혼에서 우리는 그 관계에서 일어나는 다양한 사건들에 아주 다양한 감정으로 반응한다. 파트너들이 서로에게, 또 그들이 함께 처리해야 하는 사건들을 놓고 행동하고 반응하는 것에 따라 개인적 의미들은 계속 바뀐다. 여기서 아침 식사 때 심한 말다툼을 했지만, 결국 일련의 죄책감, 불안, 사랑의 느낌을 경험하게 된 부부의 분노에 대해 다시 생각해보라. 감정은 각 배우자가 서로 상호작용한 것에서 끌어내는 의미에서 생긴다.

감정이 근본적으로 개인적 의미에 대한 반응이라고 하는 말의 의미가 무엇인지 더 자세히 살펴보자. 여기서 개인적 의미란 어떤 관계의 변화하는 의미들과 관련된 것이다. 우리가 하나의 감정으로 반응하기 위해서는 원하는 목표가 있고, 거기에 그 성취에 해롭거나 이로운 행동이 결합되어야 한다. 하나의 행동이 모든 사람을 당황하게 한다거나 하는 식으로 똑같은 영향을 주는 것은 아니다. 예를 들어 모욕은 남들이 좋은 쪽으로 보아주기를 간절히 원하는 사람에게는 참담한 것이다. 그러나 모욕하는 사람이 자신을 어떻게 보든 상관없는 사람이나, 모욕이 사소한 것이고 심지어 웃어넘길 만한 것일 경우에는 대수롭지 않은 일일 수도 있다.

상황의 개인적 의미는 관계에 속한 다른 사람이 어떻게 행동하느냐에 달려 있다. 우리의 목표들, 그리고 우리 자신과 세계에 대한 믿음, 그리고 우리가 관계를 맺고 있는 다른 사람의 행동, 이런 것들이 결합되어 감정을 일으키는 개인적 의미를 만들어낸다.

당신이 사랑하고 또 사랑받고 싶어 하는 사람이 당신을 불쾌하게 하는 어떤 말을 한다고 해보자. 당신은 애인이 당신에게 보여주는 부정적인 감정적 태도를 심각하게 받아들일 필요가 없다고 생각할 수도 있다. 애인이 병으로 인한 스트레스나 그날 이전에 있었던 일련의 좌절에 반응을 하는 것이라고 생각할 수도 있기 때문이다. 이때의 개인적 의미는 무례한 행동이 아니라, 사랑하는 사람에게 인내와 동정심이 필요하다는 표시가 될 것이다. 만일 이런 식으로 상황을 평가한다면, 당신은 상처를 받았다고 느끼거나 화를 내지 않을 것이고, 혹시 그런 느낌이 들더라도 저항하게 될 것이다. 그 불쾌한 행동에 보복을 해서는 안 된다는 것을 알기 때문이다. 심지어 당신이 사려 깊지 못하거나 무감각해서 사랑하는 사람의 짜증을 자극하는 데 일조한 것일지도 모른다고 느낄 수도 있다. 어쩌면 죄책감까지도 느낄지 모른다.

반면 어떤 사람들은 그처럼 거리를 둔 관점, 또는 동정적인 관점을 취하지 못할 수도 있다. 어쩌면 그들은 너무 취약할 수도 있다. 또는 오랫동안 고통을 겪는 관계가 계속되었을 수도 있다. 이런 경우에는 상대방 행동의 개인적 의미가 부당한 모욕이 된다. 당신은 화가 나며, 자신의 상처받은 에고를 회복하기 위해 복수하려는 충동을 느끼게 된다. 그러나 당신이 보복하기 위해 하는 말은 사랑하는 사람에게 깊은 상처를 줄 수도 있다. 그래서 당신이 사랑하는 사람은 괴로워 울음을 터뜨릴 수도 있다. 이렇게 되면 개인적 의미는 상대방의 무례한 모욕에서 당신이 나쁘게 행동했다는 것으로 즉시 바뀐다. 의미의 이런 변화는 죄책감을 낳으며, 처음의 화는 사라져버린다.

따라서 개인적 의미, 그리고 그와 관련된 감정들이 순간마다, 상황마다, 사람마다 계속 바뀌면서, 상황의 바뀐 의미를 표현한다는 것을 알 수 있다. 사건들의 흐름에 따라 쉽게 바뀌는 개인적 의미들은 모든 감정의 핵심에 놓여 있으며, 감정의 유동성에 기여한다.

수많은 조사 연구들이 어떤 상황에서 일어나는 감정의 의미는 한편으로는 우리가 무엇을 원하고 믿느냐에 달려 있고, 또 한편으로는 상황의 성격에 달려 있다고 지적한다. 학교 시험에서 유발된 스트레스에 대한 고전적인 연구를 통해 이 점을 설명해보겠다. 연구자는 스트레스 때문에 위에서 위산이 분비되어 위궤양이 일어난다는 사실을 연구하고 싶었다. 연구자는 예일 대학 남학생 일곱 명에게 염산 측정을 위한 튜브를 삼키도록 했다. 이 실험은 4학년 남학생들이 스트레스를 받지 않는 시기에 처음 이루어졌다. 그리고 졸업 직전 중요한 시험 날에 다시 이루어졌다.

그 결과 다섯 명의 학생이 시험 스트레스로 인한 많은 염산 분비를 보여주었다. 그러나 두 학생의 경우에는 놀랍게도 염산이 증가하지 않았다. 두 학생을 대상으로 신중한 인터뷰가 이루어졌다. 결국 반응을 보이지 않은 두 학생 가운데 하나는 C학점을 받는 것으로 만족하는 학생이었다는 것이 밝혀졌다. 이 학생은 학점에 큰 신경을 쓰지 않았으며, 따라서 시험이 닥쳐도 불안하지 않았던 것이다. 반응을 보이지 않은 또 한 명의 학생은 이미 원하는 의대에 합격한 상태였다. 그 역시 그 시험 결과가 자신에게 해로움을 주지 않을 거라고 느꼈다.

개인적인 목표와 그들 상황의 특수한 성격 때문에 두 학생에겐 시험이 위협적이지 않았다. 그들에게 이 시험은 단지 학교를 마치고 졸업하는 형식적인 요구 사항에 지나지 않았던 것이다. 다른 모든 학생은 시험과 관련하여 상당히 불안해했다. 그 결과 위에서 위산 분비가 상당히 증가했다.

여기서 어떤 사람들은 불안을 느끼는 상황에서 왜 어떤 사람들은 불안을 느끼지 않는지 알 수가 있다. 두 학생의 경우는 특별한 목표와 믿음 때문에 시험의 개인적 의미, 따라서 감정적인 반응이 다른 학생들의 경우와 달랐던 것이다. 개인적 의미를 평가할 때는 두 요인을 고려해야 한다. 첫째는 목적과 믿음 같은 개인적인 특징과 요구. 둘째는 부담, 강제, 기회 등 개인들이 처하게 되는 환경적 상황.

이것을 보면서 다시 이 책의 중심 주제로 돌아오게 된다. 즉 각각의 감정은 나름대로의 독특하고 극적인 플롯을 가지고 있으며, 그것이 의식적이든 아니든 거기에 부여하는 개인적 의미를 드러낸다는 것이다. 각 감정, 예를 들어 분노, 불안, 행복, 긍지 등등을 이해하기 위해서는 우리가 한 역할을 하는 극적인 플롯을 확인할 필요가 있다. 2~6장에서 이 플롯들과 이것들이 일으키는 감정들을 자세히 논의했다.

자극

이제 지금까지 설명한 네 가지 요소에 의존하고 있는 감정의 자극을 볼 준비가 되었다. 자극은 단 하나의 사건, 즉 그것을 경험하는 개인에 의해서 개인적으로 의미가 있다고 여겨지는 하나의 사건을 가리킨다. 그 사건은 물리적 환경이나 사회적 환경 어느 쪽과도 관련될 수 있다.

자극에는 네 가지 유형이 있다.

첫째, 특정한 피해나 이익을 낳거나, 아니면 이런 결과들 가운데 하나에 대한 기대를 낳는 어떤 현실적 사건. 피해가 아직 일어나지 않고 예상만 되고 있을 때, 그것은 위협이라고 부른다. 개인적·사회적 모욕으로 받아들여지기 때문에 분노를 일으키는 말이 그런 예가 될 수 있다. 또는 고용이라는 결과를 낳아 행복이나 긍지를 불러일으키는 취업 인터뷰도 그런 예가 될 수 있다.

둘째, 기존의 손해를 제거하지 못하거나, 바라던 이익을 유지하지 못하는 사건. 배우자, 연인, 또는 직장 상사의 태도를 어떤 식으로든 바꾸려고 의도한 대화가 한 예다. 예를 들어 우리는 항상 우리를 비난하는 듯한 태도를 보이지 말아달라고 이야기할 수 있다. 그러나 그런 대화가 원하는 효과를 얻지 못할 수 있다. 화제를 부적당하게 또는 적대적으로 꺼냈기 때문일 수도 있고, 목표로 삼은 인물의 고집스러움 때문일 수도 있다. 그 결과 더 많은 비난을 받게 되고, 나아가 분노, 수치감, 슬픔 등을 느끼게 된다.

셋째, 미래의 해롭거나 유익한 상황의 전조가 되는 사건, 따라서 긍정적이거나 부정적인 감정을 낳을 수 있는 사건. 집세가 오르고 있어서 가계에 부담을 줄 것이라는 소식이나, 다니고 있는 회사에서 곧 대량 감원이 있을 것이라는 소식이 그런 예가 될 수 있다. 이런 사건들은 불안을 낳을 수 있다. 또 하나의 사례는 감원이 있을 거란 소식이 있었지만 다행히도 회사의 이윤이 높아져서 그 소문이 현실화되지 않을 수도 있다. 따라서 안도감이나 기쁨을 낳을 수 있다.

넷째, 다른 사람이 기대했던 협력적인 말이나 행동을 하지 않는 경우. 이것은 바라던 사건이 없어서 감정이 일어나는 경우다. 칭찬이 없다는 것도 그 개인적 의미를 어떻게 평가하느냐에 따라 우리를 화나게 하거나 불안하게 할 수 있다. 마찬가지로 다른 사람에게서 그와 우리의 관계에 대해 안심시켜줄 수 있는 애정 표현이 오지 않을 때도 화나 불안을 낳을 수 있다. 그것이 없다는 것은 사랑이나 감사를 받지 못한다는 뜻일 수 있기 때문이다.

사실상, 아무 사건이 없다는 것, 우리가 기대하고 바라고 필요로 했던 일이 없다는 것 자체를 하나의 사건으로 취급할 수 있다. 그것은 괴로운 감정의 자극이 될 수 있다. 우리는 상대방에게서 긍정적인 피드백을 원하거나 요구한다는 것조차 인정하지 않을 수 있다. 그러면서도 그것이 없는 것으로 인해 괴로움과 실망을 느낄 수도 있다. 그것은 요구가 충족되지 않았음을 보여준다. 그런 상황에서 느끼는 감정은 우리와 상대방의 관계의 심리 역학에 대해 뭔가를 가르쳐줄 수 있다. 물론 우리는 이를 인정하지 않을 수도 있고, 인정하고 싶어 하지 않을 수도 있다.

대부분의 감정적 관계에서 자극을 찾고자 할 경우, 그 작업은 즉각적인 상황에서 시작해 관계의 더 큰 역사로, 관련자들의 인격으로까지 멀리 나아갈 수도 있다. 일시적인 자극처럼 보이는 것이 사실은 지속적이거나 되풀이되는 개인 간의 갈등이 표출된 것일 수도 있다. 따라서 어떤 감정의 자극 이유를 당장 진행되고 있는 일에서만 찾으려고 할 때, 이 배경의 역사가 차지하는 중요한 비중을 파악하지 못할 수도 있다.

사춘기의 감정을 연구하는 경우를 생각해보자. 사춘기 청소년들이 부모와 충돌할 때 생기는 분노, 그리고 이런 충돌에서 되풀이하여 나타나는 생각들은 부모 자식 관계라는 장기적인 인간관계의 스트레스에 의해 강한 영향을 받을 수도 있다. 감정적인 반응은 눈앞의 사건들에서도 영향을 받지만, 과거의 패턴과 현재 진행 중인 패턴에서도 큰 영향을 받는다.

과거의 감정적 사건에 대한 기억도 하나의 자극이 되어 현재에 똑같은 감정을 일으킬 수 있다. 자극을 감정적 의미를 전달하는 사건이라고 정의했는데, 기억이 자극이라는 것은 이 정의와 모순되는 것으로 보인다. 보통 과거의 기억은 현재의 사건으로 생각하지 않기 때문이다. 그러나 기억들은 우연히 생기는 것이 아니다. 과거에 있었던 일을 상기시키는 무슨 일인가가 현재에 일어난 것이다. 어떻게 해서 이렇게 되는가?

그 답은 우리들 생활의 문제와 성취 대부분은 새로운 것이 아니라 계속 되풀이하여 일어나는 경향이 있다는 것이다. 그것은 사람들이 늘 애를 쓰는 적응의 기본적인 주제들을 이루고 있다. 사랑을 받거나 거부당하거나, 강력하거나 힘이 없거나, 승리를 거두거나 피해자가 되거나, 의식하지 않을 수도 있지만 그것들은 개인적 경험에서 되풀이되는 패턴이었기 십상이다. 세목들은 다를지 모른다. 그러나 핵심적인 유사성은, 설사 그것을 의식하지 못할지 몰라도, 늘 현재를 과거와 연결한다.

따라서 어떤 사건이 상기시킨 과거의 기억이 아니라, 현재의 그 사건을 자극으로 고려해야 한다. 우리는 생활에서 일어나는 사건들을 해석하는 방식에서 일관성을 가지는 경향이 있다. 따라서 똑같은 감정적 플롯의 많은 부분이 되풀이되는 경향이 있다.

행동 경향

많은 감정들, 예를 들어 공포와 분노는 어떤 특정한 방법으로 행동하고자 하는 강력한 생물학적 경향들을 일으킨다. 이것은 우리가 동물 조상들에게 물려받은 것이다. 행동 경향은 꼭 어떤 신체적 행동에 의해 규정되는 것이 아니라, 어떤 행동이 심리적으로 우리를 위해 무엇을 해주느냐에 의해 규정된다. 예를 들어 위험에서 물러나거나, 공격적인 사람에게 그가 당연히 받아야 할 벌을 주는 것 등.

우리는 분노를 느낄 때, 그 분노를 일으킨 모욕을 가한 사람을 공격하고 싶은 저항하기 힘든 강한 충동을 느낀다. 우리는 보복하고 싶어 하고, 복수하고 싶어 하고, 상처받은 자존심을 회복하고 싶어 하고, 우리를 모욕한 사람을 처치하거나 파괴하고 싶어 한다.

그리고 공포에 사로잡혔을 때 위험에서 달아나고 싶은 거의 저항할 수 없는 충동을 느낀다. 특히 공격으로 그것을 극복할 수단이 없을 때 그렇다. 공포는 종종 분노의 대응물 노릇을 한다. 따라서 우리는 마치 번갈아 겁을 집어먹었다가 용감하게 분노했다 하는 초라한 짐승처럼, 상황에 따라 위협하고 공격하는 것과 달아나는 것 사이에서 왔다 갔다 할 수도 있다. 우리는 수치심을 느낄 때, 우리가 저지른, 수치심을 느끼게 만든 행동을 감추고 싶어 한다. 우리는 죄책감을 느낄 때, 도덕적 금지를 위반한 행동을 씻고 싶어 한다. 우리는 행복할 때 개방적이 되고 싶은, 즉 다른 사람들과 우리의 행운을 공유하고 싶은 강한 충동을 느낀다. 긍지를 느낄 때, 우리는 모든 사람들에게 좋은 소식에 대해 말하고 싶다.

슬픔을 비롯한 몇 가지 감정에서는 어떤 행동 경향을 관찰하는 것이 좀 어렵다. 슬프다는 것은 상황이 변하기 힘든 것으로 간주하고 그 상황을 수용한 상태기 때문이다. 우리는 무력하다. 아무것도 할 수 있는 일이 없다면, 행동하고자 하는 강한 충동도 없을 것이다. 그러나 우리의 몸짓언어는 축 늘어진 어깨와 숙인 머리와 느린 동작으로 상실감과 무력감을 표현한다고 말할 수 있다. 행복감을 느낄 때는 반대의 몸짓언어가 발견된다. 행복감은 개방적 태도와 자신의 행운을 공유하고자 하는 외향적인 충동으로 표현된다.

행동 경향들은 종(種)과 개인의 생존에 도움이 되는 경우가 많다. 예를 들어 원숭이 새끼가 어미한테서 버림을 받아(어미가 죽거나 했기 때문에) 우는 애처로운 소리나 광경 때문에 어른 원숭이들은 무력한 새끼를 도우러 오게 된다. 울음에 대한 이런 감정이입적 반응 덕분에 새끼는 생명을 구할 수도 있다. 사람들도 같은 식으로 반응한다. 또 얼굴 표정이나 몸짓에 분노를 표시하며 공격하고자 하는 충동이나, 위험에 처했을 때 겁이 나서 달아나고자 하는 충동은 위험에 처한 많은 동물들의 생명을 구해주었음에 틀림없다.

우리에게 내재된 행동 경향은 8장에서 논의될 대처와 생물학적으로 유사한 것으로 생각될 수도 있다. 차이가 있다면, 생물학적 형태로 나타나는 행동 경향은 생각이나 계획 없이 일어난다는 것이다. 그것은 동물 조상에게서 물려받은 자동적인 부분이다. 반면 대처는 의도적이고 심리적인 것이다. 그것은 종종 문제에 대처하기 위해 무엇을 할 수 있고 해야 하는가에 대한 생각을 요구한다.

복잡한 사회에서는 충동에 따라 행동하는 것에 신중할 필요가 있다. 따라서 감정에 의해 유발된 행동 경향들에 대처하는 것은 분명 중요한 일이다. 다른 사람을 공격하는 것은 위험할 수 있다. 그런 행동은 특정한 사회적 배경에서 어떤 것이 합리적이고 또 용납되는 것인가에 대한 고려, 또는 그것들이 원하는 것을 얻는 데 유용한가 아닌가에 대한 고려에 기초하여 통제될 필요가 있다. 때때로 완전히 억제될 필요도 있다.

행동 경향들은 매우 강력하여 억누르기도 어렵고, 효과적인 사회적 행동으로 바뀌기도 어렵다. 충동적이 된다는 것은 심각한 곤경에 처할 위험을 무릅쓴다는 것이다. 우리는 흔히 결과에 대해 생각하기 전에 행동부터 하는 것을 얕본다. 어떤 사람들은 감정에서 일어나는 충동을 억누르는 데 특히 어려움을 겪는다. 어떤 사람들은 너무 통제가 잘되어, 자연 발생적인 면이라고는 찾아볼 수가 없는 것 같다. 감정에 통합되어 있는 한 측면이자 생물학적 기초를 가지고 있는 행동 경향들에 어떻게 대처할 것인가. 이것은 우리의 복지, 그리고 우리가 사랑하는 사람들의 복지, 우리가 동일시하고 또 우리가 공동 운명체라고 생각하는 민족과 민족 연합체의 복지에 큰 의미를 가지는 문제다. 그래서 우리는 이 대처라는 문제에 한 장 전체를 할당했다.

감정이란 무엇인가 : 하나의 정의

이제 감정을 정의해야 할 때다. 감정들은 마음과 몸 양쪽과 관련된 복잡한 반응이다. 이 반응에는 몇 가지가 포함된다. 첫째는 분노, 불안, 사랑의 느낌 같은 주관적인 정신 상태. 둘째는 공개적으로 표현되든 되지 않든, 달아나거나 공격하는 것 같은 행동의 충동이다. 셋째는 심장박동이 증가하거나 혈압이 증가하는 것 같은 커다란 신체 변화다. 이런 신체 변화들 가운데 어떤 것은 대처 행동을 준비하거나 유지해준다. 또 어떤 변화들, 예를 들어 자세, 몸짓, 얼굴 표정은 다른 사람들에게 우리가 느끼고 있는 것을 전달하거나, 다른 사람들이 우리가 느끼고 있는 것을 믿게 하려는 의도를 가진다.

감정은 개인적인 삶의 드라마로, 이는 특정한 상황에서 우리의 목표들의 운명, 우리 자신과 우리가 살고 있는 세계에 대한 믿음과 관련이 된다. 감정은 그 상황에서 일어나고 있는 일의 개인적 의미에 대한 평가에서 유발된다. 극적 플롯은 감정마다 다르며, 각각의 감정은 나름대로 특별한 이야기를 지닌다.

이제 사람들이 어떻게 감정과 감정이 초래하는 상황에 대처하느냐 하는 문제로 넘어가자.

8장

감정에 대처하고 관리하기

　이 장은 대처 하나만을 다루고 있다. 그것이 우리의 건강과 일상 경험에서 매우 중요하기 때문이다. 대처는 우리의 감정들을 형성한다. 그러나 그 가장 중요한 기능은 일단 일어난 감정들을 관리하는 것이고, 때로는 그런 감정들을 자극한 문제 상황을 관리하는 것이기도 하다. 대처는 스트레스나 그것과 관련된 감정들을 관리하기 위해 행동하고 또 생각하는 것이다. 이런 노력은 성공할 수도 있고 실패할 수도 있다. 바꾸어 말하면, 대처 작업에서 실패한다 해도, 이미 거기에는 많은 에너지, 생각, 행동이 들어가 있다. 어떤 목표가 방해받거나 그 완전성이 위협받을 때, 사람들은 피해가 발생하는 것을 예방하기 위해, 또는 이미 발생한 피해를 극복하기 위해서 애를 쓴다. 만일 아무 일도 할 수 없다면, 그들은 현실을 받아들이고 그것을 감당하기 위해서 열심히 노력을 하고 또 계속 살아나간다.

　만일 대처가 성공을 한다면, 이제 위험은 사라진 것이다. 감정적 고통의 이유들도 사라진 것이다. 그러나 설사 목표를 얻는다 해도, 또는 목표를 향해 만족할 만한 진보를 이룩한다 해도, 사람들은 자신의 행운을 유지하고, 불리한 변화를 예방하고, 심지어 부가적 이득을 얻으려고 여전히 대처를 해나간다. 따라서 사람들이 행복, 긍지, 안도감 등의 긍정적인 감정을 경험한다 해도, 대처는 여전히 일상생활의 중요한 부분으로 남아 있다.

예를 들어, 직장에서 승진을 원하다가 그것을 얻는다면, 당신은 긍지를 느끼고 행복할 것이다. 이러한 행복한 마음 상태는 당신이 인생에서 겪는 실망들에 대한 좋은 해독제다. 또 그런 마음 상태 덕분에 휴식을 얻고 감정적 갱신을 이룰 수도 있다. 그러나 누구도 일자리에서의 성공을 오랫동안 누릴 수는 없다. 계속 살아나가면서 큰 부담감을 주는 새로운 책임들에 대처해나가야 한다. 게다가 상사는 이런 새로운 책임들을 당신이 효과적으로 감당할 수 있을지 의심을 품을 수도 있다. 그럴 경우 당신은 계속 당신의 능력을 증명해나가야 한다.

대처는 또 일어날 수도 있는 일에 대한 예상 가운데 이루어진다. 이런 점에서 그것은 미래의 감정 상태들에 영향을 줄 수 있다. 또 그렇기 때문에 이것이 감정 과정의 한 요소를 이룬다. 예를 들어, 당신이 곧 스트레스를 받는 일에 직면해야 한다고 생각해보라. 취업 면접, 학교 시험, 공연, 아이 문제로 선생님과의 면담……. 당신은 미리 연습을 한다. 시험을 맞이했을 때는 문제를 예상하고 그것을 풀기 위해 공부한다. 예상 대처라고 부르는 이런 준비는 일이 일어났을 때 불안을 줄이고 효과성을 증진시키는 것을 돕는다.

사람들이 대처하기 위해서 무엇을 하느냐 하는 것은 직면하게 될 상황, 위협의 내용, 대처할 사람의 특징, 예를 들어 그들의 목표와 신념, 그들의 대처 노력의 직접적인 결과에 달려 있다. 성공을 거두려면 상황의 요구에 유연하게 적응하여 대처할 필요가 있다. 상황의 요구는 사건이 전개되면서 종종 바뀐다. 우리는 새로운 상황에서 무엇을 할 것인가를 배워야 한다. 따라서 대처는 필요할 때마다 의존할 수 있는 고정된 일군의 전략이 아니라, 현재 벌어지고 있는 일에 대응할 수 있는 변화하는 패턴이다.

사람들은 대처를 위해 두 가지 주요한 전략을 사용하는데, 그 각각은 약간의 변종을 포함하고 있다. 이 장 나머지 부분에서는 그 변종들을 다루는데, 무엇보다 감정 중심 대처에 관심을 기울일 것이다. 그것이 문제 해결에 의한 대처보다 덜 분명하고 또 대처 전략으로서도 덜 알려져 있기 때문이다. 우선 문제 해결에 의한 대처에서부터 시작해보자.

문제의 원인 제거

하나의 주요한 대처 패턴은 문제를 일으키는 상황을 바꾸려는 행동이다. 이 행동은 문제 해결을 수반한다. 만일 예방적이거나 교정적인 행동이 가능하다고 평가했다면, 무슨 일이 진행되고 있는지, 무엇이 문제인지, 그것을 어떻게 할 것인지 보기 위해 상황을 확인한다.

해결책은 다른 사람들이 생각하고 행동하는 것을 바꾸는 것일 수 있다. 예를 들어 당신이 좋아하는 사람에게 사랑을 간청하거나, 당신을 고용하도록 효과적인 이력서를 쓰고 책임자들에게 좋은 인상을 주거나, 직장에서 일하는 일정 기간 동안 아이를 돌봐줄 적당한 방법을 찾거나, 당신 시간을 너무 빼앗으려 하는 사람들에게 무례하게 굴지 않으면서도 안 된다고 말하거나, 친구들이 당신 집에서는 담배를 피우지 못하게 하거나, 이웃을 설득해 나무를 다듬도록 함으로써 낙엽이 당신네 집 잔디에 떨어지지 않게 하는 것일 수 있다. 이런 문제들은 대부분 사람 사이의 문제인데, 그 예는 아주 많다.

다른 사람들의 행동을 바꾸려면, 보통 그들에게 접근하는 방법을 생각할 필요가 있다. 너무 부담을 주는 친구가 있다면, 그에게 당신의 분노를 무뚝뚝하게 전달하기보다는, 더 예민하게 접근하는 방식을 생각하는 것이 좋을지도 모른다. 문제를 논의해서 친구에게 당신의 관점을 설득할 수 있다면,

문제는 해결될 것이고, 이전의 감정적 고통도 사라질 것이다.

문제 해결의 또 하나의 예를 들어보자. 요즘에는 취학 전 아동의 경우, 부모가 모두 일을 하는 경우가 아주 많다. 그러나 어린 아이들을 잘 돌보는 곳은 찾기가 쉽지 않다. 또 너무 비쌀 수도 있다. 때문에 문제를 해결하려다 오히려 그런 상황에 내재된 불안과 분노를 증가시킬 수 있다. 만일 그런 부모들이 현재 아이를 돌보아주는 사람이 자기 아이를 무시하거나 엄하게 다루는 것을 본다면, 이 상황을 바꾸는 효과적인 행동이 다급해질 것이다. 이것은 또 감정적으로도 고통을 주는 일이 될 것이다.

집 밖에서 일을 하면서 동시에 집과 가족을 관리하는 경우에는 문제 해결을 위한 시간조차 거의 없을 것이다. 그럼에도 이 상황을 해결하기 위해 많은 생각과 에너지가 소비되어야 할지도 모른다. 궁극적으로 부모들이 직장에 나가 있는 동안 아이들을 돌볼 수 있는 좋은 방법이 마련된다면, 다급한 문제는 일단 해결되는 셈이다. 그 결과 몸을 상하게 하는 불안과 분노에서 벗어나 안도감을 느끼게 될 것이다.

경제 불황을 맞아 회사에서 대량 감원이 이뤄지면서 일자리를 잃게 되었다면 어떨까? 이제 다른 일자리를 구할 방법을 생각해봐야 한다. 어떤 종류의 일자리? 어떻게 노력을 해야 할까? 만일 문제가 어떤 기술 부족에서 발생했다고 생각한다면, 그 기술을 배우려는 노력이 상황을 바꾸어줄 수도 있을 것이다. 반면, 산업 전체가 불황에 빠진 것이라면 아예 다른 종류의 일자리를 찾아보는 것이 나을지도 모른다. 우리는 그 문제에 대해 뭔가 할 수 있다고 믿기 때문에 문제 해결에 의한 대처 전략을 사용한다. 그리고 이런 경우 깊은 생각이 뒷받침된 판단에 따라 행동을 선택해야 한다.

물론 문제 해결식 대처에는 많은 예들이 있다. 아이를 돌보려고 애쓰는 부모는 어느 시점에 가서는 이 문제의 해결을 위한 정부의 적절한 자금과 자원 지원을 요구하며 압력을 가하는 정치 활동에 참가할 수도 있다. 이웃집 뜰에서 넘어온 낙엽 때문에 신경을 쓰는 사람들은 동네를 청결하게 유지하기 위한 지역 조직을 결성하려 할 수도 있다. 각각의 문제가 다르고 또 다른 해결책을 요구하기 때문에 표준적인 대처 전략 같은 것은 있을 수 없다.

문제 해결식 대처 노력을 종종 어렵게 만드는 것은 당신이 상대해야 하는 사람들의 민감한 태도다. 그런 상대는 거부에 민감한 친구들일 수도 있고, 행동을 바꾸라는 말을 들으면 모욕을 느낄 이웃들일 수도 있고, 남들이 자기 영역에 대해 말하는 것을 싫어하는 사람들일 수도 있다. 문제 해결은 이런 사람들에게 상처를 주고 분노를 일으킬 수도 있다. 따라서 신중한 접근이 필요하다.

물론 어떤 경우에는 분노를 노골적으로 표현하는 것이 문제를 일으킨 상황을 효과적으로 통제하는 데 도움을 줄 것이다. 그러나 그런 표현이 기분을 좋게 해줄지는 모르지만, 실질적인 효과는 없는 경우도 있을 수 있다. 결과를 두려워해서 분노를 참는 것은 별로 만족스러운 일은 아니겠지만 상황에 따라서는 그것이 최선일 수도 있다. 생각이 깊은 사람들은 성급한 접근 방법보다는 차분하고 위협적이지 않은 접근 방법이 더 좋은 관계를 만들 가능성이 높다는 것을 깨달을 것이다.

반면, 특히 친밀하거나 사랑하는 사람과 상대하는 경우, 분노를 드러내지 않는 것이 안 좋을 수도 있다. 그 가장 심각한 부정적인 결과는 느낌을 드러내지 않음으로써 상대를 오도할 수도 있다는 것이다. 당신은 관계의 장기적인 건강에 중요한 정보를 전달하지 않은 것일 수도 있다. 즉 어떤 것들은 당신에게 불쾌하니 그런 일을 하는 것은 피해주었으면 좋겠다는 메시지 전달을 생략한 것일 수도 있다. 그리고 그렇게 하지 않음으로 인해 당신은 스스로 덜 정직하고 덜 믿을 만한 사람이라고 느낄지도 모른다. 어떤 특정한 상황에서 어떤 방법으로 문제를 해결하느냐 하는 것은 쉬운 판단이 아니다. 사람 간의 관계가 매우 다양하고 복잡하기 때문에 때때로 해결 전망이 어두워 보이기도 한다.

다른 대안이 없다면, 노골적인 공격을 피할 수 없을 것이다. 이것이 예상과는 달리 부드럽고 협조적이고 미안해하는 반응을 끌어낸다면, 당신은 당신이 보여준 용기와 행동의 성공에 승리감을 느낄 것이다. 그것을 입밖에 내어 말했다는 것만으로 다른 사람들의 존경을 얻었을 수도 있다. 그러나 이것이 일반적인 경우라고 너무 낙관하지 마라. 당신은 도전적인 태도를 하기로 마음먹을 수도 있다. 직접적인 행동을 하겠다고 위협하기로 마음먹을 수도 있다. 그럴 경우에는 그것이 정말로 당신이 원하는 것인지를 확인하고, 그에 따른 부정적 결과를 받아들일 준비가 되어 있는지 분명히 확인하라.

상대방을 신뢰하는 경우라면 좀 다를 것이다. 예를 들어 신뢰하는 어떤 친구가 당신의 시간을 너무 많이 원한다고 해보자. 그런 경우라면, 가장 좋은 전략은 우선 당신 마음이 차분히 정리가 될 때까지 기다리는 것이다. 그런 후에 좀 불편한 문제가 있다는 식으로 말을 꺼내는 것이다. 친구가 고민을 해결해준다면 고마울 것이다. 사실 그런 말을 하는 것은 자극적이라고 할 수는 없다. 물론 당신은 오랜 시간 친구를 알고 지냈으니 그런 말에 불쾌하게 반응할 사람인지 아닌지 알고 있을 것이다. 그러나 안다 해도, 확인해 볼 필요는 있을 것이다.

그러나 구체적인 자극에 대해서만 언급을 해야지, 절대 상대방 인격을 공격해서는 안 된다. 인신공격은 거의 모든 사람에게 분노를 자극할 수밖에 없다. 당신을 속상하게 하는 구체적인 것들만 이야기하라. 외적인 것을 탓하지 않고 당신 자신의 괴로움에 초점을 맞출수록, 당신 말은 합리적으로 들릴 것이다. 따라서 이러한 대결 전략도 효과를 거둘 가능성이 높아진다.

문제 해결식 대처가 다른 사람들과 관련될 때, 대처 과제는 인간관계에서 생기는 감정들 때문에 점점 더 복잡해진다. 사람 간의 문제에서 생기는 감정들은 효과적으로 다루지 않을 경우 거의 모두가 관계에 독으로 작용할 수 있다. 이 말은, 대처를 요구하는 거의 모든 상황에서 문제 해결식 대처와 감정 중심 대처는 결합된다는 것이다. 우리는 문제만 다루는 것이 아니라, 인간 간의 상호작용 속에서 자신의 감정도 관리해야 한다. 여기서 감정 중심의 대처가 필요하다.

감정적 고통 통제

손을 쓰기 힘든 문제를 생각해보라. 심한 신경근육계 병에 걸려 무능력해졌다고 생각해보자. 이 상황을 바꿀 수 있을까? 이것이 미래에 대해 가지는 의미는 무엇일까? 이 질병이 치명적일까, 아니면 통제가 가능할까? 우리가 가질 수 있는 기회를 확대하기 위해 할 수 있는 일은 무엇일까? 이런 문제들에 대한 답을 찾으려면 전문가들의 판단을 구해야 한다. 의학적 평가도 필요하다. 우리의 기능을 도와줄 약물도 필요하고, 그것을 사용하는 방법을 아는 분별력도 필요할 것이다.

이런 경우는 문제의 성격이 불확실하기 때문에, 문제 해결식 대처와 감정 중심 대처 두 가지가 모두 필요하다. 문제 해결식 측면은 완전한 진단을 받는 일과 기능을 돕기 위한 약물복용이라는 조심스러운 시행착오 과정과 관련된다. 감정 중심 측면은 의욕을 북돋우고, 희망을 유지하고, 일이 잘 풀리지 않을 때 불가피한 감정적 고통을 처리하는 것과 관련된다.

병원 진단 결과 우리가 말기 병으로 고생을 하고 있으며, 살날이 얼마 남지 않았다는 것을 알았다고 가정해보자. 이것은 감정 중심 대처의 필요성을 가장 잘 보여주는 상황이다. 의학적 상황을 바꾸기 위해 할 수 있는 일이 거의 없기 때문이다. 감정 중심 전략들은 현재 상황을 어떻게 평가하느냐에 따라 생길 수 있는 감정적 고통을 관리하는 데 필요하다. 그런 감정적 고통에는 예를 들어 얼마나 많은 고통이 따를 것이냐에 대한 불안, 나쁜 운명에 대한 분노, 완전한 기능의 상실, 나아가 생명 자체의 상실에 대한 우울 등이 있다. 이런 상황에서는 어떤 식으로든 자존심과 의욕을 유지할 필요가 있다. 이제 곧, 객관적인 문제를 바꾸기 위해 거의 아무것도 할 수 없는 상황에서 사용할 수 있는 구체적인 감정 중심 전략들 몇 가지를 자세히 살펴볼 것이다.

그러나 그렇게 하기 전에 우선, 스트레스를 주는 상황에 대해 뭔가 할 수 있느냐 없느냐 하는 문제를 생각해보아야 한다. 진실을 판단하는 어려움, 즉 상황이 행동에 의해서 바뀔 수 있느냐, 아니면 할 수 있는 것이 아무것도 없기 때문에 그냥 받아들여야 하느냐를 판단하는 어려움을 생각하면, '익명의 알코올 중독자들'이 이용하는 평정을 위한 기도가 떠오른다. 그것은 중세 고위 성직자들의 기도를 차용한 것이다. "하느님, 제게 바꿀 수 있는 것을 바꾸도록 노력할 수 있는 용기를 주시고, 바꿀 수 없는 것을 받아들일 평정을 주시고, 그 차이를 알 수 있는 지혜를 주옵소서." 그 차이를 아는 것은 실제로 어려운 문제다.

스트레스를 받는 상황에서 가진 정보가 많으면 많을수록 더 잘 대처할 수 있게 된다. 그래야 상황을 평가하고 또 우리의 반응을 감독할 수 있기 때문이다. 우선 우리가 겪고 있는 고통스러운 감정과 그런 감정을 초래한 조건을 이해하려고 노력해야 한다. 분노, 불안, 죄책감, 수치심 등등을 자극하는 조건들을 잘못 이해하는 것은 그런 감정들이 일어날 때 진상을 제대로 인식할 수 없게 하며, 따라서 무엇을 할 수 있을지 알지 못하게 한다. 감정을 묻어두는 것은 그 감정이 자신과 삶의 상황에 대해 무엇을 말해주는가를 배울 기회를 막는다. 또한 이런 감정적 반응들이 표현하는 사회적·개인적 문제들을 파악함으로써 그런 감정들에 대한 통찰을 얻는 길도 막는다. 나아가 다음에는 그런 통찰에 근거하여 다르게 반응할 수 있는 길도 막는다.

감정에 대한 통찰을 얻을 수 있는 가장 좋은 방법 한 가지는 신뢰하는 사람에게 그런 감정들에 대해 이야기하는 것이다. 다른 사람에게 말을 하는 것은 무슨 일이 일어났는가, 왜 그런 일이 일어났는가, 그 일에서 무엇이 고통을 주는가, 그것을 어떻게 처리하면 좋을까를 살펴보는 데 도움을 준다. 신뢰하는 친구가 감정적 반응을 이해하고 수용해준다면 놀라운 치료 효과가 있다.

여러 연구들은 억압, 특히 매우 괴로운 감정적 경험의 억압은 그 고통을 유지하는 작용을 할 뿐임을 보여준다. 따라서 고통을 말로 표현하는 것이 유용한 대처 방법일 수도 있다. 제임스 페니베이커라는 건강 심리학자와 그 동료들의 광범위한 연구를 보면, 외상을 주는 경험을 했을 경우, 그 경험이 주는 위협에 직면하고 그것을 헤쳐나가는 것이 대처를 쉽게 해준다는 것을 알 수 있다.

이 연구자들은 외상성 경험을 글이나 말로 표현하는 것이 훗날의 감정적 고통과 병에 어떤 영향을 주는가를 살펴보았다. 예를 들어, 학생들이 대학에 다니면서 느끼는 향수와 불안에 대해 글로 표현했을 경우, 그런 표현을 하지 않은 비교 집단 학생들에 비해 나중에 의사를 찾아가는 횟수가 적었다. 따라서 지혜로운 사람은 기능장애와 고통을 주는 감정들이 되풀이해

나타날 때, 그런 것들이 일어나고 있음을 인정하고, 상황을 정확히 평가하려고 노력한다.

그렇기 때문에 비슷한 외상 경험이나 개인적 문제를 겪은 사람들이 모인 지원 그룹들이 도움이 될지도 모른다. 생명을 위협하는 병, 자식이나 배우자의 죽음, 이혼, 강간, 폭행과 강도, 늙고 병든 부모를 돌보는 것, 자연적 혹은 인공적인 재난 등이 이런 경험에 해당된다.

이해력 있고 감수성 풍부한 사람들에게 자신을 괴롭히는 문제들을 이야기하는 과정에서, 다른 사람들도 비슷한 상처를 겪고 살아남았다는 것을 깨닫게 된다. 이런 대화로 인한 통찰을 통해, 현재 일어난 일에 대한 파멸적인 생각들이 건설적인 생각들로 바뀔 수 있다. 그리고 그 결과 괴로운 감정이 약간 누그러질 수 있다.

경험의 법칙 두 가지가 효과가 있는 것으로 알려져 있다. 첫째, 고통을 촉진하는 사건이나 조건을 적어도 아주 오랫동안은 피하거나, 묻거나, 닫아버릴 수 없다. 그것에 직면하고, 바라보고, 거기서 배울 것을 배우고, 건설적으로 헤쳐나가는 것이 중요하다. 외상을 치유하는 작업을 개인적으로 하든, 집단적으로 하든, 아니면 치료 전문가의 도움을 받아서 하든, 이 규칙은 어디에나 적용될 것이다.

둘째, 감정을 쏟아놓는 사람들에 대해 유연하지만 현명한 태도를 유지해야 한다. 우리의 감정들 때문에 많은 사람들이 등을 돌릴 수도 있고, 절망적인 사회적 결과, 심지어 비난이나 추방을 불러올 수도 있다. 누가 우리의 친구인지, 누가 위기에서 우리에게 도움을 주는 반응을 보일지 알아야 한다. 그들은 평소에 도움이 될 거라고 생각하지도 않았던 사람인 경우도 많다. 거꾸로 의지했던 사람들이 우리를 실망시키는 경우도 많다.

감정적 반응들에 중심을 두는 대처는 두 가지 유형으로 나뉠 수 있다. 하나는 개인적 의미의 회피고, 또 하나는 그 재평가다. 이 두 가지가 각각 어떤 효과를 발휘하는지 살펴보자.

회피

우리를 괴롭히는 것에 대해 생각하지 않으려 하는 것이 회피다. 예를 들어 직장에서는 일에 집중을 할 필요가 있다. 그래서 우리를 괴롭히는 것이 일을 방해하지 않도록 마음에서 밀어내려 한다. 그리고 밤에 잠자리에 들 때면 잠을 이루기 위해 괴로운 생각들을 마음에서 밀어내야 한다. 어떤 사람들은 잠자리에 들자마자 밀어내기에 쉽게 성공한다. 그들은 쉽게 잠이 든다. 그러나 그랬다가도 한밤중에 깨어나 몇 시간 동안 잠을 자지 못하고 생각에 잠겨 있을 수도 있다.

사람들은 회피를 위해 온갖 감정 중심 전략에 의존한다. 술을 마시거나 약을 복용할 수도 있고, 스포츠에 몰두해 괴로운 문제를 잊기도 한다. 또는 집이나 식당에서 좋은 음식에 탐닉하기도 한다. 이 모든 것이 일시적으로는 도움이 될 수 있다. 심지어 자신의 문제에 대해 이야기하지 않기 위해 사람들과 함께 있는 것을 피할 수도 있다. 어떤 사람들은 평소보다 잠을 더 많이 잠으로써 삶을 되도록이면 많이 피하고, 어떤 사람들은 아예 한숨도 못 자기도 한다. 이럴 땐 긴장을 푸는 기법과 명상이 도움이 될 수도 있다.(13장 참조)

어떤 사람들은 마음을 괴롭히는 생각들을 피하는 데 다른 사람들보다 유능하다. 그들은 당면한 일에 쉽게 몰두할 수 있다. 예를 들어, 가족이 있는 집에 갈 때는 사무실 일을 잊고, 또 일을 하러 갈 때는 집안 문제를 잊는 식이다.

그러나 많은 경우 직장에서의 스트레스는 가족 관계를 방해하고, 집에서의 스트레스는 직장 일을 방해한다. 운동선수들, 예를 들어 프로 테니스 선수라면 조금 전에 자신이 겪었던 일련의 나쁜 타이밍과 스트로크에 정신을 팔다가 집중력을 잃어 게임 전체를 망칠 위험이 있다. 이길 가능성을 높이기 위해서는 시합 동안 자신이 실수한 것에 대해 생각하는 것을 피해야 한다.

문제들을 회피하는 동안은 걱정들이 덜 괴롭게 느껴지기도 한다. 그러나 실제로 문제들에 직면하여 해결하기 전에는 그런 걱정들은 완전히 사라지지 않는다. 그렇기 때문에 회피는 약하고 일시적인 대처 전략이 될 수밖에 없다.

개인적 의미의 재평가

감정 중심 대처 전략의 두번째 변종은 더 온화하고 덜 위협적인 방식으로 상황을 재평가함으로써 개인적 의미를 바꾸는 것이다. 재평가는 회피보다 훨씬 더 강력한 전략이다. 결국은 이것이 가장 효과적인 전략이 될 가능성이 높다.

배우자의 불쾌한 행동에 자극을 받아 화를 내게 되었다면, 처음으로 자연스레 충동을 느끼는 건 똑같은 방식으로 보복하는 것이다. 그러나 관계를 위험에 빠뜨리고 싶어 하지 않는다고 가정해보자. 2장에서 보았듯이, 심리학자 캐럴 태브리스는 열까지 세라고 제안했다. 그것이 충동적으로 반격하여 큰 피해를 입기 전에 냉정함을 되찾는 한 가지 방법이라는 것이다. 그러나 이 같은 상황에서는 훨씬 더 좋은 대처 방법이 있다. 감정 자체를 바꾸어버릴 수 있는 방법이다.

사랑하는 배우자의 처지를 이해해보자. 이것이 상황의 개인적 의미를 바꾸어놓을 수 있다. 당신은 그녀가 아파서 피곤하고 짜증이 났다는 것을 깨달을 수도 있다. 또는 그녀가 사려 깊지 못한 상사 때문에 직장에서 힘들었다는 것을 깨닫게 될 수도 있다. 그렇다면 그녀가 짜증을 낸 것을 가지고 누가 그녀를 탓할 수 있을까? 그녀는 깊이 생각을 하고 말한 것이 아니다.

당신의 배우자는 당신을 불쾌하게 하려는 의도를 가지고 있었던 것이 아니다. 충분히 이해할 수 있는 괴로움과 짜증이 의도하지 않은 분노의 표현을 낳았던 것이다. 이것이 바뀐 개인적 의미다. 따라서 화를 낼 하등의 이유가 없다. 그리고 이러한 감정이입적이고 부드러운 대응은 장기적인 관계에서 매우 이롭다.

그렇다고 사람들이 개인적인 의미를 바꾸기 위해 노력만 하면, 그것으로 눈앞의 현실을 완전히 무시할 수 있다는 이야기는 아니다. 이렇게 하는 것은 부정이라고 부르는 것이다. 이에 대해서는 나중에 자세히 이야기하겠다. 새로운 평가의 잣대를 만들려면 그렇게 할 수 있는 믿을 만한 근거가 있어야 한다.

개인적 의미를 바꾸어 괴로움을 줄이는 원칙은 불안, 죄책감, 수치심, 우울 등의 감정적 상태들에 적용된다. 이런 감정들에서 개인적 의미를 바꾸는 것이 어떻게 효과를 발휘하는지 보도록 하자.

우선 불안부터 시작해보자. 당신은 스스로에게 "나는 위협적인 요구가 임박해도, 그것에 충분히 대처할 수 있다"고 다짐할 수도 있다. 위협에 효과적으로 대처할 수 있다고 믿는다면, 불안은 극복되거나 덜 심해지는 경향이 있다. 그런 믿음은 그것이 현실적이고 또 진짜 믿음이라면 부정이라고 할 수 없다. 부정은 그런 불안을 덜고자 일부러 만들어진 태도로서, 현실에는 거의 또는 전혀 기초가 없는 것이다.

위협, 그리고 그것이 유발하는 불안을 재평가하는 것은 시무룩한 태도로 세상을 보거나 자신을 무능력하게 보는 사람들에게는 효과가 덜하다. 불안은 미래의 피해에 대한 예상에 기초를 두고 있다. 따라서 우리는 위협의 성격을 조사하고 그것을 처리할 능력을 높임으로써 그 사건과 직면할 준비를 한다. 이렇게 준비를 하면, 위협적인 사건이 일어났을 때도 상황을 통제하고 있다고 느낄 수 있고, 실제로 그 사건을 관리할 능력을 크게 증대시킬 수도 있다.

이 과정의 좋은 예로 대중 연설가들의 경우를 들 수 있을 것이다. 대중 연설을 하는 사람들은 대부분 공통된 경험을 한다고 한다. 연설을 하기 직전에, 그리고 연설 첫 몇 분 동안 어느 정도의 불안, 때로는 아주 심한 불안을 느끼는 경우가 많다는 것이다. "내가 할 말을 제대로 기억할 수 있을까?" "청중이 나를 좋아할까?" 그러나 보통 이런 불안은 연설이 계속되면서 사라진다.

그리고 또 대부분의 대중 연설가들은 불안이 좋은 연설을 하는 데 중요한 자극이 된다고 믿고 있다. 이렇게 믿는 것이 또 불안을 해소하는 데도 도움을 준다. 그러나 어떤 사람들은 불안을 전혀 겪지 않는다. 유능한 연기자인 에설 머맨(1909~1984. 미국의 가수·배우)은 자신은 한 번도 공연에 대해 불안해한 적이 없다고 말했다. 물론 그녀는 무대에서 편안해 보인다. 어쩌면 그것을 감추는 데 성공하고 있는 것인지도 모르지만 때로는 그 둘을 구분하기가 힘들다.

죄책감이라는 감정 역시 죄책감을 자극하는 상황의 개인적 의미를 재평가한다면 대처에 의해서 바꾸어놓을 수 있다. 우리는 우리의 도덕적 잘못을 인정하게 되면, 보통 우리가 한 일을 속죄하려고 노력한다.

죄책감을 감추는 유일한 이유는 그릇된 행동을 했음을 인정하기를 회피하고 싶어서다. 도덕적인 잘못에 대해 속죄를 한다는 것은 사회의 도덕적 탄핵에 따라 살겠다는 희망을 공개적으로 드러냄으로써 당사자를 이롭게 한다. 속죄는 죄책감에 대처하는 견실한 방법이다. 우리는 죄를 인정하고 또 애써 그것을 보상함으로써 우리 자신을 벌할 수 있다.

죄책감을 씻는 데 있어 중요한 것은 사과나 죄책감의 표현이 우리 자신뿐만 아니라 다른 사람들에게도 진실하게 보여야 한다는 것이다. 또 속죄하고자 하는 노력이 도덕적 잘못의 정도와 적당하게 균형을 이루어야 한다는 것이다. 노력에 충분한 무게가 실려 있지 않다면, 그것은 비판받거나 거부당하기 쉬우며, 그 결과 죄책감을 완화해주지 못할 수도 있다. 어떤 사람들은 이 점에서 그들 자신에게 극히 가혹하다. 그래서 죄책감에 시달리며 살게 되는데, 이것은 일회적인 죄책감보다 훨씬 더 어려운 문제다. 이것은 그 자체로 감정적으로 문제가 많은 패턴이다. 이를 극복하려면 전문적인 도움이 필요할 수도 있다.

3장에서 말했던 수치심은 매우 사적인 감정이다. 수치심을 느끼도록 만든 일을 노출시키는 것은 실패를 했다는 개인적 느낌이 깊어지게 할 뿐이다. 따라서 수치심은 남들 앞에서 인정하기 힘든 것이다. 그리고 어떤 사건에 대한 개인적 의미들을 바꾸는 것보다는 부정을 해버리는 편이 더 쉽다.

우리는 수치심과 그 원인을 볼 수 있는 사람들은 우리를 거부하고 버릴 것이라는 상상을 한다. 개인적 수치심을 안고 살아가는 것도 매우 힘든 일이지만, 그것을 세상이나 우리가 마음을 쓰는 사람들에게 노출시키는 것은 훨씬 더 힘든 일이다. 물론 그 결과는 악순환이다.

다른 사람들에게 우리의 수치에 대해 이야기함으로써 대처하지 못한다면 잃는 것이 있다. 다른 사람들도 우리 같은 처지였다면 비슷하게 행동했을 것이고, 따라서 우리가 한 일을 쉽게 이해해주리란 점을 발견 못할 수도 있다.

따라서 때로는 다른 사람들에게 수치심을 인정함으로써 수치심에 대처하는 것도 쓸모가 있을 것이다. 이는 상대가 인자하고 감정이입적인 반응을 할 수 있는 여지를 준다. 만일 실제로 상대가 지원을 해준다면, 유년 시절 수치심의 기초, 즉 거부에 대한 공포는 사라지게 된다.

그러나 이 전략은 사실 위험하기도 하다. 지나친 요구를 하는 부모들의 경우처럼, 상대방이 인자한 태도를 보여주지 않을 수도 있기 때문이다. 자기 자신과 남들 양쪽에게 비난받으며 이중으로 고통을 안고 살아가는 데는 상당한 용기가 필요하다. 그래서 수치심은 사람을 외롭게 만드는 감정이다.

수치심에 대처하는 또 하나의 방법은, 우리가 한 나쁜 일을 부정함으로써 정당하게 또는 방어적으로 자신을 정당화하는 것이다. 만일 우리가 하는 짓을 우리 스스로 알고 있다면, 우리는 자신이 조작적이고 부정직하다는 것을 인정해야 한다. 우리가 하고 있는 일을 의식하지 못하고 스스로 부정을 믿는다면, 자기 정당화는 더 성공적이 되기 쉽다. 스스로 자아이상과 조화를 이루어 행동했다고 믿는 만큼, 수치심을 느낄 이유가 없다.

수치심에 대처하는 이런 부정의 전략은, 솔직한 경우든 그렇지 않든, 매우 흔하다고 생각된다. 또 수치심이 당연하면 당연할수록, 나중에 한 일을 부정하는 경우도 더 많은 이유를, 이것이 설명해준다고 생각된다. 이것은 담을 쌓고 또 그 담을 강화해가는 방법이다. 그것이 수치스러운 행동을 인정하는 것보다 주관적으로 기분이 더 나을 것이라는 생각도 든다.

수치심에 대한 또 하나의 감정 중심 대처법은 어렸을 때 부모에게서 내재화한, 개인 행동의 터무니없이 높은 기준들 가운데 일부를 버리는 것이다. 이렇게 하면 늘 수치심에 사로잡히는 경향은 무너뜨릴 수 있다. 그러나 말이 쉽지 실제로는 어려운 일이다. 기준을 바꾸는 것과 관련된 것으로, 다른 사람들에게 받아들여지고 심지어 사랑을 받기 위해서는 지적으로나 감정적으로나 굳이 완벽할 필요가 없다는 것을 깨닫는 단계가 있다. 이런 깨달음을 통해 우리의 기준들이 터무니없다는 것을 배울 수 있다. 또 자신을 있는 그대로 받아들이면 인생이 더 행복해지고 더 충족감을 준다는 것을 배울 수 있다.

사람들은 때때로 생활에서 생기는 우울이나 기쁨이 없는 상태를 감당하기 위해 감정 중심적인 대처 과정을 사용한다. 4장에서 이미 우울이 하나의 감정이 아니라 슬픔, 불안, 분노, 죄책감, 수치심 등의 감정들이 결합된 것이라고 이야기했다. 어쨌든 우울은 매우 감정적이고 괴로운 마음 상태다. 따라서 그 의미를 바꾸는 것이 우울을 극복할 수 있는 주요한 전략이다.

우울은 신체의 생화학적인 비정상의 결과로 나타난 것일 수도 있고 삶의 문제로 나타난 것일 수도 있다. 후자일 경우, 요즘에는 우울에서 주로 자기 삶의 환경에 대한 무력함과 깊은 낙담, 즉 사실상 희망이 없는 상태를 강조한다. 또 자신을 탓하는 경향, 부정적인 사건과 환경을 참담한 상실로 평가하고, 그 침울한 의미를 확대하는 경향을 강조한다.

우울에는 희망이 없기 때문에 기쁨이 없는 상태와 연관될 수밖에 없다. 우울하면 삶을 살 만한 것으로 느끼게 해주는 것도 없으며, 행복을 느낄 만한 것이나, 약간이라도 기쁨을 취할 만한 것도 없다. 그런 시무룩한 느낌들을 바꾸려면, 자신과 삶의 환경을 보는 방식을 바꾸어야 한다. 다르게 생각하는 것을 배워야 한다. 물론 쉬운 일은 아니다. 전문적인 도움이 없다면 자력으로 일어날 수밖에 없기 때문이다.

우울이 얼마나 심하냐에 따라 다르지만, 어떤 사람들은 의지의 힘으로 자신의 시각을 바꿀 수 있다. 한동안 그들은 자기 연민에 빠져들고, 계속 불평을 하고, 가족과 친구들에게 짜증을 내고, 관련된 사람들이 그들의 개인적 현실을 긍정적으로 평가하는 것에 저항하고, 자신의 개인적인 지옥 속으로 물러난다. 친구와 사랑하는 사람들이 그들의 부정적 관점의 기초를 재평가하라고 요구하면 할수록, 그들은 더욱더 저항하며 그들 삶에서 무엇이 잘못되었는지만 말하려 한다.

그러나 어떤 시점에서 그들은 이렇게 혼잣말을 하는 것 같다. "이만하면 됐어." 그리고 강제로 비참함을 차단해버린다. 그들은 상황을 재평가하고, 침울한 생각들을 피하고, 일과 계획으로 돌아가고, 의지를 총동원해 염세적인 관점을 추방해버린다. 마치 그들의 우울의 이유들은 이제 믿을 수가 없다고 부정하는 것 같다. 그리고 이런 방법은 적어도 한동안은 효과가 있다. 그리고 다시 우울한 일이 임박한 것으로 여겨질 때, 그들은 싸워서 그것을 물리칠 것이라고 말한다. 자신이 다시 우울한 전망에 빠지는 것을 막을 수 있다는 뜻이다.

우울의 흥미로운 특징들 가운데 하나는 그것이 비교적 수명이 짧기는 하지만 되풀이되는 경향이 있다는 것이다. 우울에 빠지는 경향 또한 사람들의 기질에 굳어져 있는 한 부분인 것 같다. 그런 사람들은 사랑하는 사람들을 걱정하게 한다. 우울한 상태가 지나가기 전에 그들이 희망이 없다는 생각에서 자살을 하는 등 자멸적인 결정에 이를 수도 있기 때문이다.

반면 전화 상담을 하는 사람들은 우울은 반드시 지나간다는 확신을 가지고 자살하려는 사람들을 단념시키려고 노력한다. 자살을 앞두고 전화를 건 사람들의 경우에도 시간이 지나면 삶의 의욕이 돌아올 가능성이 높기 때문이다.

감정 중심 대처 방법들의 범위에는 끝이 없지만, 그 가운데 두 가지 방법이 개인적 의미를 바꾸는 데 특히 중요하다. 그 두 가지는 서로 다른 방식으로 작용하는데, 그것은 거리 두기와 부정이다. 이 두 가지를 잠시 살펴보자.

거리 두기를 할 때 우리는 어떤 상황의 괴로운 의미에서 자신을 감정적으로 떼어낸다. 예를 들어 무시무시하고 역겨운 것을 볼 때 거리를 두는 한 가지 방법은 공포와 역겨움을 지각하되, 그 감정적 의미에 완전히 동화되지 않는 것이다. 그것은 마치 우리가 보고 있되 실제로는 보고 있지 않은 것과 같다. 의식적인 의도 없이 자동적으로 이렇게 할 수 있다. 그러나 정확히 어떻게 그런 상태가 이루어지는가는 매우 모호하다.

이와 관련해 필자(리처드 래저러스)가 했던 연구를 살펴보자. 이 연구에 참여한 피실험자들은 매우 스트레스를 유발하는 무성영화를 보아야 했다. 연구자들은 그동안 피실험자들의 심리적·생리적 반응을 측정했다.

그 영화는 오스트레일리아의 한 원주민 부족이 젊은 남자들의 생식기를 조악하게 수술하는 과정을 보여주는 것이었다. 이 과정은 소년의 성년식이었으며, 일종의 할례라고 불렸다. 할례는 조악한 돌칼로 음경 아래쪽을 음낭까지 베는 것으로, 상처에는 구더기들을 집어넣었다. 소년들은 이 과정을 그들의 유산 가운데 일부로 기꺼이 받아들이고 겪지만, 그럼에도 매우 고통스러워하는 것이 분명했다. 독자들 가운데 이런 의식에 대해 들어본 사람은 몇 명 있겠지만, 그것을 실제로 본 사람은 거의 없을 것이다.

이 영화를 보고 난 나의 첫 반응은 그것을 보고 상당한 고통을 겪을 수밖에 없다는 것이었다. 그 고통은 부분적으로는 감정이입과 그렇게 괴상하고 괴로운 것을 보는 충격에 기초한 것임에 틀림없었다. 영화가 일단 시작되자, 나는 피실험자와 함께 그것을 보고 있을 수밖에 없었다. 피실험자들이 하나씩 들어왔다 나갔다. 처음에는 영화로 인해 상당히 고통을 겪었지만, 영화가 되풀이될수록 따분해지게 되었다. 심지어 왜 다른 사람들이 그 영화를 그렇게 괴롭게 여기는지 궁금해지기조차 했다.

나는 그 영화를 되풀이해 봄으로써 심리적으로 그것을 꺼버리게 된 것 같았다. 나는 영화에서 진행되고 있는 일에 꼼꼼하게 주의를 기울이는 것을 중단해버렸다. 그 사건들을 보고는 있었지만 그 개인적 의미에 동화되고 있지는 않았던 것이다. 어떻게 된 일인지 몰라도, 나는 내가 보고 있는 것에 감정적인 거리를 두게 된 것이다.

어떤 직업들은 다른 사람들을 대할 때 거리 두기 스타일을 선호하는 것 같다. 앞서 의료진에 속했던 사람을 한 예로 들었는데 또 다른 경우들도 있다. 관리나 행정가들의 경우, 부하들이 어떤 요구 사항을 가지고 다가올 때마다 거리를 두고, 뚜렷한 반응을 보이지 않는 경향이 있음을 알 수 있다. 그들이 무슨 생각을 하고 있는지 즉석에서 알기는 곤란하다. 그들의 얼굴은 감정을 드러내지 않으며, 그들의 말은 냉정한 거리감을 여실하게 보여 준다. 그들은 유쾌하고 정중한 태도를 보여줄 수는 있지만, 청원을 하러 온 사람에게는 아무리 중요한 일이라 해도 일 자체에는 무관심을 보인다.

행정가들은 요청의 의미를 철저히 생각해보고 동료나 상사와 상의를 하기 전에는 약속이라고 여겨질 만한 것을 하지 않으려고 주의한다. 그래서 감정적으로 거리를 두는 냉정한 태도를 유지하게 된다. 혹시 나중에 다른 사람들과 상의해보았을 때 생각이 바뀔 수도 있기 때문이다. 이미 암시하거나 했던 말을 취소해야 하는 경우, 청원자의 분노를 처리하는 것이 훨씬 더 어려운 일이라는 것을 알기 때문이다.

심리 치료 전문가들, 특히 정신분석에 관여하고 있는 사람들은 감정적인 거리를 일상적인 직업적 스타일로 이용하고 있다. 그러나 그것은 그들의 사회생활로까지 확장될 수 있다. 그들과 전화상으로 혹은 직접 이야기를 해보면 그들이 경계를 하거나 중립적으로 보일 때가 많아서 냉정하게 느껴질 수도 있다. 이런 패턴은 어쩌면 그들이 한 개인으로서 가지고 있는 모습일 수도 있다. 애초에 그것 때문에 그런 직업을 가지게 되었는지도 모르니까. 반면 그들은 그저 적당한 직업적인 역할이라고 생각하는 것을 따르고 있는지도 모른다. 정신분석에서 의사는 동의나 못마땅함을 드러내지 않고 환자 말에 귀를 기울인다. 해석을 하기 위해 너무 자주 개입하지도 않는다.

따라서 무표정한 태도를 보인다.

규칙적으로 거리를 두는 사람들의 경우 다른 사람들과의 관계에서 정말로 냉정한 것인지, 아니면 그냥 겉모습으로만 거리를 둔 태도를 보여주는지 알기 힘든 경우가 많다. 대부분의 사람들은 스트레스와 감정에 대처하는 수단으로 때때로 감정적인 거리를 둔다. 그러나 만일 거리 두기가 습관적이 되면, 다른 사람들과의 관계에서 늘 과도하게 자신을 통제하고 거리를 두는 스타일로 가기 쉽다. 그 결과 나타나는 감정생활의 평면화는 고통의 일시적 중단을 얻는 대가로는 너무 크다. 거리 두기는 이 정도로 해두자.

우리는 부정의 예들을 이미 보았다. 부정에서는 위협적인 것을 인정하기를 거부함으로써 개인적인 의미를 바꾼다. 스스로 위협당할 이유가 전혀 없다고 다짐한다. 나는 화가 난 것이 아니야, 그렇게 주장한다. 개인적으로 벌을 주는 행위를 하면서도 거기에 잘못된 것이 없다고 말한다. 말기 병으로 죽어가고 있는 것이 아니라 회복되고 있다고 주장한다. 현실의 거부인 부정은 회피와 똑같지는 않다. 회피의 경우, 일어나고 있는 일에 대해 생각하지 않으려 하지만, 그래도 위협적인 현실을 인정하기는 한다.

지금부터 두 가지 맥락에서 부정에 대해 이야기해보겠다. 첫째, 최근 몇 년 동안 정신적으로 건전한 상태에 대한 우리의 관점이 상당히 바뀌었는데, 이 변화를 설명하는 데 부정이 적절한 예가 될 것이다. 둘째, 어떤 대처 전략들이 본래부터 해롭거나 유익한 것인지 알고 싶다. 이 문제에 대해 답을 얻을 수 있으면, 사람들이 유익한 전략은 선택하고 해로운 전략은 거부하는 데 도움을 줄 수 있을 것이다. 부정의 결과에 대한 연구는 매우 많으며, 그 속에서 재미있는 것들을 발견할 수 있다.

정신의학과 임상심리학은 부정이 대처의 성숙하지 못한 형태라는 전통을 따라왔다. 이것은 지그문트 프로이트의 딸인 안나 프로이트가 처음 제시한 관점이었다. 어린아이는 부정을 이용하지만, 성숙해져서 삶의 현실을 더 이해하기 시작하면 부정을 버린다. 부정에서는 현실이 왜곡되기 때문에, 부정을 이용하는 어른은 정신적으로 병이 있다고 여겨진다. 또는 견딜 수 없는 상황에 대처하려고 필사적인 방법을 사용하고 있다고 이야기된다.

앞서 불쾌한 일을 해소하는 한 방법으로 사랑하는 사람들 처지를 이해해 주는 것에 대해 언급했다. 이런 대처 과정은 실패할 수도 있는데, 그것은 대부분 그 사람의 말이나 행동을 다른 식으로 이해할 만한 그럴듯한 근거들을 찾을 수 없기 때문이다. 우리는 아내, 남편, 연인이 믿을 만하고, 우리를 사랑한다고 믿고 싶다. 그러나 그렇게 믿지 못할 수도 있는데, 그것은 상대가 적대감을 품고 또 그것을 자주 드러내는 현실 때문이다. 이런 패턴을 용서하는 것은 현실을 부인하는 것이며, 따라서 부정이라고 할 수 있다.

현실을 부정하게 되면 삶에서 중요한 결정을 엉터리로 하는 위험한 상황이 초래될 수도 있다. 그러나 모든 부정들이 현실의 노골적인 부인은 아니다. 특히 삶의 모호한 영역들에서는 그렇다. 부정은 점차 그보다 부드러운 착각으로 바뀐다. 이것은 추하고 불의한 세계가 주는 공포에 대한 일반적인 인간 반응이다. 허구를 믿음으로써 삶은 조금 견딜 만하게 된다.

우리 대부분은 살면서 자신과 세계에 대한 많은 신념들을 받아들인다. 그러나 이런 신념들이 허구라는 것을 의식하며 받아들이는 것은 아니다. 만일 그 신념들이 착각이라는 것을 인식한다면, 대부분은 그것을 거부할 것이다. 허구가 믿을 만한 신념이 되는 것은 다른 많은 사람들이 공유하고 있기 때문인 것 같다.

우리는 친숙한 사람들, 예를 들어 특정 종교 집단, 하위문화 집단, 공동체, 가족을 온 세상의 축도(縮圖)로 여기는 경향이 있다. 다른 사람들도 우리와 같은 신념을 가지고 있기 때문에, 착각이 도전을 받는 일은 거의 없다.

만일 도전을 받으면 큰 고통을 겪게 된다. 우리에게 약간의 착각이 없다면, 우리는 아마 냉소적이거나 염세적으로 될 가능성이 높을 것이다.

어쨌든 부정, 또는 그 부드러운 측면인 착각이 늘 해롭다는 생각, 그리고 아무리 고통스럽더라도 무조건 현실과 직면해야 한다는 생각은 극단적인 견해다. 현실을 부정하는 것은 물론 위험한 것이다. 부정이 정신병의 한 증후라는 전통적인 정신의학과 임상심리학의 관점과는 반대로, 문학과 드라마의 위대한 작가들은 그들의 이야기에서 삶이란 착각이 없다면 견딜 수 없다고 주장하며, 많은 위대한 드라마들이 이 주제를 다룬다. 우리는 각각 일리가 있는 이 두 가지 관점을 조화시켜야 할 것이다.

우리가 가장 좋아하는 문학적인 예는 착각에 대한 인간의 요구를 절실하게 보여준다. 그것은 정신분석학자이자 작가인 앨런 휠리스의 〈착각 없는 사람(The Illusionless Man)〉이라는 단편이다. 어떤 착각도 없는 남자 헨리는 착각이 전부인 여자 로러벨과 결혼을 한다. 헨리는 다가오는 결혼을 앞두고 이렇게 말한다.

그 자리에 신은 오지 않을 거요. 여자들은 자신들의 사라진 젊음과 순수 때문에 울 거고, 남자들은 당신을 침대로 끌고 가고 싶어 할 거요. 그리고 우리보다 약간 높은 곳에 선 사제는 당신의 가슴골을 보며 입안이 마를 거요. 그리고 결혼이란 것은 성교(性交)를 위엄과 지속성으로 둘러싸려는 시도이자, 이제는 아이들도 믿지 않는 신화의 권위를 가지고 아이들에 대한 양육 책임을 강요하려는 원시적이고 터무니없는 시도요.

그러나 헨리와 로러벨이 인생의 황혼기에 이르렀을 때, 휠리스는 우리에게 착각이 삶을 꾸려갈 수 있는 유일한 방법이라고 분명하게 말해준다. 휠리스는 이렇게 쓴다.

헨리는 자신이 존재하지도 않는 진선미나 사랑을 향해 나아가려고 애를 쓰고 있다는 것을 알 수 있었다. 그러나 예전에는 늘 "그것은 착각이야" 하고 말하면서 고개를 돌린 반면, 이제는 "다른 것은 없어" 하고 말하면서 그대로 머물게 되었다. 그들이 그 후 행복하게 살았다고 말할 수는 없지만, 어쨌든 살기는 했다. 그들은 좋은 날도 겪고 나쁜 날도 겪으며 살았다. 죽을 때가 왔을 때 로러벨이 "이제 우리는 절대 헤어지지 않겠네요" 하고 말했다. 그러자 헨리는 웃으며 로러벨에게 입을 맞추어주면서, "다른 것은 없어" 하고 말했다. 그리고 둘은 숨을 거두었다.

많은 유명한 연극과 이야기들 역시 삶이 착각 없이는 견디기 힘들다는 것을 주제로 한다. 오닐의 《아이스맨이 온다》, 입센의 《물오리》, 세르반테스의 《돈키호테》, 뒤렌마트의 《방문》, 피란델로의 연극 대부분이 놀라울 정도로 복잡한 방식으로 착각과 현실이라는 주제를 다루고 있다. 그건 문학에서 피할 수 없는 주제다.

우리는 아주 오랫동안 부정은 해롭다고 가정해왔다. 그렇기 때문에 그것이 실제로는 유익할 때도 있음을 알고 놀랄 수도 있다. 최근 몇십 년 동안 연구자와 임상의학자들 모두 우리 대부분이 부정, 특히 착각을 대처 전략으로 이용한다는 것을 인정하기 시작했다.

부정은 우리가 삶의 조건들에 의해 상처를 받고, 그것들에 제대로 대처할 수 없을 때 보이는 가장 일반적인 반응이다. 부정은 때로는 적응성이 있고, 때로는 적응성이 없다. 따라서 부정의 종류, 그리고 부정을 대처의 한 형태로 간주하고 유익한 환경과 해로운 환경에 주의를 기울이는 것이 중요하다.

　부정이 실제로 유리한 결과를 가져오는 수많은 환경들이 있다. 예를 들어, 환자가 가벼운 수술을 받아야 하는 경우다. 위험을 부정하는 불안 수준이 낮은 환자들이, 위험을 경계하며 닥쳐올 수술에 불안해하는 환자들보다 회복도 빠르고 수술 후 합병증도 적다.

　병의 단계마다 부정의 역할이 달라진다는 것을 보여주는 비슷한 예는 갑작스러운 사고의 결과 척수를 다친 환자의 경우다. 병원에서 깨어난 환자는 몸이 마비되어 있다는 것을 깨달을 수 있다. 때로는 허리 아래가 마비되어 있기도 하고, 때로는 사지가 마비되어 있기도 하다. 이것은 누구에게나 충격적인 상황이며, 의욕을 꺾는 일이다. 사고 직후, 부정은 감각과 운동 기능이 돌아오리라는 일시적인 희망을 품을 여지를 준다. 이 시점에서는 현실이 너무 참담하여 환자가 대처할 수 없을 수도 있다. 차라리 멍하거나 희망을 품은 상태로 남아 있는 것이 나을 수도 있다.

　그러나 시간이 지나면서 환자는 장애에 대한 끔찍한 진실들을 동화시키기 시작한다. 그러면서 기능 회복이 불가능함을 알게 된다. 이때 부정을 사용할 수 없다면, 우울이 일반적 반응이다. 그리고 새로운 현실에 직면해야 하는데, 그것은 재활 훈련을 통해 마비에 대처하는 방법을 배우는 것이다. 재활 훈련을 받으면 비교적 새롭고 독립적인 라이프 스타일이 가능할 것이다. 만일 부정이 사고 뒤 초기 단계를 넘어서까지 지속된다면, 환자는 필요한 재활 단계로 나아가지 못할 수도 있다.

　젖가슴에서 덩어리를 발견하는 많은 여자들이 암의 가능성을 부정한다. 그렇게 되면 의학적 치료 시기를 늦춤으로써 악성종양이 퍼질 위험이 커진다. 이것은 목숨을 위태롭게 하는데, 이것이야말로 부정으로 인해 큰 대가를 치르게 되는 경우다. 부정에 의해 피해를 보는 또 하나의 사례는 남자들,

특히 가슴 통증과 소화불량 비슷한 증상들을 겪는 남자들의 경우 생긴다. 심장마비를 겪고 있다는 것을 부정하는 사람들은 심장마비 발병 초기에 가장 중요한 조기 치료를 받을 수 없다. 심장마비에 걸린 사람들이 팔굽혀펴기와 층계 오르기를 하는 사례들이 있다고 한다. 그것을 할 수 있으면 심장마비가 아니라고 믿기 때문이다. 사실 그들은 심장마비를 겪고 나서도 살아남아 그런 일화를 전해 주고 있다. 그러나 그들은 운이 좋았을 뿐이다. 그러다가 죽은 사람들은 자신의 일화를 전해줄 수가 없다.

따라서 언제 부정이 적응에 도움이 되거나 유익하고, 언제 적응에 도움이 안 되고 해로운지에 대한 규칙을 생각해볼 필요가 있다. 그 규칙이란 부정이, 또는 다른 감정 중심의 대처가 사람들로 하여금 생존하거나 번창하는 데 필요한 행동들을 취하는 것을 막을 때는 주로 부정적인 결과를 낳는다는 것이다. 만일 뭔가 유용하거나 목숨을 구하는 일을 할 수도 있었는데, 부정 때문에 그렇게 하지 못했다면, 이 대처 전략은 해로운 것일 수 있다. 그러나 아무것도 할 수 없는 상황이라면, 부정이 큰 대가를 치르지 않고도 기분을 좋게 하는 데 도움을 줄 수 있다.

지금까지 부정에 대해 조심스럽게 긍정적인 설명을 해왔다. 상황과 느낌의 현실성을 부정하는 것이 해로운 결과를 낳을 수도 있지만, 때로는 유익할 수도 있다는 점을 지적했던 것이다. 또 어떤 부정들은 약한 자기기만과 비슷한 것으로, 그러한 자기기만을 착각이라고 부르기도 한다는 이야기도 했다. 부정이 해로운 동시에 귀중하다는 건 진실이지만, 이 두 가지 진실이 모든 상황에서 똑같이 적용되는 것은 아님을 보여준다.

이제 부정의 중요한 부정적 결과를 하나 보겠는데, 널리 인정되는 것은 아니지만 특별히 주의할 필요가 있는 것이다. 당신이 말기 병에 걸려 있거나 신체적 상태에 심각한 장애가 있다고 상상해보라. 이런 병에 걸린 많은 사람들이 자신에 대해 긍정적인 전망을 유지하려 하며, 또 일부는 성공하기도 한다. 자신의 상황에 대해, 그리고 삶 전반에 대해 긍정적으로 생각할 수 있다는 것은 큰 축복이며, 폄하되어서는 안 된다. 그런 생각을 가지고 있으면, 당사자나 그가 사랑하는 사람들은 임박한 죽음 같은 삶의 엄혹한 조건을 덜 절망적으로 생각하게 된다. 그러나 대부분의 사람들은 이렇게 생각할 수가 없다. 이런 상황에 처한 사람들은 분노, 죄책감, 수치심, 우울을 겪는 것이 일반적이다.

환자들이 겪는 곤경은 그들이 사랑하는 사람들에게 심한 감정적 시련을 준다. 사랑하는 사람이 죽어가는 상황에 직면할 때, 친구와 가족은 물론이고, 전문가들도 죽음이라는 전망에 불쾌감을 느끼기가 쉽고 그것에 직면해 몹시 불편해한다. 그래서 그들은 죽어가는 환자에게 자기 죽음의 불가피성을 부정하고 긍정적인 사고에 몰두하라는 미묘한 압력을 넣을 수도 있다. 이런 압력은 환자 자신의 감정적 고통을 하찮게 만들어버린다.

죽어가는 사람들은 그들 자신의 죽음에 대처하려고 애를 쓸 뿐 아니라, 또 하나의 상실, 즉 그들이 사랑하는 사람들의 지속적인 관심과 근심을 상실할 가능성에 위협을 느끼게 된다. 이것은 끔찍한 딜레마다. 죽음이 점점 임박해 옴에 따라 그들은 가족이 자신을 단념하기 시작했다고, 임박한 상실에 대처하고자 자신에게 감정적인 거리를 두기 시작했다고 느낄 수도 있다. 환자들은 사랑하는 사람들과의 간극이 커진다고 느낄 수도 있다. 환자의 감정적인 요구에 일치하지 않는, 과장되고 비현실적인 대화를 들을 수도 있다.

말기병 환자들은 그들이 불평을 하거나, 개인적인 고통을 나타내는 것을 막으려는 무언의 음모가 있다고 느끼는 경우가 많다. 그들의 곤경을 부정하는 일에 참여하라는 요구를 받기도 한다. 그 결과 환자들은 자신의 심경을 솔직하게 털어놓으면, 자신을 돌봐줌으로써 지원과 위로를 해줄 수 있는 사람들을 쫓아버리게 될 거라고 믿게 된다.

　이렇게 죽어가는 환자들은 낙관적인 태도를 가지라는 미묘한 압력 때문에 그들 자신에게 진짜라기보다는 가짜라고 여겨지는 방식으로 자신을 내보일 수밖에 없게 된다. 마치 정당한 고통을 겪고 있는 자아를 드러내면 계속 사랑받을 수 없는 것처럼 되어버리고, 오히려 불행한 진실에 직면할 수밖에 없는 상황에서 다른 사람들을 보호해주어야 하는 것처럼 되어버린다.

　죽어가는 사람들이 직면하는 이런 딜레마 때문에 그들과 그들이 사랑하는 사람들이 서로 가장 필요한 바로 그 시기에 둘 사이에 틈이 벌어진다. 이런 경우에 부정은 가장 불필요한 것이 되고 만다.

좋은 대처 전략이 있고 나쁜 대처 전략이 있는가?

　어떤 대처 전략이 좋거나 나쁠 수가 있는가? 나쁜 대처 전략의 후보 가운데 하나라고 할 수 있는 것이 소망적 사고다. 이것은 나쁜 현실을 수용하기는 하지만, 그것이 멀어지기를 바라는 것이다. 그것은 단기적으로는 어떤 사람의 기분을 좋게 만들 수 있지만, 장기적인 현실은 바꾸어주지 못한다.

　소망적 사고는 부정과 다르고, 회피와 비슷한 면이 있다. 부정적 현실을 인정하는 것이기 때문이다. 그러나 부정과 마찬가지로 환상을 바라거나 환상 속에 사는 것은 행동을 통해서 직접적으로 문제에 대처하기 위한 노력을 훼손하게 된다. 그것은 문제를 제거하거나 완화하는 데 도움 되는 일을 하는 것을 막는다. 부정적 상황을 바꾸지는 않고 단지 상황이 나아지기만 바란다면, 건설적인 일을 하려는 의지를 가질 수 없다. 소망적 사고는 종종 형편없는 결과를 낳곤 한다. 나쁜 상황은 보통 저절로 사라지지 않기 때문이다.

　상황이 나아질 거라고 소망을 품거나 환상을 품는 것은 건설적인 행동을 방해할 때만 해롭지, 할 수 있는 일이 전혀 없을 때는 해로울 것도 없을 것이다.

　똑같은 원리가 감정적인 거리 두기에도 적용된다. 그것은 어떤 상황에서는 감정 중심 대처 전략으로서 유용하지만, 어떤 상황에서는 그렇지 않을 수도 있다. 예를 들어 암 가능성이 있는 곳에 조직 검사를 했는데 그 결과를 모른다면, 당분간은 기다리는 것 말곤 할 수 있는 일이 없다. 계속 공포를 느끼고 있는 것은 아무런 가치 없는 일이다. 결과가 긍정적일 수도 있다. 기다리면서 거리를 둘 수 있다면, 더 나은 감정 상태를 낳을 수 있고 거의 또는 전혀 해롭지 않다. 어차피 기다리는 동안은 할 수 있는 일이 없기 때문이다.

　반면 가까운 장래에 스트레스가 많은 대결이 기다리고 있다면, 예를 들어 취업 면접을 봐야 한다거나, 회의에 보고서를 제출해야 한다면, 기다리는 동안 거리를 두는 것은 해로울 수도 있다. 필요한 준비를 할 마음이 생기지 않을 테니까. 기다리는 기간에 생각을 하면서, 메모를 하면서, 다가올 사건에 대한 계획을 세우면서 보내는 것이 더 나을 수도 있다.

　따라서 또 하나의 경험 법칙이 나온다. 문제를 해결하기 위해 뭔가 건설적인 일을 할 수 있느냐 없느냐에 따라, 어떤 상황에서는 효과가 있는 감정 중심 대처 전략이 어떤 상황에서는 효과가 없을 수도 있다. 어떤 대처 전략이 늘, 또는 보통 효과가 있고, 어떤 것들은 늘, 또는 보통 효과가 없거나 역효과를 낸다고 말하기는 불가능하다. 효과가 있는 것은 당사자가 누구냐에 따라서도 다르고, 삶의 조건에 따라서도 크게 다르기 때문이다.

　대처 전략으로서 문제 해결은 어떤가? 유럽인들과 미국인들은 상황을 바꾸고자 하는 직접적인 행동이 최선이라고 생각하는 경향이 있다. 그들은 환경과 조화를 이루어 살기보다는 그것을 통제하고 바꿔야 한다고 믿는 사람들이다. 그들의 전통은 자연과학의 전통이다. 그들은 문제 해결이 건강한 대처 방법이고, 감정 중심 대처는 건강하지 못하다고 지레 가정한다.

그러나 이건 결코 사실이 아니다. 스트레스 상황을 바꾸려고 계속 노력하지만 상황을 받아들이는 것 외에 아무것도 할 수 없는 경우를 생각해보자. 이럴 때 고통과 증상들은 문제와 함께 살도록 해주는 감정 중심 대처 전략을 채택하는 경우보다 더 크기 십상이다. 이것이 바로 스리마일 섬 근처에 사는 사람들의 대처에 대한 연구에서 발견된 것이다. 독자들은 펜실베이니아의 원자력발전소가 거의 녹아버릴 뻔하게 되었던 일을 기억할지 모르겠다. 그 발전소 옆에 사는 것은 심한 불안과 우울의 이유가 되었을 것이다. 그럼에도 대부분의 경우 그곳에 사는 사람들은 다른 데로 이사를 갈 경제적 여유가 없었다.

그래서 일부는 원자력발전소를 폐쇄하라고 계속 당국에 압력을 가했으나 효과가 없었다. 이 사람들은 나중에, 상황을 있는 그대로 받아들임으로써 고통을 눅이는 감정 중심 대처 방법을 사용한 사람들보다 훨씬 더 큰 불안과 괴로움을 보이게 되었다. 병의 증상이 나타나는 경우도 훨씬 더 많았다. 사실상 통제할 수 없는 상황에서 문제 해결을 고집하는 것은 복지에 역효과를 낸다.

그러므로 최선의 대처는 문제 해결과 감정 중심 대처가 혼합된 형태라고 결론을 맺고 싶다. 대처 과정을 연구하는 이론가들과 연구자들의 과제는 어떤 조건에서, 누구에게, 어떤 패턴이 효과가 있고 어떤 것이 효과가 없느냐를 결정하는 것이다. 답들은 아직 단편적이기 때문에, 이것은 앞으로 중요한 연구 과제로 남아 있다.

9장

생물적 조건과 문화가
감정에 미치는 영향

　감정은 때로는 저항 불가능하고 통제도 힘들어 보인다. 우리가 원하든 원치 않든 움직여 나아간다. 그리고 각 감정은, 누가 그 감정을 겪든 간에, 나름대로 독특하고 인식 가능한 패턴을 가지고 있는 것으로 보인다. 이 모든 것이 감정에는 강력한 생물학적 구성 요소가 있음을 암시한다.
　만일 감정들이 우리 종의 생물적 특징이라면, 진화론적인 관점에서 볼 때 우리가 단순한 동물들에게서 감정적 경향의 많은 부분을 상속한 것이 틀림없다. 인간이 아닌 동물들이 죄책감, 수치심, 선망, 희망을 경험하는지 아닌지는 말하기 힘들다. 그러나 동물들도 분노, 공포, 불안, 질투, 행복과 비슷한 어떤 것을 경험한다고는 충분히 주장할 수 있다.
　개를 산책시키러 나갈 때 개는 즐거워하고 서둘러 집으로 돌아갈 생각이 없는 것처럼 보인다. 그래도 우리는 개가 행복한지 아닌지 확신할 수가 없다. 개들은 사람들이 웃을 때 하듯이 행복을 얼굴 표정으로 나타내지 않는다. 그리고 자기들 느낌을 말로 표현하지도 못한다. 그러나 개들이 행동하는 것을 보면 실마리를 얻을 수도 있다.
　우리는 개들이 행복감 비슷한 것을 느낀다고 믿는다. 그러나 그것이 우리의 행복감과 비슷한 것인지 아닌지는 자신 있게 말하기가 힘들다. 우리는 개가 질투 비슷한 것도 느낀다고 믿는다. 주인이 다른 사람, 또는 다른 개에게 애정을 보였을 때 개가 으르렁거리며 주인과 상호작용하려는 것을 본 적이 있을 것이다. 개가 소유욕을 보이거나 질투심을 보이는 걸까? 경쟁을 하는 것처럼 보이기는 하지만, 분명히 말하기는 힘들다.

개가 잘못을 저지른 후 죄책감을 보여주는 것처럼 보이는 상황에서도 비슷한 해석의 문제가 나타난다. 개는 자신이 규칙을 어겼다는 것을 알고 있으며, 움츠러드는 것으로 그 사실을 보여준다. 그러나 이 경우 역시 그 감정이 정확히 무엇인지는 말하기 힘들다. 우리가 보고 있는 것은 죄책감이 아니라, 비난이나 벌에 대한 공포인지도 모른다.

동물들은 정당한 분노, 고소해함, 토라짐, 상처받은 분노 등이 전달하는 의미의 미묘한 차이들을 다 경험할까? 아마 그렇지 않을 것이다. 우리가 분노를 경험할 때 감정적인 상황들에 부여하는 의미는 동물들의 경우보다는 복잡할 것이다. 그럼에도 동물의 분노에 인간 분노의 기본적인 것들이 담겨 있다고 생각할 수는 있다.

종들 간에는, 그리고 물론 여러 문화 간에는 감정적 반응이 어느 정도 다를 가능성이 높다. 동물은 사람의 경우보다 지적으로 훨씬 더 제한되어 있고 또 사고도 경직되어 있기 때문에 종들 간의 경험에는 차이가 있을 수밖에 없다. 그럼에도 대부분의 포유동물들은 거의 똑같은 생화학 물질을 포함하는 세포들로 이루어져 있으며, 비슷한 뇌 구조를 가지고 있다. 따라서 어느 정도 감정 공유가 있을 수밖에 없다는 인상을 더해준다. 설사 제한되어 있다 하더라도 공유되는 것이 있다면 그것은 공통된 생물학적 뿌리를 보여줄 것이다.

반면 우리 종 내부에서도 우리는 모든 사람들이 비슷한 사건들에 똑같은 감정이나, 똑같은 강도로 반응하는 것은 아님을 알고 있다. 어떤 사람은 좀처럼 화를 내지 않는 반면, 어떤 사람은 언제든지 쉽게 화를 낸다. 사람들을 규칙적으로 사로잡는 감정들도 각기 다르다. 어떤 사람들은 되풀이해 분노 반응을 보이는 반면, 어떤 사람들은 불안 반응을 보이고, 또 어떤 사람들은 죄책감이나 수치심, 선망이나 질투 반응을 보인다. 각각의 사람은 감정적인 경향에서도 약간씩 다르다. 그런 차이는 우리의 다양한 목표와 신념들을 반영하며, 그것은 우리가 비슷한 환경에서 구축하는 개인적 의미에도 영향을 준다.

사람들은 저마다 감정적인 패턴이 다 다르다. 또 서로 다른 문화에서 살아가는 사람들은 그들의 독특한 문화적 관점을 반영하는 패턴을 보여준다. 예를 들어 어떤 문화에서는 분노에 해당하는 말이 거의 없거나 아예 없다. 그러한 문화에서는 분노나 그 표현을 단념시킨다고 생각할 수 있다. 어떤 문화는 분노에 의해 지배된다. 그리고 그 변형들이 다른 감정에도 적용된다. 문화가 감정이 생기는 것과 감정을 규제하는 것에 어떤 영향을 미치는가는 중요한 문제며, 나중에 다시 살펴보도록 하겠다.

생리학, 진화, 뇌에 주된 관심을 가지고 있는 과학자들이 생물학적 보편성에 특히 관심을 보이는 것은 당연한 일이다. 여기서 생물학적 보편성이란 모든 사람, 특히 모든 포유류가 공통 속성을 가지고 있다는 뜻이다. 그런 과학자들은 생물적 조건이 감정적 반응을 형성한다고 본다. 다시 말해 뇌 속 어떤 단추를 누르면 분노의 패턴이 나타나고, 어떤 단추를 누르면 불안의 패턴이 나타나는 식이라는 것이다. 또한 다양한 사회적 패턴에 관심을 가지는 문화인류학자들이 문화라는 기초 위에서 감정을 설명하는 것은 당연하다. 그들이 보기에는 문화가 감정적 반응을 형성한다.

생물학적 관점과 문화적 관점 모두 어느 정도는 맞다. 큰 문제는 그것들을 조화시키는 것이다. 그리고 그 둘이 어떻게 감정을 형성하는가를 이해하는 것이다. 인류라는 종만이 아니라 개인과 집단에도 관심을 가지는 심리학자들은 생물학적인 진영과 문화적 진영 양쪽에 양다리를 걸치고 있다. 따라서 심리학자들은 때로는 양극단을 조화시키는 일을 떠맡을 수밖에 없다. 이것이 이 장의 주된 과제다.

먼저 생물학적 측면을 보면서, 그것이 감정의 자극과 조절에서 보편적인 것들에 대해 말해주는 것을 살펴보자. 그러고 나서, 감정적 변화의 문화적 원인들에 대해 살펴보고, 그다음에 그 둘을 종합해보도록 하자.

생물적 조건의 영향은 무엇인가?

찰스 다윈이 《종의 기원》에서 생각하고 묘사한 진화는 우리가 포유류의 여러 가지 종들, 민족들, 개인들 간의 감정의 유사성을 이해하는 방식에 깊은 영향을 주어왔다. 진화에 대해서는 과학적 논란이 있지만 진화와 그 작동 방식을 언급하지 않고 감정의 보편성을 생각한다는 것은 거의 불가능하다.

다윈의 맹아적 생각은 생물적(따라서 심리적) 특질들이 자연도태 과정의 결과 진화하고 변해왔다는 것이었다. 자연도태의 의미는 종종 '적자생존'이라는 말로 표현된다. 이 표현은 약간 과장된 것이기 때문에 많은 과학자들이 귀찮게 여긴다. 적합해지기 위해서는 많은 방법들이 있으며, 생존하기 위해서 가장 적합한 존재가 될 필요는 없다. 그래도 이 표현은 이 개념의 일반적 중요성과 타당성을 어느 정도는 표현하고 있다.

다윈은 진화에 대한 탁월한 책을 썼을 뿐 아니라, 〈인간과 동물의 감정 표현(The Expression of the Emotions in Man and Animals)〉이라는 논문을 발표하기도 했다. 이것은 감정의 진화에 대한 것으로, 많이 알려지진 않았지만 중요한 것이다. 그 안에서 다윈은 인간 감정의 주요 특징들을 묘사하고, 우리 종의 모든 개인이 그것들을 물려받고 있다고 선언했다.

다양한 종들이 특유의 방법으로 그들의 환경에 적응한다는 것은 지금은 이미 확고하게 자리를 잡은 이론이라고 할 수 있다. 현대의 유명한 행동생물학자(자연스러운 서식지에 살고 있는 동물 종들을 연구하는 사람)인 아이블-아이베스펠트는 이 원칙을 다음과 같이 분명하게 밝히고 있다.

> 파란 고래는 태어나자마자 헤엄을 치는데, 이 과정에서 근육의 공동 작용이 완벽하게 이루어진다. 갓 태어난 영양은 위험이 닥치면 어미를 따라 뛰어간다. 갓 부화해 나온 오리 새끼는 물에서 뒤뚱거리며 걷고, 미리 연습을 하지도 않아도 헤엄을 치고, 먹을 것이나 마실 것을 찾아 진흙을 살피고, 깃털에 기름을 묻힌다. 이런 행동 패턴들에 대해 어떤 모델이나 지침도 필요로 하지 않는다. 오리 알이 암탉의 알들 사이에서 부화한다 해도 오리 특유의 이런 행동 패턴은 바뀌지 않을 것이다. 병아리들과 함께 부화된 오리 새끼는 그의 양어머니와는 달리 곧장 물로 들어갈 것이다.

생존하고 번창하는 종들, 즉 개체 수를 유지하고, 나아가 늘여갈 만큼 번식을 하는 종들은 적응에 유용한 특질들을 획득한다. 이것은 특히 짝짓기와 생식에 적용된다. 이것이 유전적 특질들을 다음 세대로 전달하는 방식이기 때문이다. 이런 특질들 가운데 몇 가지는 짝짓기 기회를 늘여준다. 그리고 이것이 종 내의 가장 적합한 동물들의 유전자를 퍼뜨릴 기회를 증대시켜준다. 만일 짝짓기를 하는 동물이 생존하는 데 특히 적합하다면, 이것이 그들의 후손 가운데 더 많은 수가 살아남아 재생산을 할 가능성도 높여준다. 이 후손들은 부모들과 같은 유전적 자질을 가지고 있기 때문이다.

사실 신경과학자들은 다양한 동물들의 두뇌 구조를 비교하면서 인간과 동물이 뇌의 해부학적 특징들 가운데 많은 부분을 공유한다는 것을 알게 되었다. 이 부분들은 감정 반응에서 일어나는 생리적 변화의 많은 부분을 통제하는 곳이다. 사실 우리는 감정에서 일어나는 신체적 변화를 원시적인 반응으로 생각하는데, 이런 신체적 변화는 자유의사에서 나온 통제와는 관련이 없다.

예를 들어, 우리는 심장박동이나 혈압에 직접적인 영향을 줄 수 없다. 이런 신체적인 과정들은 자동적으로 작동하며 뇌 안의 깊은 곳, 즉 시상하부라고 부르는 곳에서 통제된다. 신체적인 노력을 기울이거나, 스트레스가 약한 환경을 찾거나, 차분한 생각을 하거나, 긴장을 풀려고 노력함으로써 이런 중요한 기능에 간접적인 영향을 줄 수 있을 뿐이다. 그러나 사람의 감정뿐만 아니라 심지어 동물의 감정도 상황이 자신의 복지에 어떤 의미를 지니는지 평가하는 과정을 수반한다.

원시적인 동물들은 특정한 환경적 자극물에 자극을 받으면 내재되고 고정된 패턴으로 자동 반응을 한다. 예를 들어, 새끼 새들은 경험이나 배울 기회가 없어도, 매와 같은 형체에는 자동적으로 공포 반응을 보인다. 이것은 뛰어난 동물행동학자 니코 틴버겐이 밝혀낸 일이다.

틴버겐은 판지를 이용해, 한쪽 방향으로 움직일 때는 거위 같고, 반대 방향으로 움직일 때는 매 같은 형태를 만들어 재미있는 실험을 했다. 새들은 매 같은 형태를 보면 공포를 나타냈다. 그러나 거위 같은 형태를 보면 차분함을 유지했다. 두 형태를 구별하고 각각에 선별적으로 반응하는 능력은 그들의 신경 체계에 내재되어 있다. 서로 다른 윤곽을 구별하는 타고난 능력, 그리고 육식동물을 보면 만들어지는 공포의 감정은 생명을 구하는 데 도움이 된다.

감정은 사람의 생명을 구하기도 하고, 세상에서 살아나가는 것을 돕기도 한다. 그러나 사람들은 안전한 것과 위험한 것을 구별할 때 이 타고난 경향에 의존하지 않는다. 감정은 주로 학습에 의존한다. 우리는 진행되고 있는 일에 민감하게 반응하고 또 그것이 복지에 어떤 의미를 가지는지 해석할 필요가 있다. 우리는 복잡한 사회에서 무엇이 위험하고, 무엇이 우호적인 것인지 배워야 한다. 예를 들어, 언제 친절한 웃음이 적대적 의도를 위장하고 있는지를 알아야 하며, 우리 행동이 다른 사람들에게 우호적인 반응을 낳을지 비우호적인 반응을 낳을지를 알아야 한다. 복잡한 사회적 의미들은 많은 경우 미묘하고, 추상적이며, 또 그것을 알아보는 데 상당한 지능과 경험이 필요하다.

생물이 더 높은 종으로 진화함에 따라, 뇌의 옛 부분에 새로운 부분이 보태졌으며, 이 '새로운 뇌'는 복잡한 형태의 적응을 가능하게 해주었다. 이것은 그 이전의 종에게는 불가능했던 것이다. 이런 새로운 형태의 적응에는 추론, 자아의식, 의지력이 필요하다. 원시적인 동물의 뇌에 보태진 영장류의 뇌 부분은 다른 사람들과의 만남에서 중요하게 걸려 있는 개인적인 이해관계를 인식하는 능력을 관장하며, 벌어지고 있는 일을 해석하며, 그것을 예상하며, 그것에 대처하는 방법을 계획하며, 표현을 통제한다. 감정과 지능은 이런 진화의 중요한 특징들이다.

예를 들어, 사람들은 종종 서로 관련되어 있기는 하지만 모순된 메시지를 전달한다. 예를 들어, "난 당신을 사랑하지만, 그런 식으로 사랑하지는 않아요"(에로틱한 방식으로 사랑하지는 않는다는 뜻) 같은 말이 그런 예다. 이런 유형의 메시지를 오해하면 곤란해진다. 이 세상에서 살아나가는 것이 그런 해석에 달려 있다. 따라서 사람들은 이런 메시지를 이해함으로써, 가능하지 않을 뿐만 아니라 심지어 사회적으로 피해를 주거나 신체적으로 위험할 수도 있는 것을 얻으려고 쓸데없이 애쓰는 일을 삼갈 수 있다.

뇌는 엄청나게 복잡한 시스템으로, 거기에는 신경세포 천억 개가 담겨 있는 것으로 추정된다. 그리고 이 세포 모두가 복잡한 네트워크를 통해 서로 신호를 전달한다. 이 신경세포들이 집단으로 조직되어 신경 구역과 패턴을 형성하며, 각각이 전문화된 기능을 한다. 예를 들어 감정은 원래는 덜 발달한 동물들에게서 발견되는 원시적인 뇌 중앙이 관장한다고 한다. 그리고 인간에게서 진화된 새로운 뇌는 감정이 아니라 이성을 관장하는 부분이라고 한다.

그러나 뇌가 부분별로 어느 정도 전문화되어 있기는 하지만, 이성이 어떤 신경망에서만 일어나고, 감정은 또 다른 신경망에서만 일어난다고 말하는 것은 부정확하다. 감정과 이성 둘 다 뇌 전체에 걸쳐 광범위하게 관련을 맺고 있으며, 다양한 부분들 사이의 복잡하고 유동적인 상호작용의 결과로서 함께 작동되기 때문이다.

뇌졸중처럼 뇌가 손상을 입어 운동신경이 마비되고, 일반적인 물건을 알아보지도 이름을 부르지도 못하는 경우에도, 다시 훈련을 받아 움직이고 말을 할 수 있게 되는 경우가 많다. 이것도 이런 유동적인 상호작용 때문일 수 있다. 뇌의 한 부분이 손상되면 다른 부분들이 잃어버린 기능들을 떠맡는 것처럼 보인다. 비유를 하자면 뇌 회로의 선을 다시 연결한 것이라고 할 수 있다. 이것은 뇌의 망들이 영원히 고정된 것이라기보다는 어느 정도 변할 수 있는 것임을 보여준다.

최근까지 생리학자들은 뇌 가운데 비교적 원시적인 부분들, 즉 체온, 호흡, 심장 운동, 대사 등을 조절하는 부분에 관심의 초점을 맞추어왔다. 그러나 지능과 의지에 봉사하는 부분에는 거의 관심을 기울이지 않았다. 하물며 감정에 관심을 가지는 생리학자들은 그보다도 더 적다고 할 수 있었다.

그러나 감정을 일으키고 통제하는 데 이성이 어떤 역할을 한다는 생각이 점차 받아들여지게 되었다. 생리학자들도 진화에서 나중에 나타난 뇌의 부분들, 즉 대뇌피질에 관심을 돌리기 시작했다.

대뇌피질은 뇌 가운데서도 주로 추상적 사고가 일어나는 영역으로, 예견, 계획, 삶의 스트레스에 대처하는 복잡한 전략들을 가능하게 해준다. 이제 우리는 대뇌피질의 전두엽이 감정에서 주요한 역할을 한다는 것을 확신하게 되었다. 또 감정과 이성이 상호 의존적이라는 것, 즉 오래되고 원시적인 뇌와 새롭고 발전된 뇌 사이에 광범위한 망이 형성되어 있다는 것을 확신하게 되었다.

감정은 우리의 생존과 번창을 어떻게 도와주는가?

감정, 그리고 지적으로 생각하는 능력이 진화해온 것은 그것이 생존을 편리하게 해주고, 번창하는 것을 도와주었기 때문이다. 이는 세 가지 방식으로 이루어졌다.

첫째, 감정은 자원을 결집시킴으로써, 위기 상황에서 힘과 인내심을 증가시켜준다. 예를 들어, 분노나 공포를 느낄 때는 뇌와 몸의 큰 근육들로 피의 공급이 증가하며, 위기시에는 활동이 필요하지 않은 소화관으로의 공급은 감소한다. 이런 감정 상태에서는 심장박동과 혈압이 올라가, 싸우거나 달아나는 것을 쉽게 해준다. 또 혈관으로 강력한 호르몬들이 분비된다. 그것이 대사 활동을 뚜렷하게 바꾸어주며, 필요한 기간 동안 에너지를 유지해주도록 돕는다.

둘째, 감정을 경험할 때, 정신은 위기 상황과 그것에 대처할 방법에 관심을 집중하게 된다. 우리의 관심은 위험과 그 위험을 피하거나 아니면 대처할 방법에 집중되어 있다. 우리는 생존하고 번창하는 투쟁에서 현재 가장 두드러진 문제에 관심을 집중하기 위해 전에 하고 있던 일을 포함해 다른 모든 것에는 관심을 버리게 된다.

바꾸어 말하면, 동물이 위기 상황에 처할 경우에 자신의 신체적 자원을 결집하기 위해, 지금까지 하고 있던 일에서 즉시 당면한 위기로 관심을 돌리게 해주는 어떤 기제가 있음이 틀림없다는 것이다. 다윈이 파악한 대로, 감정은 포유동물의 이런 요구를 충족시킨다. 감정은 안전한 상황과 위험한 상황과 기회를 엿볼 수 있는 상황을 재빨리 구분할 것을 다급하게 요구하며, 긴급 상황에 대처하는 데 필요한 추가 에너지와 스태미나를 동원하게 만든다. 감정은 생존을 돕기 위해서는 똑똑해져야 한다. 따라서 우리 종에서는 지능과 감정이 함께 진화했다.

결집과 집중이 어떻게 작동되는가에 대한 익숙한 예를 찾아볼 수 있다. 어머니들은 자식이 겪게 될지도 모르는 위험을 두려워한다. 어머니들은 이런 위험을 이해하지만, 미숙한 자녀는 이해하지 못할 것이다. 그래서 어머니들은 오늘날의 도시와 교외의 거리에서 아이들에게 일어날지도 모르는 교통사고에 대해서 걱정하는 경우가 많다. 두 살 난 아들이 위험도 모른 채 자동차들이 고속으로 달리는 도로에 뛰어드는 것을 보았다고 상상해보라. 당신이라면 어떻게 하겠는가? 보통의 경우라면 공황에 빠져 쏜살같이 아이를 따라 달려나가 아이를 붙들고 야단을 칠 것이다.

이것이 거의 보편적인 반응이라고 생각한다. 이 경우 부모는 어린 자식에게 길을 건너는 것에 대한 공포를 심어주면서, 감정이 생존을 위해서 중요하다는 것을 직관적으로 이해하고 있음을 보여준다. 한 번의 착오가 치명적일 수 있는 상황에서 아이의 생존을 시행착오에 맡겨두는 것보다는 자동차에 대해 아이에게 공포를 주는 편이 더 낫다는 것이다. 아이의 경우도 공포를 느끼게 되면, 몸과 마음이 신경화학적 변화와 증가된 관심을 위험

쪽으로 돌리는 일을 겪게 된다. 이것이 다음에는 위험한 상황 자체를 주의하거나 피하게 함으로써 아이의 생존을 도울 수 있다.

셋째로, 감정은 마음 상태를 다른 사람들에게 알려준다. 예를 들어, 감정은 웃음의 경우처럼 얼굴의 근육 동작 패턴에 의해서, 또는 몸의 자세나 숙인 머리에 의해서 표현된다. 이런 표현들은 어떤 사람이나 동물이 화가 나서 공격을 할 가능성이 높으냐, 아니면 겁에 질려서 달아날 가능성이 높으냐를 드러낼 수 있다. 이렇게 다른 사람의 감정 신호들에 기초하여 그 의도를 해석하고 깨달음으로써, 사회적 위험과 기회에 잘 적응하는 것이 가능하다. 이런 깨달음은 또한 위험과 기회를 다루는 데 있어 효율을 높여준다.

우리는, 지능과 감정은 그것들이 생존을 위해 가지는 가치 때문에 함께 진화해왔으며, 둘이 상호 의존적으로 적응에 도움을 준다는 말을 하고 싶다. 감정은 뇌의 옛 부분들만이 아니라, 이성에 봉사하는 새 부분에 의해서도 지배를 받는다. 감정은 우리에게 좋거나 나쁜 것을 구별할 수 있는, 평가하는 마음에 의존하고 있다. 그러나 하나의 감정은, 일단 일어나면, 특히 그 표현이 통제될 수 없거나 사회적 관계에서 나쁘게 사용될 때 우리를 곤란하게 할 수도 있다.

경험에서 배우는 능력, 또 빠르고 정확하게 결정을 내리는 능력을 포함하는 지능은 우리 종이 진화하고 점점 복잡해지면서 이루어진 적응의 위대한 발전들 가운데 하나다. 후기 종들의 지능이 높아지면서 사회적 상황에 적응하는 정교하고 유연한 방식들이 존재하게 되었다. 지능은 어떤 종이 위험한 것과 그렇지 않은 것에 반응을 할 때 선택할 수 있는 능력을 줌으로써, 번창할 기회를 활용하는 데 도움을 주었다.

생존하고 번창할 잠재력은 또한 현재의 실마리들에 기초하여 미래를 예측할 수 있는 능력에 의해 촉진된다. 그것은 지능이 가진 이점들 가운데 하나로서, 어떤 행동의 미래의 결과들을 판단하는 능력이다. 계획을 세워 미래에 어떤 일들이 일어나게 할 수 있는 능력은 우리가 이룩한 커다란 진보이며, 이것이 우리를 현재라는 압제에서 해방해준다. 아마 이 능력은 인간들에게서 가장 큰 발전을 이룩했을 것이다.

만일 생물적 조건이 감정에 어떤 영향을 주는지 이해하고 싶다면, 종 내에 그리고 종들 사이에 보편적으로 나타나는 감정 표현도 살펴보아야 한다. 가장 분명한 것은 감정이 얼굴과 신체에 표현되는 방식, 그리고 감정들과 관련된 생리적 변화다.

얼굴과 몸을 통한 감정 표현

하나의 감정이 일어날 때, 우리는 그것을 얼굴 표현과 몸의 자세나 동작으로 보여주는 경향이 있다. 한때는 얼굴이 해당 문화의 표현 규칙들만 반영한다는 관점이 지배적이었다. 많은 감정들에 나타나는 보편적인 표현 패턴들을 보여준 돌파구는 1970년대 몇몇 연구 개척자들의 작업 성과였다. 이 개척자들 가운데 몇 명은 얼굴 표정을 필름으로 찍어, 다양한 감정들이 일어나는 동안에 드러나는 근육 동작 패턴들의 지도를 신중하게 그려나갔다.

이후 몇십 년 동안 이 작업과 점점 늘어나는 다른 연구자들의 작업을 통해 어떤 감정들(다는 아니지만)이 일어나고 있을 때, 다른 문화 출신 사람들의 얼굴에도 똑같은 패턴들이 나타난다는 것이 밝혀졌다. 요컨대 분노의 얼굴, 혐오의 얼굴, 공포의 얼굴, 행복의 얼굴 등이 있는 것이다.

이런 감정들에 나타나는 얼굴 근육 반응이 선천적이기는 해도, 우리는 사회적 명령에 기초해 우리가 느끼는 것을 감추거나 위장할 수 있다. 예를 들어, 기쁘거나 행복하다는 것을 보여주기 위해 웃을 수 있다. 그러나 어떤 웃음들은 행복한 웃음이 아니며, 우리가 정말로 행복할 때 생기는 웃음과는 달라 보인다는 증거도 있다. 분노를 느끼거나, 불안을 느끼거나, 혐오감을 느끼거나, 우울하거나, 고통을 느낄 때조차, 우리는 꿋꿋함을 표현하기 위해서 웃을 수 있다. 다른 사람들에게 우리가 행복하다는 생각을 심어주고 싶어서 그럴 수도 있고, 혹은 적을 오도하고 싶어서 그럴 수도 있다.

보통 행복한 웃음인 경우에는 입이 위로 올라가고, 눈썹의 근육들이 그에 어울리는 적당한 운동 패턴을 보여준다. 그러나 여러 감정이 혼합된 웃음이나 기만적인 웃음에서는, 눈꼬리의 주름살을 이루는 눈썹 근육들이 다르게 반응한다. 우리는 그 차이를 눈치챌 수도 있고 못 챌 수도 있다. 또는 얼굴에서 웃음의 설득력을 줄여버리는 요소들을 정확하게 알아볼 수도 있다.

지식의 첨단 분야에서는 늘 그렇듯이, 그 작동 방식에 대해서는 상당한 논란이 있지만, 얼굴 표정이 어떤 사람의 감정에 대한 사회적 실마리로 작용한다는 데는 거의 의심의 여지가 없다. 이 실마리를 읽어내는 능력은 사람마다 크게 다르다. 어떤 사람들은 다른 사람들에 비해 지각이 뛰어나거나, 무엇을 찾아야 할지를 더 잘 알고 있다. 이런 실마리들, 즉 다른 사람의 의도가 무엇인지 알 수 있는 사회적 신호들은 과거에 생존에 도움을 주었을 것이다. 아마 그래서 그 실마리들이 진화를 했고, 또 지금도 진화하고 있는 건지도 모른다.

얼굴이나 근육의 표현들만이 아니라 몸짓과 발성도 포함하는 비언어적인 의사소통은 사람들뿐만 아니라 동물들에게서도 발견된다. 진화의 계보상 인간에게 가까운 동물들일수록 이런 비계획적인 의사소통 양식의 유사성도 두드러진다. 인간 감정의 진화에 오랫동안 관심을 가져온 심리학자 로버트 플럿칙은 비언어적인 의사소통에 대해 이렇게 말했다.

다른 동물에게서 인간 행동과 가장 광범위하게 유사한 점들을 발견할 수 있는 곳은 비언어적인 의사소통이다. 침팬지들은 손을 잡고, 서로 만지고 두드려주고, 포옹하고, 입 맞추고, 물고, 주먹으로 치고, 발로 차고, 긁고, 서로의 머리카락을 잡아당기는데, 그 맥락은 인간들이 그와 똑같은 행동을 보여줄 때의 맥락과 비슷하다. 인사하는 패턴도 그렇고, 호전적인 행동의 패턴도 그렇다. 침팬지는 또 넓은 발성 영역을 가지고 있는데, 그 각각은 특정한 감정과 관련되어 있는 것으로 보인다. 비명은 공포와 관련되고, 짖는 것은 호전적 태도와 관련되는 등……. 이런 다양하고 자세한 관찰은 침팬지와 인간의 많은 행동적 유사성을 보여주며, 이것은 염색체, 혈액 단백질, 면역반응, DNA 등의 유사성과도 일치한다.

따라서 몸짓에서 발성까지 모든 종류의 사회적 신호들은 우리의 진화적인 유산의 일부인 것으로 보인다. 어떤 동물이 먹이가 될 수 있는 상황에서 그런 사회적 신호들이 얼마나 중요할지 상상해보라. 무리 지어 다니는 동물들을 찍은 필름에서 얼룩말이나 영양들이 키 큰 풀 속에 누워 있는 사자 떼 가까이에 차분하게 서 있는 것을 보고 놀라는 경우가 많다. 이 동물들은 자신을 잡아먹을 수도 있는 맹수 옆에 그렇게 가까이 다가갔는데도 어떻게 차분한 상태를 유지할 수 있을까? 사실 무리 지어 다니는 동물들은 언제 사자들이 사냥에 관심을 가지는지 가지지 않는지를 알 수 있다. 냄새에 의해서인지, 아니면 사자 떼의 배치에 의해서인지, 이 먹이가 되는 동물들은 상황을 정확하게 '읽고' 그에 따라 반응한다. 이들은 어쩌면 과거의 경험에서 이런 것들을 일부 배웠을 수도 있다. 그리고 그들의 진화 과정에서 과거 언젠가, 그들의 뇌는 사자들이 현재의 의도에 대해 보내는 신호들에 대한 지식을 새겨놓았을 것이다. 발성 역시 인간만이 아니라 동물에게서도 찾아볼 수 있는데, 발성은 감정과 밀접한 관련을 갖는 것으로 보인다. 플럿칙은 이렇게 말했다.

발성은 인간만이 아니라, 하등동물의 의사소통 수단이기도 하다. 고통, 공포, 분노, 구애, 성과 연관이 있는 소리들은 각각 구별된다. 예를 들어 세 이부의 원숭이들을 관찰해보면, 그들이 날카로운 비명을 통해 분노를 표현한다는 것을 알 수 있다. 나아가, 공포는 몸의 근육들이 떨리도록 하기 때문에, 공포와 관련된 소리들은 떨리는 경향이 있다. 돼지들은 만족할 때 꿀꿀거리고, 괴로울 때 날카로운 소리로 비명을 지른다. 다윈은 그런 비명들을 도움을 요청하는 소리라고 생각했다. 그 소리는 강렬하고 피치가 높기 때문에 멀리까지 들린다. 다윈은 감정의 발성적 표현의 비슷한 패턴을 인간에게서도 들을 수 있다고 믿었다. 최근의 연구는 이를 대체로 확인해주었다.

감정과 의도에 대한 유용한 정보는 사람의 얼굴 표정에 드러나는 것과 마찬가지로 동물의 얼굴, 또 그 전반적인 태도에서도 드러난다. 우리는 신체의 운동과 몸짓보다는 얼굴 표정에 드러나는 감정에 대해 더 많이 알고 있다. 그러나 신체에서도 똑같은 종류의 사회적 신호 보내기가 일어나는 것 같다. 예를 들어 슬플 때 우리 몸은 특징적인 표정을 지니는 것 같다. 구부린 등, 내리깐 눈, 늘어진 어깨. 수치심 계열에 속하는 감정인 당황함을 경험할 때, 고개를 숙이고 고개를 반쯤 돌리며 우리는 즐겁고 수줍은 웃음을 보여주기도 한다, 마치 "들켰네요" 하고 말하는 것처럼. 또한 얼굴을 붉히는 익숙한 반응도 있는데, 이것은 순간적인 당황함을 드러내는 부지불식간의 생리적 반응이다.

감정의 심리적 변화

감정적으로 흥분할 때 우리 몸에는 광범위하고 심오한 변화들이 일어난다. 이것은 현대 기술로 측정이 가능하다. 일찍이 가장 관심을 끌어온 변화는 때때로 불수의 신경계라고도 부르는 자율신경계(Autonomic Nervous System)의 활동 결과였다. 그러한 변화가 일어나는 이유는 우리가 그 신경계를 직접 통제할 수 없기 때문이다.

자율신경계에는 두 개의 대립되는 하부 신경계가 있는데, 하나는 교감신경계라고 부르고 또 하나는 부교감신경계라고 부른다. 이 두 신경계는 감정에서 특히 중요하다. 둘 가운데 어느 한쪽의 활동은 다른 쪽의 영향을 억제한다. 이런 대립을 이해하는 가장 쉬운 방법은, 교감신경계는 위험한 상황에서 세상에 대처하기 위해 우리를 흥분시키고 자원을 결집하는 반면, 부교감신경계는 이런 경보 신호들을 끈다고 기억하는 것이다.

1930년대부터는 내분비선에서 분비하는 호르몬에도 관심을 가지기 시작했다. 내분비선 역시 우리가 감정적으로 대응할 때 활동을 시작하기 때문이다. 이 가운데서도 가장 주요한 것이 부신이다. 여기서는 아드레날린과 노르아드레날린이라는 두 가지 종류의 호르몬이 분비된다. 이 호르몬들은 부신 안쪽(중심부)에서 만들어진다. 감정의 첫 신호가 나타날 때 교감신경계의 자극에 의해 이 호르몬들이 분비된다.

감정이 일어나면 이 호르몬들은 빠른 속도로 핏속으로 뿜어진다. 이 호르몬들은 급격한 흥분이나 신경과민을 느끼게 만들며, 교감신경계와 매우 흡사한 방식으로 몸에 영향을 준다. 혈압이 올라가는 것과 더불어 심장박동은 빨라지며, 피는 위나 창자 같은 내장에서 손이나 몸의 큰 근육들로 옮겨진다. 이런 변화에 의해 몸은 '싸움이나 도주'에 대비하게 된다. 이런 과정을 처음 제시한 사람은 탁월한 심리학자 월터 캐넌이다.

부신 바깥쪽(피질)은 다른 일군의 호르몬들을 만드는데, 이것들 역시 감정에 중요하다. 이 호르몬들을 코르티코스테로이드(피질을 뜻하는 cortex에서 만드는 steroid라는 뜻)라고 부른다. 코르티코스테로이드들은 대사에 중요한 영향을 주며, 위기 상황에서 행동을 유지하는 데 도움을 준다. 그러나 어떤 호르몬이 혈관 속으로 너무 많이 분비되거나, 이런 호르몬들이 몸에 너무 오래 남아 있으면, 세포조직에 피해를 주어 종종 스트레스성 장애라고 부르는 것을 낳을 수 있다.

생물적 조건은 감정이 일어나는 데 어떤 영향을 주는가?

이제 가장 매혹적인 가능성에 이르게 되었다. 그것은 각각의 감정을 규정하는 극적 플롯이나 개인적 의미가 인간에게 보편적일 가능성이다. 2~6장에서 각각의 감정에 대한 극적 플롯을 살펴보았다. 거기서 분노는 나와 나의 것을 모욕하는 불쾌한 언행에서 일어나며, 불안은 불확실하고 실존적인 위협에서 일어나며, 슬픔은 복구 불가능한 상실에서 일어나며, 희망은 최악을 두려워하면서 그보다는 나은 것을 갈망하는 것에서 일어난다는 등등의 이야기를 했다. 그리고 사람들이 사건들에서 어떻게 의미를 파악하는가에 초점을 맞추었다. 이 해석이 사람들에게 감정적인 반응을 끌어내기 때문이다. 그러나 우리가 생각하지 못했던 것은 왜 특정한 의미나 플롯이 하나의 특정한 감정을 이끌어내느냐 하는 것이었다. 어쩌면 인간이라는 것이 원래 그렇기 만들어졌기 때문인지도 모른다.

어떻게 이럴 수 있을까? 진화로 눈을 돌려보면, 현대의 성인이 느끼는 감정이 오랜 세월의 지혜, 즉 조상이 우리와 똑같이 경험했던 감정적 딜레마에서 파생된 지혜의 정수라는 것을 알 수 있다. 우리는 우리가 하나의 종으로서 진화해온 방식의 결과로서 조상과 대체로 비슷한 감정적 반응을 보이는 것이다.

이런 감정적인 딜레마에는 지위가 모욕을 받거나 억눌리는 것(분노), 불확실한 위협을 겪는 것(불안), 생명이나 몸에 갑작스러운 위험을 느끼는 것(공포), 부족의 사회적 관습을 침해하는 것(죄책감), 갈망하는 이상에 못 미치게 행동하는 것(수치심), 복구 불가능한 상실을 겪는 것(슬픔) 등이 포함된다. 이런 감정적 딜레마들이 표현하는 개인적 의미들은 몇천 년간의 인간사에, 그리고 전부는 아니라 하더라도 대부분의 문화에 기록되어왔다.

이런 딜레마들은 인간이 사회적 존재로서 겪을 수밖에 없는 것이기 때문에, 어른이 될 무렵에는 우리 모두가 이런 극적 플롯들에서 확인되는 관계의 전부는 아니라 하더라도 대부분은 경험하게 된다. 정상적인 능력을 가진 사람은 문화에 관계없이 반드시 인간의 배신, 위협, 승리, 상실, 희망과 절망, 사랑과 그 변화, 기쁜 이득이나 눈부신 성공 등과 같은 강렬한 감정적 사건들을 이해하게 된다. 이런 경험들과 그 경험들을 자극하는 관계들은 인간 조건을 표현하고 드러낸다. 우리는 인간이기 때문에 이렇게 될 수밖에 없다.

인간 감정들의 동물적 기원

우리의 인간적 감정들 가운데 비인간적인 유래를 가진 것이 있을까? 만일 그렇다면, 인간의 감정들이 생겨난 방식에 대한 진화론적인 주장에 무게를 더해줄 것이다. 자신의 감정이 동물에게서 나온 것이라고 말하는 데는 주의해야 한다. 동물이 우리처럼 의미들을 이해할 가능성이 없기 때문이다. 그럼에도 동물과 인간 사이에는 주목할 만한 유사성이 존재한다.

공격성과 분노는 어떤 감정적 현상들보다도 동물 기원적인 관점에서 파악되어왔다. 인간이 아닌 동물들은 다양하고 많은 종류의 공격성을 보여준다. 공격성 가운데 하나의 유형인 잡아먹음은 다른 종을 먹이로 삼기 위해 공격하는 것이다. 또 하나의 유형은 방어적인 공격성이다. 예를 들어 어린 새끼가 맹수의 위협을 받을 경우, 어미는 그것이 진짜로 새끼에게 위험하다고 믿을 경우에 그 맹수를 협박하거나 공격하게 된다. 세 번째 유형은 지배의 위계에서 하나의 자리를 얻거나 보존하기 위해 같은 종 내에서 벌어지는 싸움이다. 인간들은 공격성의 세 가지 패턴 모두를 보여준다.

이 다양한 공격성에서 그 각각은 자극도 다르고, 행동 패턴도 달라 보이고, 심리적인 반응도 다르다. 예를 들어 먹이로 삼기 위해 어떤 동물의 뒤를 살금살금 쫓는 고양이는 공격을 시작할 때까지는 바짝 통제된 비밀스러운 모습을 보여준다. 반면 새끼를 보호하는 어미 고양이는 격한 분노의 모습을 보여준다. 아마 동물이 지배 위계에서 자리를 차지하기 위해 보여주는 공격성이 인간의 호전적 태도와 가장 유사한 모습을 보일 것이다. 따라서 그 점을 꼼꼼하게 살펴보기로 하자.

지배 위계를 세우는 데는 시간이 많이 걸리지만, 일단 세워지면 정상적인 조건에서는 매우 안정적이고 상당한 평화를 제공한다. 그러나 먹이가 줄거나, 짝짓기 철이 되어 광란의 경쟁이 벌어지면 안정은 깨지기 쉽다.

짧은꼬리원숭이를 연구한 바에 따르면, 이 원숭이들은 지배적인 위치에 서면 교접의 권리를 부여받는다. 오직 지위가 높은 수컷들만이 수태 가능한 암컷의 주된 동반자가 될 수 있다. 어떤 짧은꼬리원숭이 집단에서는 최고 지위자인 수컷 세 마리가 그런 암컷들과의 교접을 거의 4분의 3이나 담당했다. 위계의 사다리를 올라가게 된 수컷들은 지위가 높은 암컷들과 점점 많은 시간을 보내게 되는데, 그런 암컷들이란 수태를 한 암컷들이었다. 아마 이런 상황이 그들의 후손에게 적합성을 높여줄 것이다. 지위가 높은 동물들의 짝짓기에서 나온 후손들이 생존할 가능성이 더 높기 때문이다.

지배 위계는 인간 사회에서도 보편적인 것으로 보인다. 그것은 사회적 지위로 표현된다. 여자들은 기술, 업적, 돈, 권력과 관련하여 지배를 과시하는 남자들에게 끌리는 것으로 보인다. 지배에 관심을 가지는 것은 보통 매우 남성적인 특질로 여겨졌으며, 남성호르몬과 관련이 있는 것으로도 여겨졌다. 그러나 잘 감추어져온 비밀인지는 몰라도, 여자들 역시 그들 나름대로 지배를 위해 투쟁을 하고 지배를 즐긴다. 최근 성 역할의 변화와 더불어 지배 패턴도 변하게 될지는 분명하지 않다. 어떤 동물 종들의 경우에는 암컷들 사이에도 지배를 위한 투쟁이 있다.

동물들의 지배를 위한 투쟁이 인간 사회에서의 지위를 위한 투쟁과 분노의 전조라는 주장은 설득력이 있다. 인간 분노의 원인을 '나와 나의 것을 모욕하는 불쾌한 언행'이라고 볼 때, 그 유사성은 분명하게 드러난다. 인간에게 분노를 자극하는 사회적 지위와 자아정체감에 대한 위협은 지배 위계에서 동물의 지위가 위협을 받는 상황과 매우 흡사하다. 그러나 공격성과 분노는 별개의 것이다. 분노는 행동과 위협 과시에서, 또는 사람들이 그들의 마음 상태에 대해 말하는 것에서 추론할 수밖에 없는 내적인 상태라는 것을 기억하라.

지배를 위한 투쟁에 참여하는 동물들이 분노를 느낄까? 그런 투쟁의 주된 특징은 위협 과시, 즉 다른 동물을 협박하는 것이다. 물론 이런 위협이 분노로 보일 수는 있다. 그러나 공격적인 과시만 나타낼 뿐, 분노 감정은 아닐 수도 있다. 사실 이에 대해 우리는 확실하게 알고 있지 못하다.

동물들이 포식(捕食), 즉 먹이를 위해 죽이는 것에서 분노를 느낄까? 안타깝게도 동물들에게 물어볼 수가 없다. 그러나 인간사에서 일어나는 비슷한 일들을 생각해본다면, 포식 때의 공격적 태도는 인간들이 사업상의 경쟁자를 파괴하거나, 보지도 못하는 적에게 익명으로 폭탄을 떨구거나, 존경하고 또 심지어 좋아하기까지 하는 상대에게 권투 시합에서 연타를 퍼붓거나, 아이스하키나 풋볼에서 상대 선수를 몸으로 막거나 태클을 할 때 느끼는 차갑고 비감정적인 호전적 태도하고만 비슷하다고 할 수 있을 것이다. 적을 증오하게 되면 공격하거나 심지어 죽이는 것이 더 쉬워질지 모르지만, 꼭 그렇지는 않다. 모든 공격적 태도와 분노가 관련되는 것은 아니다.

어미 고양이가 새끼를 보호할 때 보여주는 격노는 겉으로 보기에는 인간의 격노와 비슷해 보인다. 그러나 어미의 위협적인 분노 과시로 맹수가 현장을 떠나면, 어미는 그 맹수를 뒤쫓지 않는다. 이런 무관심은 인간의 분노와 공격적 태도에는 전형적인 것이 아니다. 동물의 공격적 태도에서는 일단 위협이 지나가고 나면 공격적 날카로움이 사라진다. 이것은 인간에게 일어나는 공격적 태도와 다르다. 오직 인간만이 적에게 복수를 맹세한다.

아마 그 차이는 인간은 과거, 현재, 미래를 가질 수 있고, 장기적인 계획을 유지할 수 있다는 데서 나오는 것 같다. 만일 다른 사람에게 해를 입혔다면, 특히 모욕적인 방법으로 그렇게 했다면, 그 피해자는 살아 있는 동안은 항상 위험한 존재로 여겨질 것이다. 모욕을 당한 사람이 언젠가는 돌아와 우리를 파멸시킬 수 있기 때문이다. 정복과 혁명의 역사는 폐위당한 통치자와 가족을 살려두는 것보다는 죽여버리는 예들로 가득 차 있다. 그들이 돌아와 새 통치자를 죽이지 못하도록 하려는 것이다.

진화의 계보를 따라 인간 쪽으로 점점 오게 되면, 또 인간의 어린아이가 점점 성숙하게 되면, 우리가 보게 되는 패턴들은 인간 어른의 분노를 점점 닮아간다. 예를 들어 다른 어떤 동물보다도 인간의 DNA를 많이 공유하고 있음으로써 인간이라는 영장류의 가장 가까운 조상으로 여겨지는 동물인 침팬지의 경우를 생각해보자. 침팬지들은 순식간에 위험한 존재가 될 수 있다. 따라서 서커스 무대에서 침팬지들과 함께 일을 하면서 그들을 안전하게 다루려면, 그들이 화가 났는지 아니면 만성적으로 심술궂은 것인지 알 필요가 있다. 헵과 톰슨은 진화적인 관점에서 이렇게 쓰고 있다.

> 공격적 태도(분노가 아니라 공격적 태도를 이야기하고 있다는 것에 주목할 것)의 원인은 개의 경우가 쥐의 경우보다 더 다양하며, 침팬지의 경우가 개의 경우보다 훨씬 더 다양하다……. 짧은 자극에 뒤따르는 감정적 혼란의 시기도 쥐에서 개에서 침팬지로 갈수록 점점 늘어난다(예를 들어 피피라는 침팬지는 우유 한 잔을 못 먹었다고 3주 동안 침울해 있었다. 처음에는 노골적으로 분노를 나타냈고, 그다음에는 하루 정도 누구에게서도 우유를 받아먹지 않았고, 그다음에는 처음에 자기에게 우유를 주지 않았던 사람에게서 3주 동안 우유를 받아 먹지 않았다).

피피라는 침팬지가 자신이 박탈당한 것을 기억하고 있다는 것에 주목하라. 피피가 3주 동안 침울해 있었던 것은 그 때문이 분명하다. 따라서 침팬지들은 인간들과 마찬가지로 복수를 할 수 있을지도 모른다. 생각이나 사건에 대한 뛰어난 기억력 때문이다. 이런 기억력은 발달된 종들에게서만 기대할 수 있다. 침울해진다는 것 또한 몇몇 영장류에게만 나타나는 독특한 것이라고 할 수 있다. 이것은 진화의 계보에서 우리와 가까운 종들일수록 지적 능력에서도 우리와 유사한 면이 많아진다는 것을 보여준다. 또한 이것은 감정의 경험에서도 인간과 침팬지 사이에는, 예를 들어, 인간과 개 사이에서보다 훨씬 더 많은 유사성이 있음을 보여주는 것일 수도 있다.

생물적 조건이 감정을 좌우하는 아주 많은 조건들을 부과하지만, 그것이 감정의 모든 다양성과 복잡성을 설명해주지는 못한다. 이것은 인간의 감정에서 문화가 차지하는 역할을 살펴보면 분명해질 것이다.

문화와 감정

우리는 사회적 관계들이라는 복잡한 망 속에서 살고 있다. 이 망이 생각하고, 느끼고, 행동하는 방식을 형성한다. 우리는 성장함에 따라 친밀한 가족, 종교적·민족적 집단들, 우리가 살고 있는 지역 공동체(이것은 또 국가의 일부다)에게서 특정한 규칙들에 대해 배운다. 우리는 사회적 행동을 관장하는 규칙과 관습들이 얼마나 정교하고 복잡한지 깨닫지 못하는 경향이 있다. 우리는 그런 규칙들을 거의 의식하지 못하면서도 거리에서, 버스에서, 지하철에서, 기차에서, 결혼식에서, 장례식에서, 학교 수업에서, 또 반대 성과 함께 있을 때 이런 규칙들을 따른다. 사회적 규칙들은 우리가 직접적으로 관계를 맺는 사회적 세계를 상대적으로 안정적이고 예측 가능하게 유지해준다.

규칙과 관습이 작동되는 방식은 집단마다 다르다. 또한 같은 사회 안에 살고 있는 다양한 집단들에게는 주관적인 세계 또한 다르다. 도시의 게토에 살고 있는 아프리카계 미국인들이나 아시아계 미국인들은 교외에 사는 부유한 백인들과는 완전히 다른 방식으로 사회적 환경을 바라본다. 같은 종교를 놓고도 공장 노동자, 상인, 백만장자, 농장 소작인, 벌목꾼, 지식인 등의 다양한 집단들은 서로 다른 것을 경험할 수 있다.

미국이라는 다문화 사회에서 이렇다면, 세계의 다양한 문화들에서 그 전망들이 서로 얼마나 다를지 상상해보라. 일본인, 중국인, 필리핀인, 베트남인, 동유럽인, 이집트 이슬람교도, 콥트 기독교도, 인도 힌두교도. 이런 문화에서 자란 사람들은 서로 다른 가치 체계, 목표를 위해 노력하는 서로 다른 패턴, 자신과 세계에 대한 서로 다른 믿음을 가지고 성장하고 있으며, 이것들은 그들 삶의 실제적인 사건들과 더불어 그들의 감정을 형성하는 주된 요인들이다.

똑같은 종류의 다양성이 개인들에게도 적용된다. 우리는 어린 시절에 영향력을 발휘한 사람들, 예를 들어 부모들(그들은 서로 완전히 다른 두 개인이다), 선생들, 또래들과의 관계에서 서로 다른 경험을 했다. 이 모든 다양한 영향은 독특한 사회적 세계를 형성하는 데 기여하며, 따라서 각각은 이 사회적 세계를 서로 다르게 지각하고 규정한다. 문화 역시 의미를 제공하며, 우리가 다른 사람과 맺는 관계가 거기에 달려 있다.

이제 우리는 문화가 우리 감정에 어떤 영향을 주는지 살펴보아야 한다. 문화는 앞서 보았던 두 가지 서로 구분되는 방식으로 영향을 미친다. 첫째, 문화는 한 사람의 복지에 무슨 일이 일어나고 있는지 그 의미를 규정함으로써 평가에 영향을 준다. 또한 이 의미는 감정이 일어나는 것을 결정한다. 둘째, 문화는 감정이 일단 일어났을 때 그것을 어떻게 통제하고 표현할 것인가를 알려준다. 문화적 영향력이 작동되는 방식들을 세밀하게 살펴보도록 하자.

문화는 감정이 일어나는 것에 어떤 영향을 주는가?

문화는 자극을 평가하기 위한 기초를 제공한다. 문화는 무엇이 모욕적이고 불쾌한 언행인지(분노의 경우), 무엇이 실존적인 위협인지(불안의 경우), 무엇이 도덕적인 금지를 침해한 것인지(죄책감의 경우), 무엇이 어떤 사람이 사모를 받는 증거인지(사랑의 경우), 무엇이 어떤 사람의 자아정체감을 드높이는 사건들인지(긍지의 경우), 무엇이 우리가 자아이상에 맞추어 살지 못하는 방식인지(수치심의 경우), 무엇이 이타적인 선물의 본성인지(감사의 경우)를 규정한다. 이런 식으로 모든 감정과 그 극적 플롯을 규정한다.

보통 분노, 불안, 수치는 좋은 예를 제공한다. 문화는 다른 사람의 행동이 모욕적인 불쾌한 언행을 이루는지 아닌지를 평가하기 위한 서로 합의된 의미를 전달해준다. 친구, 선생, 또는 누군가 나에게 특정한 비판을 했을 때 그것을 모욕으로 간주해야 할까, 아니면 고마워해야 할 이타적인 선물로 받아들여야 할까? 우리는 어떤 종류의 비판들을 모욕이라고 생각하는가? 비판이나 어떤 행동에 대해 불안이나 수치심이 아니라 그런 감정과 대립되는 분노로 대응하는 것이 적절할까?

일본에서는 사회적 비판을 미국의 경우보다 훨씬 더 불쾌하게 여긴다. 그 이유 중 하나는 일본 아이들은 자라면서 자신이 집단이나 사회에 어떻게 보이느냐에 매우 민감해지기 때문이다. 일본 아이들은 어머니와 떨어져서 보내는 시간이 거의 없다. 일본 어머니들은 가족 바깥의 세계에 대한 불안을 전달하며, 자신과 아이의 친밀함을 만들고 보존하기 위해 엄청난 노력을 기울인다. 일본 어머니는 아이를 민감하게 만들어, 아이는 외로운 느낌을 피하게 되며, 이런 느낌을 어머니와의 친밀함과 어머니에 대한 의존을 통해 관리해나가게 된다.

궁극적인 목표는 자율적인 아이보다는 사회집단이나 공동체에 깊이 뿌리박은 아이를 만드는 것이다. 일본 아이는 미국 아이보다 어머니를 기쁘게 하고 어머니와 하나가 되는 것을 훨씬 더 원한다. 이와 반대로 미국 어머니들은 아이의 자율과 독립을 강조한다. 미국 어머니들은 언제든 비판을 하고 또 자유롭게 분노를 표시한다. 이들의 궁극적인 목표는 독립독행하는 능력, 개인주의, 강인함을 키우는 것이다.

개인의 소망과 가족이나 공동체의 복지 사이에 갈등이 일어나는 이야기를 들어보면, 두 문화에 차이가 있다는 사실이 흥미롭게 드러난다. 한 쌍의 남녀에게 사회적 규칙에 순응하기 위해 사랑을 포기하라고 사회적 압력을 가하는 경우가 그런 예가 될 것이다. 서구 문화의 이야기에서는 개인적인 가치가 승리를 거두는 경향이 있으며, 일본의 이야기에서는 공동체의 가치가 승리를 거두는 경우가 많다.

양쪽 문화 모두에 약간은 양면적인 태도가 있기는 하지만, 일본의 경우에 이런 이야기는 보통 한 쌍의 남녀가 그들의 관계를 포기하고 결국 사회에 순응을 하는 것으로 끝이 난다. 일본인들은 그렇게 하는 것을 의롭다고 느낀다. 반면 서구에서는 연인들이 가족의 소망에 저항한다. 서구인들은 이렇게 하는 것이 옳다는 느낌을 가지고 있으며, 개인(또는 한 쌍)이 사회에 승리를 거두는 것을 즐긴다.

그러나 그 결과는 불행한 연인들의 비극일 수도 있다. 그들은 사회에 도전했기 때문에 죽게 될 수도 있다. 셰익스피어의 《로미오와 줄리엣》과 레너드 번스타인의 《웨스트사이드 스토리》가 이런 면을 강렬하게 보여준다. 우리는 로미오와 줄리엣이 그 과감한 계획을 거의 성사한 단계에서 죽기 때문에 슬퍼한다. 관객은 그들이 원수지간인 가족들에게 도전하기를 바란다. 일본에서도 이런 식의 불운한 연인들이 있지만, 여기서의 비극은 이 연인들이 고통을 겪거나 희생을 하면서 결국 가족과 공동체의 이해관계에 따르거나, 아니면 자살을 하게 되는 것이다. 일본 관객은 그들이 세계에 순응하기를 바란다.

문화적 유산과 그 유산을 강화하는 자식 양육 관행의 결과, 일본 아이들은 성장하면서 미국 아이들과 비교할 때 공동체가 보이는 반응에 훨씬 더 민감해지게 된다. 미국 아이들의 가치는 좀 개인적인 것이다. 일본 어머니의 비판은 일본 아이에게 통렬하게 다가간다. 일본 아이들은 미국 아이들과 비교할 때 어머니의 비슷한 비판에 익숙해 있지 않은 편이기 때문에 그것이 더욱 통렬하게 다가온다고 할 수 있다.

일본 아이는 미국 아이에 비교해 수치심은 더 많이 느끼고, 분노는 덜 느낄 가능성이 높다. 두 문화에서 분노와 불안의 관계도 역전된다. 일본에서는 불안해하는 것을 일본인의 자아상에 맞는 것으로 여기는 것 같다. 반면 분노는 사회적으로 잘 받아들여지지 않는다. 반면 미국에서는 성장하는 사람의 자아상에 분노는 잘 맞는 것으로 여기는 반면, 불안은 맞지 않는 것이라 생각한다.

이 두 문화에서는 무엇을 놓고 비판하느냐 하는 것 또한 다르다. 예를 들어, 일본 아이가 학교에서 공부를 잘하지 못한다 해도 노력이 부족하다는 비판은 거의 하지 않는다. 그러나 만일 그런 비판을 하게 된다면, 그것은 매우 통렬한 것이며, 수치심을 일으킬 가능성이 높다. 반면 능력 부족에 대한 비판은 그렇지 않다. 그러나 미국의 학교에서 공부를 못한다면, 능력 부족에 대한 비판이 노력 부족에 대한 비판보다 더 통렬하게 다가간다. 미국에서는 사람들이 노력 부족을 실패의 구실로 종종 사용한다. 즉 체면을 살리기 위한 핑계인 것이다. 미국 사회와 같은 경쟁적이고 개인주의적인 사회에서 능력 부족은 실패에 대한 사형선고와도 같다. 빠져나갈 구멍이 없다. 그러나 개인보다는 공동체에 더 헌신하는 일본 같은 사회에서는 부족한 능력을 가진 사람도 한자리 차지할 수가 있다.

문화가 감정의 통제와 표현에 어떤 영향을 주는가?

서로 다른 문화에서 관찰되는 많은 감정적 차이들은 감정이 일어나는 것 자체보다는 일어난 뒤에 생기는 일과 관련을 맺고 있다. 모든 문화는 감정이 어떻게 통제되고 또 표현되는가에 대한 가치와 규칙을 유지하고 있다. 우리는 그런 것들을 그 문화 속에서 성장하고 살면서 배우게 되며, 이것 때문에 다른 문화에 속한 사람들과 달라지게 된다. 사회는 분노, 슬픔, 죄책감, 수치심, 긍지에 대처하는 방식을 매우 중요하게 여기기 때문에, 이런 감정들은 그 가치와 규칙이 우리의 감정들을 형성하는 데 어떤 역할을 하는지 보여주는 탁월한 예들을 제공한다.

우선 베네수엘라 야노마모 사람들부터 시작해보도록 하자. 그들은 인류학자들이 연구한 문화들 가운데 가장 공격적이고 분노에 찬 문화에 속한다. 야노마모는 분노와 공격적 태도를 높이 평가하는 것 같다. 그들은 전쟁을 몹시 좋아하며, 자신들의 숫자를 80명 이하로 유지하기 위해 유아 살해의 관행을 가지고 있다. 식량 공급이 줄어들면, 집단 내에 강렬한 경쟁과 좌절감이 생기며, 이것은 적과의 전쟁을 통해 분출된다.

이런 극단적인 행동을 어떻게 이해해야 할까? 더 근본적으로, 문화들 사이에 나타나는 차이를 어떻게 이해해야 할까? 어떤 학자들은 사람들이 살아가고 있는 물리적인 환경, 가용 자원, 그 자원에 대한 인구 압박, 다른 사람들과의 접촉 유형 등의 측면에서 설명을 구하기도 한다. 그러나 어떤 차이들은 어쩌면 그냥 우연의 결과일지도 모른다. 야노마모가 분노에 접근하는 방식을 맥락 속에서 살펴보기 위해, 분노에 매우 다르게 접근하는 다른 문화를 살펴보도록 하자.

우리가 분노에 부정적인 문화적 태도에 대해 알고 있는 많은 것들은 문화인류학자 로버트 레비의 연구에서 나오는 것으로, 레비는 타히티인들을 광범위하게 연구했다. 타히티에서는 분노를 표현하면, 그랬다는 소문이 뒤따르고, 그 결과 냉담한 반응을 얻고, 또 그것을 이러저러한 방식으로 처리하라는 훈계를 듣게 된다. 타히티 민족은 전체적으로 이 분노라는 감정에 매우 주의를 한다. 설사 분노를 느끼더라도, 그것을 공공연하게 표현하는 경우보다는 웃음으로 감추는 경우가 많다. 레비는 타히티인들이 보이는 관점의 정수(精髓)를 다음과 같이 서술했는데, 이는 호전적인 야노마모의 관점과 주목할 만한 대조를 이룬다.

분노와 폭력에 대한 정책은…… 분노에 대처하기 위한 (다음과 같은) 전략들을 낳는다. 당신 스스로 화나게 할 상황으로 들어가지 마라. 상황을 심각하게 받아들이지 않으며, 가능하면 물러나라. 만일 누가 당신한테 화를 내면, 그 화가 쌓이도록 하지 마라. 만일 화가 나면, 당신의 화를 이야기로 표현하라. 그렇게 해서 상황을 개선하여, 계속 화를 억제하는 일이 없도록 하라. 가능하면 물리적 수단이 아니라 말로 화를 표현하라. 물리적 수단을 이용하게 된다 해도 사람을 건드리지는 말고, 상징적인 행동을 이용하라. 손을 댄다 해도 다치게 하지 않도록 조심하라.

레비가 관찰한 타히티인들이 분노를 대하는 태도를 미국 사회에서 분노를 대하는 태도와 비교해보는 것도 흥미롭다. 그 둘은 몇 가지 중요한 점에서 서로 닮아 있다. 미국 사회는 공격적 태도와 분노에 양면적인 태도를 지니기는 하지만, 그럼에도 그런 반응들을 상당히 많이 드러내는 경향이 있다. 미국 사회 내에서도 공격적 태도와 분노에 대한 관점은 집단마다 다르다. 예를 들어 중간계급의 가치에서는 분노를 말로 표현하는 것이 물리적으로 표현하는 것보다 바람직한 일로 여겨진다. 노동계급과 일부 인종 집단들, 예를 들어 라틴 집단에서는 자신의 지위를 지탱하기 위해 신체적인 공격 위협을 가하는 것이 남성적인 것으로 여겨진다. 위협적인 행동을 실행에 옮기지 않게 되면, 그것은 신체적인 겁, 즉 싸움을 피하려는 태도로 여겨지고 그 사람의 사회적 지위와 자존심은 훼손된다.

타히티 문화에서는 분노에 주의 깊게 대응한다. 그러면서도 분노는 늘 의식 맨 앞자리를 유지한다. 그곳에는 미국 문화와 마찬가지로 분노와 수치심에 대한 많은 말들이 있다. 그러나 슬픔(갈망과 외로움을 포함해)과 죄책감에 대한 의식은 거의 없다. 이런 감정들은 무시되거나 위장되며, 그것들을 표현하는 말도 거의 없다. 타히티 사람들은 심한 애도나 비탄을 인정하지만, 그것을 일으키는 슬픔과 상실의 경험을 피로, 병 또는 육체적인 고통으로 묘사한다. 바꾸어 말하면 타히티인들에게 슬픔과 죄책감은 경시되지만, 분노와 수치심은 중요한 관심사의 자리를 유지한다.

이것은 감정을 문화적으로 분석하는 데 흥미로운 심리적 문제를 제기한다. 타히티인들이 상실에 대한 반응을 슬픔보다는 피로나 병으로 묘사함으로써 상실에 대처하는 것을 고려할 때, 그들이 슬픔을 느끼지 못하는 것인지 아니면 다른 말로, 이 경우에는 병으로 그것을 은폐하는 것인지 알기가 힘들다. 사실 논리적으로는 네 가지 가능성이 있다. (1) 슬픔으로 반응하면서 거기에 병이라는 이름을 붙일 수도 있다. (2) 슬픔을 경험하지만 그것을 부정할 수도 있다. (3) 아무런 감정 반응을 보이지 않을 수도 있다(신체적 증상과 모순되기는 하지만). (4) 슬픔이 아닌 다른 감정 반응을 보일 수도 있는데 거기에 병이라는 이름을 붙인 것일 수도 있다.

여기서는 첫 번째 가능성이 가장 합리적인 것으로 보인다. 즉 슬픔을 느끼지만 그것을 다른 것으로 부를 수 있다. 문화적으로 금지된 생각을 부정하기 위해서인지도 모른다. 그러나 감정이란 말장난이 아니다. 감정이란 몸과 마음의 현실적인 상태로, 복구 불가능한 상실이나 모욕적이고 불쾌한 언행을 경험할 때 일어난다. 경우에 따라서는 어떤 감정과 그 의미를 나타내는 데 이용되는 이름의 공공연한 표현을 통제할 수도 있고, 또 심지어 감정의 존재 자체를 부정할 수도 있다. 그러나 어떤 이름을 붙이건, 부정하건 말건, 감정은 일어나기 마련이다.

타히티인들과 첨예한 대조를 이루는 사람들이, 문화인류학자 진 브리그스가《절대 분노를 느끼지 않고(Never in Anger)》라는 책에서 묘사한 우트쿠 이누이트 에스키모들이다. 브리그스의 말에 따르면, 우트쿠족은 분노를 표현하기는커녕 느끼지도 않는다. 타히티 사람들과는 달리 우트쿠는 분노에 대해 별말 하지 않으며, 그것을 비난할 만한 것으로 여긴다. 이것은 브리그스의 해석을 고려하여 그 표면만 볼 때, 분노의 감정이 규제된다기보다는 애초에 그 감정이 일어나지 않는 예로 여겨진다. 그러나 이 사람들에게 분노가 존재하지 않는다는 해석을 받아들이는 데는 주의해야 한다. 분노에 해당하는 일반적인 말이 없다는 사실, 그리고 이 사람들이 분노에 대해 이야기하지 않는다는 사실이 반드시 이 사람들이 분노를 느끼지 않는다는 의미는 아니기 때문이다. 어쩌면 우트쿠에게 분노는 타히티인들에게 슬픔과 비슷한 것인지도 모른다, 의식의 지하로 들어가 변화를 겪지만, 그럼에도 존재하는 것이 틀림없는 감정.

사실, 표면적인 행동과 그 밑에 깔린 느낌과 정신적 과정은 분리할 필요가 있다. 밑에 깔린 것은 그것을 겪는 사람과 관찰하는 사람 둘 다 모를 수도 있다. 오직 표면 밑에서 벌어질 수도 있는 동기, 믿음, 평가를 연구하고자 노력할 때만 브리그스의 제목인《절대 분노를 느끼지 않고》가 적당한지 아닌지, 또 적당하다면 얼마나 적당한지에 대한 문제를 풀 수 있다. 문제는 감정이 문화적 규제에 반하여 일어날 때, 문화가 생물적 조건을 극복할 수 있느냐 하는 것이다.

감정에서 문화가 차지하는 역할의 마지막 예는 아일랜드계 미국인 가족들과 이탈리아계 미국인 가족들의 정신병에 대한 고전적인 연구에서 찾아볼 수 있다. 유럽과 미국의 문화적 차이에 대한 연구라는 점에서 특별한 위치를 차지하는 이 연구는 남자 정신분열증 환자들이 문화적으로 서로 다른 배경 때문에 보여주는 감정적 패턴들에 초점을 맞추고 있다.

이 연구는 뉴욕 시티의 한 정신병원에 있는 남자 정신분열증 환자 60명에 대한 관찰을 기초로 한 것이다. 이들의 연령은 18~45살에 이른다. 두 문화 집단은 교육과 사회경제적 지위에서는 비슷했다. 두 집단 모두 가톨릭이었으며, 비슷한 시기에 입원했고, 1세대, 2세대, 3세대 미국인들로 이루어져 있었다. 그들은 문화적 배경이 이탈리아 쪽이냐, 아일랜드 쪽이냐에서만 차이가 났다.

연구를 할 당시에는 보통, 아일랜드 어머니들이 집안에서 지배적이었으며 영향력을 행사하고 있었다. 아일랜드 가족에게서는 성적 행동이 출산에 종속되었고, 독신주의가 권장되었고, 성적인 느낌들은 죄나 죄책감의 원천으로 간주되었다. 연애 기간은 길고 강렬함이 결여되어 있었다. 남자들의 결혼은, 아마 경제적인 이유에서였겠지만, 보통 오랫동안 미루어졌다. 반면 이탈리아 가족은 지배적인 어머니보다는 지배적인 아버지를 가지고 있었다. 성적인 것이 잘 받아들여졌을 뿐 아니라, 건강한 남성의 상징으로 장려되었다. 또 감정의 풍부한 표현이 권장된 반면 아일랜드 가족에게서는 그런 표현은 억제되었다.

이런 강한 문화적 차이를 고려할 때, 우리는 정신분열증 환자 두 집단이 보여주는 감정적 패턴에 상당한 차이가 있으리라 예상하게 된다. 실제로 그랬다. 아일랜드 남성은 이탈리아 남성보다 훨씬 더 억제되어 있었으며, 불안과 죄책감에 둘러싸여 있었다. 아일랜드 남성은 이탈리아 남성들보다 여자 가족 구성원들에게 훨씬 더 큰 분노를 느꼈다. 그러나 이런 느낌들은 아일랜드 집단 내에서는 대체로 억제되고 있었다. 이탈리아 남자들은 아일랜드 남자들에 비해 감정적인 표현력이 훨씬 풍부했으며 공공연하게 화를 냈다. 그러나 그들은 아버지에게 화를 냈으며, 여자 가족 구성원에게는 분노를 표현하지 않았다.

이런 관찰들은 문화가 미치는 영향의 주목할 만한 예를 제공한다. 이 두 유럽 문화에서는 분노가 서로 다르게 표현되었다. 뿐만 아니라 문화는 분노를 표출하는 대상에도 영향을 주었다. 아일랜드계 미국인과 이탈리아계 미국인 양쪽에서 대체로 똑같은 양의 분노가 발견되었다. 그러나 이탈리아계 환자가 아일랜드계 환자보다 분노를 더 쉽게 표현했다. 그리고 분노는 서로 다른 가족 구성원에게 표출되었다.

문화와 개인

한 문화 내의 개인들이 일반적으로 겪는 감정들, 그리고 그 감정을 통제하고 표현하는 것을 포함한 온갖 방식들이 서로 매우 다르다는 것을 잊어서는 안 된다. 이것은 문화의 영향이 상당하기는 하지만, 획일적이지 않다는 뜻이다. 개인보다 큰 범위인 문화의 가치와 의미가 모든 개인에게 똑같이 강하게 뿌리를 내리는 것은 아니다.

각각은 개인으로서 살고 있는 곳의 문화적 규범과는 구별되는, 성격 형성에 중요한 영향력을 경험한다. 이 영향들은 성장하면서 만나는 특정한 부모, 친척, 또래에 달려 있다. 우리는 우리의 믿음과 목표 패턴들을 형성하는 독특한 개인적 경험들을 한다. 미국 사회 같은 사회에는 수많은 하위문화들이 존재하는 경향이 있다. 그 하위문화 각각은 다양한 관점들을 가지고 있고, 그 각각은 개인들 사이의 변동성을 강화해준다. 따라서 한 개인이 어떨 것이라고 예측하는 것은 불가능하다. 다만 그 사회에서 어떤 흐름을 이루고 있는 패턴들에 대해서만 이야기할 수 있을 뿐이다.

생물적 조건과 문화적 조건을 함께 놓고 보기

우리는 이제 생물적 조건과 문화적 조건 분석의 핵심에 이르렀다. 애초부터 이 분석에는 감정적 발달에 영향을 주는 두 요인을 조화시키려는 목적이 있었다. 중요한 결론은 생물적 조건은 생존에 도움을 주는 적응 결과물들이기 때문에 감정 과정의 어떤 본질적인 특징들을 형성한다는 것이다. 반면 문화는 각각의 감정을 일으키는 사회적 상황의 의미를 가르쳐주고, 또 어떤 감정을 표현할지 말지, 표현하면 어떻게 표현할지를 가르쳐준다는 것이다.

생물적 조건은 특정한 의미에서 일어나는 특정한 감정에 영향을 미친다. 이는 핵심적인 관계상의 주제들, 극적 플롯들의 형태로 나타난다. 이것은 앞서 각 감정마다 살펴보았던 것이다. 사실 우리는 타고난 조건상 많은 유형의 인간관계를 경험하게 된다. 이 때문에 때로는 모욕을 당하고, 불확실한 위협들 때문에 불안해하고, 문화적인 규범을 어기고, 애정을 누리고, 투쟁에서 의기양양해하고, 다른 사람의 곤경을 고맙게 생각하는 등등의 경험을 거의 불가피하게 한다.

일단 특정한 평가가 내려지면, 어떤 주어진 감정이 뒤따른다. 만일 상황을 놓고 구성한 개인적 의미가 모욕을 당한 것이라면, 분노라는 감정을 경험하지 않을 수 없다. 만일 그것이 실존적인 위협이라면, 불안이라는 반응을 보일 것이다. 만일 그것이 자아정체감의 고양이라면, 긍지를 느낄 것이다. 각각의 감정에 대해 이런 식의 이야기를 모두 할 수 있다. 관계적 의미들과 그 반응으로 보이는 감정의 관련성은 생물적 조건의 본성이다.

생물적 조건은 또 생리적인 변화 패턴을 작동시킨다. 이는 복잡한 감정적 반응의 중요한 부분이다. 뇌와 핏속에서 순환되는 호르몬 변화는 몸 전체의 세포조직에 심오한 영향을 미친다. 그럼으로써 위기 상황에 대처할 때 쓸 수 있는 신체적 자원에 영향을 준다.

문화적 조건(또는 우리의 개인적 생활의 '문화들')은 목표와 믿음에 영향을 준다. 이 목표와 믿음은 상황을 평가할 때 구성하는 개인적 이해관계와 관계적 의미들을 결정한다. 문화는 언제 모욕을 느끼고, 무엇이 모호한 위협이고, 무엇이 긍지의 적절한 원천이냐 하는 것 등을 이야기해준다.

특정한 감정은 그것과 생물적으로 관련이 된 평가를 내릴 때에만 일어난다. 이것은 특정한 문화적 또는 하위문화적 배경 때문에, 또는 개인적 삶의 경험 때문에 똑같은 상황을 놓고도 평가가 달라질 수 있고, 따라서 다른 반응을 보일 수도 있음을 뜻한다. 규칙은 분명하다. 두 개인이 같은 상황을 놓고 각기 다른 평가를 내린다면, 그들은 서로 다른 감정을 경험하게 될 것이다. 두 개인이 다른 상황을 놓고 같은 평가를 내린다면, 그들은 똑같은 감정을 경험하게 될 것이다.

감정에 영향을 주는 두 가지 주요한 요소인 생물적 조건과 문화적 조건은 우리가 경험하는 모든 감정과 관련을 맺을 뿐만 아니라, 눈에 보이는 표현의 통제와도 관련을 맺는다. 다른 식으로는 될 수가 없다. 우리는 생물적인 동시에 사회적인 동물들이며, 생존과 복지가 감정적 반응들과 결부되어 있기 때문이다. 감정적 반응들은, 위험에 빠졌을 때, 피해와 상실에 대처해야 할 때, 인생에서 우호적인 사건들의 유익함을 경험할 때, 그 상황에 대처하고자 하는 노력에 동기를 부여한다.

이제 감정들의 논리, 즉 감정과 이성의 관련 문제로 들어가, 감정의 실체에 대한 몇 가지 잘못된 개념들을 다루어보겠다.

10장

감정의 논리

서구 세계에서는 몇천 년 동안 감정은 삶의 사건들에 대한 예측 불가능한 반응이며, 지적인 판단과는 양립할 수 없는 것이라고 믿어왔다. 감정에 기초를 두고 결정을 내리는 것을 하등동물의 속성이라고 깔보기도 한다. 반면 이성은 인간같이 발달한 지적 존재의 특징이라고 주장한다. 사람들이 감정으로 반응할 때 그들이 퇴보하고 있고, 원시적이고 동물적인 본성을 나타내고 있다고 말한다. 우리만 이렇게 생각하는 것이 아니다. 이것은 고대 그리스에서 전해져 내려오면서 서구의 사고방식을 지배하게 되었고, 대부분은 지금도 이를 당연시한다.

감정과 이성에 대한 이런 식의 사고방식은 자주 접할 수 있다. 최근의 예를 하나 들어보겠다. 미국의 존경받는 유명한 외교관 조지 F. 케넌의 1992년 12월 9일자 일기에는 소말리아에 널리 퍼진 기아와 혼동에 대처하고자 그곳에 해병대를 파견한다는 부시 대통령의 결정에 대한 논평이 담겨 있다. 그 논평에는 나중에 그 나라에서 진행될 수렁 같은 상태에 대한 탁월한 선견지명이 담겨 있다. 그리고 이 논평에서는 감정과 이성을 대비하는 경향도 발견할 수 있다. 케넌의 논평은 1993년 9월 30일자 《뉴욕타임스》 사설란 맞은편에 발표되었다. 그 한 부분은 이런 내용이다.

(국민이 그 결정을) 받아들인 이유는 일차적으로 미국의 언론, 특히 텔레비전이 소말리아의 상황을 폭로한 것과 관련이 있다는 데는 의문의 여지가 없다……. 그러나 이것은 깊은 생각에 기초한 신중한 반응이 아니라 감정적인 반응이다……. (그것은) 굶주리는 사람들의 고통을 보았기 때문에 생긴 것이다. 그것은 깊은 생각에 기초한 신중한 통제의 결과가 아니다.

이 말에서 문제는 그것이 감정을 이성과 대립시키고 있다는 것이다. 그러나 국민 결정의 기초라고 비난받는 감정, 즉 굶주리는 사람들에 대한 동정심 자체는, 비록 케넌이 보고 싶어 하는 이성은 아닐지라도, 어쨌든 이성의 결과다. 케넌은 그것이 형편없는 판단이었다고 믿는다. 그러나 이런 반응이 아무것도 하지 말자는 결정을 내리는 경우보다 더 감정적이라고 보는 것은 부정확하다. 이 일기는 이 점만 빼면 훌륭한 추론으로 가득하다. 어쨌든 우리가 나쁜 결정을 내릴 때는 그 결정들이 감정에 기초를 두고 있으며, 좋은 결정을 내릴 때는 오직 이성에만 기초를 두고 있다고 말하는 것은 부주의한, 그러나 흔한 표현이다.

요즘 감정에 관심을 갖는 심리학자들은 이런 관점이 완전히 그릇된 것이라고 생각하게 되었다. 감정들은 늘 이성에 상당히 의존한다는 것이다. 이번 장에서는 생각이나 이성 없는 감정도 없음을 보여주려 한다. 또한 감정들은 사실상 우리 삶에서 일어나고 있는 일들을 우리가 개인적으로 해석하는 방식의 산물임을 보여주는 것이다. 이것은 감정은 개인적 의미에 대한 평가에 달려 있다는 생각으로 표현되고 있다. 의미 없이는, 평가 없이는, 감정도 없다.

감정을 뜻하는 고대 그리스 말은 passion이었다. 근대에 들어서야 emotion이라는 말이 passion이라는 말을 대체하게 되었다(번역어에서는 큰 차이를 둘 필요가 없어서 emotion과 passion 모두 감정으로 번역한다). 그리스 사상가들은 이성이 감정과는 대조적으로 자발적인 정신의 자유의지를 가진 활동이라고 말했다. 이성은 우리가 짐승과는 달리 계획을 짜고 또 우리가 하는 일을 통제할 수 있도록 해준다. 중세에 가톨릭 교회의 교의에서 강조되던 개념인 의지에 대해서도 같은 이야기를 할 수 있다.

여기서 중요한 것은 우리가 이성과 의지에 대한 관념들을 문화적으로 상속받으면서, 감정적인 반응을 이성에 종속시키고 경시하게 되었다는 것이다. 우리는 동물들이 감정에 의존해서 산다고 말한다. 이와는 반대로 이성과 의지는 정신의 최고의 발달 상태를 나타낸다고 하며, 그것이 우리의 원시적인 감정을 억제해준다고 한다. 선해지기 위해서, 또는 선의 현대적인 표현으로 여겨지는 건강을 얻기 위해서는, 감정에 대한 강한 통제력을 행사할 필요가 있다는 것이다.

감정에서 이성이 차지하는 역할을 이해하려면 감정 과정의 연속적인 성격에 대해 매우 중요한 구분을 해보는 것이 도움이 될 것이다. 그 연속선상에는 두 단계가 있다.

1단계, **감정의 유발**. 자신과 세상에 대해 어떤 목표와 믿음을 가진 사람이 현재 진행되고 있는 일이 해롭거나 위협적이거나 유익하다고 평가할 때 감정이 일어난다. 추론이 정확하지는 않을 수도 있지만, 이런 평가는 이성에 달려 있다.

2단계, **감정의 통제**. 우리는 가장 좋은 행동 방침에 대해 결정을 내린다. 감정이 일단 일어났을 경우, 그것을 표현하느냐 마느냐, 표현한다면 어떤 식으로 하느냐 하는 것은 보통 그것이 우리와 다른 사람들의 관계에 어떤 영향을 주는가 하는 맥락에서 통제된다. 앞서도 지적했듯이, 감정의 통제되지 않은 표현은 관계에 큰 해를 끼칠 수도 있다.

따라서 감정 과정의 2단계는 해로운 사회적 결과들을 피하기 위해 어떻게 대처하느냐와 관련된다. 이것은 감정이 만드는 행동 경향을 억제하거나, 그것을 유용하고, 안전하고, 다른 사람들 입맛에 맞는 것으로 바꾸는 것이 될 수도 있다. 누구나 자신의 감정적인 충동들을 잘 통제하는 것은 아니다. 그러나 통제력이 있느냐 없느냐는 감정생활의 중요한 특징이다. 사실 우리는 감정이 일어나는 데(1단계)만 이성을 이용하는 것이 아니라, 그것이 표현되는 방식을 통제하는 데(2단계)도 이성을 이용한다. 이성은 두 단계에서 각각 자신의 역할을 한다.

강한 감정들을 겪을 때는 거기에 몰두하게 되며, 이 때문에 어리석은 행동을 할 수도 있다. 파괴적인 격노나 공포는 직면한 사회적 현실에 대한 지식에 의거하여 통제되어야 한다. 이것은 종종 이성이 감정적 충동과 갈등을 일으키게 된다는 뜻이다. 이것이 고대 그리스인들에게는 가장 중요한 주제였으며, 오늘날 감정과 이성 관계의 굳건한 원칙들 가운데 하나로 남아 있다. 현재의 관점과 다른 것이 있다면, 추론이나 사고가 처음부터 끝까지 감정 과정에 통합되어 있는 부분이라는 점이다.

강한 감정에서 야기되는 강력한 충동들에 에워싸일 때는 효과적인 감정 통제는 쉽지가 않다. 어떤 사람들은 충동을 통제할 수 없으며, 이것이 사회적 삶에서 심각한 문제들을 야기한다. 또 어떤 사람들은 과도하게 통제한다. 자신의 감정들을 너무 심하게 규제하는 것이다.

중세의 사고, 또 유럽이나 미국의 사고가 뿌리를 두고 있는 고대 그리스의 생각은 감정의 두 단계를 구분하지 못했다. 서구 문화에서는 감정과 이성의 대립이라는 관념이 강조되었고, 이것이 그릇되게 감정 과정 전체로, 감정이 일어나는 것만이 아니라 그 규제까지로 확장되었다. 사실 우리는 감정과 이성이 대립한다고, 서로 적이라고 믿게 되었다. 그러나 우리가 잊은 것은 감정이 일어나는 것 자체가 이성에 달려 있다는 점이다.

말할 필요도 없이, 이성은 감정에 대립한다는 고대의 관념은 법정과 법률 체계에도 심오한 영향을 주었다. 즉 감정이 일단 일어나면 우리를 비이성적으로 만들 수도 있다는 사실(감정의 통제와 관련되는 2단계에서)은 형사 사법 체제에 강한 영향을 주어왔던 것이다.

미리 계획한 고의성이 있는 냉정한 범죄들을 '감정의 범죄'보다 더 심하게 처벌하는데 전자의 경우는 정당화될 수 없으며, 가장 심한 벌을 받아 마땅한 것으로 여긴다. 공격이나 살인에서 개인의 의향(함축된 의지)은 범죄와 그에 적당한 벌을 판단하는 데 아주 중요한 요인이다.

감정의 범죄들은 마치 그 범죄를 저지른 사람들이 동물적인 감정의 손아귀에 사로잡혀 어쩔 수 없이 행동했다고 인정하기라도 하듯이 어느 정도 용서가 된다. 사람들은 강렬한 감정에 사로잡히면 그 충동을 통제하는 '능력의 감소'를 경험할 수도 있는데, 이는 아주 자연스러운 것이다—어쨌든 그런 식의 주장이 있다. 나아가 우리는 감정의 범죄들은 이해할 수가 있다. 그런 범죄를 저지른 사람들의 행동은 개탄하면서도, 그들에게 공감할 수가 있는 것이다.

법률 체계에서는 정신이상(이때 사용하는 insanity라는 말은 법률적 용어지 임상적 용어가 아니다)에 기초하여 범죄를 용서하기도 한다. 정신이상자들, 즉 '옳고 그름을 구별할 수 없는' 사람들은 그들의 행동 결과를 판단할 수 없고, 따라서 그것을 통제할 수 없다고 이야기된다. 이것은 1단계의 원리, 감정 유발은 상황이 복지에 대해 가지는 의미를 추론하는 것에 달려 있다는 것에 의존할 뿐 아니라, 2단계의 원리, 즉 정신적으로 건강한 사람들은 직면하고 있는 조건들의 맥락에서 감정 표현을 규제한다는 것에도 의존하고 있다. 법정의 눈으로 볼 때 제대로 추론할 능력이 없다는 것은 범죄의 심각성을 완화해준다. 따라서 그런 범죄자의 경우는 형량을 줄이거나, 감옥이 아니라 정신병원에 보낸다.

고전적인 전통의 역사적 역전

역사 과정에서 도전을 받지 않는 전통들은 거의 없으며, 이것은 이성의 감정에 대한 우위의 전통에도 적용된다. 서양사 전체에 걸쳐 고대 그리스와 중세의 이데올로기를 역전시켜 이성을 감정에 종속시키려는 많은 시도들이 있었다. 사실 감정의 일차성 또는 반대로 이성의 일차성에 대한 강조는 역사의 진자처럼 사이클을 그리며 왔다 갔다 했다. 낭만주의 시기에는 감정이 궁극적인 인간 진실을 품고 있다고 이야기되었지만, 합리성이 지배적인 관점이던 시기에는 감정은 이성에 종속되는 것이라고 여겨졌다.

18세기와 19세기 초 낭만주의는 적절한 사례다. 그것은 짧은 시기였다. 그러나 최근(예를 들어 1960년대)에 낭만주의는 몇몇 사회적 서클들 내에서 다시 등장하였다. 낭만주의에 대해 이야기하는 많은 방법이 있지만, 우리는 그것을 인간의 창조성, 지혜, 선, 고상한 이상들, 부지런함, 인내를 높이 평가하고 숭배하는 관점이라고 규정하고 싶다. 낭만주의자들은 인간이 정신의 확장에 의해 존재의 황량한 현실을 극복한다고(초월한다고도 말할 수 있을 것이다) 믿는다.

낭만주의적 전통에서, 루소는 사람들에게 자연으로 돌아가 본래의 감정적 동물의 모습을 되찾으라고 촉구했다. 자연숭배는 한동안 영향력 있는 이데올로기가 되었다. 그러나 루소 자신을 비롯해 그의 낭만적 관점을 채택한 사람들은 감정을 규제하지 말아야 한다고 말한 것이 아니라, 감정은 가치 있는 것이기 때문에 완전히 억눌러서는 안 된다고 말한 것이다.

낭만주의의 전성기 이전에 지배적인 관점은 이성의 시대, 다른 말로 하면 계몽주의에 의해 형성되었다. 18세기 초에는 훈련된 지식과 지성이 인간의 행복을 증진시키는 능력을 가지고 있다고 믿는 낙관주의가 커다란 영향력을 행사했다. 그 이전 이탈리아와 북유럽 르네상스 시대에 그랬던 것처럼 18세기 초에도 과학이 번창하고 있었다.

19세기와 20세기에는 과학에 대한 강조가 점점 커져갔다. 과학은 면밀한 관찰과 냉정한 추론을 통해 인간 지식의 진보라는 과제를 수행한다는 의미였다. 사람을 포함해 생물적 존재들에 대한 지배적인 비유는 기계론적인 것이 되었다. 그리고 정신은 컴퓨터와 비슷하게 작동한다고 이야기되었다. 사실 지금도 사람들은 인간의 지능에 버금가거나 그것을 넘어서는 고도로 복잡한 지성이 프로그램화되어 컴퓨터화된 로봇에게 이식될 수 있다는 희망을 가지고 있다.

근대과학은 사실상 고전적이고 18세기적인 합리주의의 재확인이다. 세상 만물을 이해하는 데 도움을 줄 수 있는 기본적인 규칙들을 찾자는 것이다. 과학자들과 대중 모두 과학적 지식을 이용해 사람들이 삶을 효과적으로 꾸려나가도록 가르칠 수 있다고 믿었다. 그리고 많은 면에서 실제로 그렇게 되었다.

오늘날에는 과학의 유익함에 대해서, 그리고 우리 생활을 좋은 쪽과 나쁜 쪽 양쪽으로 다 변화시킨 기술의 거대한 진보에 대해서, 과거보다는 덜 낙관적이다. 지금은 과학자들의 중립성과 인류의 조건을 개선할 수 있는 그들의 능력에 대해 의심하고 냉소하는 시대다.

당신이 중년이거나 그보다 더 나이가 많다면, 1960년대 미국 낭만주의의 소생을 기억할 것이다. 아마 합리주의와 과학에 대한 반작용이었겠지만, 미국의 반문화 운동은 우리 생활에서 감정이 차지하는 적절한 자리를 놓고 다시 한번 이전의 낭만주의적 이데올로기로 회귀했다. 반문화는 사람의 느낌들과 접촉하고자 하는 강박관념을 보여주었다. 느낌들이 이성과 사회적 규칙들에 종속되어왔기 때문에, 사람들은 대부분 그것을 제대로 깨닫고 그것에 반응하지 못하게 되었다고 이야기되었다. 사실 모든 생물들 가운데 인간이 아마도 가장 감정적일 텐데.

만일 감정적 본성을 지성과 사회적 통제에 종속시킨다면, 우리는 단순한 지적인 기계들이 될 것이라는 주장이 계속되어왔다. 〈스타트렉〉에 나오는 스폭 씨와 크게 다르지 않은 사람이 될 거라는 이야기였다. 〈스타트렉〉이라는 TV 시리즈물에서는 레너드 맥코이 박사가 감정적인 사람을 나타낸다. 그런데 신중한 지도자이자 능력 있는 전술가인 커크 선장이 스폭 씨와 레너드 맥코이 두 사람에게서 통찰을 추려내는 것은 흥미롭다. 한 인상적인 에피소드에서 커크는 인간의 감정과 논리적 주장을 이용해 난폭하게 날뛰는 외계의 컴퓨터를 물리치기도 한다.

반문화는 또한 감정들이 억눌리면, 그런 감정들을 초래한 갈등들이 마음속에 그대로 남아 신경증적인 문제들을 일으킨다고 생각했다. 우리는 억눌린 감정들을 의식하지 못할 수도 있는데 그런 경우에는 오직 심리 치료만이 우리가 자신의 진정한 동기와 감정적인 구성에 대한 통찰을 얻는 것을 도울 수 있을 것이다.

혹시 영화를 좋아하는 독자들이라면 피터 셀러스가 나오는 1968년의 재미있는 영화 〈엘리스 B. 토클러스, 당신을 사랑해요〉를 기억할지도 모르겠다. 보수적인 변호사 셀러스는 '환각제 때문에 흥분해서' 자유로운 정신을 가진 젊은 여자와 연애를 하게 된다. 그 여자는 셀러스를 '히피'로 바꾸어놓는다. 이 영화는 사회적이고 지적인 제약이 사람의 진정한 감정적 본성을 왜곡하기 때문에 그것을 버려야 한다는 반문화의 주장을 풍자하고 있다. 혹시 이 영화를 못 보았다면 텔레비전에서 방송될 때 기회를 놓치지 말고 보기 바란다. 이미 본 사람이라도, 역사적인 맥락에서 다시 봄으로써 더 즐길 수 있을 것이다.

낭만주의는 이성이 감정보다 우위라는 고대 그리스의 믿음을 역전시킨다. 낭만주의는 삶이 이성에 의해 지배되어야 한다고 강조하는 대신, 감정이 생활의 지배적인 특징이 되어야 한다고 말한다. 그리고 이것은 일부 현대 심신 치료의 기본 원리로 남아 있다. 이런 치료에서는 하루하루 살아가고 변화하는 환경에 적응하는 데 감정들이 귀중하다고 생각한다.

그러나 감정과 이성 가운데 어느 것이 더 우위라고 말하느냐에 관계없이 두 가지 관점, 즉 감정을 숭배하는 낭만주의와 이성을 숭배하는 그 반대 이데올로기 모두가 각각을 별도의 개념으로, 마치 하나가 다른 것 없이 일어날 수 있는 것처럼 여긴다는 데는 변함이 없다. 이 책에서 우리의 주장은, 감정은 이성에 의존하며, 그 둘을 분리하는 것은 불가능하다는 것이다. 만일 분리하게 되면 감정이 일어나는 데 있어 이성이 차지하는 역할을 인식하지 못하게 된다.

삶에서 합리성이 가지는 의미

독자들은 감정에 대한 책에서 왜 합리성이나 이성의 문제가 중요한지 궁금해할지도 모른다. 그런데 합리성이라는 관념은 몇 가지 이유에서 매우 중요하다.

첫째, 감정들은 상황이 복지에 대해 가지는 의미에 대한 판단에 의해 일어나는 것이기 때문에, 감정들 뒤에 놓여 있는 추론을 살펴보지 않고는 감정들이 어떻게 일어났는지 절대 이해할 수 없을 것이다.

둘째, 감정을 비합리적이라고 보는 관점은, 감정이 실제로는 우리가 생존하고 번창하는 것을 돕는 데 중요한 자원인데도, 감정을 신뢰하지 못할 것이라고 깎아내리는 것이다. 이성이 감정을 제어하지만, 또 많은 경우 감정이 건설적인 방식으로 이성을 제어한다고 해도 아마 큰 무리는 없을 것이다. 그 둘 사이에는 어떤 균형이 있다. 그렇지 않다면, 광기가 나타난다.

또한 감정 없는 인생은 권태로울 것이다. 심리학자 R. 드레이커스는 이런 식으로 표현했다.

> 감정 없는 사람을 그려보면 거꾸로 감정들의 목적을 쉽게 발견할 수 있다. 한 인간의 사고 능력은 그에게 많은 정보를 제공할 것이다. 그는 무엇을 해야 할지 생각할 수도 있을 것이다. 그러나 복잡한 상황에서 무엇이 옳고 무엇이 그른지 절대 확신할 수 없을 것이다. 그는 분명한 태도를 보이고, 확신을 가지고 힘 있게 행동할 수 없을 것이다. 완전한 객관성이 힘 있는 행동을 유도하는 것은 아니기 때문이다. 이것은 강력한 개인적 편견, 논리적으로 모순될 수도 있는 요인들은 제거해버리는 태도를 필요로 한다. 감정 없는 사람은 냉정하고, 거의 비인간적인 사람일 것이다. 그는 자신에게 편견을 갖게 하거나 전망을 한쪽으로 치우치게 할 어떤 연관성도 경험할 수 없을 것이다. 그는 어떤 것도 그다지 강렬하게 원치 않을 것이며, 또 그것을 추구할 수도 없을 것이다. 간단히 말해 그는 한 인간으로서는 완전히 쓸모없는 존재일 것이다.

셋째, 감정들은 자신에 대한 지식과 인생을 어떻게 여행하느냐에 대한 정보의 극히 중요한 원천이다. 우리는 다른 사람들과 마찬가지로 감정들에서 배운다. 예를 들어 분노를 느낄 때, 이것은 삶의 조건을 어떻게 평가하고 또 대처하는지에 대해 말해준다. 사실, 미처 깨닫지 못하고 있다가도, 분노를 통해 누군가 우리를 불쾌하게 했다는 것을 배울 수 있고, 어쩌면 이런 식으로 반응하게 만든 우리의 특정한 취약함에 대해서도 배울 수 있을지 모른다. 다른 감정들에 대해서도 마찬가지 이야기를 할 수 있다. 감정들이 제공하는 메시지들은 복지에 매우 중요하다.

넷째, 감정 생활의 특성은 종종 고통과 기능장애의 원천이 되며, 그것 때문에 심리 치료를 받으려 할 수도 있다. 만일 감정들이 생활의 현실과 조화를 이루지 못하면, 그런 문제를 만들어낸 추론상의 잘못들을 발견할 필요가 있다. 감정적인 괴로움과 기능장애를 치료하기 위한 정신 치료에 대해서는 13장에서 다룰 것이다.

마지막으로 감정은 그럴듯해 보인다. 우리는 일과 그것에 대한 우리 느낌에 대해 나름대로 개인적인 이유들을 가지고 있기 때문이다, 그 이유가 건전한 것이건 지혜로운 것이건. 바꾸어 말하면, 감정들은 나름대로 준엄한 논리, 나름대로 생명을 가지고 있다. 따라서 만일 우리가 감정들 뒤에 놓인 개인적 이유들을 안다면 그것을 이해할 수 있다. 정신적으로 피해를 보아 이성적으로 제대로 생각을 할 수 없는 사람들도 그들의 잘못된 판단과 느낌들에 대한 이유를 가지고 있다. 누군가가 자신에게 피해를 주려 한다고 생각하고 있는 편집증 환자들은 미친 것처럼 보일지 모르지만, 그들의 분노, 불안, 공포는 나름대로의 논리를 따른다.

예를 들어, 누가 당신에게 해를 주려 한다고 믿는다면, 당신은 분노, 불안, 공포 등을 느끼는 것이 논리적이다. 누군가가 위험하다는 편집증 환자의 판단은 잘못된 것일 수도 있다. 그러나 일단 판단이 내려지면, 그 판단과 감정적 반응 사이에는 이해 가능한 연결 고리가 형성된다. 따라서 감정이 일어나는 논리에 대해 결론을 끌어내리기 전에 합리성이라는 모호한 개념을 가지고 씨름해보는 것이 중요하다.

불행히도 합리성(이성에 기초를 두고 생각하는 것으로 정의된다)과 비합리성을 구별하는 방법에 대해서는 누구한테서도 거의 도움을 얻을 수가 없다. 문제는 '옳은 생각'과 '그른 생각'을 구별하는 것이다. 사람들은 늘 합리성과 비합리성에 대해 이야기하지만, 그렇게 하는 것에 대한 어떤 지속적인 기준, 모든 상황에 적용될 만한 기준은 없다. 그러나 우리는 어떤 사고방식은 지혜롭지 못하거나 비현실적이고, 그래서 사람들을 곤경에 빠뜨린다는 것을 알고 있다. 학자들과 대중이 합리성에 대해 생각하는 것 몇 가지를 살펴보면 이 딜레마를 분명하게 파악할 수 있다.

합리성에 대한 생각들

철학자들과 과학자들 사이에 무엇이 합리적이고 무엇이 비합리적이냐에 대한 의견 일치는 없다. 이것은 지금까지도 계속되고 있는, 이 문제를 둘러싼 활기찬 논쟁을 보면 분명해진다.

어떤 사람이 결정을 내릴 때, 그 목표와 생각들은 매우 복잡하고 또 감추어져 있는 경우가 많다. 그것을 확인하려면 체계적으로 신중하게 탐사할 필요가 있다. 도박을 하러 카지노에 가는 사람들은 보통 도박을 오락으로 생각해서 적당한 액수는 잃을 것으로 예상하며, 돈을 잃는 것을 모험을 하는 즐거움에 대해 치러야 할 대가라고 생각한다. 이런 상황에서 그들이 하는 일이 확률을 거부하는 것이거나 결국 형편없는 결과를 낳을 수밖에 없는 것이기 때문에 비합리적이라고 여기는 것은 지나치게 단순한 생각이다. 강박관념에 사로잡혀 도박을 함으로써 늘 모든 것을 잃는 사람이 비합리성의 더 나은 예라고 할 수 있을 것이다. 이는 병적이라고 생각할 수 있는 정신 상태기 때문이다.

또 하나 중요한 쟁점은 무엇이 합리적인가 하는 정의 밑에 깔린 가치들과 관계가 있다. 경제학자에게, 그리고 많은 심리학자들에게, 합리성이란 원하는 것을 얻는 데서 성공의 가능성을 극대화하고 손실을 극소화하는 것을 뜻한다. 합리성에 대한 경제적 관점은 자신의 이해관계가 인간의 모든 합리적인 결정 뒤에 놓인 동력이라고 가정한다.

이는 매우 좁은 시야로 보인다. 그래서 많은 수사 의문문들을 던져 우리의 의심을 표현해보고 싶다. 만일 사람들이 늘 이기적인 의미에서 합리적이라고 한다면 왜 사람들은 자식을 위해서 희생을 하는가? 또 자식이 없거나 자식이 다 컸을 때도 교육이나 여타 사회 서비스에 모금하는 이타적인 정치적 결정을 내리는가? 고대 그리스 스토아학파나 불교도가 권하듯이 사람들이 늘 원하는 것들을 포기하고 어떤 것도 충분히 갖지 않는 것 역시 똑같이 합리적인 것이 아닐까, 비록 종류가 다른 합리성이라 해도? 왜 사람들은 자기보다 불운한 사람에게 관심을 보이고, 그들을 돕기 위해 자발적으로 시간과 자원을 사용하는가? 그렇게 하는 것은 비합리적인 것인가? 우리는 진정으로 이상주의는 비합리적이고, 이기주의는 합리적이라고 믿는 것인가?

요는 무엇이 합리적인 행동인가에 대해 서로 다른 많은 가치들이 있다는 것이며, 이것들은 무엇이 좋은 삶을 구성하는가에 대한 서로 다른 전제에 기초한다는 것이다. 이것들은 개개인이 그들의 사회적·직업적 생활에 부여하는 다양한 가치, 목표, 믿음의 집합체며, 또 그들의 감정에 영향을 준다. 이 다양한 가치들을 검토해보면, 무엇이 합리적이냐에 대해 자신의 관점과는 다른 관점들을 비판하거나 물리치기 위해 합리성이라는 용어를 사용한다는 것이 더욱더 분명해진다.

    비합리성을 나타내기 위해 사용되는 많은 표현들이 있다. 어리석음이나 멍청함, 신중함의 결여, 형편없는 판단, 비논리적인 태도, 분별 없는 태도, 제정신이 아닌 생각 등이 몇 가지 예다. 이 표현들은 감정이 일어나는 감정과정의 1단계에도 적용될 수 있고, 직면한 사회적 상황을 인식하고 감정을 통제하는 2단계에도 적용될 수 있다. 사람들이 반응하는 방식을 보고, 그런 반응과 사회적 환경이 어울리는지 아닌지 판단하는 것이다.

    1단계와 관련하여 보자면, 어떤 사람의 감정 반응이 현실 상황에 어울리지 않아 이해가 안 될 때, 우리는 그 감정이 비합리적이거나 제정신이 아닌 것이라고 생각한다. 2단계와 관련하여 보자면, 사람들이 어떤 감정으로 너무 강하게 반응하여 스스로에게 해를 끼치면, 이 역시 비합리적으로 보인다. 예를 들어 어떤 사람이 분노를 폭발시킬 때, 그래서 다른 사람들이 말하는 것을 듣지 못하는 것처럼 보일 때, 그 사람은 현실과 유리된 것으로 보인다.

    철학자, 논리학자, 수학자들은 논리와 이성을 생명과학자들과는 완전히 다르게 정의한다. 기하학이나 삼각법에 의한 정리는 그 정리에서 냉혹하게 흘러나오는 결과를 기준으로 그 타당성을 시험할 수 있다. 그래서 무너지지 않는 건물을 지을 수 있는 것이다. 그러나 의학, 사회적 행동, 개인적 결정에서의 추론은 워낙 복잡하고, 모호하고, 변수들도 많고 또 일부는 감추어져 있어, 이런 분야에서는 논리가 완전히 다르게 작용한다. 무엇보다도 추론이 앞의 분야만큼 정확하고 명확할 수가 없다.

    사람들이 얼마나 이성적으로 사고하는가를 평가하기 위해 두 가지 매우 다른 쟁점을 검토해보겠다. 첫째, 우리는 추론 과정을 살펴볼 수 있다. 즉 문제를 해결하는 데 사고의 논리적 규칙을 이용하는 것을 살펴보자는 것이다. 이것은 또 우리가 이 문제에 대해 어떻게 느끼는가도 드러낸다. 둘째,

이 과정의 결과를 살펴볼 수 있다. 우리가 하는 결정이나 선택이 목표를 달성하는 데 얼마나 도움을 주는지, 또는 감정들이 삶의 조건과 얼마나 어울리는지 살펴볼 수 있다.

사회과학과 생물학에서는 결정 결과를 판단하는 것이 추론 과정을 판단하는 것과 비교할 때 상대적으로 간단하다. 결과들이 역효과를 낸다는 것을 쉽게 관찰할 수 있기 때문이다. 그러나 추론 과정을 판단하는 것은 어렵다. 사람들이 내리는 결정 뒤에 깔린 이유들을 살펴야 하기 때문이다. 어떤 사람의 개인적인 이유들을 생각해보면, 비록 결과가 형편없다 해도, 그 사람의 목표나 믿음을 고려할 때 그의 추론은 논리적이었다는 것을 알게 되는 경우가 아주 많다.

격분하는 사람은 그러한 감정적 반응이 개인적 혹은 사회적으로 해로운 결과를 낳기 때문에 비합리적으로 보인다. 관찰자의 관점에서는 그 격노를 통제하거나 억눌렀어야 한다고 생각할 수 있다. 그러나 관찰자인 우리로서는 그 격노의 가장 중요한 목표가 심하게 손상된 에고를 복구하는 것이었고, 에고가 손상되었기 때문에 그가 다른 생각은 전혀 할 수 없었다는 것을 생각하지 못할 수도 있다. 당사자에게는 그런 격분이 심각한 해를 주는 것이라 해도(물론 전혀 생각도 못한 측면이겠지만) 격분하지 않는다는 것은 생각도 할 수 없는 일이었을 것이다.

그런 반응에 그냥 비합리적이라는 딱지를 붙이는 것, 또는 비합리성과 동등한 정신병이라는 딱지를 붙이는 것은 벌어진 일을 이해하는 데 별 도움이 되지 않는다. 그 사람에게 가장 중요한 것이 무엇이었는지 아는 것이 훨씬 더 도움이 될 것이다. 일어난 일을 보면 우리 눈에는 그 사람이 미친 것으로 보일 수도 있지만, 그 사람은 미친 것이 아니다. 나중에 그 사람과 함께 상황을 검토해보면서 그의 행동에 당혹스러움을 나타내면, 그는 "당신이 내 처지였다면 당신도 똑같은 느낌이었을 거요" 하고 말할지도 모른다. 그리고 이것이 사실일 수도 있다.

준엄한 감정의 논리

이 장을 매듭짓기 전에, 지금까지 한 이야기에 기초하여, 감정이 준엄한 논리를 따른다는 것이 무슨 의미인지 요약해보도록 하자. 여기서는 감정이 일어나는 과정에 한해서만 이야기하자. 물론 감정의 통제에 대해서도 비슷한 분석을 할 수 있을 것이다.

감정의 논리를 파악하기 위해서는, 그리고 그 논리가 작동되는 것을 보기 위해서는 사람들 자신이 원하는 것(그들의 목표), 자신이 믿는 것(그들의 가정), 상황에 대한 평가를 통해 어떻게 감정을 경험하는가 하는 것을 살펴볼 필요가 있다. 사실 우리는 이 논리, 즉 심리의 논리를 살펴보아야 한다. 그것이 감정이 일어나는 기초이기 때문이다.

약간 지나치게 단순화한 것이기는 하지만, 감정의 기초적 논리는 다음과 같다. 우리는 뭔가를 원한다. 그러나 그것을 얻는 것이 보장되어 있지 않기 때문에, 그것을 얻고자 노력한다. 원하는 것을 얻거나 아니면 그 과정에서 좋은 진전을 이룩하면 긍정적인 감정을 경험할 것이다. 이익을 본 것이다. 실패를 하면, 부정적인 감정을 경험할 것이다. 피해를 본 것이다. 중요한 목표가 걸려 있지 않으면, 감정도 없을 것이다. 피해나 이익도 없다.

감정이 일어나는 것은 보통 직면한 상황에서 우리 목표들의 운명을 고려할 때 적당하다고 여겨지는 것을 느끼게 된다는 규칙을 따른다. 준엄한 논리, 즉 거의 또는 전혀 어겨지는 일이 없는 논리란, 감정이 우리가 특정한 방식으로 피해를 보았거나 이익을 얻었다는 평가에서 냉혹하게 흘러나온다는 것이다. 물론 평가에는 지능과 추론이 관련된다.

그 과정이 통제를 벗어나 손상된 사고나 어리석은 행동을 낳을 수도 있지만, 어쨌든 감정들은 추론의 패턴에 의해 일어난다. 이 추론의 패턴은 어떤 상황에서 중요하다고 판단된 목표를 향한 노력의 운명에 기초한다. 이 판단이 지혜롭지 못할 수도 있고, 심지어 어리석을 수도 있고 역효과를 내는 것일 수도 있다. 그러나 그것이 기초하고 있는 목표와 믿음들을 고려할 때, 일어나는 감정은 그 사람이 원하고 믿는 것에 비추어 늘 합리적이다.

결론적으로, 만일 인간 감정이 추론이나 사고에 기초를 둔 것이 아니라면, 우리는 절대 사람의 감정을 이해하지 못할 것이다. 만일 우리가 어떤 사람의 감정적 상태를 안다면, 거슬러 추론하여, 그 감정의 원인이 되는 조건들을 이해할 수 있다. 즉 그런 감정을 자극한 목표, 믿음, 사건, 그리고 개인적인 해로움이나 이익에 대한 특정한 평가들을 이해할 수 있는 것이다. 만일 우리가 어떤 사람의 목표, 믿음, 평가들을 안다면, 그리고 감정의 논리를 이용한다면, 그 사람이 그 감정을 다시 자극할 수도 있는 사건에 직면했을 때 그가 어떤 반응을 보일지 상당히 정확하게 예측할 수 있을 것이다.

3부

감정과 현실

11장
스트레스와 감정

앞에서도 때때로 스트레스라는 말을 사용해왔다. 이것은 모두에게 익숙한 말이다. 아마 감정이란 말보다 더 익숙할 것이다. 이 장에서 우리는 스트레스를 설명함으로써, 스트레스와 감정들이 어떻게 관련을 맺고 있는지 보여주고 싶다.

우리는 정신의학자 에설 로스키스가 신랄하지만 정확하게 비꼰 말을 재미있게 생각해왔다. 이것은 현대에 와서 스트레스와 스트레스 관리가 상당히 비중이 큰 인간의 문제로 부상하게 된 경향을 지적해서 한 말이다. 로스키스는 자조(自助)적인 스트레스 대처 안내서들에 대해 다음과 같이 썼다.

스트레스라는 말은 1950년대에 실험실에서 사용되는 용어로 초라하게 출발했다. 그러나 그 말은 이제 현대 세계에서 우리를 괴롭히는 많은 것들을 설명하는 간편한 상징이 되었다. 그래서 불안, 흡연, 살인, 암, 심장병 같은 다양한 상태를 설명할 때마다 빠짐없이 등장한다. 인류학적 관점에서 보자면, 현대사회에서 스트레스는 이전에 유령과 악령이 사용되었던 것과 같은 용도로 쓰인다. 스트레스는 단순히 무작위적인 우연의 게임일 수도 있는 다양한 불행과 병들을 이해시켜주는 열쇠가 된 것이다.

역사적 유래

스트레스라는 말은 비교적 현대적인 말이다. 이 말은 2차 세계대전 후에 처음으로 광범위한 전문적 관심을 받게 되었다. 그리고 생물학자와 사회학자들이 점점 스트레스를 중요하게 여기게 됨에 따라, 대중도 주의를 기울이게 되었다.

스트레스라는 말은 일찍이 14세기부터 곤경, 어려움, 역경, 괴로움 등을 뜻하는 말로 이따금씩, 또 비체계적으로 사용되었다. 17세기에 이르자 탁월한 물리학자이자 생물학자인 로버트 훅이 공학자들의 인공 구조물 설계를 돕고자 했을 때 그 말은 처음으로 전문적인 중요성을 획득하게 되었다. 예를 들어 교량은 무거운 짐을 감당해야 하고, 그것을 파괴할 수도 있는 바람, 지진을 비롯한 자연력들의 난타를 견디어내야 한다. 따라서 그런 부담을 감당하는 교량을 설계하는 것이 중요하고 실제적인 공학적 과제였다.

훅의 분석은 생리학, 심리학, 사회학에서 스트레스를 생각하는 방식에 큰 영향을 주었다. 스트레스는 생물적, 심리적, 사회적 체계에 가해지는 환경적 요구로 정의되었다. 이것은 교량이 감당해야 하는 부담과 비슷한 것이다.

훅은 금속의 특성들에 특별한 관심을 가졌다. 그런 특성들에 따라 그 위에 무게를 얹을 때 변형되기도 하고 부러지기도 하기 때문이다. 예를 들어 연철은 부드럽고 유연하며, 쉽게 작업을 할 수 있다. 그것은 휘기는 하지만 부러지지는 않는다. 반면 주철은 단단하고 깨지기 쉬우며, 쉽게 부서진다. 따라서 감당하는 부담의 종류에 맞는 금속을 써야 한다. 이런 생각은 심리학자들에게도 중요한 의미를 가지게 되었다. 금속이 부담을 견디는 능력은 사람들이 스트레스를 감당하는 능력과 비슷하기 때문이다. 사람들의 경우에는 탄력성(resiliency)이나, 그 반대인 취약성(vulnerability) 같은 말을 사용한다.

1차 세계대전 동안에는 감정적인 붕괴가 심리학적이라기보다는 신경학적으로 설명되었다. 그런 붕괴를 '탄환 충격'이라고 불렀다. 이것은 폭발하는 폭탄 소리로 인한 압력이 뇌에 피해를 줄 수 있다는 모호하지만 그릇된 관념을 함축한 말이었다. 2차 세계대전 동안에는 스트레스에 큰 관심이 생겼다. 병사들이 전투 중에 감정적으로 '무너지는' 일이 잦았기 때문이다. 이런 붕괴를 '전투 피로' 또는 '전쟁 신경증'이라고 불렀는데, 여기에는 심리학적인 설명이 함축되어 있었다.

2차 세계대전 때 군의 고급장교들은 병사들의 스트레스에 대해 걱정하게 되었다. 그것 때문에 부하들 사기가 떨어져 적을 피해 숨고, 무기를 사용하지 못하는 경우가 잦았기 때문이다. 군 지도자들은 또한 스트레스 질환 때문에 군에서 떠나는 사람들의 비율이 높다는 것도 걱정하게 되었다. 그들은 스트레스에 잘 버티는 사람을 뽑는 방법과 병사들이 스트레스에 효과적으로 대처하도록 훈련하는 방법을 알고 싶어 했다. 이것이 동기가 되어 이 문제들을 연구하는 집단이 점점 커지게 되었는데, 이 연구에 이 책의 저자인 리처드 래저러스도 개인적으로 참여하게 되었다.

2차 세계대전 후에는 많은 일상적인 인간사들, 예를 들어 결혼, 성장, 진학, 시험, 병 등과도 스트레스가 관련이 있다는 것이 분명해졌다. 이런 경험들은 전투와 마찬가지로 심리적인 고통과 기능장애를 낳을 수 있다.

인간의 고통과 기능장애의 원인으로서의 스트레스에 대한 관심은 1960년대와 1970년대에 활짝 피어났으며, 그 후로 계속 강력한 흐름을 유지하게 되었다. 인간사의 일반적인 문제들을 처리하고자 노력을 결집하려면 어느 정도 스트레스가 필요하다는 사실도 알게 되었다. 스트레스는 인생의 요구들에 대한 자연스러운 반응이며, 스트레스라고 해서 모두 나쁜 것은 아니다. 그런데 지금은 그 부정적 측면이 지나치게 강조되고 있는 것으로 보인다.

취약성에는 개인차가 크기 때문에 스트레스의 결과는 쉽게 예측할 수 없다는 것이 곧 분명해졌다. 어떤 사람에게는 크게 부담이 되는 일이나 역경이 어떤 사람에게는 아무렇지도 않은 일일 수 있다. 나아가 스트레스를 받을 때 수행 능력의 개선을 보여준 사람이 있는가 하면 수행 능력이 손상된 사람도 있고, 분명한 영향을 보여주지 않은 사람도 있다. 따라서 왜 어떤 사람은 다른 사람보다 스트레스에 취약한가를 설명해줄 심리적 특징들을 찾아낼 필요가 생겼다.

특별한 개인 - 환경 관계로서의 스트레스

스트레스를 일으키는 개인 - 환경 관계는 사람들에게 부과되는 부담과 이런 부담을 관리해나가기 위한 자원의 주관적인 불균형이다. 불균형 정도에 따라 스트레스를 더 경험할 수도 있고 덜 경험할 수도 있다.

당신의 몸을 한쪽 접시에 올려놓고 다른 쪽에는 무게를 알고 있는 쇠막대들을 올려놓는 저울이 있다고 상상해보라. 저울이 평평해질 때까지, 즉 당신과 추들의 무게가 균형이 잡힐 때까지 추들을 보태거나 뺀다. 그러면 당신의 몸무게가 나올 것이다. 이 비유를 통해 알 수 있듯이, 환경적 부담이 개인의 자원에 비해 너무 커질 때는, 내재하는 저울은 균형을 잃고 환경 쪽으로 기울어지게 된다. 불균형이 커지면 커질수록 스트레스도 커진다.

부담과 자원의 불균형에 대한 주관적인 느낌은 부담과 이용 가능한 자원의 성격에 따라 달라진다. 어떤 부담은 다른 부담보다 다루기가 훨씬 더 어려우며, 따라서 그것이 대부분의 사람에게 스트레스를 줄 수도 있다. 또 어떤 사람은 가벼운 부담도 제대로 다루지 못하는데, 어떤 사람은 심한 부담도 능숙하게 처리할 수 있다.

사람들 대부분이 보통은 삶의 부담들을 능숙하게 처리하며 산다고 느낀다. 그러나 일반적인 인생 과정 속에서도 아프거나, 지치거나, 너무 오랫동안 너무 많은 것을 처리해오는 바람에 일반적인 대처 능력이 약화되었다고 느낄 때가 있기 마련이다.

예를 하나 들어보자. 잠은 금방 들어도 오전 3, 4시면 잠에서 깨는 사람들이 많다. 그리고 그날 대처해야 할 일들을 곰곰이 생각한다. 몇 시간 동안 그들 머릿속에서 온갖 일들이 둥둥 떠다닌다. 도무지 지워버릴 수가 없다. 이른 시간이라 피곤하거나 졸리기 때문에, 그 부담들을 도저히 감당할 수 없을 것 같은 느낌이 든다. 요청하지도 않은 생각들이 계속 마음속을 파고들어 떠돌아 다니다가, 마침내 자명종이 울리기 직전에 그들은 다시 잠이 들고 만다. 어쨌든 그렇게 느껴진다.

완전히 잠을 깨고 아침을 먹고 다른 일을 시작하자마자, 새벽의 걱정들은 이제 충분히 감당할 수 있는 것으로 여겨진다. 신체적인 자원을 결집하게 되면, 무엇이 그렇게 감당할 수 없을 정도로 압도적인 느낌을 주었는지 이해하기가 힘들다. 그 답은, 한밤중에 반쯤 잠이 든 상태에서 피곤하고 머릿속이 뿌옇기 때문에 대처 자원 역시 형편없게 보였으리라는 것이다. 여기서도 저울의 비유가 도움이 될 것이다. 스트레스의 양은 부담으로만 규정되는 것이 아니라, 그것에 대처하는 자원과의 관계 속에서 규정된다. 그리고 그 둘 다 주관적으로 규정된다.

생리적 스트레스와 심리적 스트레스

힘차게 운동을 하거나 운동경기에 참여하고 있을 때, 몸은 우리가 부과하는 요구 때문에 스트레스를 받는다. 이런 표시들 가운데 몇 가지가 힘이 든다는 느낌, 땀을 흘리고 피로를 느끼는 것, 빠른 심장박동, 혈압 증가 등이다. 만일 측정을 해본다면 부신에 의해 스트레스 호르몬들이 핏속으로 뿜어지고, 이 때문에 부분적으로 몸에 변화가 일어난다는 것을 알 수 있다. 이는 **생리적 스트레스**라고 할 수 있다. 그러나 이것이 반드시 심리적 스트레스는 아니다. 특히 운동에 재미를 느낄 때는 그렇다.

운동에 의해 초래되는 생리적 변화는 몸이 신체적 부담에 보여주는 적응 반응이다. 이는 심리적 스트레스에 대처하는 과정의 생리적 대응물이다. 몸은 신체적 부담에 대처하기 위해서 자원을 결집하는데, 이것은 정신이 심리적 부담에 대처하기 위해서 자원을 결집하는 것과 비슷하다. 신체적인 자원을 결집하여 소진한 뒤에는 휴식과 회복이 필요하다. 회복 기간 동안 생리적인 균형이 복구된다. 이런 불균형은 생리적으로 유해한 환경적 조건, 예를 들어 더위나 추위나 굶주림에 직면했을 때도 적용된다.

신체적 스트레스에 의해 발생하는 신체 반응은 신체의 움직임 없이 심리적 이유들 때문에 발생할 수도 있다. 분노, 불안, 공포, 선망, 질투 등을 느끼는 것도 신체적 부담에서 기인하는 신체적 변화들과 똑같은 것들을 많이 일으키게 된다. 그 기본적 원인은 심리적인 것이다. 그런 것들은 다양한 종류의 스트레스에 대한 반응들이다. 따라서 우리는 이런 신체적인 반응들, 그리고 그런 반응들을 낳는 순수하게 심리적인 사건들을 **심리적 스트레스**라고 부른다.

스트레스의 두 가지 원인, 즉 생리적인 것과 심리적인 것은 같은 상황에서 함께 결합되어 나타나는 경우가 많다. 따라서 경쟁적인 운동경기에서 목적이 위협받을 때 분노나 불안의 감정들을 경험할 수 있다. 그리고 시합 뒤에 신체적으로는 피로하더라도 이기면 기뻐하게 된다. 운동은 늘 생리적으로 스트레스를 준다. 그러나 조깅, 구기, 정원 가꾸기 등의 신체적인 운동을 할 때 반드시 감정이 생기는 것은 아니다. 감정들은 순수하게 심리적인 원인에서 발생하기 때문이다.

심리적 스트레스와 생리적 스트레스는 그것이 신체에 미치는 신경화학적인 영향에서는 서로 겹칠 수 있지만, 그럼에도 서로 약간 다른 패턴의 호르몬 반응을 일으킨다. 만일 그 둘을 분리한다면, 예를 들어 운동, 굶주림, 더위나 추위 같은 각각의 생리적인 스트레스는 나름대로 특별한 호르몬 신호를 갖는다. 종류가 다른 심리적 스트레스의 호르몬적 결과에 대해서도 같은 이야기를 할 수 있다. 이런 유형들의 스트레스는 서로 다른 조건에서 야기되고, 나름대로 뚜렷한 신경화학 과정을 가지고 있으며, 당연히 서로 다른 종류의 심리적 반응들과 관련을 맺고 있다. 따라서 이것들을 혼동해서는 안 된다.

이 장에서 말하고 있는 스트레스의 유형은 심리적인 것이다. 앞으로 스트레스라는 말 하나만 사용할 때는 심리적인 스트레스만 가리키는 것으로 한다. 생리적인 스트레스에 대해 말하고 싶을 때는 늘 적당한 수식어를 앞에 붙이도록 하겠다.

심리적인 스트레스의 종류

심리적인 스트레스는 아무것도 없는 상태에서 약간 있는 상태로 넘어갔다가, 거기서 다시 너무 심한 상태로 이어지는 하나의 연속체라고 생각할 수도 있다. 그럼에도 세 가지 종류를 구별할 수 있다. 바로 피해, 위협, 도전 이다. 이들의 주요한 차이는 개인이 세상과 직면하는 상황에서 구성하는 의미와 관계가 있다. 이 의미는 이 세 가지에서 서로 구별된다. 바꾸어 말하면, 우리는 이 세 가지 스트레스의 경우 상황에 대해 완전히 다른 평가를 내린다는 것이다.

피해는 이미 발생해서 손해를 입은 사건을 가리킨다. 피해에는 많은 종류가 있을 수 있다. 예를 들어 취업 면접, 공연, 학교 시험 등과 같은 요구에 적절한 준비를 하지 못했을 수도 있다. 사회적으로 멍청한 짓을 해서 중요한 사람들과의 관계에 해를 끼쳤을 수도 있다.

복구 불가능하거나 막을 수 없는 피해는 또한 상실이라고 부른다. 사랑하는 사람의 죽음이 적절한 예다. 할 수 있는 것이라고는 애도를 하고, 우아하게 상실을 받아들이는 방법을 찾고, 계속 살아나가는 것뿐이다.

피해가 반드시 영구적이지는 않기 때문에, 그것을 어떻게 해볼 수 있는 경우도 찾을 수 있다. 예를 들어, 다음번에는 더 효과적으로 일을 수행해서 부정적 평판을 극복하려 할 수도 있으며, 다음번 취업 면접에는 새로운 결심으로 임할 수도 있다. 이럴 경우 이전의 부정적인 경험에서 배운 것이 잠재적으로 이익이 될 수도 있다.

위협은 아마 심리적인 스트레스의 가장 일반적인 원인일 것이다. 이는 아직 일어나지는 않았지만 가까운 장래에 가능하거나, 일어날 확률이 높거나, 불가피한 피해와 마주했을 때 일어난다. 우리는 무슨 일이 일어날지 걱정하면서, 그것이 일어날 때 어떤 상황이 벌어지고 그것에 어떻게 대처할지 예상하려 한다. 무슨 일이 일어날지 예상할 수 있다면 그것에 대비할 수 있고, 때로는 피해나 상실을 예방하거나 그 심각성을 완화할 수도 있다.

도전은 해를 주는 사건이라기보다는 기회로 평가되는 사건들로 이루어진다. 위협과 마찬가지로 도전도 사람의 자원을 결집하여 장애에 대항해서 싸우도록 한다. 그렇기 때문에 도전이 스트레스를 준다. 어려움은 도전에 도움이 될 수도 있다. 일이 너무 쉬우면 그것을 감당해보려는 의욕이 별로 생기지 않을 수도 있다.

그러나 도전을 받을 때 우리는 개방적이 되며, 생각은 막힘없이 수월하게 흐르고, 해야 할 일에 자신감을 갖게 된다. 우리는 기회의 길을 막고 서 있는 장애들과 맞서려고 노력한다. 도전은 위협과는 달리 기쁨을 주고, 환희를 주고, 생산적인 경험이 되는 경우도 많다.

따라서 피해, 위협, 도전이 세 가지 면에서 다르다는 것을 알 수 있다. 첫째, 그것을 초래하는 평가에서. 둘째, 우리가 느끼는 방식에서. 셋째, 우리가 기능하는 방식에서. 우리 모두 피해와 위협의 상황보다는 도전의 상황을 훨씬 더 좋아할 것이다.

상황도 위협을 경험할지 도전을 경험할지를 어느 정도 규정한다. 비판받고 있는 상황에서 많은 사람들은 위협을 느끼며, 빛나는 기회가 주어진 상황에서 많은 사람들은 도전을 느낀다. 성격적 특징, 예를 들어 자신감이 부족하거나 다른 사람들에게 악의가 있을 것이라고 생각하는 경향이 있으면 남보다 훨씬 자주 위협을 느낄 것이다. 그런 사람들은 도전을 거의 느낄 수 없을 것이다. 자신과 세계에 대해 긍정적인 느낌을 가진 사람들은 이와 반대되는 패턴을 보여준다. 이들은 거꾸로 위협은 거의 느끼지 않고 도전을 자주 느낄 것이다.

외상후 스트레스장애

외상을 입는다는 것은 자신의 자원을 훨씬 초과하는 부담에 압도되어 무력감을 느낀다는 것이다. 외상은 또 행복에 대한 느낌을 좌우하는 소중한 의미들을 훼손한다.

이것이 어떤 것이냐는 외상후 스트레스장애(PTSD)라고 알려진 정신병적 상태를 예로 들어 보면 잘 알 수 있을 것이다. PTSD 환자들은 보통 심각하고 장기적인 불안으로 고생을 한다. 이것은 그들이 외상에 대한 반응으로 겪는 가장 두드러진 감정이다. 그러나 이와 더불어 만성적인 분노, 죄책감, 우울 역시 일반적이다.

미국정신의학협회에서 펴낸 가장 최근의《진단과 통계 지침》은 PTSD 환자들이 일반적으로 경험하는 외상을 다음과 같이 정의한다.

> 그 환자는 일반적인 인간 경험의 범위를 넘어서는 사건을 경험했다……. 예를 들어 생명이나 신체에 대한 심각한 위협, 자식이나 배우자나 가까운 친척이나 친구에 대한 심각한 위협이나 피해, 집이나 공동체의 갑작스러운 파괴, 사고나 물리적 폭력의 결과로 심하게 부상당하거나 살해당한, 또는 당하고 있는(또는 최근에 당한) 사람을 보는 것 등.

예를 들어 성적으로 또 신체적으로 학대당하는 아이, 또는 아슬아슬하게 자신은 살인자의 손아귀에서 간신히 벗어났지만 침입자가 어머니를 강간하고 처참하게 살해하는 것을 본 소년의 경우를 생각해보라. 자동차 사고에서 혼자 살아남아 가족의 몸이 처참하게 절단나는 것을 본 경우를 생각해보라. 이것들은 너무 끔찍해서 거의 상상할 수도 없는 상황들이다. 우리는 이런 것들은 생각하지 않는 편을 선호한다.

　이 책의 필자 가운데 한 사람인 리처드 래저러스는 한 대학생을 치료한 적이 있었다. 그 대학생은 십대 초반에 학교에서 돌아와 과부인 어머니가 옷장에서 목을 매달고 죽어 있는 것을 보게 되었다. 그는 그날 아침 어머니와 말다툼을 한 끝에 화가 나 어머니한테 "어머니가 죽었으면 좋겠어요" 하고 말했다. 그의 어머니는 우울과 절망에 사로잡혀 자식의 요구를 충족시켜준 것이다. 이 자살은 어머니의 삶에 대한 절망의 표현인 동시에, 아들의 충동적인 말과 아들이 자신을 배려하지 않는다는 것에 대한 적대적인 보복이기도 했다.

　그가 얼마나 멋진 아이였는가 모두 울면서 말하고 있는 자신의 장례식을 구경하는 톰 소여의 꿈처럼, 어머니의 자살은 자신이 죽은 뒤에 아들이 안타까워하기를 바라는 외로운 소망을 표현하는 것임에 틀림없었다. 이 공격적인 행동, 그리고 그것을 발견한 공포 때문에 소년은 영원한 피해자가 되었다. 그는 만성적이고 심각한 불안과 죄책감 때문에 고통을 겪게 되었으며, 제대로 능력을 발휘할 수 없었다. 그는 결국 기능장애 상태에서 벗어나지 못하고 대학을 졸업했다.

　대부분의 외상이 심각한 것들이고, 따라서 외상을 입은 사람의 혼란스러운 반응을 매우 쉽게 이해할 수 있다. 그러나 외상은 어떤 사람이 특별히 취약해서 입게 되는 수도 있다. 즉 다른 사람들은 쉽게 처리할 수 있는 조건인데 자신은 이에 압도당해 외상을 입을 수도 있다. 다른 사람은 쉽게 뛰어넘으리라 생각되는 사건들, 예를 들어 연인에게 거부당하거나 자신의 일이나 인격에 대한 비판을 받는 것에 의해서도 외상을 입는다는 것이다.

　극단적인 외상을 주는 경험을 하면 갑작스럽고 예기치 않은 위험, 야만, 고통, 공포, 의미 없는 죽음이 가까이 있다는 사실을 깨닫게 된다. 이것이 그 사람의 삶을 보호해주던 가정들을 철저하게 파괴해버릴 수도 있다. 아이건 어른이건, 세계를 더는 자비롭고, 의미 있고, 통제 가능하다고 볼 수 없다. 그렇게 되면 그 사람은 세상에 압도당하게 된다. 이것이 외상의 핵심이다. 오직 존속 가능한 일군의 믿음들을 다시 세우고, 그것을 삶의 의욕의 기초로 삼아야만 파괴된 것이 복구될 수 있다.

심리적 스트레스의 예들은 대부분 외상후 스트레스 장애를 낳을 만큼 극단적인 것이 아니다. 보통 스트레스들은 요구들이 대처 자원에 부담을 주는 경우에 생긴다. 외상은 자원을 넘어서는 부담을 나타내며, 따라서 우리를 압도하거나 상처를 준다. 그러나 사람들은 대부분 되풀이해서 스트레스를 경험하며 그것을 싫어한다고 해도 그것에 압도당하지는 않는다.

스트레스의 일반적인 예들

스트레스는 우리가 살고 기능하는 거의 무제한적 상황에서 발견될 수 있다. 휴가처럼 일반적으로는 유쾌한 상황에서도 스트레스를 경험할 수 있다. 스트레스 상황에는 주로 두 가지 유형이 있다. 하나는 특별하긴 하지만 한번 일어나면 정신 상태에 심각한 영향을 주는 인생의 중대사들이고, 또 하나는 매우 일반적이며 선의를 약화시키는 일상의 괴로움들이다.

인생의 중대사들이 주는 스트레스

스트레스를 체계적으로 측정하려는 첫 시도들 가운데 하나는 인생의 중대사들을 통해 이루어졌고, 그것은 그 후로 잡지와 신문에 자주 발표되었다. 그 조사는 인생의 중요한 변화들은 본디 스트레스를 주는 것이라는 생각에 기초하고 있었다. 그것이 삶의 일상적 패턴들을 흔들어놓고, 개인적 상실들과 관련이 되고, 중대한 재적응을 요구하기 때문이다. 많은 사람들이 이런 사건들이 부과하는 적응 요구가 얼마나 심한가를 두고 점수를 매기고 순위를 매겼다. 그리고 그 사건들이 얼마나 스트레스를 주는가에 대해 여론조사 자료도 제공했다. 그 결과를 보면, 배우자의 죽음이 1위, 이혼이 2위, 결혼이 7위였다. 긍정적이라고 생각되는 결혼 같은 사건도 스트레스를 줄 수 있다. 우리는 이 목록에 빠진 많은 주요한 사건들, 예를 들어 자식의 죽음 등의 사건을 쉽게 떠올릴 수 있다. 그리고 겉으로 보기에는 별로 스트레스를 줄 것 같지 않은 사건들도 해를 줄 수 있다. 말기 병에 걸린 개를 안락사시키는 등의 일이 그런 예다.

일반적인 사람들이 인생의 중대한 사건들에 대해 이야기하는 것에 기초하여, 그 사건들이 얼마나 스트레스를 주는가 여론조사를 할 수 있을 것이다. 그러나 이 사건들의 영향에서도 개인의 차이는 크다. 예를 들어, 배우자의 죽음이 미치는 영향은 그 사건의 개인적 의미에 영향을 주는 다양한 조건에 따라 달라진다.

만일 배우자와의 관계가 대체로 부정적인 것이었다면, 심리적인 상실은 장기적이고 긍정적인 관계의 경우보다 덜 심할 것이다. 여기에도 예외가 있을 수 있다. 부정적인 관계에 대한 분노와 죄책감 때문에, 그리고 죽음이 그런 감정들을 촉진하기 때문에, 상실감이 오히려 강할 수도 있다.

그 사람이 어떻게 죽었느냐 하는 것도 중요한 고려 사항이다. 갑작스러운 사고의 결과라면 외상이 매우 클 수도 있고, 오래고 고통스럽고 집요한 병 뒤라면 거의 환영할 만한 일로 여겨질 수도 있다. 아직 삶의 전성기에 있는 사람의 경우와는 달리 죽음을 예측할 수 있는 나이가 아주 많은 노인의 경우에는 심리적인 충격이 덜할 수도 있다. 물론 늘 그런 건 아니지만.

감정에 대해 논의하면서 강조했듯이, 주요한 인생사들에 어떻게 반응을 보이느냐 하는 것에서 개인들이 차이를 보이는 데는 크게 두 가지 이유가 있다. 하나는 그 사건을 평가하는 방식이다. 똑같은 사건이 어떤 개인에게는 파멸적일 수 있지만, 어떤 개인에게는 약간의 해로움만 끼치는 것일 수도 있다.

개인차의 두 번째 이유는 사건에 대처하는 방식이다. 어떤 사람들은 다른 사람들에 비해 대처 자원이 훨씬 풍부하기 때문에 상실, 또는 상실이 제기하는 위협에 훨씬 잘 대처할 수 있다.

이혼이란 예를 통해 이 점을 더 설명해보겠다. 임박한 이혼이 주는 스트레스는 아이들이 있느냐 없느냐, 이혼을 주도한 쪽이냐 당하는 쪽이냐에 따라 달라진다. 또한 이혼 뒤에 무슨 일이 일어나느냐에 따라서도 많이 달라진다. 이후 대처 과정에서도 심리적인 상태는 매우 유동적이다.

한 개인이, 또는 둘 다 궁극적으로 옛날의 패턴만큼 잘 운영되거나 어쩌면 더 잘 운영되는 새로운 삶의 패턴을 채택한다는 점에서 많은 이혼들이 성공적이다. 그러나 어떤 이혼들은 지속적이고 장기적인 고통과 기능장애를 낳기도 한다. 당사자가 상실감에 제대로 대처하지 못하기 때문이다. 만일 스트레스 많은 인생의 중대사 직후에 적응 능력을 평가한다면, 상당한 기능장애를 겪는 모습이 나타날 수도 있다. 그러나 나중에는 훨씬 안정된 모습을 보여줄 수도 있다. 반대로 초기에는 잘 버티는 것처럼 보이던 사람이 나중에 가서 곤경에 처할 수도 있다.

일상의 괴로움들과 긍정적인 경험들

겉으로 보기에 사소한 괴로움으로 보이는 것도 상당한 스트레스를 줄 잠재력을 가지고 있다. 이런 일상의 괴로움에는 물건을 둔 곳을 잊어버리는 것, 물건을 아예 잃어버리는 것, 골치 아픈 이웃, 성가신 사교적 의무, 남을 배려하지 않는 흡연자, 돈 걱정, 건강 문제, 알코올 문제, 식사 준비, 집안 청소, 외모, 나이 든 부모 문제, 직장 동료나 상사와의 문제 등등 헤아릴 수 없이 많은 것들이 있다.

하루, 한 주일, 한 달 동안 얼마나 많은 괴로움들을 겪느냐 하는 것은 사람에 따라 크게 다르다. 어떤 괴로움에 대해 아주 강하게 평가하는 사람이 있는가 하면 약하게 평가하는 사람도 있다. 오랜 기간에 걸쳐 강한 일상적 괴로움들을 아주 많이 겪는다는 것은 그 사람이 하루하루의 스트레스에 잘 대처하지 못하고 있음을 보여주는 것일 수도 있다. 연구에 따르면, 일상적인 괴로움을 많이 겪는 사람들은 괴로움의 수준이 상대적으로 낮은 사람들에 비해 감정적 고통을 비롯한 여러 심리적인 증상을 더 많이 겪는다고 한다. 모든 부담을 괴로움으로 여기는 사람이 있는가 하면 그것을 받아들이고, 심지어 생활의 한 부분으로 웃어 넘기는 사람도 있다.

다른 사람 같으면 쉽게 떨쳐버릴 수 있는 사소하고 무례한 행동, 예를 들어 사교 모임에서 누군가가 자기 말에 관심을 보여주지 않았다던가 하는 일을 며칠, 몇 주씩이나 곱씹는 사람도 있다. 이런 식으로 매우 취약한 사람들은 자신이 모욕이라고 여기는 행동을 마음에서 떨쳐버리지 못한다. 이런 식의 괴로움은 사회적 관계나 직장에서 기능하는 방식을 훼손할 수도 있고, 또 이런 식으로 반응을 보이는 경향은 건강에 해를 끼칠 수도 있다. 중심적인 괴로움은 일반적인 괴로움보다 감정의 평정에 더 큰 피해를 주는 것으로 보인다.

스트레스를 많이 주는 중대사와 일상의 괴로움 사이에는 밀접한 관계가 있다. 스트레스를 많이 주는 중대사는 그것이 일으키는 일상의 괴로움을 통해 영향을 준다. 죽음이나 이혼을 통한 배우자의 상실이 이번에도 좋은 예가 될 것 같다. 이 두 가지 종류의 상실에서 외로움과 잃어버린 사람이 했던 일을 떠맡아야 한다는 부담은 스트레스를 많이 주는 사건 자체가 끝난 뒤에도 오랫동안 계속되는 일상적인 스트레스들이다. 그런 상실에서는 외로움과 성적인 좌절 또한 일반적이다.

그러나 배우자의 죽음과 이혼은 각기 매우 다른 일상적인 괴로움을 일으킨다. 예를 들어 상실이 죽음의 결과라면, 이혼의 경우와는 달리 이 사건에는 관계에서 실패했다거나, 상대가 나를 거부했다거나 하는 함축성은 없을 것이다. 그러나 이혼의 경우에는 상대가 계속 살아 있으며, 종종 같은 공동체에 살고 있을 수도 있다. 또 아이들 문제 때문에 이혼한 상대와 계속 연락할 필요가 있을 수도 있다. 따라서 이 두 가지 형태의 상실이 일으키는 일상적 괴로움은 서로 겹치기도 하지만 다른 점도 많으며, 그 가운데 일부(거부당했다고 느끼거나, 결혼에 실패했다고 느끼거나, 아이 양육과 관련된 문제 때문에 배우자와 이야기를 해야 하는 것)는 만성적·반복적으로 심리적 영향을 줄 수 있고, 그것이 마음을 매우 불안하게 만들 수도 있다.

일상적 괴로움이 기분이 좋아지는 긍정적이고 기운을 북돋아주는 경험에 의해 상쇄될 수 있을까? 긍정적 경험이 있으면 일상적 괴로움이 견딜 만해지고 피해도 덜 입힐까? 이것도 일상적인 괴로움의 수수께끼들 가운데 하나다. 긍정적 경험이라고 부르는 것에는 직장 동료와의 원만한 관계, 아이들과 함께하는 즐거운 활동, 외식, 여행, 자유로운 시간, 칭찬, 숙면 등이 포함된다. 스트레스 연구에서도 이런 경험들을 정신적 고양의 경험이라고 부른다. 한 개인은 한편으로는 많은 괴로움을 겪으면서도, 또 한편으로는 정신을 고양시키는 많은 긍정적인 경험들을 할 수 있다.

이런 긍정적인 경험들이 괴로움의 부정적인 영향들을 극복하게 해줄까? 물론 그렇다고 생각할 수도 있을 것이다. 좋은 사회적 관계들이 스트레스가 끼치는 부정적인 영향들의 완충장치 역할을 해주는 것처럼. 그러나 아직 확실한 증거는 없다.

일터와 가족이 주는 스트레스

대부분의 시간을 보내고 또 가장 노력을 기울이는 활동과 배경에서, 즉 일과 가족 가운데서 심리적 스트레스가 가장 두드러지게 나타나는 경향이 있다.

일에서 발견되는 다양한 스트레스는 여러 범주로 분류할 수 있다. 하나의 범주는 과중한 일 부담이다. 주어진 시간에 할 일이 너무 많다거나, 일을 하는 데 방해가 되는 것이 너무 많다거나, 늘 마감 시간을 맞추어야 한다거나, 다른 의무들 때문에 중요한 일을 미루어야 하는 것 등이다.

두 번째 범주는 역할의 모호성이다. 자신의 책임, 일의 우선순위, 자신이 가진 권위의 양을 모르는 것이고, 자신이 하는 일에 피드백을 받지 못하는 것이다.

세 번째 범주는 미래에 대한 불확실성이다. 앞으로 일을 할 수 있는 기간에 대해 모르거나, 상황에 영향을 주기 위해 할 수 있는 일이 거의 없다고 느끼거나, 회사의 미래, 따라서 자기 일자리의 안정성에 불안을 느끼는 경우다.

이 밖에도 일이 스트레스를 주는 원인으로는 자신의 일에 권위를 가지고 있지 못하다거나, 조직 내에서 일 처리 방식을 놓고 갈등이 있다거나, 불쾌한 동료가 있다거나, 기술 변화 때문에 일을 하는 데 기술적 어려움이 있다거나 하는 경우 등이 있다. 이것이 일에서 스트레스를 주는 원인들을 모두 나열한 것은 아니다. 그 원인들은 또 개인마다 다르기도 하다. 그러나 지금 제시한 목록은 직장이라는 배경에서 심리적 스트레스를 가장 빈번히 자극하는 상황의 예들이 될 것이다.

가족이 주는 스트레스의 원인들은 주로 가정에서 일어나는 일이 중심인데, 역시 종류가 다양하다. 배우자와의 갈등, 예를 들어 돈 통제권, 섹스, 애정 표현, 양육 패턴 등을 둘러싼 갈등을 중심에 두는 사람도 있다.

자식을 기르고 훈련하는 일 또한 가정에서 스트레스의 주요한 원인이 되는데, 이것은 부모뿐만 아니라 자식들에게도 괴로울 수 있다. 가족 내에서의 경쟁 또한 부모뿐만 아니라 자식에게도 스트레스의 원인이 된다.

이혼처럼 자주 연구되지는 않지만, 부부 관계의 쇠퇴 역시 가족이 주는 스트레스의 원인이 될 수 있다. 심각한 문제가 많은 배우자 관계는 부부와 자식들에게 오히려 이혼보다 훨씬 더 견디기 힘들다고 믿을 만한 근거가 있다.

가족마다 조직되고 기능하는 방식이 각기 크게 다르다. 이것이 스트레스의 주된 원인이 가족마다 다른 이유다. 오늘날에는 비전통적인 가족들이 늘어나고 있다. 특히 부모 가운데 한 사람만 있는 가족이 많다. 그런 경우에는 부모가 연금으로 사는 경우가 아니라면 생계를 위해서 일을 하는 동시에 아이를 기르고 가사를 돌보는 등, 배우자가 할 일까지 떠맡아야 한다.

오늘날 많은 결혼에서 일과 가사 의무의 균형을 둘러싼 갈등이 특히 중요시된다. 이것은 남편과 아내 둘 다 집 밖에서 일하는 가족의 경우 특히 두드러진다. 이 경우 아내와 남편 둘 다에게 큰 부담이 생기기 마련이다. 누가 밥을 짓고 청소를 할 것인가? 또 얼마나 자주 할 것인가? 누가 자식들을 돌보고 훈련할 것인가? 갈등 해소는 잘 처리될 수도 있고 잘못 처리될 수도 있다.

일하는 부부의 문제는 남편과 아내의 가치가 대조적이고, 노력을 기울이는 대상이 다르기 때문에 벌어지기도 한다. 남편들은 보통 자신의 일에 일차적인 노력을 기울이며, 이것이 친밀한 관계를 경시하는 결과를 낳기도 한다. 여자들은 보통(절대 늘 그렇다는 것은 아니지만) 가족 관계와 친밀함을 일차적으로 중요하게 생각하며, 남편이 감정적 요구에 무관심할 때는 좌절한다. 그래서 그 문제를 제기하고 싶어 하는데 남편은 피하고 싶어 한다. 남편들이 그런 문제 제기로 압박을 당할 때 흔히 보여주는 패턴은 완강하게 버티거나 침울해지는 것이다. 그가 집에서 일차적으로 원하는 것은 평화와 조화인 경우가 많기 때문이다. 그 결과 두 사람 모두 의사 전달에 실패하고 깊은 좌절을 느낄 수도 있다.

일과 가족이 주는 스트레스에서 가장 흥미로운 문제들 가운데 하나는 가정과 직장이라는 두 영역이 겹치는 경우다. 이 경우 직장 스트레스가 가족을 침범할 수 있고, 집의 갈등이 직장에서 일하는 것을 방해할 수도 있다. 어떤 남편과 아내들은 분리에 능숙해서 한 영역의 스트레스가 다른 영역으로 들어오는 일이 거의 또는 전혀 생기지 않는다. 집에 가면 직장 문제는 옆으로 밀쳐두고, 직장에서 일을 할 때는 집안 문제는 분리한다. 어떻게 이런 영역 분리가 성공적으로 이루어지는지 더 많이 배울 필요가 있다.

그러나 일이나 가족이 주는 스트레스가 특히 강력하고 심리적으로 피해를 줄 때는 분리가 어렵거나 심지어 불가능할 수도 있다. 2장에서 우리는 일자리를 잃을 위험에 처한 남편이 그가 무관심하다고 여기는 아내와 분노의 일전을 벌이는 예를 본 바 있다.

심리적인 스트레스와 감정들

스트레스는 보통 일차원적인 조건들에서 측정된다는 점에서 감정보다 훨씬 더 간단한 관념이다. 앞서 보았던 것처럼, 더 복잡한 것으로 취급할 때조차, 즉 피해, 위협, 도전이라는 세 종류로 취급할 때조차 감정과 비교하면 간단한 관념에 불과하다. 스트레스라는 관념에 결여되어 있는 것은 사람과 환경이 스트레스를 주는 관계일 때, 거기서부터 흘러나올 수 있는 다양하고 많은 감정들이 스트레스와 어떻게 관련되느냐 하는 것이다.

지금까지 심리적인 스트레스와 감정들이 분리되고 독립된 주제인 양 이야기해왔다. 그러나 여러분은 이미 두 주제가 밀접하게 관련을 맺고 있다는 것을 느꼈을지도 모른다. 스트레스는 대부분의 사람에게 괴로움을 주는 감정들을 초래한다. 즉 분노, 선망, 질투 같은 위험한 감정들, 불안, 죄책감, 수치 같은 실존적 감정들, 그리고 안도감, 희망, 슬픔 같은 나쁜 생활 조건에 의해 초래되는 감정들을 불러일으킨다.

2~6장에서의 사례들을 봄으로써 우리는 스트레스 상황에서 겪는 감정들을 검토할 수 있었다. 그럼으로써 스트레스라는 제목으로 포괄되는 다양하고 많은 상황과 개인적 의미들을 하나하나 확인해 풍부한 정보를 얻을 수 있었다. 그렇기 때문에 이 책은 감정들에 대한 것이라고 할 수 있으며, 스트레스라는 주제는 그 안에 적당하게 자리 잡을 수 있다. 스트레스와 감정, 양쪽 모두 그 밑에는 개인적 의미들이 깔려 있다. 그러나 열다섯 개의 서로 다른 감정들은 이런 의미들의 범위를 크게 확대하며, 그것들을 경험하는 개인에 대해 훨씬 더 많은 것을 가르쳐준다.

스트레스를 포함해 우리가 경험하는 감정들은 우리 자신에 대해 많은 것을 말해준다. 우리는 그것들로부터 일평생 유지되는 목표와 믿음에 대해 배울 수 있으며, 우리가 세계를 이해하고 거기에 적응하려고 애쓰는 가운데 되풀이하여 내리는 평가들에 대해 배울 수 있다. 감정들은 또한 우리가 그런 감정들을 느끼는 조건들이 무엇인지 알려주고, 그 개인적이고 사회적인 의미에 대처할 때 선호하는 대처 전략들을 드러낸다.

다음 장에서 우리는 감정들, 감정을 일으키는 관계들, 우리의 대처 방식이 건강에 어떤 영향을 주는지 살펴보겠다.

12장

감정과 건강

이 장의 주된 주제는 두 가지 핵심적인 질문을 통해 드러난다. 첫째는 감정이 병을 일으키느냐 아니냐 하는 것이다. 이 첫 번째 질문에서 일으킨다는 대답이 나오면, 두 번째 질문은 감정이 건강에 영향을 미치는 방식, 바꾸어 말하면 감정과 관련된 심리적·생리적인 메커니즘과 관계가 있다.

감정이 병을 일으킬 수 있는가?

감정들이 병의 원인 역할을 한다는 믿음에는 어떤 증거가 있는가? 이 믿음을 둘러싼 쟁점들은 흥미롭고, 당혹스럽고, 도발적이다. 우리는 먼저 병의 네 가지 종류, 즉 정신신체적인 질병, 전염병, 심장병, 암을 놓고 감정적인 요인들에 대해 발견된 것에 관한 대강의 설명을 할 것이다. 그러고 나서 그 영향들을 설명할 수 있는 심리적·생리적인 메커니즘을 다루어보겠다. 최근에는 너무 많은 연구들이 발표되어 여기서 다 검토할 수가 없으나, 몇 가지 대표적인 것들은 함께 생각해보기로 한다.

정신신체적 질병

어떤 병들은 특별히 스트레스에 민감하기 때문에 전통적으로 정신신체증으로 인정되어왔다. 소화불량, 일상적인 복통, 장에 탈이 난 것 같은 위장 통증들은 스트레스와 관련된 신체적인 병들 가운데 가장 일반적인 것이다.

정신신체적 질병의 고전적인 목록(의학 연구자들이 그렇게 생각해왔다는 뜻)에는 대장염(잦은 설사, 변비를 동반하기도 함), 궤양(위나 십이지장 장애), 편두통(구토를 동반하는 심한 두통), 긴장으로 인한 두통 등이 들어가고, 이 밖에도 정신신체증이라는 지위를 얻기에는 좀 복잡하고 덜 분명한 고혈압, 천식(심한 호흡곤란), 수많은 피부병 등이 들어간다. 물론 이 가운데 어떤 병들은 심리적일 뿐만 아니라, 유전적·체질적 유래를 갖는다는 것을 인정한다.

곧 분명해지겠지만, 사실 이 목록에는 질병 전체가 다 들어갈 수도 있다. 오늘날에는 어떤 병이든 스트레스 감정들에 의해 영향을 받을 수 있다고 믿는 경향이 있기 때문이다. 예를 들어 최근의 연구는 스트레스 상태에서는 헤르페스 바이러스를 가진 사람에게 헤르페스가 일어날 확률이 높아진다는 것을 보여주기도 했다. 주된 원인이 심리적인 것이 아닌데도 스트레스 때문에 악화되는 병도 있고, 심리적인 스트레스가 일차적인 원인으로 고려되는 병도 있다.

대략 1920~1950년대에 이런 질병들을 보는 지배적인 관점은 정신분석학적이었다. 각각의 정신신체적인 병들은 특정 종류의 정신 내적인 갈등에서 유래한 것이며, 그 갈등은 특정한 패턴의 증상들을 통해 표현된다고 이야기되어왔다.

프란츠 알렉산더라는 정신분석학자는 정신신체적 질병들에 대한 정신분석학적 분석의 주요한 선구자로 꼽힌다. 그 후에, 주로 연구에 몰두한 심리학자인 D. T. 그레이엄은 개인이 보통 의식하지 못하는 태도상의 갈등에 중심을 둔 정신신체적 질병에 대한 영향력 있는 분석을 내놓았다. 이런 태도상의 갈등과 병이 관련되는 몇 가지 예를 들어보자. 모욕을 느끼는 경우에는 궤양성 대장염, 늘 위험을 느낄 때는 특발성 고혈압, 자신에게 자격이 있다고 생각하는 것 또는 빌려준 것을 얻지 못할 때는 십이지장궤양 등이 관련이 있다고 보는 것이다. 그레이엄의 설명은 알렉산더의 설명과 겹치지만, 그레이엄의 설명이 더 분명하고 더 구체적이다. 따라서 이를 이용해 정신분석학적 접근 방법을 설명하고자 한다.

그레이엄의 근본적인 원리는 두 가지 개념으로 표현된다. 첫째는 각각의 정신신체적인 병은 특정한 감정의 한 부분이라는 것이다. 둘째는 각각의 감정은 나름대로 독특한 생리학적 구성 요소를 가지고 있어서 그것을 통해 신체 증상들을 설명할 수 있다는 것이다. 그레이엄은 자신의 근본적인 원리를 확인해보기로 했다. 그는 정신과 의사들을 시켜, 이전에 다른 정신과 의사들이 수집한 면담 기록들에서 정신신체적인 환자들의 기본적인 태도상의 갈등을 조사하게 했다. 정신과 의사들 가운데는 원래 면담을 했던 사람들이나, 나중에 조사를 한 사람들이나 태도상의 갈등을 각각의 병과 연결하는 구체적인 가설들에 대해 아는 사람이 없었다.

조사하는 사람의 과제는 그들이 면담 자료에서 확인한 태도상의 갈등을 근거로 환자의 병이 무엇인가를 추측하는 것이었다. 조사하는 사람들은 우연이라고 보기에는 너무 자주, 또 정확하게, 다시 말해서 그레이엄이 가설을 세운 대로 병을 짚어냈다. 이를 보면 각각의 태도상의 갈등에 따라 궤양 인격, 대장염 인격, 천식 인격 등이 있다고도 말할 수 있을 법했다.

그러나 방법론상의 어려움 때문에 오랜 세월에 걸쳐 축적된 증거는 종종 서로 모순이 되기도 했다. 또 과학적인 경향을 가진 전문 작업자들은 의심을 완전히 지워버리지 않았다. 1950년대 초부터 각각의 질병이 나름대로 특정한 심리적인 원인을 가지고 있다는 가정은 점점 도전을 받기 시작했다. 대신 그 반대되는 관점이 널리 받아들여지기 시작했다. 즉 어떤 갈등이든 또는 스트레스의 원인이든 공통된 생리적 변화를 일으키며, 그것이 장기화되면 병이 생길 수 있다는 것이다. 그러나 왜 사람들이 스트레스의 결과 서로 다른 병에 걸리는지, 그리고 왜 어떤 사람들은 스트레스 수준이 높아도 이런 병들에 면역력을 갖는지 설명될 필요가 있었다.

신체정신적 병의 피해자들은 취약한 신체기관을 가지고 태어났거나, 아니면 살면서 기관들이 취약해졌다는 것이 개정된 설명이었다. 스트레스는, 그 스트레스의 원인이 되는 태도상의 갈등이 어떤 것이냐에 관계없이, 하부 내장계(즉 대장)가 취약한 사람들에게는 대장염에서 볼 수 있는 것 같은 문제를 일으킨다고 이야기되었다. 비슷하게 위통과 궤양 역시 상부 위장계(즉 위와 십이지장)가 취약한 사람이 스트레스를 받을 때 일어나며, 두통, 고혈압, 천식, 피부병 등의 정신신체적인 질병들도 마찬가지라고 이야기되었다.

최근에는 원래부터 정신신체증이라고 불렀던 것들 말고도 정신신체적 질병이라는 용어가 확장되어 어떤 병이든 감정적인 원인을 가질 수 있으며, 스트레스 감정들에 의해 병이 악화될 수 있음을 뜻하게 되었다. 이런 추론 때문에 전염병, 심장병, 암 등에서 감정적인 요인들의 작용을 추적하고자 하는 광범위한 연구들이 힘을 얻게 되었다.

전염병

오늘날에는 면역 체계의 작동 방식에 대한 이해 수준이 전보다 훨씬 높아졌다. 그러나 여전히 많은 수수께끼들이 남아 있다. 이 체계의 자세한 내용을 살펴보지 않아도, 감정이 전염병과 관련을 맺는 가장 분명한 방식은 면역 과정에 영향을 미치는 것임은 알 수 있을 것이다. 스트레스가 있는 상태에서 분비되는 호르몬들 몇 가지는 임파구(백혈구)를 비롯해 병과 싸우는 구성 요소들의 동원 가능한 숫자를 감소시킴으로써 면역 과정을 훼손하거나 약화한다. 그럼으로써 우리는 전염에 더 취약해지는 것이다. 어떤 호르몬들은 면역 과정을 복구하고 강화할지 모르지만, 그것에 대해서는 자세히 알지 못한다.

스트레스가 면역 체계에 미치는 영향에 대한 연구들은 최근에야 등장했다. 이 연구들은 장기화된 스트레스가 전염병과 싸우는 면역 체계의 능력을 약화시킨다는 것을 보여준다. 예를 들어 외로운 학생은 그렇지 않은 학생에 비해 감염에 대한 면역반응이 떨어진다는 것이 증명되었다. 또한 사랑하는 사람의 죽음을 애도하는 사람도 약해진 면역성을 보여준다. 다른 설명들도 가능하겠지만, 이것이 많은 사람들이 배우자가 죽고 나서 1년 정도 안에 죽는 이유에 대한 설명이 될 수도 있을 것이다.

그러나 어떤 단계를 거쳐 스트레스와 대처에서 병으로 나아가는가? 면역 체계에 영향을 주는 행동적인 요인들을 추적하는 것이 가능할까? 만일 이런 단계들을 살펴보는 연구를 계획한다면, 어디서부터 시작을 해야 할까?

첫 단계는 스트레스가 실제로 **호르몬 변화**를 일으키느냐 여부를 평가하는 것이다. 스웨덴 남자 고등학생들에 대한 한 연구가 바로 이 단계에 관한 것이다. 교사들은 학생들이 얼마나 공부에 뜻이 있느냐를 염두에 두고, 시험이라는 스트레스를 주는 사건에 마주친 학생들의 상태를 평가했다. 그 결과 학문적인 야망이 매우 큰 학생들은 같은 반에서 똑같이 시험을 본 다른 학생들보다 아드레날린을 더 많이 분비한 것으로 나타났다. 이 연구에서 특히 흥미로웠던 것은 학문적으로 성공하는 것에 관심을 덜 갖는 학생들은 크게 관심을 가지는 학생들에 비해 시험으로 인한 스트레스를 덜 받았고, 아드레날린 분비도 적었다는 점이다. 따라서 공부에 뜻을 둔 학생들이 스트레스를 더 받았다고 결론을 내릴 수 있다. 그들은 이런 스트레스로 인해 핏속 아드레날린 수준이 높아졌으며, 이것이 장기화될 경우 병과 싸울 수 있는 면역 체계의 효율성도 훼손될 수 있다.

스트레스가 면역 체계에 변화를 가져온다는 것을 어떻게 알 수 있을까? 이것이 분석의 2단계다. 이 문제를 다루기 위해 인간이 아닌 영장류를 대상으로 연구가 이루어졌다. 예를 들어 최근의 연구에서 원숭이들의 사회적 행동을 26개월간 관찰한 적이 있다. 과학자들은 원숭이들이 다른 원숭이들과 어떻게 편안한 사회적 관계를 시작하고 또 유지해나가는가에 특히 관심을 가졌다. 원숭이들의 관계 가운데 오직 일부만이 안정적이고, 따라서 도움이 되는 것이었다. 다른 관계들은 불안정했으며, 이것이 사회적 거부라는 스트레스를 일으키곤 했다. T-세포의 면역 활동 역시 관찰되었다. T-세포들은 침입하는 병원균들을 물질대사로 변화시키며, 이어 민감해져서 그것을 적으로 인정하고, 마침내 침입자들을 죽이고 먹어버리는 기능을 한다.

이 실험 결과, 다른 원숭이들과의 안정적인 교우 관계는 T-세포의 면역 활동을 높여 주는 반면, 관계가 깨진다거나 하는 불안정한 관계는 면역 체계의 활동을 억누른다는 것이 밝혀졌다. 이 자료에 근거해 이 같은 면역 활동의 억압이 병을 증가시키느냐 아니냐를 말할 수는 없지만, 대부분의 연구자들은 그럴 것이라 자신한다.

3단계는 스트레스 감정이 감염 위험을 높일 수 있는가 하는 것이었다. 그와 같은 결과는 전염성단핵증에 걸린 웨스트 포인트 사관생도들에 대한 연구에서 나타났다. 연구자들은 발병한 학생들은 병에 걸리지 않은 학생들에 비해 학문적 의욕이 높고 성취가 낮은 상태인 것이 뚜렷이 나타나는 것을 알 수 있었다. 잘하고 싶은데 나쁜 결과가 나왔을 때의 스트레스는 명백히 전염성단핵증의 발병 위험성을 증가시켰다. 마찬가지로 별로 신경을 쓰지 않을 때는 스트레스 지수는 그다지 크지 않을 것이고 쉽게 병에 걸리지 않는다. 유감스럽게도 연구자들은 그것에 영향을 줄 수 있는 면역 과정이나 스트레스 호르몬에는 주목하지 않았다.

4단계는 셸던 코헨과 동료들의 주목할 만한 최근의 연구에서 밝혀진 것으로, 스트레스 감정들이 면역 과정을 약화시키는 동시에 흔한 코감기 바이러스의 전염 가능성을 높인다는 것이다. 많은 건강한 남녀에게 작년 한 해 동안 경험한 스트레스의 양에 대한 테스트를 했다. 그리고 나서 그들은 감기 바이러스에 노출되었다. 그 바이러스는 그들의 코를 통해 들어갔다.

개인이 당한 스트레스의 양, 감기 발병률, 면역 체계의 변화에는 직접적인 관계가 있다는 것이 발견되었다. 높은 스트레스를 받은 실험 대상들은 낮은 스트레스를 받은 대상들보다 쉽게 감염되었으며, 핏줄기에 코감기 바이러스를 가지고 있던 사람들, 즉 감염되었다는 것이 증명된 사람들은 면역 체계도 약화되었다. 사실상 스트레스가 많아질수록, 실험 대상이 코감기 바이러스와의 접촉 결과로 감기에 걸릴 확률이 높아졌다. 물론 이 연구에서 호르몬 패턴은 살펴보지 않았지만, 이는 전염병과 면역 체계가 스트레스의 영향을 받아 변한다는 실험적 증거 가운데는 가장 강력한 것에 속한다.

불행히도 전염병 영역의 연구는 단편적이며, 따라서 이에 대해 기대만큼 확실한 지식은 없다. 만일 이 책에서 보아온 네 개의 변수, 즉 스트레스 감정들, 스트레스에 의해 발생되는 호르몬들(아드레날린, 노르아드레날린, 코르티코스테로이드 등), 면역 체계, 전염병에 걸리는 것 등을 한 연구에서 종합적으로 살펴보았다면 훨씬 더 많은 것이 밝혀졌을 것이다.

현재 상태로는 강력하기는 하지만 서로 완전히 연관되어 있지 않은 사실들을 약간 알고 있을 뿐이다. 즉 스트레스를 느끼는 감정들이 어떤 호르몬들의 분비를 증가시킨다는 것, 그것이 면역 체계를 약화시킨다는 것, 이런 약화가 전염병에 감염될 확률을 높일 수 있다는 것 등이다. 언젠가 같은 연구에서 네 가지 변수 모두가 결합되면, 오랫동안 추정되어온 이런 관계들에 대한 증거와 그 작동 방식에 대한 지식이 훨씬 더 확실해질 것이다.

심장병

산업 세계에 사는 우리는 과거보다 더 오래 살기 때문에 심장병이 죽음의 주요한 원인이 되었다. 심장마비로 인한 죽음을 감소시키거나 예방 하려는 일을 해온 사람들에게 고무적인 일은 1920~1960년 가파르게 치솟던 심장마비로 인한 사망률이 그 후 급격히 줄고 있다는 놀라운 사실이다. 왜 사망률이 떨어졌는가를 분석하는 것은 어려운 일이지만, 이 변화는 변화된 생활 방식, 예를 들어 달라진 식사, 많은 운동, 흡연 감소 등의 긍정적인 결과로 해석되는 경우가 많다. 그러나 이런 해석은 여전히 추측일 뿐이다. 이 모든 것에서 감정은 어떤 역할을 하는가?

감정이 심장 혈관 질병과 어떤 관계가 있다고 생각할 만한 이유는 적어도 세 가지가 있다. 첫째, 스트레스를 받은 감정들은 피의 저밀도 콜레스테롤 수준을 높이는데, 이것은 심장에 피를 공급하는 동맥이 막히는 일차적인 원인들 가운데 하나라고 한다. 이렇게 혈관이 막히는 것은 다른 질병들만이 아니라 심장마비의 주된 요인이기도 하다.

둘째, 스트레스를 받은 감정들은 적응성 없는 대처 행동을 낳는데, 그 행동들 자체가 심장과 그것을 둘러싼 혈액 공급에 피해를 준다. 예를 들어, 스트레스를 받는 사람은 담배를 많이 피우고, 지나치게 적게 먹거나 지나치게 많이 먹고, 형편없는 식단으로 식사를 하고, 과음을 하게 된다. 따라서 심장병과 심장마비 위험도 높아진다.

스트레스를 주는 생활 방식이 심장병에 영향을 준다는 생각은 의학계에서는 이미 오래된 것이다. 19세기의 저명한 의사 윌리엄 오슬러 경은 감정적인 이유와 생활 방식상의 이유들 때문에 심장병에 가장 취약한 전형으로 보이는 유대인 사업가들에 대해 다음과 같은 말을 했다.

일에 몰두하고, 즐거움에 헌신하고, 가정에 정열적으로 헌신하는 등 강렬한 삶을 살아가기 때문에 유대인들의 신경 에너지에는 최대의 부담이 걸리며, 그의 시스템은 스트레스와 긴장을 받고 있는데, 이것은 협심증(심장에 피를 공급하는 동맥들이 좁아지는 것에서 오는 고통)의 기본적인 요인으로 보인다.

이 옛 문서에서 최근 들어 연구와 언론에서 많은 관심을 끈 표현인 A형 성격이라고 부르는 패턴을 볼 수 있다. 오슬러가 의사 대 환자로서 만났던 많은 유대인 사업가들에 대해 한 말은 물론 우리 모두에게 적용된다. A형 성격과 심장병의 관련에 대한 원래의 주장에 대한 논의는 요사이 시들해졌지만, 그럼에도 상당히 길게 논의할 만한 가치가 있다. 그것이 심장병에 대한 심리학적 접근 방법의 대들보라 할 수 있기 때문이다. 이것은 또한 스트레스와 질병에 대한 연구상의 문제들 가운데 몇 가지를 보여준다. 그리고 곧 보게 되겠지만, 이 관련성에 대한 새로운 아이디어들이 등장하고 있는데, 많은 과학자들이 이것을 A형 성격에 대한 원래의 주장보다는 유망하다고 보고 있다.

A형 성격 사람들에 대한 근대적인 관심은 메이어 프리드먼과 레이 로젠먼이라는 두 심장병 학자에게서 시작되었다. 이들의 작업은 1950년대 샌프란시스코에서 시작되었다. 그들은 심장병 환자들을 A형과 B형으로 나누었다. A형은 시간에 쫓긴다는 과장된 감각, 경쟁심, 적대감 등의 특징을 가지

고 있다. B형은 그 반대 패턴을 보여주며, 느슨한 인생관을 가지고 있다. 이 두 유형은 면담을 통해 구분된다. 면담에서 연구자들은 답변 내용보다 답변하는 스타일, 예를 들어 자주 남의 말을 끊느냐, 논쟁적이냐에 더 초점을 맞춘다.

이 면담을 이용한 방법은 이후 생활 방식과 건강에 관심을 가진 심리학자 C. 데이비드 젠킨스가 작성한 설문지로 바뀌었다. 젠킨스와 동료들은 관상동맥 혈전을 일으키기 쉬운 행동 패턴의 특징을 프리드먼과 로젠먼이 제시한 것과 똑같은 세 가지 특질, 즉 시간에 쫓긴다는 과장된 감각, 경쟁심, 적대감으로 했다. 젠킨스는 이런 패턴이 실험 대상자가 설문지에 하는 답에서 드러난다고 생각했다.

시간에 쫓기는 느낌에 대한 설문은 예를 들어, 만일 누군가 약속 시간에 늦으면 어떻게 할 것인가에 초점을 맞추고 있다. 앉아서 기다릴 것인가, 기다리는 동안 걸어 다닐 것인가, 기다리면서 뭔가를 하기 위해 읽을 거리를 가져갈 것인가. 특히 마지막 항목이 초조함과 시간에 쫓기는 느낌을 보여준다. 다른 사람들이 당신을 강하게 몰아붙이는 경쟁적인 사람이라고 생각하느냐, 느긋하고 편안하다고 생각하느냐 하는 것과 관련된 질문도 있다. 적대감의 경향에 대해 묻는 질문도 있는데 우리는 적대감보다는 분노에 대해 이야기하는 것이 더 낫다고 생각한다.

한 유명한 연구는 몇천 명에게 이 접근 방법을 이용했으며, 그들을 8년 반 동안 추적했다. 약간 예외적인 경우는 있었지만, 어쨌든 그 자료에 따르면 면담 방법과 설문지 방법 양쪽 모두에서 A형 사람들이 B형 사람들보다 관상동맥 혈전을 일으킬 가능성이 훨씬 높다는 것을 어느 정도 확인해주었다. 훗날의 연구들은 여자들 역시 비슷하게 취약하다는 것을 보여주었다. 그러나 뒷날의 몇몇 연구들은 A형 성격과 심장병의 관련에 대해 이전에 발견했던 것을 확인하지 못했다. 그들이 확인을 하지 못한 이유는 알 수 없지만, 어쨌든 이것은 많은 사람들이 지식의 중요한 진보라고 생각했던 주장에 타격을 주었다.

긍정적인 측면을 보자면, 많은 실험적 연구들이 심장병 자체에는 초점을 맞추지 않으면서도 A형이 B형과는 스트레스에 다르게 반응한다는 간접적인 증거를 제공했다. 그 반응 방식은 이전의 A형 이론에서 제시한 것과 일치하는 것으로 보인다. 그런 연구 가운데 하나에서는, 능력의 한계에 이를 때까지 어떤 일을 위해 노력해보라는 요청을 받았을 때 A형 대학생들은 B형보다 피로를 덜 느낀다고 보고했다. 이것은 A형들이 심지어 피로를 부정할 정도로까지 자신을 세게 몰아부친다는 생각과 일치한다.

같은 연구자는 다른 수많은 실험들에 기초하여, A형들은 나아가 스트레스 상황에서는 통제와 지배를 유지하기 위해 자신을 몰아붙이지만, 통제 불가능한 상황에서는 통제의 부재에 B형들보다 더 빨리 체념하게 된다고 주장했다. 이런 반응 패턴은 스트레스 하에 분비되는 호르몬들에 중요한 영향을 줄 수도 있고, 어쩌면 A형 사람이 심장 혈관 병에 더 취약하게끔 만들 수도 있다. 지금도 A형 관념을 열렬히 고수하는 사람들을 찾아볼 수 있다. 그러나 연구가 계속되면서, A형 성격과 심장병의 관계에 대한 원래 주장의 타당성과 유용성에 대해서는 의심이 제기되어왔다.

A형 가설에 대한 새로운 접근 방식은 심장 혈관의 위험을 증가시킬 수 있는 다른 핵심적인 요소에 초점을 맞추는 것이다. 예를 들어 시간에 쫓기는 느낌보다는 일의 압박감 때문에 좌절과 고민을 느끼는 것이 심장병을 일으키는 요인이라는 주장이 제기되었다. 이것은 거꾸로 자기 일과 그 압박감을 사랑하는 사람들은 위험하지 않을 수도 있다는 주장의 근거가 된다.

최근의 가설, 그리고 현재 많은 지지를 받고 있는 가설은 심장병의 감정적 원인은 분노라는 것이다. 이것은 원래의 A형 개념에서는 강조되지 않았던 것이다. 이를 제대로 평가하기 위해서는 화를 내는 경향이 A형의 다른 특징들과 분리되어 그 자체로 연구되어야 한다. 상당히 많은 연구들이 분노가 심장병을 일으킨다고 주장해왔다. 그러나 여기서도 그 증거는 뒤섞여 있다. 어떤 연구들은 문제를 일으키는 것이 분노의 강도가 아니라 빈도라고 주장했다. 바꾸어 말하면, 자주 화를 내는 사람들이 위험이 높은 사람일 수도 있다는 것이다.

그러나 분노가 범인인가? 아니면 사람이 분노에 대처하는 방식이 문제인가? 이제까지의 연구는 분노의 억압이 심장병의 주된 심리적 원인 제공자라고 주장해왔다. 한 연구에서는 사람들이 일과 관련된 분노를 어떻게 처리하느냐에 대한 면담 자료를 모았다. 그리고 면담 동안 몇 번 혈압을 쟀다. 연구된 사람들은 세 가지 유형의 대처 스타일을 보여주었다. 자신을 향한 분노(분노를 자극한 상황에서 그냥 걸어 나가기), 불쾌하게 행동한 사람을 향한 분노(그에게 직접 항의하기), 반성적인 태도(불쾌하게 만든 사람이 진정된 다음에 그와 그것에 대해 이야기하기) 등이었다.

이 연구 가운데 많은 부분에서는 분노를 억제하는 것이 건강을 위해 바람직하지 않기는커녕 오히려 바람직하며, 또 분노를 통제하지 못하는 것이 오히려 병과 관련될 수도 있다고 여긴다. 이것이 프로이트의 보일러 비유(분노가 쌓이지 않도록 방출해줄 필요가 있다고 주장했는데 틀린 말이다)가 옳지 않다고 하면서 하고자 했던 말이었다. 그럼에도 어떤 이론가들은 여전히 분노를 막는 것이 건강에 위험하다고 믿고 있다.

이 연구 영역들은 병, 특히 심장병을 이해하는 데 흥미로운 감정적 가능성과 대처 가능성을 드러내주었다. 그러나 불행히도 분노에 대한 이 연구들에서는 개인적 차이들에 대해서는 거의 주의하지 않았다. 따라서 사회적인 상황에 의미가 부여되는 방식이라든가, 분노가 일어나고 그것을 통제하는 데 개인적 의미가 영향을 주는 방식에 대한 연구는 거의 없다.

어쨌든 우리에게는 수수께끼가 남아 있다. 분노를 포함해 스트레스가 심장병에서 어떤 역할을 하는 것 같다는 증거는 많다. 그 모두가 매우 분별력 있고 유망해 보인다. 또 언론에서도 이런 가설에 열렬한 지지를 보낸다. 그러나 연구의 발견물들이 일관성이 있는 것도 아니고, 또 적절하게 해결해야 할 측정상의 문제들도 많다. 개인적 스타일과 심장병, 건강에 해롭거나 유익함을 줄 수도 있는 감정들, 관련된 생리적 메커니즘들 사이의 확고한 관련성을 밝히는 데는 아직 많은 문제가 있다.

암

암은 미국에서 사망 원인 가운데 2위를 차지하며, 따라서 암을 예방하고 치료하는 데 상당한 노력이 기울여지고 있다. 암도 심장병과 마찬가지로 나이와 더불어 발병률이 높아진다. 암은 수많은 질병과 연관되는데, 그 각각은 종양의 유형과 발병한 신체 기관, 예를 들어 폐, 유방, 위, 대장, 직장, 방광, 전립선에 의해 규정된다. 그리고 이런 병들이 결합이 되어 원인을 이루는 것인지, 아니면 각각이 구별되는 것인지는 분명하지 않다. 주된 예방적 노력은 원인이 되는 환경적 요인들, 즉 흡연, 음주, 식사 같은 것들을 대상으로 한다. 그러나 심장병이나 전염병의 경우와 마찬가지로, 여기서 우리의 관심은 감정적인 요인들에 제한되어 있다.

사회과학자들은 일반적으로 암을 일으키기 쉬운 성격이 있다는 생각을 가지고 암의 감정적인 요인들에 접근하고 있다. 이론적으로는 몇 가지 후보가 있다. 간단하게 생각해볼 수 있는 것은, 사람들은 감정적인 이유 때문에 지나치게 담배를 피우거나 술을 마시게 되므로, 감정적인 것이 암의 간접적인 원인이 될 수 있다는 점이다. 우리는 심장병에서도 비슷한 가설을 보았다.

또 하나의 이론은 감정을 억누르는 경향이 있는 사람이 그렇지 않은 사람보다 암에 걸리기 쉽다는 것이다. 아마도 그런 억압은 그것이 호르몬 활동에 영향을 미치는 방식 때문에 직접적인 원인일 수도 있을 것이다.

몇 가지 연구가 이런 가능성을 뒷받침했으나, 뒷받침을 한 연구 하나하나마다 그와는 반대되는 결과를 낸 연구들이 존재한다. 감정 패턴들이 암의 위험을 높일 수 있다는 가설을 뒷받침할 수 있는 증거를 찾아보기 위해서, 여기서는 감정적 억압이 병을 촉진한다고 주장하는 몇몇 연구를 살펴보겠다.

그런 연구 가운데 하나에서는, 유방에 의심스러운 덩어리가 있기 때문에 조직 검사(암 검사)를 위해 입원한 여자들 집단의 성격 요인을 평가해보았다. 그 요인들이 조직 검사 결과와 관련이 있으리라 생각했기 때문이다.

원래의 표본 가운데 40퍼센트가 악성인 것으로 판명되었다. 나머지 경우에는 덩어리가 양성이었다. 이러한 조직 검사 결과가 알려지기 전에 연구자들은 이 여자들이 감정을 억누르는 경향이 있는지 없는지 확인해보았다. 그런 경향이 암과 어떤 관련이 있는지 조사해보기 위해서였다. 그 결과 분노 같은 감정을 억누르거나 부정하는 경향이 있는 여자들이 그렇지 않은 여자들에 비해 유방암에 걸릴 가능성이 높은 것으로 드러났다.

베터런즈 어드미니스트레이션 병원에서는 아무 병에도 걸린 적이 없는 남성들 표본에 대해 성격 검사를 실시해보았다. 10년 뒤, 그들은 의학적 기록에 따라 암에 걸린 사람과 걸리지 않은 사람으로 분류되었다. 암에 걸린 집단은 병이 발발하기 전에 감정을 억눌러온 것으로 알려졌다. 여기서도 감정적인 억압이 암에 걸리기 쉬운 상태와 관계가 있다는 증거가 나온 셈이다.

여담이지만, 양로원에 있는 노인들에 대한 연구에서도, 유순하고, 적응을 잘하고, 불평을 하지 않는 사람들은 죽음의 원인에 관계없이 논쟁적이고 불만이 많은 사람들만큼 오래 살지 못한다는 증거가 발견되었다는 점도 주목할 만하다.

또 다른 일련의 연구에서는 사회적 접촉에서 물러나 우울함에 사로잡힌 말기 암 환자들이 친구나 친척들과 활발한 접촉을 유지한 다른 환자들보다 일찍 죽었다는 것도 확인했다. 이 두 집단의 환자들은 처음 관찰했을 때는 병세에 차이가 없었다. 따라서 말기 암 환자들이 얼마나 오래 생존하느냐 하는 문제에서 감정적 요인들과 대처 요인들이 어떤 역할을 한 것으로 보인다. 왜 이렇게 되는지는 알지 못한다. 하지만 살아야 할 목적이 없다고 느끼는 사람들은 그냥 모든 걸 포기하고 삶을 유지하는 활동, 예를 들어 먹는다든가, 침대에서 일어난다든가, 다치는 것을 조심한다든가 하는 활동에 적극적으로 참여하지 못할 가능성 있다.

스위스의 연구 정신의학자 에드거 하임을 비롯한 그의 많은 동료들은 유방암 대처에 대한 매우 체계적이고 특별한 연구에서, 환자의 적응 지표를 생존이 아닌 심리적·사회적 적응에서 찾았다.

그들이 연구한 문제는 병이 부과하는 심리적·의학적 문제들에 환자가 어떻게 대처하는가 하는 것이다. 그런 문제에는 예를 들어 행복의 느낌을 다시 찾는다든가, 감정적인 균형을 회복하고 보존한다든가, 절단이나 신체기능 상실 뒤에 신체의 통일성에 적응하거나 그것을 회복한다든가, 특히 병이 말기일 경우에 외적인 위협의 느낌들을 이겨낸다든가, 상황이 어떻든 간에 의미 있는 삶의 질을 유지한다든가 하는 것 등이 있다.

이 연구자들은 환자들이 채택하는 적응과 대처 전략들이 암의 단계에 따라 상당히 다르다는 것을 관찰했다. 수술 후 몇 달이 지나고 나면 적응이 형편없어지는 경향이 있다. 그러나 그 뒤로, 암에 의해 유발된 문제들을 다루기 위해 대처 전략들을 배워나감에 따라 시간이 흐르면서 개선된다. 이 전략들은 병의 변화하는 요구들에 매우 민감하다. 다시 말해서 고정된 대처 패턴이 없다. 대처 전략은 직면한 상황에 달려 있다.

하임과 동료들은 환자들이 병이 부과하는 적응 과제들을 어떻게 처리할 것인지 연구했다. 그들은 사회적·감정적 지원의 모색, 그리고 병을 냉정하게 받아들이는 태도를 '좋은 대처'로 간주한다. 이는 현실적인 문제 분석을 위해 노력하고, 또 병이 초래한 문제들과 정면으로 맞서려고 노력하는 것으로 이어진다. 반면 '나쁜 대처'는 체념이나 숙명론과 관계가 있다. 이는 수동적인 회피의 태도와 결합되며, 여기에는 부정, 고립, 감정적 고통의 억압이 포함될 수도 있다.

연구자들은 또한 많은 연구들이 태도와 대처 전략의 관련성을 관찰해왔다는 점에도 주목하고 있다. 포기, 우울, 감정적 고통의 억압은 언제나 불리한 전략으로 판명나고 있다. 이와 반대로, 문제들을 처리하려고 적극적으로 애를 쓰고, 우호적인 사회관계를 유지하는 것은 환자들의 의욕을 지탱해준다. 그리고 어떤 연구 결과를 보면, 더 오랜 생존에도 도움이 되는 것으로 나타난다.

이런 증거들을 보면 감정적 태도, 그리고 그와 관련된 평가와 대처 과정이 건강과 병에서 하나의 요인 역할을 한다고 생각하고 싶어진다. 이는 심장병이나 암처럼 여러 가지 병 중에서도 가장 치명적인 병에도 적용된다. 그럼에도 서로 대립되는 증거들 때문에 감정과 대처가 병의 원인으로서 가지는 중요성은 계속 뜨거운 논쟁거리가 되고 있다.

대부분의 연구들은 어떤 식으로든 결함이 있으며, 이 때문에 결론에 대한 끈질긴 의심을 불러일으킨다. 여기 인용된 연구들 가운데 몇 가지, 예를 들어 하임과 동료들이 했던 연구는, 병의 존재가 알려지기 전에 감정에 대한 자료들을 얻었다는 장점이 있다. 그 연구는 감정의 결과들을 미리 예측하는 차원에서 진행되었다. 그러나 대부분의 연구들은 상당 기간 행해졌다기보다는 단순히 상관적이다. 보통 모든 측정이 동시에 이루어진다는 것이다. 이 문제에 대해서는 잠시 후 자세히 다루겠다.

감정과 대처의 역할이 의심을 받는 또 하나의 이유는 감정 자체, 그리고 그 표현의 측정에 아쉬움이 남는다는 점이다. 이는 감정과 암의 관련성을 진정으로 믿는 사람들과 그것을 의심하는 사람들 사이에 논란의 불씨가 되고 있다.

이런 종류의 연구들은 매우 수준이 높은데도 감정과 병이 관련되는 메커니즘을 설명해주지 못한다. 그러기는커녕 관련 자체를 증명하는 것조차 힘들어 쩔쩔매고 있다. 여기서 왜 그것이 그렇게 어려운가를 살펴보는 것이 도움이 될지도 모르겠다. 따라서 잠시 본론에서 벗어나, 병의 원인을 입증할 때 마주치게 되는 과학적 문제들을 잠시 생각해보도록 하자.

병의 원인을 어떻게 입증할 수 있는가?

과학자들은 감정이 병의 원인이 된다는 것을 어떻게 증명할 수 있을까? 이것을 이해하기 위해, 결핵을 비롯한 여러 병들의 원인이 병원균이라는 것이 알려지기 전인 19세기의 유명한 세균 사냥꾼들의 활동에 대해 잠깐 살펴보도록 하자.

루이 파스퇴르는 결핵의 원인이 병원균이라는 것을 증명하기 위해, 모르모트에 결핵 박테리아를 대량으로 주사했다. 모든 동물이 감염되어 죽었다. 박테리아를 주사하지 않은 비교 그룹의 모르모트는 건강했다. 따라서 결핵균이 그 병의 원인이라는 데 거의 의심의 여지가 없었다. 인과관계를 증명하기 위해서는 병이 일어나기 전에 원인이 되는 요인(이 경우에는 병균)이 있어야만 병이 일어난다는 것을 보여주어야 한다. 이것은 그 요인이 없으면 병이 일어나지 않는다는 것을 보여주어야 한다는 뜻이기도 하다.

오늘날에는 병원균 같은 단일한 외적 원인이 병을 일으킨다는 생각은 지나치게 단순화된 것임을 알고 있다. 병원균이 있다고 해서 늘 병이 일어나는 것은 아니기 때문이다. 병이 나느냐, 나지 않느냐는 병원균의 양, 연구되는 종, 그 종에 속하는 각 동물의 신체적 조건에 달려 있다. 어떤 종과 개체들은 결핵에는 면역이 되어 있는데, 아마 그것은 그들의 면역 체계 내에 결핵에 대한 항체가 있기 때문일 것이다. 어떤 종과 개체들은 신체적 조건이 나쁠 때, 즉 저항력이 약할 때는 취약하고 좋을 때는 그렇지 않다. 또 모르모트들은 결핵을 포함한 많은 전염병에 쉽게 걸려든다고 할 수 있다.

파스퇴르는 병원균 이론을 증명하기 위해 취약한 종을 이용했다. 이것은 매우 영리한 행동이었다. 사람들도 취약하기는 하지만, 모르모트만큼 취약하지는 않다. 우리는 나쁜 조건에서 병에 걸린다. 결핵의 경우는 식사가 좋아지고, 휴식하고, 적당한 생활 조건을 갖추면 사라지는 경향이 있다. 병의 세계적 패턴들을 연구하는 많은 전염병 학자들은 다른 많은 병과 더불어 결핵의 빈도와 심각성을 줄이는 것이 주로 생활 조건의 개선이라고 믿고 있다. 지금 결핵은 다시 증가 추세에 있다. 그것은 아마 가난, 에이즈의 증가 때문일 것이고, 또 한편으로는 항생제에 저항력이 강한 박테리아 변종 때문일 것이다.

따라서 병의 원인이라는 것은 겉으로 보기보다 복잡하다. 병이 생기려면 취약한 상태에서 다량의 병균과 접해야 한다. 도심에 살면 병원균을 가지고 다니는 많은 사람들과 접촉하게 된다. 그러나 대부분의 사람들은 병에 걸리지 않는다. 결핵 박테리아가 건강한 사람에게 꼭 결핵을 일으키는 것은 아니다. 그럼에도 파스퇴르의 실험은, 그 병이 발병하는 데는 결핵균에 감염되는 것이 필수적이라는 사실에 대한 의심의 여지를 없애버렸다.

이제 병원균의 역할을 증명하던 방식을, 감정이 병의 원인이 될 수 있느냐 없느냐 하는 문제에 적용해보자. 파스퇴르처럼 강력한 주장을 하기 위해서는 실험 대상으로 삼는 사람들은 어떤 주어진 병이 발전하기 전에 특정한 감정 패턴이 있었다는 것을 보여줄 필요가 있다. 나아가 그러한 감정 패턴을 보여주지 않았고 따라서 병에 걸리지도 않은 통제(비교) 집단을 둘 필요가 있다. 그런 발견이 이루어지기만 한다면, 그것은 박테리아가 결핵의 원인이라는 파스퇴르의 증명에 필적할 만할 것이다.

이런 것을 증명하는 것은 감정의 경우가 병원균의 경우보다 훨씬 더 어렵다. 감정은 쉽게 확인되고 조작되는 것이 아니기 때문이다. 감정들은 현미경 밑에 두고 관찰하거나, 실험실에서 쉽게 조작할 수 있는 병원균에 비해 훨씬 포착하기가 힘들다.

병의 원인으로서의 감정—특수한 문제들

감정을 비롯해 여러 심리적인 과정들에 있는 독특한 많은 문제들은 방법론적으로 결함이 없는 연구를 하는 것을 매우 어렵게 만든다. 여기서 네 가지 주요한 문제들을 간단히 나열해보겠다.

첫째, 병은 많은 강력한 원인적 인자들에 의해 일어난다. 이런 인자들 가운데 하나는 유전적인 영향인데, 이것은 취약성에 영향을 준다. 예를 들어 어떤 암에 걸릴 위험은 한 집안의 내력일 수 있다. 또 하나의 인자는 태어날 때나 나중에 나타나는 체질적인 요인들이다. 이것은 유전의 영향을 받거나, 자궁 내에서 또는 출생 동안에 생긴 조건에 의해 영향을 받는다. 특히 어린 시기의 환경적인 독소는 병의 또 다른 원인이된다. 흡연, 알코올, 약 남용, 매우 위험한 행동에 몰두하는 것 등의 장기적인 생활 방식 또한 원인이 되는 요인들이다. 이 모든 인자들이 우리가 병으로 고생을 하느냐 안 하느냐, 사느냐 죽느냐에 매우 큰 영향을 준다. 그렇기 때문에, 병의 원인으로서의 감정은 아주 작아 보이며, 또 병에서 감정의 역할을 따로 떼어내기가 점점 더 어려워진다.

둘째, 감정과 병의 인과적인 관련을 보여주려면 연구 대상자들의 건강 상태의 변화가 필요하다. 파스퇴르식 증명을 모방하기 위해서는 원인이 되는 인자가 처음에는 없었다는 것, 그러나 그것이 나타났을 때는 병이 뒤따랐다는 것을 보여줄 필요가 있다. 병에 우선하는 원인을 확인하려면 건강 상태가 건강에서 병으로 변해야 하는 것이다.

그러나 풍족한 사회에서 살아갈 경우, 주기적으로 가볍고 짧은 전염병에 걸리기도 하고, 대장염이나 궤양 같은 스트레스성 질환으로 인한 증상들 때문에 기복을 겪기도 하지만, 대부분의 경우에 건강은 매우 안정적이다. 아주 어릴 적에는 전염병에 걸리거나 사고를 당하기 쉽다. 또 나이가 많이 들면, 아마 면역 체계의 약화 때문일 텐데, 관절염, 심장 혈관 질환, 암 등 만성적인 병이 증가한다. 그러나 그 중간의 상대적으로 긴 기간 동안은 건강이 상당히 안정적이다. 그런데 우리는 전에는 건강했지만 지금은 아픈 사람들, 아프지만 지금은 회복되고 있는 사람들을 연구할 필요가 있다. 그렇게 하면 건강의 주요한 변화들을 관찰하고, 책임을 져야 할 원인성 인자를 찾을 수 있을 것이다.

말이 쉽지 실제로 그렇게 하기는 어렵다. 대부분의 경우 할 수 있는 것이라고는 감정적인 패턴과 병의 상관관계를 보여주는 것이다. 상관관계는 다음과 같은 방법으로 보여주게 된다. 우선 어떤 감정적 패턴을 보여주지 않는 집단을 확인하고 그 구성원들 가운데 병을 가진 사람은 거의 없다는 것을 보여준다. 그러고 나서 패턴을 보여주는 집단을 확인하고 그 구성원들 다수가 병을 가지고 있다는 것을 보여준다. 그러나 이것은 암시적인 증거는 되지만 확실한 증거는 되지 못한다.

셋째, 단일하고 짧은 감정적 에피소드가 일시적으로 병에 감염되기 쉬운 상태를 만들 수는 있지만, 장기적인 병을 일으킨다고 주장하는 것은 비논리적이다. 인간은 어느 정도의 감정은 피해 없이 겪어낼 수 있도록 만들어졌다. 그러나 만성적으로 강한 감정을 겪어낼 수는 없다. 많은 사람들이 해외를 여행할 때, 아니면 집에 돌아온 후에 호흡기 감염에 걸리기 쉽다. 즉 그런 경우 심한 감기, 계속되는 기침, 독감 등이 쉽게 발병하는 걸 느낀 적이 있을 것이다. 이렇게 되는 한 가지 이유는, 설사 여행을 즐기고 있을 때라도 여행이 신체적으로나 심리적으로 지속적인 스트레스를 줄 수 있으며, 그럴 경우 감염에 대한 저항이 낮아지기 때문이다.

스트레스 감정들이 심장 혈관의 질병, 암, 당뇨병 등을 일으킨다 해도, 이는 장기적이고 지속적인 감정적 괴로움의 결과일 것이다. 동맥경화증이 위험한 상태로 발전하기까지는 긴 세월이 걸린다. 종양학자(암 전문가)들은 암은 발견되기 전에 오랜 잠복기를 거친다고 믿고 있다. 유방암의 감정적인 원인들은 무려 20년 전에 일어났을 가능성이 있다고 주장하는 이론도 있다. 예를 들어 사춘기의 성적인 성숙 과정에서 여성 호르몬 패턴이 변화(이는 종종 유방암의 원인으로 이야기됨)할 때 일어났을지도 모른다는 것이다.

사람들의 감정 생활을 5년, 10년, 20년 동안 연구한다는 것은 별로 현실적이지 못한 이야기다. 현실적인 방법은 어떤 사람의 감정적인 패턴을 짧은 기간 동안, 예를 들어 서른 살 때 추출하는 것이다. 이 패턴이 안정적이고 또 계속될 것이라고 가정해야 할 것이다. 만일 그 사람을, 연구 목표로 삼았던 병, 예를 들어 유방암이 분명해진 뒤인 50세에 다시 연구를 한다면, 그 병이 이전에 관찰했던 특정한 감정 패턴, 그리고 그것이 호르몬 활동에 미치는 영향과 관련되어 있다고 추론할 수 있을 것이다.

넷째, 파스퇴르는 실험실에서 동물을 사용할 수 있었으며, 그 동물들에게 치명적인 병균을 주사할 수 있었다. 감정의 영향을 연구하고 싶다 해도, 사람들한테 그런 짓을 할 수는 없다. 생리학 연구소에서 모든 범위의 감정들을 일으키는 것도 어렵다. 실험 대상을 모욕함으로써 분노를 일으키거나, 위협을 가함으로써 불안을 일으키려는 노력들이 이루어지기는 했다. 그러나 이런 실험적 노력들은 인간을 실험 대상으로 하는 경우의 윤리 때문에, 또 감정을 일으키는 개인차 때문에 실패하기 십상이다.

설사 정당하게 인간 감정을 조작할 수 있다 해도, 어떤 사람에게서 하나의 감정, 예를 들어 우리가 연구하고 싶어하는 분노만이 아니라, 몇 가지 서로 다른 감정들을 동시에 일으키기 십상일 것이다. 어떤 사람들은 의도한 대로 분노를 느끼겠지만, 어떤 사람들은 불안, 또는 죄책감을 느낄 수도 있고, 동시에 하나 이상의 감정을 느낄 수도 있다. 연구하고자 하는 감정들에 대한 통제 능력의 제한 때문에 자연 상태에서 일어나는 감정을 연구하고, 최근의 감정적 경험에 대한 묘사에 의존할 수밖에 없다. 이런 종류의 연구는 파스퇴르나 다른 사람들의 선구적인 병원균 실험보다 부정확하다.

이는 뛰어넘을 수 없는 문제는 아닐 것이다. 그러나 이런 문제들을 이해함으로써 우리는, 건강과 병에서 감정의 역할을 분명하게 입증하는 연구를 한다는 것이 얼마나 어렵고 비용이 많이 드는 일인가를 이해할 수 있다.

감정이 건강에 영향을 미치는 방식들

우리는 감정이 건강에 영향을 미칠 수 있는 몇 가지 방식을 암시했다. 여기에는 세 가지 방식이 있었다. (1) 사람이 건강에 직접적으로 해를 줄 수 있는 방식으로 스트레스 감정들에 대처하는 경우. (2) 몸의 면역 기능을 방해하는 강력한 스트레스 호르몬들이 만들어지고 분비됨으로써 병이 생기는 경우. (3) 안도감, 행복감, 긍지, 사랑 등의 긍정적인 감정들로 인한 호르몬들이 만들어지고 분비될 수 있는데, 이것은 신체적인 평정을 촉진할 수 있으며, 그럼으로써 병에서 몸을 보호해주거나 병을 치료해줄 수 있다.

건강에 해로운 대처

스트레스 감정들에 대처하는 어떤 전략들은 고통스러운 현실을 왜곡함으로써 건강과 몸의 정상적인 기능을 파괴할 수 있다. 대처를 다룬 8장에서 이 가운데 몇 가지에 대해 논의한 바 있다. 저녁을 포식한 뒤 밤 늦게 가슴에 통증을 느꼈고 심장마비 증상이 나타났다고 상상해보라. 이 증상은 모호하다. 어디선가 그것이 심장마비 증상이라는 이야기를 들었을 수도 있다. 가슴의 불편에 대해 몇 군데 알아보니 마음이 놓이는 대답을 듣는다. 그 결과 그 통증을 방금 먹은 식사로 인한 소화불량이라고 해석할 수도 있다. 만일 평소에도 자주 소화불량 증상이 있었다면 이런 설명은 합리적일 수 있다. 그러나 확실한 것은 아니다.

그 고통이 소화불량 때문이라고 해석하면서, 심장마비라는 위협적인 가능성을 부정할 수도 있다. 어쨌든 당신은 의학적인 도움을 구하는 일을 미루게 된다. 만일 당신이 옳다면, 당신은 잠이 들 것이고, 다음 날 아침이면 고통이 사라지고 없을지도 모른다. 그러나 당신이 부정확하다면, 고통은 심해질 수도 있고, 거기에 호흡곤란이 보태질 수도 있다. 이는 심장마비 증상인데, 도움을 받지 않으면 죽을 가능성도 있다. 심장마비에서는 첫 몇 분과 몇 시간이 가장 위험하며, 따라서 이 시간에 긴급히 의학적 도움을 얻는 것이 매우 중요한 일이기 때문이다.

여자들은 가슴에 덩어리가 있어도 그것이 중요할 수도 있다는 사실을 부정하고 의학적 검사를 받지 않을 수가 있다. 부정으로 대처하는 것은 때로는 사람의 목숨을 위험하게 하기도 한다.

그러나 잠재적으로 위험한 증상들을 심각하게 받아들이지 않았다고 해서 뭐라고 하기도 쉽지 않다. 이는 어려운 결정이기 때문이다. 의학적인 개입을 요구하면 비용이 많이 들고, 의학적 상태를 결정하는 데 필요한 검사를 받는 데는 시간이 많이 걸린다. 만일 심각한 건강상 문제가 있다면 당신의 인생은 상당히 달라질 것이다. 또한 검사 과정이 많은 사람들에게 당혹스럽거나 비인간적일 수도 있고, 검사 결과를 기다리는 동안 불안이 커질 수도 있다.

사람마다 그런 상황에 대응하는 방식이 크게 차이가 난다. 어떤 사람들은 모든 통증과 증상에 대해 지나치게 걱정한다. 어떤 사람들은 마땅히 걱정해야 할 때도 걱정을 하지 않는다. 대처의 한 스타일인 부정은 즉각적인 마음의 평화는 가져올 수 있을지 모르지만, 대신 미래의 위험을 무시했다면 대가를 치러야 한다. 반면 위험의 원인을 계속 파고들며 긴장을 풀지 않는 대처 스타일은 불안을 증가시킨다. 그런 사람들은 일어날 수 있는 모든 일을 걱정하기 때문이다. 그러나 이런 식으로 긴장을 풀지 않는 대처는, 나쁜 결과를 예방할 실제적인 방법이 있을 때는 그런 일이 일어나는 것을 막아줄 수도 있다.

요즘의 건강에 몰두하는 경향 때문에, 사람들은 늘 어찌할 바를 모르고,

마음 편히 탐닉하며 인생을 즐길 수 있을 때도 늘 불안해한다. 오늘날 우리가 하는 일 가운데는 전통적인 방식으로 탐닉할 수 있는 일이 거의 없다. 과거에는 사람들이 불안 없이 풍부한 음식과 술을 즐길 수 있었기에 그렇게 했다. 콜레스테롤이라는 것은 측정되지도 않았고, 생각할 필요도 없었기 때문이다.

어떤 형태의 대처는 몸에 직접적인 피해를 주기 때문에 병, 때 이른 죽음을 초래할 수도 있다. 앞서 흡연, 알코올과 약의 남용, 과식, 지나친 소식(신경성 식욕 감퇴), 지나친 모험 등을 잠재적으로 해로운 대처 전략들로 지적한 바 있다. 이런 행동 패턴들은 통계적으로 말해서 병의 원인이 된다고 할 수 있다. 이런 패턴이 주는 피해는 워낙 분명해서, 이런 요소들이 병에 큰 역할을 한다는 데는 이론의 여지가 없다.

위험한 습관들은 개인의 높은 스트레스 수준과 어느 정도 관련이 있다는 증거가 있다. 스트레스가 많을 때 흡연, 음주, 무질서한 식생활, 위험을 무릅쓰는 일도 증가하게 된다. 사람들은 마치 자신에게 "나는 심한 압박감을 느끼고 있으니, 나 스스로에게 잘해줄 필요가 있어. 이런 나쁜 습관들을 규제하는 힘든 부담을 느낄 필요가 없어" 하고 말하는 것 같다. 이렇게 하는 사람들은 그런 활동을 통해 단기간의 만족은 얻을 것이다. 그러나 장기적인 위험은 안중에도 없는 꼴이다.

스트레스 호르몬과 병

분노, 불안, 죄책감, 수치심, 슬픔, 선망, 질투 같은 스트레스 감정들은 강력한 호르몬 분비를 일으킨다. 이 호르몬들은 핏줄기를 타고 돌며 신체기관들의 작동 방식에 영향을 주어, 어떤 기능들은 빨라지게 하고 어떤 기능들은 느려지게 한다. 시적(時的)으로 들릴지 몰라도, 마음은 감정이나 이런 호르몬들을 통해서 몸과 대화를 한다고 할 수 있다.

유명한 스트레스 생리학자 한스 젤리에는 부신 외부에서 두 가지 주요한 유형의 코르티코스테로이드가 분비된다는 것을 보여주었다. 예를 들어 부상을 당하거나 심리적 위기에 처했을 때 처음 나타나는 호르몬들은 세포 조직들에 염증성 영향을 준다. 뼈가 부러지거나 벌에 물릴 때 통증이 생기며 부어오르는 이유가 이것이다. 염증은 해로운 인자들에 대한 몸의 방어 기제 가운데 하나다. 그것은 그 구역을 고립시켜 치유가 일어나는 것을 돕는다. 나중에 항염성을 가진 다른 스테로이드들이 핏줄기로 들어가 부운 것을 가라앉게 만든다.

젤리에는 염증성 호르몬들이 이화(異化)작용을 하는 것이라고 말했다. 이것들은 몸의 자원을 고갈시킨다. 항염 호르몬들은 동화작용을 한다. 이것들은 이제까지 소모해온 자원들을 회복시켜 몸이 정상으로 돌아갈 수 있게 한다. 이화작용이 너무 오래 지속되거나 심해지면 아프거나 병들 수 있고, 심지어 죽을 수도 있다. 몸의 방어는 생존하는 것을 도울 수도 있지만 해로운 인자들에 과잉 반응을 할 때 기진하게 할 수도 있다.

심한 알레르기 반응에서 일어나는 일이 바로 이것이다. 몸은 외부 물질에 과잉 반응을 하는데, 외부 물질은 사실 그런 거창한 방어를 할 만큼 위험하지는 않을 수도 있다. 벌에 물리거나 게에 심한 알레르기를 가진 사람이 그런 상황에 처했을 때 기관(氣管)이 심하게 부어올라 막히는 바람에 숨을 쉬지 못하는 경우도 있다. 이런 심한 반응은 과민성 쇼크라고 부른다. 이런 경우 피해자의 생명 신호는 아주 낮은 수준까지 떨어지며, 빨리 아드레날린을 투여하지 않으면 죽음에 이른다.

이런 예들은 신체적인 외상을 가리킨다. 그런데 분노나 공포처럼 강한 감정을 일으키는 심리적 긴급 사태에 대해서도 같은 이야기를 할 수 있다. 그런 감정에서는 또 강력한 호르몬들이 분비되는데, 이것은 젤리에가 묘사한 것과 같은 효과를 가진다. 젤리에의 분석은 어떤 이유에서건, 즉 신체적인 부상 때문이건 심리적인 위협 때문이건, 신체가 자원을 결집하는 것, 그리고 그런 결집이 일으키는 신체상의 불균형을 다루는 것이다. 따라서 스트레스를 일으키는 구체적인 조건은 중요하지 않을 수도 있다.

그러나 앞서 보았듯이, 정신분석학 이론가들은 감정과 정신신체적 질환의 구체적인 관련성을 주장했다. 최근에는 분노나 그 통제가 특히 심장병을 일으키기 쉽다고 보거나, 슬픔과 우울이 암을 일으키기 쉽다고 보는 사람들도 비슷한 주장을 한다. 감정과 건강에 관심을 가지는 많은 과학자들은, 이제 정신분석학적 설명은 잘 받아들이지 않지만, 감정적 특성 이론은 매우 심각하게 받아들인다. 감정적 특성 이론은 각각의 병에는 나름대로 감정적 원인이 있다는 이론이다. 이것은 감정과 병의 관계를 이해하고자 하는 사람들에게는 주요한 논점이 된다. 불행히도 이 논쟁은 아직 결말이 나지 않았다.

긍정적 감정들과 건강, 그리고 병

우리는 지금까지 스트레스 감정들만 강조해왔지, 긍정적인 감정들은 이야기하지 않았다. 그러나 스트레스 감정들이 이화작용을 한다면, 또는 파괴적인 호르몬을 발생시킨다면, 긍정적인 감정들이 건강과 행복감을 유지하는 데 봉사하는 호르몬들을 발생시키는 것도 가능하다.

이런 관념을 보여주는 가장 유명한 예는 노먼 커즌스의 특별하고 널리 알려진 경험이다. 커즌스는 《새터데이 리뷰》의 영향력 있는 편집자였는데, 강직성 척추염이라고 부르는 치명적인 교원병(膠原病)에 걸려 입원했다. 의사는 회복될 확률이 500분의 1이라고 말했다. 한마디로, 곧 죽을 운명이었다.

커즌스는 병원이라는 환경이 '심하게 아픈 사람을 위한 곳이 아니라고' 보고, 심리적으로 해로운 측면들을 되도록이면 피함으로써 스스로 자신의 치료를 적극적으로 통제하기 시작했다. 스트레스 생리학의 두 선구자인 월터 캐넌과 한스 젤리에게 영향을 받은 커즌스는 자신의 상태를, 외국에서의 스트레스가 엄청난 회의 뒤에 부신의 피로로 고통을 겪는 것이라고 가정했다. 그의 표현대로, 그는 좌절과 억눌린 격노에 의해 붕괴된 그의 몸의 항상성적 지혜를 복구할 필요가 있었다. 그는 자신의 과제가 스트레스를 받은 감정들을 되도록이면 긍정적인 감정들로 대체하는 것이라고 생각했다. 그는 그 점에 대해 이렇게 썼다.

내 마음에서는 불가피한 질문이 떠올랐다. 긍정적인 감정들은 어떨까? 만일 부정적인 감정들이 몸에 부정적인 화학적 변화를 일으킨다면, 긍정적인 감정들은 긍정적인 화학적 변화를 가져오지 않을까? 사랑, 희망, 믿음, 웃음, 자신감, 살고자 하는 의지가 치유적인 가치를 가지는 것이 가능하지 않을까? 화학적 변화는 나쁜 쪽으로만 일어나는 걸까?

커즌스는 의사의 협조를 얻어 주로 두 가지 일을 했다. 커즌스는 교원병(연결 조직들의 병)에 악영향을 줄 수도 있는 아스피린 같은 약들을 끊고, 대신 비타민 C를 대량으로 섭취했다. 둘째, 그는 '몰래 카메라' 같은 TV 프로그램에 몰두하여 웃음을 터뜨리거나, 사람을 시켜 유머에 대한 즐거운 책을 큰 소리로 읽게 하고는 거기에 귀를 기울였다. 이에 따라 긍정적인 기분을 느끼는 시간이 늘었으며, 고통 없이 잠이 드는 경우도 많아졌다.

이윽고 몸이 나아진다는 증거들이 나타나기 시작했고, 결국에는 퇴원해서 다시 일을 할 수 있게 되었다. 매년 그의 몸은 자원 결집 능력이 개선되었다. 이제 병은 길들여진 것 같았다. 커즌스는 자신의 경험에 감동했다. 그는 자신의 회복이 긍정적 감정들 덕을 크게 본 것이라고 생각했다. 그래서 나중에 건강에서 긍정적인 감정들이 하는 역할을 계속 연구하려고 UCLA 의대에서 교수 일을 맡았다.

그는 전 세계에 자기 경험을 이야기했다. 나중에 그의 이론은 전체론적 의학이라고 부르게 되었다. 이 관점은 전통 의학처럼 특정한 질병에 좁게 초점을 맞추는 것이 아니라, 환자의 전인(全人)에 관심을 기울인다. 커즌스는 그때부터 오랜 세월 뒤 죽을 때까지 인간의 마음과 몸이 재생 능력을 가지고 있다고 찬양했다. 그의 표현을 빌리면, 살고자 하는 의지가 보여주는 화학적 과정을 찬양한 것이다.

커즌스의 주목할 만한 이야기를 어떻게 이해해야 할까? 물론 확률은 아주 적었지만, 혹시 그가 그 500명 가운데 회복될 수 있는 한 명에 속했던 것이 아닐까? 혹시 그 드문 경우가 아니었을까? 사실 포커에서 스트레이트 플러시가 들어오는 경우도 있고, 복권에서 천문학적 확률에 해당하는 몇백만 달러를 버는 경우도 있지 않은가. 커즌스도 단 하나의 사례가 과학적인 증거가 될 수 없다는 것은 인정했다.

이런 이야기들을 하다 보니, 치명적인 병에서 필사적으로 벗어나고자 하는 사람들을 혹시 오도하지나 않을까 걱정이 된다. 확률이 낮은 치료를 택하기 위해 유용한 치료법을 버린다는 것은 매우 위험한 일이다. 그리고 많은 사람들이 이런 면에서 매우 지혜롭지 못한 결정을 내린다. 반면 상당히 많은 사람들(일부는 의학계 사람들이고 일부는 아니다)이 암으로 고통받는 환자들을 심리적으로 고양해 도움을 주는 다양한 방법들을 믿고 또 제시한다.

병에 걸려서도 오랫동안 생존했거나, 아니면 병이 일시적으로 또는 심지어 영원히 완화된 사람들(사실 그렇게 드물지는 않다)의 이야기를 제외하면,

심리적 요인들이 병을 일으켰다는 믿을 만한 증거도 없고, 심신 치료로 병을 고쳤다는 믿을 만한 증거도 없다. 일반적으로, 비정통적인 치료 방법을 제공하는 사람들은 그들의 신념을 뒷받침하거나 반박하는 데 필요한 연구를 수행하지 않는다. 그러나 필요한 연구가 없다고 해서 가능성마저 배제할 수는 없다.

요약

감정이 병의 원인이나 촉진 역할을 하는 것이 가능한가? 답은 '그렇다'이다. 특히 전통적인 정신신체 질환과 전염병 영역에서 그렇다. 스트레스에 의해 생산되는 호르몬들은 정신신체 질환들을 일으키고, 면역 체계에 영향을 주고, 감염을 일으킨다는 것이 입증되었다. 지금까지의 연구들을 고려해볼 때, 이런 경우 '그렇다'라고 대답하는 것이 합리적이라고 생각한다.

이것이 심장병에도 적용될 수 있을까? 다시금 답은 긍정적일 수밖에 없다. 스트레스를 받은 감정들이 생산하는 호르몬들은 신체 과정에 영향을 준다는 것이 입증되었으며, 그것이 심장마비 가능성과 그 생리적인 원인들을 증가시킨다는 것이 입증되었다. 그러나 감정이 원인으로서 얼마나 큰 비중을 차지하느냐 하는 데는 논란의 여지가 있다.

암의 경우는 훨씬 더 어려운데, 그것은 그 원인들이 시간상 멀리, 심지어 20년 정도까지 거슬러 올라가기 때문이다. 대부분의 암 전문가들은 이 병의 원인이 보통 병이 분명해지기 이전, 개인의 과거로 멀리 거슬러 올라간다고 믿고 있다. 이것은 악성종양이 나타나기 오래전에 신체 과정들이 스트레스성 질병과 그것들이 생산하는 호르몬들에서 영향을 받았을 수도 있다는 뜻이다. 문제는 암의 형성기에 있었던 일과 암이 너무 진전되어 오늘날 사용되는 방법으로는 고칠 수 없게 되어버린 뒤에 나타나고 있는 일을 구분하는 것이다. 말기라 해도, 환자가 암에 대처하는 방식이 병의 진전 속도와 남은 생존 기간에 영향을 줄 수도 있다는 약간의 증거가 있다.

대부분의 병들은 딱 하나가 아니라 많은 요인들의 영향을 받는다는 것 또한 기억하라. 식사, 흡연, 알코올 남용 등과 관련된 생활 방식만이 아니라 유전적인 요인들도 하나의 역할을 하는 것으로 보인다. 감정적인 패턴들이 암의 일차적 원인이라고 하는 것은 비현실적일지 모르지만, 그것들이 다른 많은 요인들과 더불어 암의 원인 가운데 일부라고 주장하게 되면 더욱 합리적이 된다.

긍정적인 감정들이 의욕이나 행복에 대한 심리적 느낌에 도움이 되는 건 당연하다. 그런데 이것이 또한 병에서 보호를 해주거나, 몸의 건강이 긍정적으로 개선될 가능성을 높여줄까? 여기서도 그렇다고 대답할 수밖에 없다. 그것들이 치료의 한 형태로서 효과를 발휘할 수 있을까? 이 역시 그럴듯하지만, 그럴듯하다는 것이 증거는 아니다. 또 그것이 감정과 건강의 관계에 대한 자세한 지식을 제공해주지도 않는다. 인간의 행복감에 대한 다른 매우 중요한 문제들과 마찬가지로, 우리는 그럴듯한 이론들과 자극적인 일화들로 무장하고 다음 세대의 사회학자와 생물학자 들에게서 답이 나오기를 기대할 수밖에 없다.

13장

대처에 실패할 때

이 장에서 우리는 기능 부전과 고통을 주는 감정들을 다루는 한 방법으로 심리 치료를 살펴볼 것이다. 사람들은 비참한 기분을 느낄 때, 희망과 야망이 막히거나 감정적 문제들에 방해를 받을 때, 자신의 노력만으로는 고통과 괴로움이 완화되지 않을 때, 감정적 문제를 풀기 위해 전문적인 도움을 구한다.

감정에 생길 수 있는 문제들

앞서 상황에 대한 평가의 결과로서 감정이 일어나는 것(감정 과정의 1단계)과 대처를 통해 감정을 통제하는 것(2단계)을 구별했다는 것을 다시금 기억하도록 하자.

감정이 일어나는 단계에서 생기는 문제는 사건들을 평가하는 방식과 실제 환경 사이에서 발생하는 갈등이나 불일치다. 예를 들어보겠다. 우리는 감정을 상하게 하는 일을 당했다고 생각하고 분노를 느끼지만, 누구도 감정을 상하게 하려는 의도를 가지고 있지 않았을 수도 있다. 또 위험에 처했다고 생각하고 불안을 느끼지만, 위험은 없을 수도 있다. 우리는 자아이상에 맞추어 행동하지 못했다고 생각하고 수치심을 느끼지만, 그런 실패는 마음속에만 있을 뿐 남들이 보는 현실에서는 그렇지 않을 수도 있다. 우리가 한 일 덕분에 자아정체감이 고양되었다고 믿고 긍지를 느끼지만, 이런 느낌의 현실적 근거가 없을 수도 있다. 모든 감정들에 대해 이런 식으로 이야기할 수가 있다.

해를 입지 않았다거나 위협을 느끼지 않았다는 평가가 그릇되었을 때는 반대 종류의 불일치가 일어난다. 불쾌한 일을 보지 못해서 분노를 느끼지 못하지만, 사실은 자극이 있었기 때문에 느껴야만 할 수도 있다. 위협당하고 있다고 생각하지 않기 때문에 불안을 느끼지 않지만, 실제로는 위험이 있을 수도 있다. 부도덕하게 행동했는데도 그 행동이 적당하다거나 다른 사람의 잘못이라고 합리화했기 때문에 죄책감을 느끼지 않을 수도 있다. 우리가 한 일에 의해 우리의 자아정체감이 고양되었다고 생각하지 않기 때문에 긍지를 느끼지 않지만, 다른 사람들은 우리가 한 일이 훌륭한 인격의 증거라고 본다. 모든 감정들에 대해 이런 식으로 이야기할 수 있다.

감정 **통제**에서 생길 수 있는 문제는 감정을 표현하는 방식과 상황이 요구하는 것 사이에 불일치가 있을 수 있다는 것이다. 우리는 분노를 느끼지만, 장기적인 이익의 관점에서 보면 분노를 억제해야 할 수도 있다. 분노를 느끼고 그것을 표현할 필요가 있는데도 그것을 표현하지 않기 때문에 남들이 우리의 감정을 오해할 수도 있다. 죄책감을 느끼고 사과를 하거나 어떤 식으로든 보상할 필요가 있지만 그렇게 하지 않을 수도 있다. 모든 감정들에 대해 이런 식으로 이야기할 수 있다.

왜 이런 불일치가 일어날까? 이유는 많다. 가장 흔한 것들 가운데 하나는, 목표에 헌신하는 태도와 믿음들 때문에 직면하는 상황을 오판하게 되는 것이다. 소망적 사고에 몰두하면, 감정이 일어나는 것에 관해서건, 감정의 선택에 관해서건, 감정을 표현하는 것이 가져오는 사회적 결과에 관해서건 비현실적인 평가를 하게 된다.

사람들은 매우 다양한 사회적 상황에서 일관되게 이런 비현실적인 태도를 보여준다. 각 개인이 구성하는 의미와 그들이 보여주는 감정 패턴에는 말하자면 독특한 개인적 서명이 들어 있는 셈이다. 예를 들어 어떤 사람들은 다른 사람들에게 인정받고, 사랑받고, 높이 평가받고자 하는 과장된 요구를 가진다. 그들은 자신이 사랑받지 못하거나, 높이 평가받지 못하고 있다고 생각한다. 어떤 사람들은 사회적 세계는 자신에게 악의를 가지고 있는데, 자신은 그것을 처리하는 데 부적합하다고 보기도 한다.

이런 특정한 패턴들은 어린 시절에 시작되었을 수도 있지만, 어쨌든 성인이 되어 환경에 어울리지 않는 반응을 보일 때 분명하게 나타난다. 보호와 염려가 지나친 부모들은 자식들이 안전을 위해서 부모의 보호에 의존해야 한다고 강조함으로써 자식들을 어떤 패턴 쪽으로 밀어부쳤을 수도 있다. 제대로 보호를 하지 않는 부모들은 자녀들이 필요한 기술을 개발하기도 전에 세상을 상대하도록 강제할 수도 있다. 말하자면 빠져 죽든가 헤엄을 치든가 하라는 식이다. 그래서 자녀들의 두려움과 의존성이 강해지는 경우도 많다. 그 결과 그들은 상대방이 못마땅해하는 기색이 아주 약간만 나타나도 과잉 반응을 한다. 그들은 불안, 죄책감, 수치심에 취약하다. 특히 스스로를 부적당한 실패자라고 보는 경우에 그러한데, 이들은 모든 일을 자기 탓으로 돌린다.

그런 사람들에게는 우리 정신 생활의 네 가지 주요한 구성 요소, 즉 이성, 동기 부여, 감정, 행동이 서로 갈등을 일으킨다. 예를 들어 그들은 자신들이 원하거나 적당하다고 믿는 것을 하거나 느끼지 못한다. 그들은 성실하게 일을 하지 못한다. 그들의 정신은 나뉘어 있다. 그들은 자신과 전쟁을 하며, 파편화되어 있으며, 모든 부분들이 함께 일관된 방향으로 나아가지 못하고 제각기 이쪽저쪽으로 움직인다. 자신이 누구고, 무엇을 하는 사람이고, 지금 어디 있는지 확인을 한 상태에서 효과적으로 기능하기 위해서는 정신의 구성 요소들이 통일을 이루어야 한다.

사람들 마음속에 있는 것들은 그들의 행동 방식과 밀접한 관계가 있기 때문에, 가장 심각한 성실성 부족은 정신과 행동이 분리되어 있을 때 나타난다. 정신이 나뉘어 있으면 일관되게 현실적으로 행동할 수가 없다. 특히 미래의 계획을 세우고 목표와 신념을 현실화해야 하는 긴 기간 동안에 그렇게 하지 못한다. 그런 사람들은 신중하게 행동하고 싶어 하지만 효과적인 대처가 불가능하기 때문에 충동적으로, 또 단기적인 이해관계에 따라 행동한다. 그러나 이는 순간적인 기쁨만 줄 뿐이다. 이런 사람들은 삶에서 나타나는 욕구들을 충족시킬 수가 없으며 늘 감정적으로 곤경에 처한다. 그리고 이것이 그들의 삶을 비참하게 만든다.

감정적 구성을 바꾸는 것이 가능한가?

문제 있는 감정적 패턴들을 고치려는 노력의 전제가 되는 것은 우리에게 사물을 보고, 행동하고, 반응하는 방식을 바꿀 능력이 있다는 것이다. 이런 패턴들을 바꾸는 것이 어렵다는 걸 알고는 있다. 그러나 이런 문제들을 전문적으로 다루는 사람들은 그것이 가능하다는 확신을 공유하고 있다.

어떤 변화들은 다른 변화들보다 쉽게 가능하다. 문제가 있는 감정이 지식이나 기술 부족에서 오는 것일 때, 사람들은 자신을 도와줄 기술을 배울 수 있다. 이런 사람들은 이런저런 이유로, 삶의 변화들과 직면할 때 무엇을 생각할지, 무엇을 할지에 대해 한 번도 배우지 못했다. 그래서 늘 만성적이거나 반복적인 고통이나 기능장애에 시달린다. 그러나 그들의 문제는 깊은 감정적 문제들의 결과가 아니라, 지식이나 기술 부족의 결과다. 따라서 효과적으로 대처할 수 있다.

예를 들어 심각한 병, 사랑하는 사람의 죽음, 이혼이나 별거, 일자리의 상실 같은 외상성 생활 조건과 씨름하고 있는 사람을 생각해보자. 이런 조건들은 피해자에게 새로운 부담을 떠안긴다. 이런 부담들을 다루는 방법을 알게 되면, 새로운 부담들을 다루지 못해서 생기는 분노, 불안, 죄책감, 수치심, 주기적 우울을 완화하는 데 도움이 될 것이다. 만일 당사자가 원하기만 한다면, 그 사람 혼자 힘으로도 충분히 필요한 변화가 가능하다.

죽음, 이혼, 별거 등을 통해 사랑하는 사람을 잃은 것에 대처하는 법이 한 예가 될 것이다. 이른바 '여자 혼자 살아남는 법' 등에 대한 안내서의 형태로 주어지는 충고들을 한번 생각해보라. 이런 안내서들 가운데 몇 가지는 반드시 처리해야 하는 중요하고 구체적인 문제들에 대해 유용한 정보와 자문을 제공한다. 그런 상황에 처한 여자들이 처음 혼자 처리하게 되는 일은 돈과 신용의 처리, 여행, 차량 유지, 일도 하고 아이들도 길러야 하는 것 등이다. 덧붙여서, 그런 안내서에는 이보다 복잡하고 산만한 문제들에 대한 충고도 있다. 외로움과 성, 또 그런 것들에 대처하는 데 필요한 사회적 기술의 개발 등이 그런 것이다.

남자들 역시 이런 상황이 닥칠 경우 그런 정보와 충고에서 도움을 받을 수 있다. 그들 또한 옛날에 아내가 혼자 했던 음식 만들기나 가계 꾸려나가기 등의 새로운 부담에 대처하지 못할 수도 있다. 사회적 관계를 시작하고 유지하는 일은 집에서는 보통 여자의 기능이다. 따라서 사회적 네트워크의 뒷받침을 얻지 못하면 많은 남자들이 당황하게 된다.

이혼이나 사별에 뒤따르는 스트레스의 한 특징은 지금 해야 하는 일을 하는 것이 자신에게 어울리지 않는다는 강한 느낌이다. 그래서 그런 안내서들은 보통, 독자들에게도 그런 일이 어울린다는 느낌을 심어주기 위해 고안된 아이디어들을 제공한다. 자신이 그런 부담들에 대처할 수 있다고 믿게 되면 지속적인 대처 노력을 기울일 수 있다. 또한 외상성 상실에 뒤따르는 기능장애와 고통스러운 감정들을 극복하는 데 도움을 받을 수 있다.

그러나 장기적인 감정적 문제들을 가지고 있던 사람들의 경우에는, 외상적인 상실을 겪은 뒤에 자신을 치유할 변화를 만들어내는 일이 매우 어렵다. 그런 문제들 밑에 깔린 갈등 때문에 세상과 관계를 맺는 새로운 방식을 배우는 것이 더욱 어려워진다. 그러나 막상 문제를 안고 있는 사람들은 이런 갈등들을 의식하지 못하는 경우가 많다. 따라서 자신의 혼란스러운 반응들을 제대로 이해하지 못하며, 그런 반응들에 제대로 대처하지 못한다. 그들의 잘못은 자신과 남들을 바라보는 방식에 결함이 있기 때문에 생겨나며, 또한 부적절한 대처로 인해 생겨난다. 그런 부적절한 대처는 그릇된 상황 평가에 의해 초래된다. 그런 사람들은 보통 자신이 하고 있는 일을 인식하지 못한 채 이런 잘못들을 되풀이한다.

승인받거나 사랑받고자 하는 과장된 요구를 가진 사람들의 경우, 그런 요구의 기초를 이루는 부분들은 무의식으로 남아 있다. 그들은 이런 과장된 요구들의 발생적 기원과 그것들이 자신의 감정 생활에서 차지하는 역할을 의식하지 못한다. 그들은 자신이 사회적 관계에서 큰 괴로움을 겪는다는 것을 알 뿐, 그 이유는 알지 못한다. 따라서 이들이 경험하는 감정 패턴은 단순히 필요한 지식과 기술이 결여된 사람들의 경우보다 통제나 변화가 더 어렵다. 감추어진 것들이 대처 방법을 배우는 것을 계속 방해하기 때문이다.

무의식적인 갈등들, 감추어진 목표와 가정들, 삶의 초기부터 유래된 불안의 원인들, 이런 것들과 관련된 장기적인 감정 패턴들은 변화를 위한 학습을 어렵게 하고 가로막을 수도 있다. 이럴 경우 문제는 단순한 교육과 훈련에서 성격 변화라는 전통적인 치료 목표로 넘어간다. 이런 사람들은 진실을 찾는 길을 안내하는 외부의 도움 없이는 깊이 뿌리박혀 변화에 저항하는 감정적 패턴들을 극복할 수 없을지도 모른다. 그런 사람들은 그들의 감정과 서툰 대처 방식을 형성하는 개인적인 의미들을 발견해야 한다. 그런 사람들은 그들이 잘못해온 것을 인정해야만 감정 생활을 바꿀 기회를 얻게 된다. 이런 것들이 보통 심리 치료의 주된 임무다.

이제부터 한 젊은 여자의 사례를 이야기하겠다. 이 여자는 어머니에게 자신을 자율적이고 부족할 것 없는 한 사람의 어른으로 받아들이도록 하는 데 어려움을 겪고 있다.

치료 사례

스물다섯 살 젊은 여성의 사례다. 이 여성은 만성적인 불안과 죄책감 때문에 치료를 받게 되었는데, 임신 중이었으며 출산 예정일이 임박해 있었다. 그녀는 또 천식으로 고생을 하고 있었는데, 보통 스트레스 상태에서 증상이 나타났다. 어머니는 전화로, 해산 전후에 딸을 도와주러 오겠다고 말했다. 딸은 이 소식에 경악했다. 그녀의 어머니는 매우 거만한 여자로, 딸은 어머니가 갓난아기와의 관계나 남편과의 관계에서 매우 분열적인 요소로 작용할 것이라고 확신했다. 환자는 어머니가 늘 자신들에게 뭘 하라고 강요함으로써, 스스로 배워나갈 기회를 주지 않을 것임을 알았다.

딸은 어머니에게 전화로, 지금은 오지 않는 게 좋겠다고, 처음에는 남편과 둘이서 어떻게 해보겠다고, 하지만 나중에 오시는 것은 환영한다고 말했다. 어머니는 불쾌해했다. 어머니의 이런 반응 때문에 딸은 심한 죄책감과 불안을 느꼈고, 약간의 천식까지 생겨 한동안 약을 먹어야 했다. 어머니는 계속 오겠다고 고집을 부렸다. 자신이 없으면 딸이 어머니가 되는 중요한 일을 제대로 처리하지 못할 거라고 생각하는 것 같았다. 딸은 어머니가 오는 것이 엄청난 스트레스를 받는 일이 되리란 걸 알기 때문에 피하고 싶었는데도 확고한 태도를 유지할 수가 없었다. 딸의 이의 제기는 약하고 설득력이 없었다. 어머니의 방문은 피할 수 없을 것 같았다.

초기 치료 모임에서 딸은 어머니와의 문제를 많이 이야기했다. 특히 독립 과정에서 어머니에게 대립했을 때 느끼던 죄책감과 불안에 대해 이야기했다. 딸은 어머니에게 자신의 독립성을 받아들이고, 또 자신이 실수를 하도록 내버려두게 하려고 애를 많이 썼다. 그러나 불가피하게 어머니의 소망에 항복했고, 그것 때문에 숨이 막혔다.

치료를 받으며, 딸은 그녀의 특수한 가족 역학에 대해 많은 것을 알게 되었다. 언니의 어머니의 지배에 대항한 투쟁과 그로 인해 길러진 분노, 아버지의 상류 출신인 체하는 태도와 수동성, 이런 복잡한 감정적 관계들에 대한 자신의 혼란스러운 느낌에 대해 알게 되었던 것이다.

환자의 언니는 다섯 살 위였으며, 엄청나게 뚱뚱했다. 어머니와 언니의 관계는 끔찍했다. 어머니는 언니의 몸무게에 대해 늘 잔소리를 했으나 소용이 없었다. 언니는 매우 똑똑하고 능력이 있었음에도, 가족 내에서는 불안정한 사람 취급을 당했다. 또 논쟁적이고 매력이 없고, 함께 살거나 일하기 힘들고, 결혼하기 힘든 여자 취급을 당했다. 환자는 언니가 어머니와 벌인 오랜 투쟁의 역사 때문에 언니를 정상이 아닌 사람으로, 지나치게 저항적인 사람으로 보았다. 집안에서 천민 취급을 당하는 사람으로 보았던 것이다.

우리의 젊은 환자는 언니와는 반대로 예쁘고 인기가 있었으며, 비록 스스로는 이 점에 약간 의심을 품었지만 언니만큼 똑똑했다. 환자는 개방적이고 사회적으로 품위가 있었다. 그러나 부모는 그녀를 섬세한 꽃으로 여겼다. 양육과 보호가 필요한 취약한 존재로 생각했던 것이다. 부모는 종종 이 자매를 비교했다. 환자인 동생에 대해 모든 것을 좋게 봐주었으며, 언니의 인생은 형편없을 거라고 전망했다. 그리고 이 전망이 맞았음이 나중에 입증되었다. 이런 비교는 비밀이 아니었다. 이런 패턴 때문에 언니는 편애받는 동생에게 경쟁적인 적대감을 가지게 되었다. 그래서 둘 다 서로에게 원한을 품었지만, 환자 쪽에서 겉으로 표현하지 않는 경우가 훨씬 많았다. 환자는 언니에 대한 안타까움을 느꼈고, 사회적 성공에 죄책감을 느꼈다.

아버지는 어머니에 맞서 언니 편을 들어준 적이 한 번도 없었다. 실제로 언니를 보호해주지도 않았다. 따라서 아버지 역시 커다란 실망과 양면적 태도의 원인이 되었다. 큰딸은 가족 내에서 한 번도 이겨본 적이 없었다. 아버지는 너무 태도가 온화했고 그냥 모든 것을 받아주기만 했다. 따라서 압제적인 어머니에게 대항하는 데 그다지 도움이 되지 못했다. 두 딸 모두 아버지를 사랑하기는 했지만, 아버지는 집에서는 어머니에게 쥐여살았으며, 가족 문제를 결정할 때도 중요한 역할을 한 적이 거의 없었다.

경제 형편이 변변치 못한 가운데 두 딸을 대학에 보내야 할 때가 왔다. 그러나 한 명을 보낼 만한 돈밖에 없었다. 돈은 언니에게 주어졌다. 부모들은 언니에게 교육이 더 필요하다고 생각했는데, 그녀에게는 그 길 말고는 다른 길이 없다고 판단했기 때문이다. 이런 결정 때문에 동생은 더욱 원한을 품게 되었다. 그렇다고 언니 쪽에서 자신이 높이 평가받았다는 느낌을 받았던 것도 아니다. 언니도 그 결정에 포함된 모욕적인 의미를 알고 있었기 때문이다.

동생은 자신이 언니에게 원한을 품은 것에 상당한 죄책감을 느꼈다. 그런 분개에는 대학을 보내는 문제에 대한 분노도 한몫을 했다. 한편으로는, 그녀는 자신이 부모의 편애를 받고 있다는 것을 알고 있었다. 그러면서도 고급 교육을 받으면 자신에게 큰 보탬이 될 것 같았다. 환자는 언니에게 분개하면서 죄책감과 불안을 느꼈다.

성격이 강한 어머니는 환자가 감정적으로 양면적 태도를 가지는 대상이었다. 자주 있는 일은 아니었지만, 환자는 어머니의 지배와 과잉보호에 맞서 싸운 적도 있었다. 그러나 그럴 때마다 어머니 권위를 훼손하는 것에 대한 죄책감을 느꼈다. 또한 자신의 대립이 어머니의 비난이나, 심지어 거부를 불러올까 봐 불안을 느꼈다. 환자는 어머니가 외부의 위험과 적대적인 힘에서 자신을 보호해주는 강력한 존재라고 생각했다. 그런 어머니에게 대립하는 것은 자신을 보호해주는 것에 대한 위협으로 여겨졌다. 한마디로, 환자는 독립을 얻는 것에 큰 갈등을 느꼈다. 독립을 원했고, 또 자율적으로 살기 위해 어머니에게 대항했음에도. 이것이 환자의 중심적 문제였다.

환자는 결혼을 했는데, 남편은 어머니처럼 약간 통제적인 남자였다. 그러나 그녀는 남편을 사랑하고 존경했다. 어쨌든 결혼의 결과, 남편과 어머니가 그녀를 통제하려고 싸우게 되었다. 이것이 남편과 어머니 사이에 되풀이되는 경계심과 불화를 가져왔다. 환자는 둘의 갈등 때문에 무척 괴로워했다. 환자는 독립을 간절히 원했다. 어머니와 남편의 싸움에서 볼모가 되는 것도 원치 않았다.

결혼 첫 몇 년은 그 갈등을 해소하려는 노력으로 점철되었다. 아버지보다는 어머니와 자신을 훨씬 더 많이 동일시했기에, 그녀는 자신의 결혼에서 통제력을 행사하려는 강한 소망을 갖게 되었다. 아버지는 사랑스럽기는 했지만 모방할 사람은 아니었다. 어머니는 결혼을 한 후 실망하게 된 남편을 경멸적 태도로 대할 때가 많았다.

그러나 환자는 우선 어머니와 대결해서 그들 관계의 긍정적인 면을 위험하게 하는 일 없이 독립과 자율성을 얻어야 했다. 그녀는 이 사실을 인정했고, 그 때문에 고통받았다. 그녀는 다른 무엇보다도 이 점 때문에 치료를 받게 되었다.

이제, 아기의 출생을 앞두고 어머니의 통제를 벗어나는 과제가 결정적인 문제로 부각되고 있었다. 그녀는 어머니에게 어머니가 와서 집안일을 떠맡는 것을 바라지 않는다고 설득력 있게 말할 수 없었던 것 같다. 그러면서 어머니와 남편의 갈등을 두려워했다.

그녀는 치료 동안 자신의 가족 갈등에서 일어났던 일들을 분명하게 보기 시작했다. 그녀는 통찰을 얻었으며, 어머니와 남편 둘 다에게서 독립하여, 한 개인으로서 자율적으로 서야 한다는 것을 깨달았다. 그녀는 어머니의 방문을 막아야 했다. 아직 힘차게 자율의 길을 따라 나갈 준비가 되지 않았기 때문에, 그런 상황에서 어머니의 방문을 받아들이는 것은 지혜롭지 못할 것 같았다. 어머니와 얼굴을 맞대고 대결하는 스트레스를 감당할 수 있으려면 아직도 심리적인 준비가 많이 필요했다. 때문에 그녀는 어머니와의 대결에서 질 거라고 믿었다.

그녀는 자신에게 필요한 것이 무엇인지 점점 통찰을 얻어가고 있었으나 어머니가 오게 될 경우 어머니와 대결해야 한다는 사실에서 심한 죄책감과 불안을 겪었다. 어머니가 언니와의 관계 때문에 그렇게 힘들어하는데, 어떻게 나마저 어머니를 실망시킬 수 있단 말인가? 어머니에게 오지 말라고 하는 것은 어머니를 거부하는 것처럼 보였다. 그렇게 한다는 것은 이 강력한 여자에게 복수당할 위험을 무릅쓰는 것이었다. 그럼에도 그녀는 자신과 자신이 원하는 것에 대해 알게 되었고, 그것에 기초하여 할 일을 해야 했다. 그것이 불러일으킬 감정적인 고통을 무릅쓰고 억지로라도 그 일을 성공적으로 수행해야 했다.

환자는 어머니와의 전화 대화에서 자신의 소망을 말하려 했다. 예상했던 대로, 견디기 힘들 정도로 고집스럽고 무감각한 응답이 나왔다. 그녀는 하고 싶은 말을 여러 번 연습해놓았다. 그럼에도 어머니는 오겠다고 고집을 부렸고, 그래서 첫 대화는 실패, 고통, 혼란으로 끝이 났다.

그녀는 다음 치료 모임에서 그 대화를 검토했다. 의사는 그녀의 양면적인 느낌들을 드러내주었다. 그녀는 마치 녹음한 것을 다시 듣듯이 자신이 한 이야기를 돌이켜보았다. 그리고 그것을 과거의 갈등과 연관시켰다. 상황을 정확히 이해할 필요가 있었기 때문이다.

딸은 곧 다시 전화를 걸었다. 딸은 어머니가 오지 말았으면 좋겠다는 희망을 매우 불안하게 되풀이했다. 혼자서 아기를 낳고 출산 후의 일을 처리할 필요성에 대해서도 되풀이했다. 그러면서도 나중에는 오셔도 좋다고 말하는 것을 잊지 않았다. 다행히도 어머니는 단호해지고 화를 내기 시작했다. 딸이 자신에게 완전히 항복하거나 완전히 맞서거나 둘 중 하나를 선택하도록 강요했다. 이제 와서 굴복할 수는 없었다. 딸은 평소보다 훨씬 더 강력하게 말했고, 이번에는 어머니가 올 여지를 아예 남기지 않았으며, 자신의 좌절과 분노를 공개적으로 표현했다. 어머니는 전에는 이런 단호한 태도와 마주친 적이 없었기 때문에 물러나고 말았다. 이런 대결 후 딸은 승리했다는 만족감, 죄책감과 불안이 교차하는 마음 상태였으리란 걸 충분히 짐작할 수 있다. 남편은 아내를 밀어주려 하면서, 지혜롭게도 장모를 공격하는 것은 피했다. 아기가 태어나자 어머니와 대립했던 일에서 아기에게로 잠시 관심이 옮아 가게 되었다. 새 생명이 주는 요구와 기쁨이 그 자리를 대신했다.

아기가 태어나고 나서 여섯 달 뒤 딸은 어머니를 초대했다. 어머니가 왔고, 그것은 어려운 경험이 되었다. 그러나 위기 없이 지나갔다. 딸은 자기 자신에 대해 새로 찾은 힘을 강화하려 했고, 남편에 대해서도 자율적인 패턴을 만들어나갔다. 그 과정에서 그녀가 부모를 찾아갈 때나 부모가 그녀를 찾아올 때는 이따금씩 불편이 뒤따랐다.

그 후로 오랫동안 의존과 독립 사이에서 벌어지는 갈등을 둘러싼 대결과 그로 인한 죄책감과 불안이 뒤풀이되었다. 어머니와의 관계, 언니와의 관계, 남편과의 관계에서 모두 마찬가지였다. 그러나 치료에서 배운 것을 그녀의 삶과 관계에 적용시키려는 힘찬 첫 발걸음은 이미 내디딘 뒤였다. 마지막으로 그녀는 어머니와 아버지를 더 잘, 그리고 더 현실적으로 평가하기 시작했다. 그녀는 지나친 고통과 기능장애 없이 죄책감과 불안이 되풀이되는 것에 대처하게 되었다. 주기적으로 천식 발작도 일어났지만, 전만큼 심한 것 같지는 않았다.

이런 문제들이 완전히 사라질 것이라고 상상해서는 안 된다. 감정적인 변화는 바람직한 경우가 많지만, 쉽지도 않고 또 대가를 요구하기 마련이다. 또한 그런 변화는 느리고, 마지못해 이루어지기도 한다. 그러나 그것이 성공할 때, 원래의 고통은 점차 통제된다. 애도에 성공적으로 대처했을 때와 마찬가지로 감정적 찌꺼기는 남는다. 그녀가 어머니와 남편의 소망, 그리고 다른 사람들의 소망에 대립해서 행동할 때 되풀이되는 불안과 죄책감 같은 것은 남기 때문에 여전히 감당을 해야 한다. 그러나 한번 배운 것, 이 경우에는 기능장애적인 감정적 패턴들에 대처하는 것은 버릴 수 없으며, 그것이 애초에 심리 치료의 원리기도 하다.

이제 심리 치료를 실행하는 주요한 방식 몇 가지와 여러 가지 치료에서 감정이 차지하는 역할을 살펴볼 준비가 되었다. 먼저 통찰에 중심을 둔 치료라고 부를 만한 것을 살펴보겠다. 이것은 프로이트의 정신분석에 기원을 두고 있다. 최근에는 치료 기간이 짧은 인지 요법들이 등장하여 그 뒤를 잇게 되었다. 이런 것들을 살펴본 뒤에 다른 유형의 치료들과 그 운용 방식을 살펴보겠다.

통찰 중심의 치료들

대부분의 심리 치료는 무엇이 잘못되었는가를 이해하는 것이 환자의 감정 생활에서 성공적인 변화를 이룩하는 데 필요하다는 것을 전제로 한다. 그러고 나서 환자들이 그들의 문제의 원인들에 대한 통찰을 얻도록 돕자는 것이 지배적인 의도였다. 심리 치료가 정신분석과 함께 시작된 것은 아니지만 그럼에도 프로이트, 그리고 이 선구자를 따르면서 그의 작업을 수정한 20세기 초 여타 정신분석 사상가들의 생각에서 큰 영향을 받았다.

정신분석

심리 치료는 1920년대, 1930년대, 1940년대에 프로이트의 이론과 그 치료 전략의 영향으로 유럽과 미국에서 주요한 산업을 이루었다. 비록 이런 형태의 치료는 이제 애용되지 않지만, 현대의 심리 치료는 정신분석에 많은 영향을 받았으며, 심리 치료 자체는 계속 번창하고 있다. 프로이트의 최초의 심리학적 관심은 최면에서 시작되었다. 그는 파리에서 샤르코와 함께 최면을 연구했다. 최면은 환자들이 괴로움의 무의식적 원인을 드러내는 것을 도와주었으며, 치료 전문가는 그것을 통해 지금까지 시야에서 감추어져 있던 것을 알게 되었다.

초기에 프로이트의 이론적인 강조점은 막히고 감추어진 충동들을 표면에 드러내는 것이었다. 물론 이것은 최면을 통해 가능한 일이었다. 이제는 버려진 비유긴 하지만, 보일러 속에 막혀서 곧 터지려고 하는 에너지의 비유를 이용해 그의 치료는 에너지를 억압하는 원인이 되었던 막힌 충동들을 방출하는 데 초점을 맞추었다. 그러나 프로이트는 방출, 즉 카타르시스 이상의 것이 필요하다는 것을 깨닫게 되었다. 최면이 가지는 문제는 환자들이 자신이 지닌 문제의 성격과 기원을 적극적으로 이해할 필요가 있을 때도 대체로 수동적인 태도를 유지한다는 것이다. 즉 최면을 거는 사람의 제안을 따르기만 한다는 것이다. 어쨌든 그런 이해는 **통찰**이라고 부른다.

프로이트의 핵심적인 가정은 심리학적으로 문제가 있는 사람들은 그들의 고통 뒤에 놓인 갈등들을 인정하지 못한다는 것이다. 자기방어에 의해 갈등이 왜곡됨으로써 그것이 의식되지 않는다는 것이다. 따라서 환자들은 그들이 이해하지도 못하는, 서로 갈등하는 동기들에 기초하여 행동하고 감정을 나타낸다.

치료의 목적은 환자들이 이런 갈등들, 그리고 이를 촉진하는 충동과 공포를 의식하게 함으로써, 그것들을 효과적인 방법으로 다룰 수 있게 하자는 것이다. 환자가 상황을 이해할 수 있으면, 적응성이 없는 반응들을 바꾸는 것이 가능할 것이다. 즉 삶의 감정적 조건들에 효과적으로 대처하는 것이 가능하다. 이상적으로 말하자면, 환자들은 왜 자신이 똑같은 실수를 되풀이하는지, 어떻게 하면 달리 행동하고 반응할 수 있는지를 배우게 될 것이다.

통찰을 촉진하기 위해 치료는 과거의 기억들을 드러내야 한다. 특히 외상을 주었던 어린 시절의 사건들, 금지된 충동들, 가족의 갈등에 대한 기억들을 드러내야 한다. 프로이트는 그런 것들이 감정적인 문제의 원인들이라고 간주했다. 이런 자기 이해를 촉진하기 위해서는 하나의 전략이 필요했다. 프로이트는 환자들이 자기 검열 없이 자기 마음에 떠오르는 무엇이든 말하게 하는 자유연상이라는 기법을 개발했다. 자유연상은 정신분석적 치료의 주된 특징이 되었다. 환자는 종종 진실의 발견에 저항한다. 과거에 일어났던 일들을 기억하고 살펴보는 것은 환자가 구축한 자아정체감을 위협할 수도 있기 때문이다.

환자와 의사 사이에는 감정적인 관계가 발전하는데, 이는 전이라고 부른다. 전이는 부모에 대한 유년의 태도들을 지금 일종의 부모 역할을 하고 있는 의사(그에게 치료의 결과가 달려 있다)에게 돌리는 것이다. 사실상 환자는 부모를 보듯이 의사를 보게 된다. 이렇게 의사에게 점점 의존하게 됨에 따라, 환자는 감추어진 갈등을 노출시키는 것에 대한 저항을 극복하려는 시도를 하게 된다.

의사와의 이런 관계, 그리고 유년 시절의 감정적 관계들에 대한 분석은 환자의 문제에 대한 통찰을 확대해준다. 그것은 사랑, 증오, 양면적 태도 등을 드러낸다. 이런 탐사를 촉진하기 위해서 의사는 환자를 비판하는 것이 아니라 환자를 받아들여주고 안심시켜준다. 그리고 환자들이 과거의 갈등하는 생각과 감정으로 이루어진 미로를 따라 자유롭게 길을 찾아 나서는 것을 허용하며, 가능한 순간마다 과거의 사건들이 무슨 의미였는지 새로운 결론을 끌어내는 것을 허용한다.

그러나 통찰만으로도 충분치가 않다. 상황을 단지 지적으로 아는 것만으로는 치료적인 변화를 일으킬 수 없기 때문이다. 감정적 통찰이 있어야만 하는데, 이것은 환자가 문제가 되는 감정적 경험을 다시 할 필요가 있다는 뜻이다.

힘들게 얻은 통찰은 궁극적으로 문제를 일으키는 실제 상황에서 새로운 방식으로 되풀이해 행동해봄으로써 시험되어야 한다. 정신분석의 성공은 새 방법을 적용해 생활상의 문제들을 제대로 뚫고 나아갈 수 있느냐에 달려 있다. 즉 이제까지 겪었던 문제들에 대한 새로운 이해를 통해 새로운 사고방식과 행동 방식을 시도해보고 그 성공 여부를 판단해야 하는 것이다. 이는 힘들고 또 괴로운 과정이기 십상이다. 종종 좌절감을 줄 수도 있다. 진정한 감정적 변화는 쉽게 오지 않기 때문이다.

고전적인 정신분석 치료에서는 1년이 넘는 기간 동안 환자는 의사를 일주일에 세 번에서 다섯 번 보며, 한 번에 한 시간 정도 본다. 길고 비싼 과정이지만, 이를 통해서 애초에 환자가 도움을 얻으려 했던 감정적 문제들의 교정이 이루어진다는 보장은 없다.

현재의 감정적 기능장애의 발생상의 원인들을 탐험하는 것은 시간을 잡아먹고 돈이 많이 드는 일이다. 그래서 많은 의사들은 그렇게 먼 심리적 과거에 그렇게 많은 주의를 기울일 필요가 있을까 하는 의문을 제기하기 시작했다. 그들은 어린 시절에 대한 강조 대신 과거가 현재에 영향을 미치는 방식을 더 강조함으로써 그 과정을 축소하기 시작했다. 치료에 대한 프로이트의 접근 방법에 대해 많은 수정이 이루어졌으며, 그 가운데 일부는 신프로이트적인 정신분석학적 치료로 일컬어지게 되었다.

정신분석학자들은 지금도 전통적인 프로이트적인 방법을 사용하거나, 아니면 수정된 방법을 사용한다. 한때 치료 분야를 지배했던 정신분석은 오늘날에는 대체로 애용되지 않는 편이며, 지금은 그것보다 짧은 치료들이 일반적이다. 그럼에도 그 주된 주제들 가운데 몇 가지는 여전히 대부분의 심리 치료를 지배한다. 가장 주목할 만한 것은 자기방어가 그들이 스스로를 이해하는 방식을 왜곡했기 때문에, 감정적인 고통과 기능장애는 그런 문제를 겪는 사람들이 의식하지 못하는 소망, 요구, 사고방식의 결과라는 것이다. 이 점에 대한 통찰을 얻고, 그것을 이용해 세계와 관계를 맺는 기능 장애적인 방식들을 뚫고 나가는 것은 여전히 치료 과정의 중심으로 남아 있다.

인지 요법

역설적이게도 처음에 인지 요법은 무의식적인 정신생활의 영향력을 강조하는 정신분석의 심리주의적 개념들에 대항하는 행동주의로서 생겨났다. 이런 저항은 대략 1920~1970년대에 미국의 학문적인 심리학의 일부 단계를 이룬다. 이 기간 동안 정신에서 일어나는 일을 추측하는 방식은 불신을 받았다. 그것이 과학적인 연구에서는 처리하기 힘든 것이라고 믿어졌기 때문이다.

정신적 활동에 대한 개입을 이렇게 불신함으로써, 환자가 생각하고 느끼는 것보다는 직접 관찰할 수 있는 것, 즉 사람의 행동이 강조되게 되었다. 그리고 여기서 행동주의라는 말이 생겼다. 행동주의 관점에서 보면 의사가 해야 할 일은 환자가 낡은 패턴을 버리고 새 패턴을 얻도록 도와줌으로써 행동을 바꾸도록 하는 것이다.

과학적인 유행도 변한다. 그래서 1970년대와 그 이후에는 사람들이 생각하는 것이 행동하고 느끼는 방식의 기초라고 강조하는 인식론적 심리학이 다시 행동주의를 대체하기 시작했다. 그 관점은 여러분이 이 책에서 보았던 감정에 대한 접근 방법의 기초를 이룬다. 인지 요법은 이제 전 세계 임상적 작업에서 사용하는 주된 방법들 가운데 하나가 되었다.

인지 요법 전문가들은 치료가 생활의 문제들에 대한 환자의 사고방식을 바꾸어주기 때문에 효과가 있다고 믿고 있다. 사람들은 어떤 사건에 뒤따르는 긍정적이거나 부정적인 결과를 경험하고, 그것을 통해 다음에 같은 일이 생기면 무슨 결과가 생길지를 예상하게 된다. 이것이 바로 학습이다. 즉 예상을 얻는 것이다. 감정을 바꾸려면 예상을 바꾸어야 한다. 행동주의 치료 전문가들은 여전히 이런 사고방식을 매우 싫어한다. 정신에 대한 주관적인 언어와 개념을 피하고자 하기 때문이다.

인지 요법 전문가들은 한동안 저항을 하기는 했지만, 결국 환자가 감정적으로 변화하기 위해서는 통찰을 통해 문제들을 뚫고 나가는 것이 필요하다는 정신분석학의 원리를 물려받았다. 그러나 이전에 프로이트의 정신분석을 수정할 때 강조점이 바뀐 대로, 인지 요법도 과거보다는 현재를 훨씬 더 강조한다. 인지 요법 의사들은 어린 시절에 일어났던 일들을 발견하고 검토할 필요를 느끼지 않는다.

그들은 또 정신분석 이론의 내용들 가운데 많은 부분을 거부한다. 예를 들어 생물적 충동(본능)에 대한 강조도 거부하고, 임상적 증상들이 억눌린 심리적 에너지에서 생긴다는 개념도 거부한다. 인지 요법의 기본적 전제는 단순하게, 우리가 원하는 것과 기대하는 것을 포함해 우리가 생각하는 것이 감정적 문제들의 원인이라는 것이다.

따라서 인지 요법의 사명은 환자의 사고에서 기능장애적 방식들을 바꾸어 더 효과적으로, 그리고 감정적 고통을 덜 받으면서 세상과 관계를 맺을 수 있도록 해주는 것이다. 환자들이 자신의 그릇된 평가와 대처 과정에 의해 감정생활이 얼마나 왜곡되는지를 알도록 도와주기 위해서는 다양한 치료 전략들이 이용된다.

대부분의 인지 요법 모임은 환자와 의사의 일련의 대화로 이루어진다. 대화는 의사의 치료 전략, 환자의 이야기, 무엇이 잘못되었는가를 알 필요 등에 의해 통제되어 나아간다. 이것은 정신분석학자들이 '말로 하는 치료'

에서 하는 일과 상당히 겹치며, 또 대부분의 치료 전문가들이 일하는 방식이기도 하다.

환자들이 의사의 사무실에 도착하면 무슨 일로 왔느냐는 질문을 받는다. 환자들은 불만스러운 점과 삶의 문제들을 제시한다. 그리고 그들의 증상과 감정적인 고통을 묘사한다. 의사는 중요한 감정적 충돌의 예들을 묻는다. 만일 불안이 문제라면, 의사는 환자가 불안을 느끼게 만든 사건들에 대해 묻는다. 다른 감정들의 경우도 마찬가지다.

이런 질문들은 환자의 감정적인 패턴과 생각들의 윤곽이 드러나는 것을 도와준다. 이런 과정을 통해, 예를 들어 위협을 부정하거나 위협들에서 감정적인 거리를 두고자 하는 과장된 경향 같은 것이 드러난다. 만성적이거나 반복적인 감정적 고통은 늘 정신 치료의 핵심이 된다. 그것이 잘못된 사회적 관계들과 그 뒤에 놓인 개인적인 의미들을 보여주는 가장 좋은 지표들 가운데 하나이기 때문이다.

의사는 또 환자가 치료에서 뭘 이루려고 하는지를 알 필요가 있다. 또 환자의 문제가 예를 들어 어떤 상실에 의해 촉진된 단기적인 위기인지, 아니면 기능장애의 장기적 패턴인지를 알 필요가 있다. 시간이 지나면 의사와 환자 사이에 치료 과정을 통해 이루어야 할 목표에 대한 합의가 이루어진다.

환자가 원하는 것이 현실적이지 않다면 의사는 적당한 목표를 제시한다. 환자가 문제를 보는 관점도 재규정될 필요가 있는데, 이렇게 하는 데 시간이 많이 걸릴 수도 있다. 애초에 환자가 의사에게 오게 된 문제와 의사가 이용하는 특정한 전략들에 치료의 성패가 크게 좌우된다. 그러나 어떤 식으로 치료를 하든, 몇 가지 예상할 수 있는 것들을 정리해놓을 필요는 있다. 그래야 환자에게 무엇이 잘못되었는지를 금방 평가하고, 또 환자의 생활에서 문제가 어떻게 표현되는지를 금방 알아낼 수 있기 때문이다.

오늘날 실제로 치료를 하는 전문가들이 생각하는 인지 요법의 핵심적인 주제 몇 가지를 살펴보도록 하자. 이 유형의 치료에도 많은 종류들이 있으므로, 가장 두드러진 것 몇 가지로만 한정하겠다.

인지 요법에서 사용된 최초의 방식은 1960년대에 앨버트 엘리스가 개발한 것이다. 그것은 합리적·감정적 치료라고 불렀으며, 지금도 활발하게 시행되고 있다. 엘리스는 우리와 마찬가지로, 어떤 사람의 반응을 결정하는 데는 객관적 상황보다 상황 해석이 더 중요하다고 가정한다. 이 책에서 주장한 대로, 자신과 세계에 대한 믿음들이 감정을 형성한다는 것이다. 따라서 엘리스는 부정확한 생각에서 감정적인 문제들이 일어난다고 보고, 거기에 초점을 맞춘다.

엘리스는 환자의 감정적인 문제의 기초를 이루는 비합리적인 믿음들을 버리도록 한다. 치료는 환자들이 분명하고 유연하게 생각하도록 도와준다. 그럼으로써 그들이 상황에 적절한 방식으로 느끼고 또 덜 자멸적으로 행동하도록 하자는 것이다.

비합리적인 믿음들은 세 가지 주요한 범주로 나뉜다. (1) 나는 잘해서 인정을 받아야 한다. 그렇지 않으면 나는 열등한 인간이다. (2) 다른 사람들은 내가 원하는 대로 나를 사려 깊고 친절하게 대해주어야 한다. 그렇지 않으면 그들은 저주를 받거나 심한 벌을 받을 것이다. (3) 나는 내가 원하는 것을 편안하고, 빠르고, 쉽게 얻어야 하고, 내가 원치 않는 것은 나타나지 않아야 한다.

엘리스는 감정적 혼란과 관련된 사고 역시 본래부터 자멸적이라고 말한다. 그런 사고에는 네 가지 일반적인 유형이 있다. (1) 끔찍하게 만들기. (2) 나는 그것을 견딜 수 없다는 태도. (3) 나는 가치가 없다는 태도. (4) 나쁜 경험에서 나온, 이 밖의 비현실적이고 지나친 일반화.

엘리스는 목표 달성에 장애가 생겼을 때는 슬픔과 성가심 같은 일부 부정적인 느낌들이 있을 수밖에 없다는 사실을 인정한다. 그러나 우울과 불안 같은 감정들은 부적절하다. 그런 감정들이 기초하는 전제들이 부정적인 생활 조건을 더욱 나쁘게 만들기 때문이다. 사랑과 행복감 같은 일부 긍정적인 느낌들은 목표가 실현되었을 때 적절한 것이다. 그러나 과대망상 같은 느낌들은 부적절하다. 그것들은 그릇된 전제에 기초하기 때문이다. 그것들이 단기적으로는 사람을 기분 좋게 할지 모르지만, 조만간 다른 사람들과의 갈등을 낳고 위험을 무릅쓰는 행동을 낳기 때문이다. 목표 자체는 쉽게 달성될 수 없을 때조차 적절하지만, 절대적인 명령들(반드시 이런저런 것을 해야 한다)은 부적절하고 자신을 파괴하는 것이다.

치료 과제는 환자의 문제의 뿌리에 어떤 비합리적인 믿음이 있는가를 규정하고, 환자가 그것들을 버리도록 납득시키는 것이다. 만일 환자들 스스로 자신의 믿음이 비합리적인 기대를 낳는다는 것을 볼 수 있다면, 그들은 쉽게 그릇된 사고를 바꾸고, 따라서 그런 믿음에서 생기는 문제가 되는 감정들도 바꾸게 될 것이다. 환자들은 자신을 몹시 당황하게 만드는 질문들을 해야 한다. '왜 내가 어떤 일을 반드시 잘해야 하는가?' '내가 나쁜 사람이라고 어디에 적혀 있는가?' '내가 이런저런 것을 견디지 못한다는 증거가 어디에 있는가?' 등등.

아론 벡의 우울과 불안에 대한 치료 작업 역시 잘 알려져 있다. 그의 접근 방법은 엘리스의 경우와 상당히 겹친다. 벡은 우울한 환자들은 자신, 세계, 미래에 대해 다섯 가지 부정적이고 왜곡된 사고방식을 공유한다고 믿는다. 이 왜곡이 불안과 우울의 감정을 촉진하는데, 이것은 만성적일 경우에는 매우 곤혹스러운 감정들이 된다.

왜곡된 사고방식들에는 (1) **선별적 추상화**: 모순되거나 더 좋은 증거는 무시하고, 부정적인 세부 사항들을 고립시켜 그것에 기초해 결론을 내리는 것. (2) 자의적 추론: 증거 없이 부정적 평가를 내리는 것. (3) 지나친 일반화: 단일한 사건에서 부정적 결론을 내려 비슷하지도 않은 상황에 부적절하게 적용하는 것. (4) 확대(때로는 파국화라는 화려한 용어로 불리기도 함): 부정적인 사건의 의미가 과대평가되거나 확대됨. (5) 전부 아니면 전무식 사고: 모든 것을 좋거나 나쁘거나 둘 중 하나로 생각하는 절대적 사고인데 대부분 후자다. 이런 생각들은 엘리스가 말하는 비합리적인 믿음이나 부정확한 사고와 매우 비슷하다.

엘리스의 경우와 마찬가지로, 벡이 제시하는 치료 과제는 환자가 이런 피해를 주는 믿음들을 버리도록 하는 것이다. 그런 믿음들이 되풀이되는 불안과 우울의 기초를 이루기 때문이다. 대부분의 현대적인 인지 요법들의 경우와 마찬가지로, 벡의 치료에서도 환자가 감정적인 통찰을 얻는 것이 변화의 핵심이다. 예를 들어 우울의 경우에 사람들은 자신의 상황을 가망 없는 것으로 본다. 따라서 우울해지는 경향을 극복하려면, 환자들은 먼저 사고방식에서 잘못된 것들의 핵심을 발견해야 한다. 그런 잘못 때문에 그릇된 사고 패턴을 되풀이하게 되고, 또 그럼으로써 똑같은 기능장애적 감정 패턴을 되풀이하게 되기 때문이다.

그러나 정당한 이유 때문에 우울한 사람도 있을 수 있다. 예를 들어 갑작스러운 병으로 신체적 조건이 급속하게 또는 심하게 나빠진 사람들의 경우다. 그들이 우울을 덜어내도록 돕는 방법은 현 상황을 최대한 활용하도록 하는 것이다. 즉 삶의 귀중한 선물 가운데 남아 있는 것을 얻기 위해 노력하고 또 그 선물들을 즐길 긍정적 가능성이 여전히 유효하다는 것을 배우도록 하는 것이다. 그러나 이를 말로 하기는 쉬워도 행동하기는 어렵다고 할 수 있다.

이런 경우에 치료는 그릇된 사고의 문제를 제기하는 것이 아니라(그들에 겐 기분 나빠할 정당한 이유가 있다) 그들이 인생은 짧다는 것, 자신이 운명의 피해자인 것처럼 느끼는 것은 불만만 가득하게 할 뿐이란 점, 우울은 역효 과를 낸다는 점, 관리를 잘하면 건강이 나빠도 삶을 개선할 수 있다는 점을 보도록 도와주는 것이다. 그래서 우리는 여기서도 여전히 사고방식을 바꾸 는 것에 대해 이야기할 수 있는 것이다.

다른 인지 요법 전문가들 역시 감정이 그릇된 추론에 의해 일어난다는 점에 관심을 가지기는 하지만, 주로 대처 기술을 발달시키는 데 관심을 집 중한다. 그런 접근 방법의 하나가 도널드 마이켄바움의 스트레스 예방 접 종 훈련 프로그램이다. 이 프로그램에서 환자들은 부정적인 자아상과 진술 을 의식하게 된다. 그들은 의사의 도움을 받아 문제가 되는 상황에서 무슨 일이 일어나는지를 알게 되며, 긍정적인 자기 진술을 개발하고, 스트레스 를 주는 상황에 효과적으로 대처하는 방법들을 배우게 된다.

마이켄바움은 치료의 목적을 분명히 하기 위해 인식 재구성이라는 용어를 사용한다. 환자는 상황을 다르게, 기능적인 방식으로 해석하게 된다. 인식 재구성은 우리가 사용하는 재평가라는 용어와 비슷한 의미를 가지고 있다.

창안자인 마이켄바움과 그것을 경찰에게 사용했던 레이 노바코가 규정 한 대로, 예방접종 훈련이란 스트레스를 줄 것으로 예상되는 대결을 처리하 는 데 필요한 새로운 지식과 대처 기술을 획득하는 것을 가리킨다. 경찰은 범죄자와 접촉하게 되면 폭력적인 대치 상태로 들어가는 경우가 많다. 경찰 은 이런 식으로 폭력으로 발전하는 것이 비직업적이며 바람직하지 않다는 것을 알고 있다. 그들이 폭력을 자극하는 데 일조했을 때는 더욱더 그러하 다. 그래서 다시 일이 발생하는 것을 피하고 싶어 한다. 이 훈련은 말하자면 미래의 실패에 예방접종을 하는 것이다. 노바코는 또 보호관찰 담당자들이 관찰 대상자들의 분노와 공격적 태도에 대처하도록 훈련하기도 했다.

경찰관들에게 사용된 프로그램을 보면, 거기에는 세 가지 단계가 있다. 첫째, 경찰관들에게 스트레스가 작용하는 방식과 괴로운 감정들이 일어나는 방식에 대한 정보를 제공한다. 이 교육 단계에서 그룹 구성원들은 자기들끼리 자신이 겪은 어려운 상황들에 대하여, 그리고 이를 처리하는 데 실패하거나 성공한 방식에 대해서 이야기를 하기도 한다. 이 그룹에게는 또 역효과를 일으키는 생각과 행동들을 통제하는 것을 돕는 데 사용할 수 있는 많은 말들이 주어진다. 예를 들어 그들은 범죄자가 그들을 약 오르게 할 때, 마음을 진정시키자, 화를 내지 말자, 하고 스스로를 달랜다. 둘째, 예상 가능한 대결을 처리하는 과정을 연습한다. 셋째, 배운 것을 실제 상황에서 시험해보고, 나중에 그룹 모임에서 평가한다.

이런 종류의 훈련 프로그램에서 주목할 만한 것은, 경찰관들이 교육 단계에 스트레스를 받는 대치 상태에서 겪었던 바람직하지 못한 감정적 반응들에 대해 배우고 토론한다는 것이다. 이런 과정에서 그들은 범죄자가 그들에게 얼마나 많은 분노를 일으킬 수 있고, 또 범죄자들이 그들이 화를 내는 경향을 얼마나 쉽게 조작할 수 있는지를 알고 놀랄 수도 있다. 누가 약을 올리면 그들의 자아정체감은 쉽게 위협받는다. 따라서 그들은 냉정함을 쉽게 잃기 때문에, 대치 상태가 폭력으로 흘러가는 경우가 많다. 이는 통제할 수 있는 힘을 요구한다.

감정적 문제들, 그리고 그런 문제들 때문에 일을 그르치는 과정에 대해 통찰을 얻음으로써, 그들은 자신들 잘못을 이해하는 데 도움을 얻을 수 있다. 이런 통찰이 없다면 나중에 비슷한 실수를 예방하기 힘들 것이다.

앞서 기능장애적인 감정을 일으키고, 필요한 대처 기술을 배우는 것을 방해하는 심리적 과정에 대해 이야기한 바 있다. 문제는 단순히 정보를 얻는 것만이 아니라, 어떤 상황에서 작동되고 있는 자신의 감정들에 대한 통찰을 얻는 것이다. 분열적인 갈등과 그릇된 평가가 기능장애적인 감정들의 원인일 때, 특히 당사자가 그런 감정의 기초를 의식하지 못하고 있을 때, 상황에 다르게 대처하는 간단한 기술 훈련, 예를 들어 훈령집에서 정보를 얻는다든가, 그룹에서 자기의 경험을 털어놓는다든가 하는 것은 완전한 해결책이 될 수 없다.

깊이 뿌리박힌 성격적 특질 같은 것이 상황에 대처하는 어떤 기술을 배우려는 사람을 좌절시킬 수도 있다. 여자들은 사회적 상황에서 자기주장이 부족한 경우가 많은데, 그것을 극복시키려고 훈련하는 것이 좋은 예가 될 것이다. 설득력 있게 자기주장을 하려면 태도에 깊은 변화가 있어야 했다. 근본적인 변화가 없는 상태에서 기술 훈련만으로는 충분치 못하다. 이것이 모든 통찰 치료에서 기본적 가정이 된다.

통찰 치료 이외의 치료들

통찰 치료의 대안이 되는 치료들은 기능장애적인 감정들을 포함해 바람직하지 못한 습관들의 조건을 형성하거나 해제하는 것이 가능하다는 믿음에 기초를 두고 있다. 독자들은 여기서 조건형성이라는 표현이 학습에서 사용되는 전문적인 용어라는 것을 염두에 두어야 한다. 이 접근 방법의 예를 들기 위해 학습에 중심을 둔 치료를 보도록 하자.

학습에 중심을 둔 치료들

학습에 중심을 둔 치료에서는 두 가지 종류의 조건형성이 실행된다. 그

두 가지는 전문용어로 고전적인 조건형성과 도구적인 조건형성이라고 부른다. 고전적인 조건형성에서는 분노와 불안 같은 감정들이 어떤 중립적인 자극과 짝이 지어진다. 그래서 이런 자극이 다시 나타나면 그런 감정들을 다시 유도하게 된다.

공포의 조건형성을 예로 들어 설명해보겠다. 과거에 콧수염을 기른 낯선 사람과 함께 있을 때 공포를 느꼈다고 가정해보자. 나중에는 콧수염을 기른 사람만 보면 공포를 느끼게 된다. 그런 학습이 일어나려면 공포와 콧수염이 여러 번 짝이 지어질 필요가 있다. 그러나 만일 외상적인 사건들의 경우처럼 강렬한 감정들이 관련된다면, 이런 짝짓기가 일어나는 경우가 설사 단 한 번이라도 중립적인 자극(콧수염)과 그것과 짝이 지어지는 감정적인 반응(공포) 사이에 정신적 관련이 확립될 수 있다. 당사자는 그런 짝짓기를 의식할 수도 있고 의식하지 않을 수도 있다. 물론 의식을 하게 되면, 자신이 예상하는 바를 말로 표현할 수 있기 때문에 학습을 촉진한다.

이런 종류의 학습은 오래전 러시아 생리학자 이반 파블로프(1849~1936)가 우연히 처음으로 발견했다. 파블로프는 침 분비와 소화를 연구하기 위해 개를 묶어두고 있었다. 그러다 침의 분비는 개의 입에 먹이가 놓일 때만이 아니라, 개가 먹이를 볼 때도 생긴다는 것을 알게 되었다. 먹이에 대한 침 분비 반응은 선천적인 것이다. 하지만 이 경우에는 침 분비가 먹이를 보는 것의 조건 반응이 되었던 것이다.

파블로프는 실험들을 통해, 예를 들어 종소리처럼 원래는 침의 분비를 유도할 수 없는 자극이었다 해도 침 분비와 그 자극 사이에 관련이 확립되면 개는 그 자극에 침을 흘리게 된다는 것을 발견했다. 파블로프의 실험에서 종소리는 원래 침 분비를 유도하지 못했다. 당연히 먹이는 침 분비를 유도했다. 따라서 종소리가 먹이와 관련될 수 있다면, 개는 이제 원래는 중립적인 종소리에도 침을 흘리게 될 터였다. 파블로프는 우연히 커다란 의미를 지니는 학습의 원리를 발견함으로써, 가장 영향력 있는 생리학자들 가운데 한 사람이 되었다.

나중에 공포 같은 감정들도 이런 식으로 학습될 수 있다는 것을 보여준 사람들도 있다. 공포의 조건형성과 관련된 실험은 1920년대에는 아주 잘 알려지게 되었고, 그 실험은 몇 세대에 걸쳐 수많은 심리학 교과서에 실렸다. 이 실험에서 앨버트라는 이름의 어린 남자아이는 공포를 유도하는 상황에서 하얀 쥐를 보게 됨으로써, 하얀 쥐를 비롯하여 모피가 덮인 동물들을 두려워하는 조건 반응을 보이게 되었다.

공포를 유도하는 자극으로는 커다란 소리가 사용되었는데, 이것이 하얀 쥐를 보는 것과 짝을 이루었다. 나중에는 겁을 주는 소리 없이 쥐만 나와도 아이는 공포 반응을 보이게 되었다. 아이는 공포와 쥐를 관련짓게 된 것이다. 이런 식의 조건형성의 핵심은 파블로프의 연구에서 종소리처럼, 보통의 경우 그 자체로는 공포를 자아내지 못하는 자극(하얀 쥐)이 자연스럽게 공포를 일으키는 다른 자극(큰소리)과 반복해서 짝을 이루게 되면 공포를 자극하게 된다는 것이다.

이 실험은 곧 원치 않는 감정들이 학습될 때와 같은 방법으로 다시 학습되거나 조건 해제될 수도 있을 것이라는 중요한 치료적인 아이디어를 낳게 되었다. 하나의 예로, 조셉 울프라는 정신과 의사는 환자에게 중립적이거나 약한 공포를 유도하는 자극에서부터 점차 강한 공포를 유도하는 자극으로 등급을 올려가며 자극을 제시하는 과정을 만들어놓았다. 환자가 약한 자극에서 공포를 느끼지 못할 때만 더 강한 단계로 올라간다. 이 과정에서 맛있는 음식을 먹는다든가 하는 익숙하고 마음 놓이는 물건이나 행동의 존재는 이런 공포를 유도하는 자극들에서 공포 조건의 해제를 촉진한다.

두 번째 유형의 조건형성은 전문적으로는 **도구적 조건형성**이라고 부르는 것이다. 이것은 자극의 조건들을 다른 식으로 배치하는 것으로, 이 또한 학습을 촉진한다. 도구적 조건형성이라는 것은 보통 동물들을 우리가 원하는 행동을 하도록 훈련하는 방법이다. 예를 들어 개한테 명령에 따라 그대로 있거나 오도록 가르칠 때, 개가 나름대로의 이유로 다른 행동을 제쳐두고 우리가 바라는 행동을 수행하도록 만든다. 개는 결국 행동과 명령을 관련짓는 것을 배우게 되는데, 이것이 우리가 바라는 행동을 발생시키기 위한 도구가 된다. 개가 그런 행동을 한 후 먹이나 따뜻한 애정 표현으로 개가 원하는 보답을 하기 때문에 개는 이것을 배우게 된다.

원치 않는 감정에 관해서도 이와 같은 방식으로 어떤 행동에 의해 조건이 형성될 수 있다. 행동과 감정의 관련이 잘 확립되면, 우리는 행동을 하고 나서 그 감정을 경험한다. 예를 들어 우리는 분노를 표현하게 되면, 상대방(예를 들어 부모나 상사)이 분노로 보복하기 쉽고, 그것은 위험하다는 것을 배운다. 따라서 우리는 분노를 표현하고 나면 보복이 일어날까 봐 불안을 느낀다. 이런 분노와 불안의 관련은 어떤 행동과 위협 사이에 일어나는 도구적 조건형성의 한 예라고 생각할 수 있다.

1970년대에는 조건형성 과정에 대한 이해 방식에 중대한 이론적 변화가 일어났다. 그리고 이로 인해 인지 요법이 생겨나게 되었다. 이제 우리는 학습을 통해, 어떤 행동이나 조건형성적 신호가 있는 상태에서 해롭거나 유익한 결과에 대한 기대를 배우게 된다고 이해하고 있다.

파블로프의 개는 종소리 같은, 이전에는 중립적인 자극이 먹이나 벌 같은 보상을 낳을 것임을 배웠다. 인지 요법적 해석은 그 개가 하나의 기대를 가지게 되었다는 것이다. 명령에 따라 오는 개는 주인이 먹이나 애정의 표시로 보답을 해주리라 기대하게 된 것이다. 분노를 표현할 때 불안해지는 사람들은 그 분노에 대한 처벌적 보복을 예상하는 것이다.

인지 요법 전문가들은 학습이 어떤 해로움이나 유익함에 대한 기대의 획득이라고 생각한다. 이것은 사실상 자신의 행복과 관련하여 사건의 의미를 평가하는 것과 같은 의미다. 여기서 평가란 단순한 가치판단이 아니라, 일어날 일에 대한 기대에 의지하거나 그런 기대를 만드는 것이기도 하다. 원하지 않는 감정적 반응을 제거하려면 과거에 원치 않는 감정을 유도한 조건을 재평가하는 것을 배워야 한다. 말을 바꾸면, 일어날 일에 대한 가치판단과 기대가 변해야 한다는 것이다.

긴장 풀기, 명상, 최면, 생체 자기 제어

통찰이나 기대 변화에 기초를 두지는 않지만 많은 단순한 방법들이 불안이나 여타 괴로운 감정들을 더는 것을 도와줄 수 있다. 가장 오래되고 간단한 방법은 긴장 풀기를 체계적으로 수행하는 것이다. 이것은 감정에 의해 흥분한 몸을 진정시키고자 노력하는 것이다. 예를 들어 점진적인 긴장 풀기에서는 긴장을 풀기 위해 몸의 주요한 근육 그룹들 각각을 긴장시켰다가 이완시킨다.

이와 관련된 기법이 명상으로, 불교도들이 개발한 방법을 모방하는 것이다. 하버드 의대의 저명한 심장학자 허버트 벤슨의 말처럼 이는 하루에 한두 번 10분 내지 20분 동안만 하면 되는 간단한 것이다. 벤슨이 가르치는 명상에는 종교적인 의미는 전혀 없다.

환자는 '하나' 같은 단어나 짧은 구절을 고른 다음, 편안한 자세로 앉아 눈을 감고, 근육의 긴장을 풀고, 규칙적인 박자로 천천히 숨을 쉬며 그 말을 되풀이하면 된다. 다른 생각들이 떠올라도 관심을 가지지 말고, 잡념을 차단하기 위해 계속 처음의 의미 없는 말이나 구절로 돌아가야 한다. 명상이 끝이 나면 환자는 몇 분 동안 조용히 앉아, 다시 일상적인 활동으로 돌아갈 준비를 하는 과도기를 맞는다. 여러 번 거듭하다 보면 점점 잘할 수 있다.

심리 치료에서는 오늘날에도 최면이 사용되고 있다. 통찰 치료에서 전통적으로 최면을 사용하는 방법은 감추어진 갈등을 드러내고, 그러고 나서 완전한 의식 상태에서 체계적으로 탐사해보는 것이다. 최면은 이런 식으로 통찰 치료의 한 부속물이 된다.

최면은 또한 이것이 고도의 피암시성 상태이기 때문에 이용되기도 한다. 최면 상태에서 이루어지는 암시, 예를 들어 담배를 끊으라든가, 정신적으로 편안함을 가지라든가 하는 것은 어떤 사람들의 경우에는 원치 않는 의존성을 극복하고, 긴장과 생리적 부수물을 낮추는 데 도움을 줄 수 있다. 최면은 또 빈발하는 두통 횟수나 강도를 감소시켜줄 수도 있다. 또는 숨을 쉴 수 없을 것이라는 불안에 의해 악화되는 심한 천식을 억제하거나, 불안 자체를 억제하는 데 이용될 수도 있다.

긴장 풀기나 명상의 경우와 마찬가지로 최면 역시 환자의 고통의 핵심으로 들어가거나, 문제의 원인을 밝힘으로써 통찰을 주거나 하지는 않는다. 따라서 이것도 피상적인 치료로 간주되어야 하며, 어쩌면 통찰에 중심을 둔 치료들의 하나의 부속물로서만 유용하다고 볼 수 있을 것이다.

마지막으로 **생체 자기 제어**(biofeedback)라고 알려진 방법은 현재 많은 전문적인 추종자들을 두고 있다. 이것은 긴장으로 인한 두통을 비롯해 감정적 고통으로 인한 생리적 증상들의 빈도와 강도를 줄이는 데 이용된다. 환자는 심장박동, 피부 저항, 긴장을 감소시키고 싶어 하는 근육 등의 활동을 측정하는 전자기구를 몸에 붙인다. 일반적으로 생체 자기 제어의 목표물은 이마를 가로질러 달리고 있는 전두부의 근육이다. 이것이 긴장으로 인한 두통과 관련되기 때문이다.

생체 자기 제어의 과제는 보통의 경우는 이러한 자율적인 신체 반응을 환자의 수의적인 통제하에 두자는 것이다. 이 방법은 생리적인 활동의 변화에 대한 시각적·청각적인 기록을 제공하는 것에 의존한다. 생리적인 변화는 환자가 보고 있는 시각적·청각적인 모니터의 기록으로 바뀐다. 그 결과 생리적인 반응에 대한 정보는 환자에게 전달된다. 따라서 환자가 그것을 통제하고 있을 때는 그것을 볼 수 있다. 어떤 사고방식은 긴장 풀기에 도움이 되고 또 어떤 방식은 도움이 되지 않는다. 만일 환자가 차이를 가져오는 뭔가를 우연히 발견하게 되면, 보통은 수의적인 통제가 불가능한 신체 반응에 대해 제한적인 통제력을 행사하는 방법을 배울 수도 있다.

환자가 자신의 생리적 활동을 바꾸기 위해서 실제로 무엇을 하거나 생각하는지 사실은 아무도 모른다. 그리고 이런 생리적인 상태에 대한 어느 정도의 통제가 일관되게 유지될 수 있느냐에 대한 논란도 있다. 어떤 이론은 그런 통제가 간접적인 것이라고 한다. 즉 환자들이 자신의 생리적 상태 변화를 모니터링하는 동안 하게 되는 생각이나 행동에 의해 만들어진다는 것이다. 생체 자기 제어는 환자가 상황을 해석하는 방식(이것이 감정과 그 생리적 상관물에 영향을 준다)의 중요성에 대한 또 하나의 예일 수 있다. 이 모임의 다른 방법들과 마찬가지로, 이 치료는 환자의 신체 긴장의 심리적 원인을 드러내는 것이 아니라, 생리적 증상들을 통제하는 것에만 관심을 가진다는 점에서 피상적이다.

심리 치료와 감정

치료의 접근 방법들의 차이는 감정을 바라보는 방식의 차이라고 할 수 있다. 모든 의사들이 고통과 기능장애의 원인으로서, 또 환자의 생활상의 문제에 대한 구체적 실례로서 감정을 중시한다. 그들은 감정을 핵심적인 치료 도구로 끌어안는다. 심리 치료에서 감정의 역할을 연구한 선구자들인 레슬리 S. 그린버그와 제러미 D. 사프란은 그 원리를 이렇게 표현했다.

> 우리가 치료에서 감정의 역할과 씨름을 하지 않는다면, 인간의 변화 과정에 대한 우리의 이해는 공허할 것이며, 심리 치료를 잠재적으로 강력한 변화 과정으로 만들어주는 것에서 핵심적인 요소들 몇 가지가 빠지게 될 것이다.

정신분석은 프로이트의 예를 따라 감정을 타고난 충동들(또는 이루어지지 않은 목표들)의 억제라고 생각했다. 치료는 억눌린 긴장을 해소하는 것으로, 종종 카타르시스라고 부르는 과정이다. 카타르시스는 환자가 자신을 괴롭히는 것에 대해 이야기하는 동안 좌절과 괴로움을 나타내고, 억눌렸던 느낌들을 표현할 때 일어난다. 이것은 마치 설사약이 소화에 불필요한 산물을 제거해주듯이, 생활을 방해하는 독들을 정화해주는 것이라고 이야기되어왔다.

프로이트는 훗날 억제된 충동이 아니라 방어가 문제라고 말했다. 그것이 진짜 벌어지고 있는 일을 속이기 때문이다. 프로이트의 생각에 이런 변화가 일어나면서, 카타르시스에 의존하지 않는 새로운 심리 치료가 생겼다. 방어를 드러내고 통찰을 얻는 것에 대한 새로운 강조는 카타르시스나 억눌린 에너지의 방출이 치료에서 중요한 것이 아니라는 깨달음을 낳았다.

불행히도, 정신분석학적 사고에서는 감정들을 억눌린 에너지와 연관시킴으로써 감정들은 병적이라는 느낌이 생기게 되었다. 이제까지 보아왔듯이 이는 잘못된 것이다. 감정들이란 충족된 목표와 막힌 목표 둘 다에서 나오는 적응적 산물이기 때문이다. 물론 감정들이 부적절한 평가와 대처 과정의 산물일 때 그것들은 기능장애적이 되고, 따라서 병적이 되고 바로잡아야만 한다. 따라서 상황을 어떻게 평가하고, 이런 평가가 얼마나 역효과를 내고 또 비효과적인 대처 방식을 낳느냐에 초점이 맞추어져야 한다 .

자기방어의 결과인 감정적 문제를 다루기 위해서는 환자의 방어기제들이 노출될 필요가 있다. 이는 억눌린 충동들에 대한 통찰을 줄 수 있고, 그 결과 그릇된 평가와 대처 과정을 의식적으로 바꾸도록 해줄 수도 있다. 그러나 그 통찰은 실제 행동을 통한 감정적 대결에 의해 검증을 받아야 한다(우리는 앞서 이것을 뚫고 나간다고 표현했다). 오직 괴로운 감정적 경험을 겪으면서 새로운 대처 방법을 시도할 때만 그 사람에게 근본적인 변화가 일어날 수 있다.

행동주의적 치료 전문가들은 원치 않는 감정들의 조건을 해제하는 과정에서 사람이 상황을 어떻게 평가하느냐에 대해서는 거의 언급하지 않는다. 치료가 효과가 있으려면 환자와 감정적 고통의 원인 사이에 대결이 이루어져야 한다. 치료 전에는 환자가 이 원인들을 피했다.

치료 과제는 배운 것을 고쳐 배움으로써 어떤 행동을 수행하거나, 공포를 유도하는 대상과 함께 있어도 공포를 느끼지 않도록 하는 것이다. 환자는 대결을 통해 고통스러운 것이 뒤따르지 않는다는 사실을 발견해야 한다. 예를 들어 어머니에게 이의를 제기할 수 없었던 환자는 이제 자신이 자신의 명령을 따르고, 그러는 과정에서 어머니의 노여움을 산다 해도, 예상하던 재난은 일어나지 않는다는 것을 배워야 한다. 공포를 가지는 사람들은 그들이 예상하는 공포가 잘못이라는 것을 배워야 한다. 이것을 배우기 위해서는 예를 들어 차를 몰고 다리를 건너는 행동처럼 늘 공포를 유발하던 행동을 피하는 것을 중지하고, 그들이 결과를 두려워하던 그 행동을 수행해야만 한다. 그렇게 하면, 예를 들어 차를 몰고 다리를 건너도 해로운 일이 일어나지 않는다는 것을 알 수 있다. 치료는 이런 발견을 하도록 도와주고, 그런 발견에 의존하여 우리가 사는 방법을 바꿀 기회를 준다. 이런 발견을 통찰이라고 불러도 무방하다는 데 주목하라. 다음 인용문은 그런 생각을 표현한 행동주의적 의사들의 말이다.

> 불안이라는 병은 공포를 유발하는 것과의 **대결**을 피하고자 하는 지속적인 시도다……. 사실, 만일 신경증 환자들이 자신이나 자신의 환경에 불편을 일으키는 정보를 인정하지 못하거나 생각해내지 못한다면, 심리 치료는 그런 정보와의 대결을 촉진함으로써 감정 변화가 일어날 수 있는 환경을 제공하는 것이라고 해석할 수도 있다.(강조는 인용자)

인지 요법 의사들은 괴롭고 기능장애적인 감정들이 부정적인 사건에서 구성된 개인적 의미들의 결과라고 생각한다. 그들의 치료 과제는 이런 개인적 의미들과 그것들을 조장하는 사고방식을 바꾸는 것이다. 그러나 치료는 문제에 대한 지적인 탐사일 뿐 아니라, 낡고 병적인 사고방식과 새롭고 현실적인 사고방식 양쪽과 관련된 감정들을 경험하는 일을 포함하기도 한다.

이처럼 문제를 뚫고 나간다는 주제는 인지 요법 의사들이 감정과 이성의 결합에 대해 말하는 것에서도 표현된다. 감정과 이성의 결합은 이성적 통찰보다는 감정적 통찰을 강조하는 또 하나의 방법이다. 예를 들어 심리 치료 전문가들인 도널드 마이켄바움과 로이 캐머론은 스트레스 예방접종에 대해 논하면서 치료에서 자신을 타이르는 말을 이용하는 것에 대해 다음과 같이 쓰고 있다

(자신을 타이르는 말)이 아무 생각 없이 되풀이하는 캐치프레이즈나 말로만 하는 변명으로 제시되는 것이 아님을 이해하는 것이 중요하다. 공식이나 기도문 같은 것을 이용하라고 하는 사람들이 있는데, 그것은 고무하는 기계적인 되풀이나 감정 없는 빈말로 끝나는 경향이 있다. 이는 스트레스 예방 접종 훈련의 목표인 문제를 해결하는 사고와는 차이가 있다. 지나치게 일반적인 공식 지향적인 사고들은 효과가 증명되지 않는 경향이 있다.

인지 요법 전문가인 앨버트 엘리스는 생각, 감정, 동기부여의 통일에 대해 말하면서 이와 관련된 점을 지적하고 있다.

RET(이성-감정 치료)는 인간의 사고와 감정이 분리되었거나 서로 다른 두 과정이 아니라, 둘이 상당히 겹치며, 어떤 점에서는 본질적으로 똑같은 것이라고 해도 지나치지 않다고 가정한다. 다른 두 가지 기본적인 삶의 과정인 감각과 운동과 마찬가지로, 이 둘은 뗄 수 없이 통합되어 있으며, 절대 서로 완전히 떨어진 것으로는 볼 수 없다……. 따라서 "스미스는 이 문제에 대해 생각한다" 하고 말하는 것도 정확하게 하자면, "스미스는 이 문제에 대해 감각을 가지고—운동을 하고—느끼고—생각한다"라고 말해야 한다.

인지 요법의 또 다른 선배인 아론 벡은 이성과 감정의 관계의 방향을 약간 돌려놓기 위해 생각이나 이해가 없는 감정적인 카타르시스는 변화를 일으키는 데 충분하지 않다고 지적하고 있다.

카타르시스적이거나…… 감정적인 경험이 치료 효과를 가지려면 (어떤) 유형의 지적인 틀이 중요하다. 사람들은 일평생 지속적으로…… 카타르시스와 정화 반응을 겪지만, 아무런 도움이 안 되는 것으로 보인다. 그러나 치료의 환경 내에서는 환자가 카타르시스와 더불어 '뜨거운 인식'(고도의 감정적인 생각들)을 갖는다. 말하자면 한 걸음 물러나 자신의 경험을 객관적으로 관찰하는 능력을 갖게 되는 것이다……. 치료가 효과를 보기 위한 필수적인 요소들은 치료의 구조 내의…… '뜨거운 인식'의 산물이며, 이런 인식의 (현실성을 확인할) 기회다. 이것은 치료 전문가가 정신분석을 사용하든, 행동 치료를 사용하든, 인식론적 치료를 사용하든 관계없이 해당된다.

아직 언급하지 않은 통찰 치료가 또 하나 있다. 그것은 경험적·실존적 치료라고 하는 것이다. 이것은 삶의 의미에 초점을 맞추는 것이다. 환자는 삶의 의미를 잃었을 수도 있고, 한 번도 제대로 탐사해본 적이 없을 수도 있다. 이런 종류의 치료는 정신분석과 흡사해 보인다. 다만 이것은 환자가 좋은 삶이 기초를 두고 있는 근본적 의미를 구성하거나 유지하는 데 실패하는 것에 주로 초점을 맞추고 있을 뿐이다.

경험적·실존적 치료 전문가들은 감정을 문제를 알 수 있는 열쇠로 본다. 그들은 1960년대의 반문화에서 하던 이야기처럼, 문제가 있는 사람들은 자신의 감정과 접해볼 필요가 있다고 가정한다. 환자의 과제는 이런 감정들이 표시하는 개인적 의미들을 더 잘 의식하고 그것들에 더 반응하는 것이다. 이 치료에서는 변화가 일어나기 위해서 감정을 경험하고 표현하는 것이 필요하다고 한다.

따라서 다양한 심리 치료 학파들 사이에 주목할 만한 의견 일치가 있는 셈이다. 모두 고통스러운 감정들을 피하는 것은 사람들이 그들의 삶에서 무슨 일이 일어나고 있는지 이해하는 것을 막는다는 데 합의하고 있다. 불안이든, 분노든, 죄책감이든, 수치심이든, 그 감정들, 그리고 그런 감정을 자극한 상황들과 대결하는 것이 통찰과 변화가 일어나는 데 필요하다. 모든 치료에서 감정과 이성 사이에는 결합이 가정되고 있다. 또한 사고 패턴이 감정의 기초를 이루며, 환자들은 그것들을 서로 분리하려고 방어적으로 노력하는 대신, 살고 경험하는 가운데 그것들을 결합해야 한다는 데 의견이 모아지고 있다.

    치료는 행동, 느낌, 생각, 소망, 사회적 환경에 대한 감각 등과 관련을 맺는다. 치료는 정신을 구성하는 이런 요소들 사이의 갈등을 제거하려는 것이다. 생각 없이 느끼는 것은 이런 점에서 도움이 되지 않는다. 느낌, 행동, 삶을 지탱하는 동기 없이 생각하는 것도 도움이 되지 않는다. 치료 과정에서 정신이 어느 정도 통일성을 얻으려면 치료를 받는 당사자가 이 모든 다양한, 그러나 상호의존적인 심리적 활동들을 함께 모으고 통합해내야 한다. 이렇게 해야 감정적 변화가 가능하다.

14장

마지막 생각들

우리는 머리말에서 두 가지 주제를 강조했다. 첫째는 감정이 개인적 의미의 산물이라는 것이다. 개인적 의미는 우리에게 중요한 것, 바꾸어 말하면 우리가 얻기 위해 노력하는 것, 그리고 우리 자신이나 우리가 사는 세계에 대해 믿고 있는 것에 달려 있다는 것이다. 둘째는 각각의 감정은 그 나름대로 극적 플롯이나 이야기를 가지고 있다는 것이다. 그것은 경험에 부여하는 개인적 의미에 의해 규정된다. 감정들을 이해하려면 이 플롯들을 알아야 한다. 이 책 전체에 걸쳐 이 주제들을 정교하게 다듬고, 확대하고, 감정에 대한 추가적 쟁점과 특징을 살피고, 이제까지 이야기해온 것을 구체화할 수 있는 사례들을 제공했다.

이제 감정들을 탐사하는 과정에서 드러난 주된 교훈들 몇 가지를 정리하기 위해 다시 그 주제들로 돌아가보기로 하자. 심리 치료를 하는 임상의 학자들이 그들의 환자들의 일상생활에서 감정이 얼마나 중요한지를 인정하는 것을 보면 매우 인상적이다.(13장) 여러분은 이 책에서 얻은 교훈들을 여러분 자신의 삶에 적용함으로써 똑같은 도움을 어느 정도 받을 수 있을 것이다.

감정과 이성은 분리될 수 없다

사회는 전통적으로 감정과 이성을, 말하자면 가슴과 머리를 분리해왔다. 그러나 여러분은 이제 이것이 감정이 작동되는 방식이 절대 아니라는 것을 알아야 한다. 감정이 일어날 때도 마찬가지고, 사회적 교류 속에서 통제될 때도 마찬가지다. 감정들은 늘 이성에 의존하며, 이 두 가지는, 분석을 위해서가 아니라면, 그 본성상 분리될 수가 없다. 이것이 여러분이 반드시 배워야 할 첫 번째 항목이며 가장 중요한 교훈이다. 이 교훈은 우리의 감정생활을 이해하고 그것에 대처하는 데 중요한 의미를 지니고 있다.

감정들이 비합리적이라고 생각하거나, 감정들이 우리의 사고방식과 아무런 관계가 없다고 생각하는 오랜 습관은 버려야 한다. 정반대로, 일상생활에서 일어나는 일들에 대한 평가, 그리고 그 평가가 가지는 광범위하고 실존적인 의미들이 우리가 경험하는 모든 감정들의 일차적인 원인들을 이룬다. 왜 우리가 감정이라는 것을 느끼는가를 알기 위해서는 감정을 초래한 생활 속 상황에서 이끌어낸 개인적 의미를 이해해야 한다. 가치판단이 들어간 이러한 의미 부여를 가리키기 위해 이 책 전체에 걸쳐 사용한 전문용어가 평가다. 평가는 또한 감정을 일으키는 사건들에 대처하는 방식과 우리가 감정 표현을 통제하는 방식도 규정한다.

나아가 생활 속에서 감정적인 상황에 대처하기 위해서 무엇을 하는가, 그리고 이런 행동이 우리가 처리해야 하는 환경과 얼마나 일치하는가 하는 것에 일상적인 일뿐만 아니라, 많은 스트레스를 주는 삶의 중대사들을 처리하는 데 우리가 얼마나 능력을 발휘할 수 있는지 여부가 달려 있다. 그리고 평가가 얼마나 정확하고 지혜로우냐에 따라 대처가 달라질 뿐 아니라, 행복이나 불행에 대한 느낌을 포함해 신체적·생리적인 건강도 달라진다.

감정은 개인사에 따라 달라진다

개인 인생사에도 마찬가지로 넓은 편차가 존재한다. 우리는 한 나라의 서로 다른 지역에 살고 있고, 서로 다른 사투리를 쓰거나 서로 다른 억양을 쓰고 있고, 서로 다른 하위문화, 인종, 종교에 속해 있고, 서로 다른 부모를 가지고 있고, 서로 다른 학교에 다녔고, 서로 다른 선생에게서 배웠고, 서로 다른 형제들과 함께 자랐다. 어떤 사람들은 가난한 반면, 어떤 사람들은 부유하다. 어떤 사람들은 부모가 이혼했고, 어떤 사람들은 어린 나이에 부모를 잃었다. 어떤 부모들은 냉정하고, 많은 부담을 주고, 무관심하고, 무감각하고, 심지어 학대를 할 수도 있다. 반면 어떤 부모들은 따뜻하고, 지적이고, 아이를 기르는 데 공을 들인다.

생물적 조건과 사회적 경험 양쪽의 이 모든 편차들은 감정 패턴들의 개인차와 긴밀한 관계를 가지고 있다. 저마다 어린 시절을 거쳐 어른으로 커가면서 삶의 본성과 삶을 사는 방식에 대해 서로 다른 것들을 배운다. 우리는 많은 목표들을 공유하고 있지만, 어떤 사람들에게는 그 가운데 일부가 다른 사람들의 경우보다 더 중요할 수도 있다. 성공을 하는 것이 인생에서 가장 중요한 목표인 사람들도 있다. 반면 어떤 사람들에게는 따뜻하고 다정한 사회적 관계를 가지는 것이 가장 중요하고, 성취는 거의 의미가 없다.

사람들은 또 자신과 세계에 대해서 서로 다른 믿음들을 가지게 된다. 사람들은 서로 다른 스타일의 평가와 대처를 배운다. 사람들은 서로 다른 스트레스를 겪으며, 거기에 대처하게 되고, 그 과정에서 삶을 꾸려가는 방법을 배운다. 이런 차이 가운데 일부는 그들이 세상에서 위치한 자리에 따라 우연한 일에서 생겨나며, 교육, 직업, 결혼과 가정, 거처 등 인생 초기에 내린 결정들에서 생긴다.

이런 편차는 각 개인이 서로 구별되는 감정 패턴을 가지게 된다는 뜻이다. 그 패턴을 이해하려면 다른 사람들과 비교되는 자신에 대한 것 두 가지를 알아야만 한다. 첫째 당신은 일군의 독특한 가치와 헌신하는 목표들을 가지게 되었을 뿐 아니라, 당신 자신과 당신이 사는 세상에 대한 믿음도 가지게 되었다. 둘째, 당신이 살아가는 실제 환경, 당신에게만 독특한 그 환경은 당신의 자원에 대해 나름대로 특정한 요구를 하고, 당신이 살고 행동하는 방식에 나름대로 제한을 가하고, 다른 환경과는 다른 기회를 제공한다.

감정 과정에 대한 규칙들은 모두에게 공통된다. 그러나 당신 자신의 특정한 성격이 당신이 만나는 특정한 환경과 함께 놓임으로써, 그 환경의 변화하는 요구와 제한과 기회와 함께 놓임으로써, 당신의 감정적 패턴은 독특하게 형성된다. 당신의 환경, 특히 당신이 마주하는 사람들을 뜻하는 당신의 사회적 환경은 일평생 늘 변하며, 당신 자신도 변한다. 감정들은 이런 두 가지 변화에 민감하며, 그런 점에서 여러 번 말했듯이, 당신 인생에서 일이 어떻게 되어가는지 보여주는 유용한 지표를 제공하기도 한다.

중요한 점은 서로 다른 목표들, 사고방식들, 환경적인 압박과 기회들, 참여해야 하는 투쟁, 현실과 미래에 대한 감각이 인생 단계마다, 또 세상의 변화에 발맞추어, 각기 다른 패턴의 감정과 각기 다른 패턴의 대처 방식을 만들어낸다는 것이다.

사람들은 적극적으로 자신의 삶을 만들어나간다

우리가 관찰한 바에 따르면 또 하나의 중요한 사실은 사람들이 자신에게 무슨 일이 일어나기를 기다리며 가만히 앉아 있지 않는다는 것이다. 오히려, 사람들은 자신의 목표를 달성하는 데 유리한 상황들을 추구하며, 좌절을 낳는 상황을 피하려 하며, 대결해야 하는 것들과 씨름하려고 한다. 일부는 다른 사람들보다 더욱더 이런 선택을 의식하고 살 수도 있다. 그러나 이것들은 우리 모두가 평생에 걸쳐 해야 하는 선택임이 분명하다.

기거나 걷지 못하는 아기는 데려다 놓은 곳에서 꼼짝도 하지 못하며, 편안하거나 안전하거나 재미있는 곳으로 옮겨갈 수 없다. 돌봐주는 사람이 신체적·심리적 환경을 바꾸도록 다른 데로 옮겨주어야 한다. 그러나 아기는 수동적이지는 않다. 울 수 있고, 고개를 돌릴 수 있고, 만족하며 웃을 수 있고, 점점 많은 방법으로 그 곤경을 전할 수 있기 때문이다. 아기는 나이가 들수록 환경을 다루는 데 점점 더 유능해진다. 그리고 성인이 되었을 때는 우리의 요구를 처리하고 직면해야 하는 조건들에 대처할 수 있는 아주 다양한 신체적·심리적인 자원을 얻게 된다.

우리는 가능한 한 효과적으로 우리 삶에서 뽑을 수 있는 카드를 뽑아 게임을 하기 위해 늘 일어나고 있는 일, 우리가 하고 있는 일, 우리가 반응하는 방식, 다른 사람들이 반응하거나 반응할 방식의 의미를 평가하고 있다. 이런 평가(그리고 재평가) 과정은 설사 스스로 우리가 구성하는 개인적인 의미들을 의식하지 못하더라도 늘 이루어지며, 이것이 우리가 게임을 하는 방식을 규정한다.

우리가 상황을 바꾸기 위해 할 수 있는 일이 별로 없는 경우가 많다. 그러나 삶을 잘 꾸려나가는 사람들은 상황이 나빠지면 되도록이면 그것을 바꾸기 위해 적극적으로 노력하며, 직면해야 할 일에 대비한다. 아무것도 할 수 없을 때는 있는 그대로의 현실을 최대한 이용하려 한다. 이 모든 것에서 주목할 만한 것은, 아주 어렵거나 파괴적인 환경에서조차, 대부분의 사람들은 어떻게든 흐트러지지 않고 삶에 대한 유망한 관점을 유지해나간다는 것이다. 인간으로서 우리의 운명은 노력하고 일하는 것이며, 즐거움과 어쩌면 약간의 행복감을 느낄 뿐 아니라 상실, 고통, 괴로움을 경험하는 것이다. 이 모든 삶의 조건에 감정들이 따른다.

감정을 이해하기

우리가 끌어낼 수 있는 네 번째 교훈은 각각의 감정이 나름대로 독특한 플롯을 가지고 있으며, 특정한 개인적 의미들을 드러내는 평가들로 이루어져 있다는 것이다. 분노는 나름대로 극적인 시나리오를 가지고 있으며, 불안, 죄책감, 긍지, 사랑 등도 마찬가지다.

각각의 감정의 플롯을 안다는 것은, 머리말에서 암시했듯이, 우리 자신과 다른 사람들을 이해할 수 있는 강력한 도구를 가지게 되는 것이다. 우리는 이 이야기들을 배우며, 아주 어렸을 때부터 그 이야기들을 인식하기 시작한다. 우리가 경험하는 감정들 각각에는 냉혹한 논리가 있지만, 그 논리를 알게 되면 우리는 우리 자신, 우리가 사랑하는 사람들, 우리의 적들이 경험하고 보여주는 감정 패턴들을 판독할 수 있다.

따라서, 예를 들어, 자신이 분노를 느낄 때나 누군가 다른 사람이 분노하고 있음을 알 때, 우리는 무엇이 그 분노를 초래했는가를 이해할 수 있다. 분노의 경우 우리는 어떤 사건, 혹은 우연한 일, 혹은 어떤 사람의 행동이나 반대로 하지 않은 행동이 에고에 모욕으로 해석되었다는 것을 알고 있다. 그리고 우리는 보통 각각의 감정에 대해 의미 있는 플롯을 짜 맞출 수 있다.

이제 우리는 우리 자신의 삶과 다른 사람들의 삶에서 이 플롯들을 읽을 수 있게 되었다. 그 플롯들은 일상생활에서 되풀이되는 주제다. 그리고 우리는 우리 자신에게나 남들에게나, 감정을 우리가 경험에 부여하는 의미를 이해할 수 있는 강력한 실마리로 이용한다.

우리가 이 정글에서 가장 감정적인 동물이라는 말은 되풀이할 가치가 있다. 얼굴, 자세, 목소리의 특질, 언어, 행동 들에는 감정이 배어 있다. 진화론에 대해 알고 있는 것을 고려해보면 이런 감정생활이 변화하는 환경에 적응하는 것을 돕는다고 추측할 수밖에 없다. 감정은 늘 환경에 민감하도록 해주며, 유연하게 반응하도록 해준다.

앞에서도 말했듯이, 감정과 이성은 따로 노는 것이 아니라 함께 움직인다. 이 둘은 사실상 분리할 수가 없다. 만일 감정과 이성 사이에, 또는 가슴과 정신 사이에 중대한 불균형이 있다면, 부정직하거나 아니면 정신병을 앓고 있는 것이다.

감정 발생과 통제는 서로 다른 단계를 이룬다

우리가 배워야 할 또 하나의 교훈은 감정이 일어나는 것은 감정 과정에서 첫 단계일 뿐이며, 이는 감정의 표현과는 다른 단계라는 것이다. 예를 들어 우리는 때때로 분노를 느끼면서, 우리를 분노하게 만든 것을 분명하게 인식한다. 우리는 우리가 경험한 모욕이 다른 사람 때문이라고 생각하기도 하는데, 이것이 우리가 그 사람에게 분노를 느끼는 이유를 설명해준다. 그러나 그렇다고 해서 우리의 감정대로 반격에 나선다는 뜻은 아니다. 일어난 감정이 반드시 만개한 감정적 사건이 될 필요는 없다.

두 번째 단계(물론 두 단계의 구별이 그렇게 깔끔하게 보이지는 않을 것이다. 둘 다 감정 과정 전체의 부분들을 이루고 있기 때문이다)는 일어난 감정과 그것을 자극한 상황을 어떻게 할 것인가와 관련된다. 우리는 이 단계를 이 책에서 대처라고 불러왔다. 모든 감정적 상황은 대처를 요구하는데, 이때 일어난 일과 우리가 보여주는 감정에 다른 사람들이 어떻게 반응할 가능성이 높은가를 고려에 넣어야 한다.

우리는 이렇게 생각할 수도 있다. "이 사람은 코를 납작하게 해주거나, 자신의 잘못을 깨닫게 해줄 필요가 있어." 또는 "내가 분노를 표현하거나 울컥해서 격한 행동을 하면 상대방은, 또는 구경하고 있는 다른 사람들은 어떻게 생각할까? 상대방이 보복을 할까? 내가 자제력을 상실한 것을 창피해해야 할까?" 심지어 행복감이나 긍지를 느낄 때도, 그 표현을 억제하는 것이 신중하거나 친절할 경우가 있다. 우리보다 덜 행복한 사람이 우리의 행운 때문에 질투할지 모르기 때문에 신중해야 하고, 상대방이 상실로 인해 괴로워하고 있다가 우리의 행복감으로 인해 더 상심할 수도 있기 때문에 친절해야 한다.

아마 감정이 처음에 일어나는 것을 통제하는 것보다는 감정적인 상황에서 우리가 하는 행동을 통제하는 것이 더 쉬울 것이다. 생물적 조건이 우리가 어떤 상황을 해석하는 개인적 의미에 대한 감정적 반응을 형성할 때가 많다. 모욕을 당하는 경우, 우리는 분노를 느낀다. 불확실한 위협이 있다는 것을 느끼면, 불안을 느낀다. 목표를 이루는 데 우리의 자원을 잘 사용하고 있으면, 행복감을 느낀다. 다른 감정들도 마찬가지다.

어떤 감정이 일어나는 것을 예방할 수 없었다고 해보자. 그런데 그 감정이 사회적으로 위험할 경우에는, 그 감정에 사로잡혔을 때 표현을 억누를 수 있다. 적응의 중요한 부분은 다른 사람들이 우리의 행동에 어떻게 반응할 것인가를 미리 인식하는 것이다. 오랫동안 달리 생각해오기는 했지만, 억압(예를 들어 분노를 느꼈을 때 언어적 공격이나 신체적 공격을 억누르는 것)이 주어진 어떤 경우에 반드시 나쁜 것은 아니다. 물론 만성적이거나 반복적인 억압은 나쁠 수도 있다. 억누른 감정이 언제 폭발할지 몰라서는 아니다. 감정의 억압은 우리 자신에 대해 배우는 것을 막기 때문이다. 감정 표현을 통제할 수 있다고 해서 우리가 그 감정을 느낄 수 없다는 뜻은 아니다. 감정들은 심리적 경험의 자연스러운 특징이며, 그 감정에 주의를 기울여야 한다.

이런 맥락에서, 어떤 특정한 문화 속에서 자라게 되면, 그 문화의 사회적 규칙과 가치에 따라 우리의 평가가 형성되어, 어떤 감정이 일어나는 것과 그 감정에 대처하는 것이 더 쉽거나 더 어려워질 수도 있다. 그러나 문화에 관계없이, 우리가 경험하는 감정들은 우리가 어떤 상황에서 평가하는 의미들뿐만 아니라, 우리가 바라고 믿는 것에 달려 있다. 우리는 감정의 피해자들이 될 필요가 없다. 만일 무언가가 감정을 일으키고, 그것들이 다른 사람에게 어떤 영향을 주는가를 이해한다면, 그것을 형성하고 바꾸기 위해 많은 것을 할 수 있다.

감정 패턴들을 이해하고 바꾸기

모든 감정 패턴을 바꾸어야 하는 것은 아니다. 감정들은 우리 삶의 현실들을 표현하며, 삶의 정상적이고 중요한 측면이다. 그러나 우리가 끌어낼 수 있는 마지막 교훈은, 만일 삶을 쥐고 흔드는 것으로 보이는 감정적 패턴이 마음에 들지 않는다면, 그것을 초래하는 규칙들을 이해함으로써 우리가 반응하는 방식을 바꿀 수 있다는 것이다. 그래도 똑같은 감정을 느낄지 모르지만, 적어도 감정적 사건에는 전보다 잘 대처할 수 있을 것이다.

변화를 만들어내려면 13장에서 제시했던 심리 치료 사례에서 보았듯이, 두 가지를 해야 한다. 첫째, 우리는 일상적인 감정들, 특히 원치 않는데 좋은 삶을 방해하는 감정들에 체계적으로 주의를 기울여야 한다. 분노, 불안, 죄책감, 수치심, 선망, 질투는 사람들에게 가장 많은 문제를 일으키는 것들이다. 관심을 기울일 용기와 끈기만 있다면, 우리는 감정적 반응에서 우리가 경험하고 보여주는 전형적인 패턴들을 볼 수 있다.

예를 들어 감정적 충동을 억누르고, 부인하고, 그것들에 거리를 두는 대처 스타일을 개발하는 것이 대처 방식으로 유용할 수는 있지만, 어떤 상황에서는 어려움을 낳을 수도 있다. 우리에게 일어나는 일을 의식하지 못하고 있을 때, 자신에게 현실을 속이고 있을 때, 삶에서 우리의 결정들은 잘못될 수 있고 때로는 심지어 자멸적이 될 수 있다.

둘째, 또한 이런 감정들 이전에, 그리고 감정을 경험하는 동안에 하게 되는 생각들에 주의를 기울여야 한다. 이 생각들은 상황을 보는 방식, 중요한 목표들, 감정을 일으키는 개인적 의미들에 기여하는 믿음들, 그리고 우리가 처리해야 하는 환경적 압력과 기회들의 의미를 표현한다.

감정의 이유들이 모호해 보일 때, 우리는 무슨 일이 일어나고 있는지 발견하기 위해 우리 자신에게 도전할 준비를 갖추어야 한다. 어쩌면 세심한 주의를 기울이지 않아서 모호한 것일 수도 있다. 그런 경우에는 이런 부주의를 극복하는 방법을 배울 수도 있는데, 그렇게 하면 이전에는 가능해 보이지 않았던 자신에 대한 이해가 가능해질 수도 있다.

어쩌면 우리가 많은 감정적 경험들의 이유를 의식하지 못하는 것은 우리가 소중하게 품어온 자신에 대한 생각, 우리가 어떤 사람인지에 대한 생각을 진실이 침해하기 때문인지도 모른다. 그래서 그 진실을 알고 싶어 하지 않기 때문이다. 우리는 소망과 믿음들이 우리가 유지하고 싶어 하는 자신에 대한 그림을 훼손하기 때문에 그것들에 대해 자신을 속이고 싶어 하는 경우가 많다. 우리는 이런 자아상를 보호하고, 행동과 반응을 정당화하느라 많은 에너지를 소비한다.

우리는 또 다른 사람들이 우리 자신에 대한 이상화된 그림들을 믿게 하는 데 많은 에너지를 소비한다. 즉 우리 자신을 뛰어나게 정직하고, 강하고, 자발적이고, 품위 있고, 다른 사람들을 걱정하고, 똑똑한 사람으로 제시하려 한다. 심지어 이런 자아상의 진정성을 스스로 의심할 경우에도 그렇게 한다. 그러나 남들에게 제시하고 싶은 우리 자신의 모습에 스스로 속는 경우가 많다. 남들과 우리 자신에 대한 이런 방어적인 태도는 우리가 진정 누구인가에 대한 타당한 이해를 막는다. 우리의 장점과 약점에 대한 진실을 찾고 받아들이는 데는 상당한 용기가 필요한 경우가 많다.

그러나 진실을 발견하고 감정적 패턴을 바꾸는 것이 우리 손에서 벗어난 일이라고 생각해서는 안 된다. 심리 치료는 경험 많은 전문가의 도움을 받아 진실을 구하는 한 가지 방법이다. 그러나 자신의 기본적인 지능, 그리고 감정이 일어나고 통제되는 방식, 특히 감정들 각각에 적용되는 논리에 대한 지식을 이용하면 전문적인 도움 없이도 자신의 감정을 이해하는 데 도움을 얻을 수 있다. 이렇게 하기 위해서는 사회적 관계들을 살펴보려는 용기뿐만 아니라 강력한 동기부여도 필요하며, 자신이 생각하고 느끼는 방식에 대해 자기반성을 할 수 있는 능력도 필요하다.

특정한 상황에서 일어나고 있는 감정적인 사건이 모호할 때, 조용히 앉아서 왜 지금 그런 감정을 느끼는지, 왜 그것이 반복되는지 자문해보라. 당신이 그 경우에 부여하고 있는 개인적 의미를 확인하고, 거기서부터 나아가려고 해보라. 예를 들어 분노를 느낄 때는 뭔가 모욕적인 느낌이 드는 일이 일어난 것이 틀림없다. 그것이 무엇이었을까? 만일 당신이 많은 경우에 분노를 느끼고 있다면 당신은 만성적으로 모욕을 느끼는 삶의 상황에 처해 있거나, 개인적 취약성 때문에 부적절하게 분노 반응을 보여주고 있는 것이다. 똑같은 추론이 다른 감정들 각각에도 적용된다.

당신은 당신에게 중요한 사람들, 당신의 아들딸, 배우자가 되풀이하여 분노나 불안이나 죄책감이나 질투심을 느끼는 경우에도 똑같은 식으로 추론할 수 있다. 그들이 보여주는 감정적 패턴들은 그들이 그들 삶의 사건들에 되풀이하여 부여하는 의미들(잘못된 것이든 아니든)을 드러낸다. 우리는 책 전체에 걸쳐 제시한 사례들에서 이 의미들을 집어냈다.

이전에는 어떻게 생각했을지 몰라도, 이제 여기서 읽은 것에 비추어 감정들이 복잡하기는 하지만, 불가해하거나 비합리적인 현상은 아니라고 생각하게 되었기를 바란다. 그런 감정들을 초래한 의미들을 포착할 수만 있다면, 당신도 당신의 감정들을 이해하고 그것을 통제할 수 있을 것이다. 이 책을 읽음으로써 당신의 감정들이 삶의 질에 영향을 미치는 방식에 대한 이해와 통찰을 얻게 되었기를 바란다.

옮긴이의 말

어떤 사람들은 감정을 이해한다는 말 자체를 모순이라고 생각할지도 모르겠다. 감정이라는 것은 받아들이는 것이고, 말이 필요 없는 것이고, 마음과 마음이 통하는 것이고, 이심전심이지, 어떻게 거기에 머리가 개입하고 말이 개입하겠느냐는 생각일 것이다. 사실 "저 사람은 너무 감정적이다"라고 하는 말을 우리가 금방 알아듣는 것으로 보아, 그런 생각이 상당한 영향력을 가지고 있다고 할 수도 있다. 그러나 이 책 《감정과 이성》은 감정과 이성을 둘로 나누어 보는 사고방식에 반대하며, 그런 식의 이분법이야말로 우리가 겪는 많은 '감정적' 문제들의 출발점이라고 주장한다.

저자들은 우선 감정이 생기는 것과 감정을 표현하는 것은 별개라고 한다. 그리고 감정이 생기는 것은 감정을 느끼는 당사자의 개인적 의미나 상황 평가와 밀접한 관련을 맺고 있으며, 바로 이 점 때문에 이성적 사고와 떼어낼 수 없는 것이라고 말한다. 그리고 이런 전제하에 감정들을 다섯 가지 그룹으로 나누어, 각각의 감정들의 개인적 의미와 플롯을 사례들을 통해 살펴보고 있다. 여기서 다루어지는 감정들은 분노, 선망, 질투, 불안-공포, 죄책감, 수치심, 안도감, 희망, 슬픔과 우울, 행복감, 긍지, 사랑, 감사, 동정심, 미학적 경험에서 나오는 감정 등으로, 실제로 모든 감정을 포괄하고 있다.

우선 감정이 무엇이고, 나에게 왜 이런 감정이 생기는지를 알아야 감정에 대처할 수 있다는 것이 저자들의 주장이다. 따라서 저자들은 이런 식으로 감정에 대한 개별적인 이해를 꾀하고 나서 2부에서는 일반적인 검토와 더불어 대처 방법을 논의한다. 여기서는 감정이라는 것이 생물적 조건에서 나온 것이냐, 아니면 문화적인 조건이 우위를 차지하느냐 하는 흥미로운 문제도 다루어진다. 이어 3부에서는 감정과 관련된 현실적인 문제들이 다루어진다. 요즘 많이 이야기되는 스트레스는 무엇이고, 그것이 감정과는 어떤 관계가 있는가? 지속적으로 나쁜 감정을 가지고 있으면 병에 걸릴까? 거꾸로 좋은 기분을 유지하면 병도 나을 수 있을까? 정말 궁지에 몰렸을 때 의사와 상담을 하는 것은 어떨까? 관심이 갈 수밖에 없는 이런 문제들이 여기서 다루어지고 있다.

이 책은 Oxford University Press에서 1994년에 간행한 버클리 대학 교수 Richard S. Lazarus와 그의 아내 Bernice N. Lazarus의 *Passion & Reason : Making Sense of Our Emotions*를 우리말로 옮긴 것이다(우리 현실과 동떨어진 사례 등에 대해서는 약간의 손질이 있었다). 머리말에서 저자들은 원래 전문적인 학자들이나, 학문적 기초를 가지면서도 대중이 읽을 수 있는 책, 감정들에 관해 흔히 나도는 사이비 심리학 책들과는 다른 책을 쓰고 싶었다고 집필 의도를 밝히고 있다. 그리고 "이 책을 읽음으로써 당신의 감정들이 당신 삶의 질에 영향을 미치는 방식에 대한 이해와 통찰을 얻게 되었기를 바란다"는 말로 이 책을 마무리하고 있다. 그것은 옮긴이 스스로가 이 책을 옮기면서 얻고자 했던 바이기도 하고, 동시에 독자들에게 바라는 바이기도 하다.

정영목

옮긴이 **정영목**
서울대학교 영어영문학과를 졸업하고
명지대학교 사회교육원에서 강의했으며
현재 전문번역가로 활동 중이다.
주요 번역서로는 《아버지의 유산》, 《텍스트의 포도밭》,
《왜 나는 너를 사랑하는가》, 《불안》,
《눈먼 자들의 도시》, 《여행의 기술》, 《라일라》, 《흉내》,
《잃어버린 세계》, 《가스실》, 《쥬라기 공원》,
《클레오파트라의 코》 등이 있다.

감정과 이성

1판 1쇄 발행 1997년 10월 20일
2판 4쇄 발행 2024년 4월 1일

지은이 리처드 래저러스·버니스 래저러스
옮긴이 정영목
펴낸곳 (주)문예출판사 | **펴낸이** 전준배
출판등록 2004. 02. 12. 제 2013-000360호 (1966. 12. 2. 제 1-134호)
주소 04001 서울시 마포구 월드컵북로 21
전화 393-5681 | 팩스 393-5685
홈페이지 www.moonye.com | 블로그 blog.naver.com/imoonye
페이스북 www.facebook.com/moonyepublishing | 이메일 info@moonye.com

ISBN 978-89-310-0320-8 03180

• 잘못 만든 책은 구입하신 서점에서 바꿔드립니다.

문예출판사® 상표등록 제 40-0833187호, 제 41-0200044호